분쟁해결제도를 중심으로

WTO 무역분쟁의 이해

나희량 저

프롤로그 Prologue

세계경제는 2차 세계대전 이후 지난 반세기 이상 미국, 유럽 등 주요 서방 선진진영을 주축으로 세계화의 급속한 진전과 함께 자유무역의 확대를 통한 무역의 이익을 누려왔다. 세계 대부분의 국가들은 1, 2차 세계대전과 1930년대 대공황을 경험하면서 극단적 자국 중심의 무역정책은 결국 모두의 공멸을 가져온다는 것을 깨닫게 되었다. 이러한 전철을 다시 되풀이하지 않기 위해 1945년 종전 이후 미국, 영국 등 서구 선진진영을 중심으로 법의 지배(rule of law)를 근간으로 하는 다자적(multilateral) 자유무역질서의 형성을 위한 노력이 꾸준히 진행돼왔다.

그 대표적인 사례가 세계무역기구(World Trade Organization, WTO)이다. 잘 알려진 바와 같이 1947년 자유무역의 중심 역할로서 야심차게 기획된 국제무역기구(International Trade Organization, ITO) 설립은 당시 여러 가지 현실적인 한계에 부딪혀 아쉽게도 실패로 끝났다. 하지만 그 노력은 헛되지 않아 이후 다행히 협정의 형태인 '관세와 무역에 관한 일반협정(General Agreement on Tariff and Trade, GATT)'을 중심으로 GATT 체제가 형성되었다. 특히, 1995년 1월 GATT를 승계한 WTO가 명실상부한 국제기구로서 설립된 것은 다자적 자유무역 질서를 공고히 하는 데 크게 공헌한 것으로 평가받고 있다. WTO는 현재, 그리고 앞으로도 실질적으로 무역을 관장하는 유일한 국제기구로서 자유무역질서를 주도하는 핵심적이고 권위 있는 역할을 해 나갈 것임이 틀림없다.

힘의 지배(rule of power) 또는 경험 법칙(rule of thumb)을 지양하고 규범에 기초한(norm based) 또는 법의 지배(rule of law)를 토대로 한 다자적 자유무역질서는 정치적 체제와 경제적 수준을 넘어서 더욱 많은 국가들이 WTO를 중심으로 한 글로벌 자유무역체제로 통합되게 하는 구심점 역할을 하였다. 또한, 다자적 자유무역질서는 비교우위에 입각한 국가간의 무역을 통해 자원배분의 최적화, 효율성의 극대화를 달성할 수 있다는 논리로 더욱 공고화되었다. 이는 다시 WTO가 세계 자유무역의 발전에 필요한 법적 준거와 제도적 시스템을 제공하게 되는 배경으로 작동하였다.

이렇게 볼 때 WTO와 자유무역을 중심으로 하는 다자적 자유무역질서는 상호간 상승작용을 일으키면서 서로를 견인하고 지지하는 역할을 해왔다고 할 수 있다. 다시 말해 WTO가 다자적 자유무역질서의 국제법적, 제도적 틀을 제공하는 역할을 했다면 다자적 자유무역질서는 WTO의 존립과 역할에 대한 필요성과 정당성을 부여해왔다. 특히, 다자적 자유무역질서가 유지, 발전하는 동시에 WTO의 역할과 위상이 높아질 수 있었던 가장 중요한 요인 중 하나는 WTO의 '무역분쟁해결제도(Trade Dispute Settlement System)'라고 해도 과언이 아니다.

단 한 순간도 멈추지 않고 끊임없이 일어나는 국가간 무역에서 작든 크든 분쟁이 발생하는 것은 불가피하다. 이러한 무역분쟁은 단순히 사인(私人) 또는 기업 간의 문제에서 머무는 것이 아니라 국가간의 이해(利害)를 다투는 분쟁으로 비화, 표출되는 경우도 발생한다. 이렇게 국가간 무역분쟁이 발생할 경우 이를 당사국들이 수용할 수 있는 정당하고 객관적인 방법과 투명한 절차를 통해 해결하지 못한다면, 더 나아가 이러한 분쟁이 상호간 보복이라는 악순환으로 빠진다면 국가간 무역은 큰 난관에 봉착할 수밖에 없다. 모두가 승자(winner)가 될 수 있는 무역이라는 게임이 모두가 다 패자(loser)가 되는 소위 죄수의 딜레마(prisoners dilemma)에 빠지는 최악의 결과로 귀결되는 상황이 될 수 있다는 것이다.

이러한 측면에서 보았을 때 WTO 무역분쟁해결제도(아래 분쟁해결제도)는 이러한 죄수의 딜레마 문제를 최소화하는 동시에 국가간 무역분쟁의 해결에 있어 효율성과 정당성을 동시에 담보할 수 있는 현실적으로 유일한 다자적 무역분쟁해결제도라고 할 수 있다. 1995년 WTO가 출범한 이후 26년이 되는 2020년 말 기준 598건, 연평균 23건의 무역분쟁이 발생하였다. 이중 절반 정도는 양자간 협의를 통해 분쟁이 해소되었고, 그 나머지도 패널 및 상소절차를 통해 종결되었거나 진행 중이다.

상대국의 부당한, 다시 말해 WTO 협정을 위반하는 무역 관련 조치를 통해 무역의 이익을 침해받은 국가는 자국 차원의 임의적이고 자의적인 자구책이 아니라 WTO 분쟁해결제도라는 국제법적 절차를 통해 구제받을 수 있는 길이 열린 것이다. 특히 개도국의 입장에서 볼 때 분쟁 상대국이 강대국인 경우 양자적 차원의 분쟁해결보다는 다자적 차원의 WTO 분쟁해결제도를 활용하면 힘의 지배를 활용한 강대국의 압박과 이로 인한 불이익을 최소화할 수 있다는 점에서 유리하다. 우리나라도 미국, EU, 일본 등 선진강대국들, 또는 개도국이지만 거대경제권인 중국과의 무역 비중이 상당히 크고 이들 국가와의 무역분쟁이 거의 대부분을 차지한다는 측면에서 WTO 분쟁해결제도는 큰 의미를 갖는다고 할 수 있다.

세계 무역의 역사적 흐름을 살펴보면 지금과 같이 자유무역의 당위성이 대세로서 늘 인정되어 온 것은 아니다. 19세기 당시 자유무역을 주창했던 영국과는 달리 영국에 비해 후발국이었던 미국과 독일은 자국 산업을 육성한다는 명분으로 유치산업보호와 같은 보호무역정책을 견지하였다. 또한, 경제위기, 특히 1930년대 대공황, 1970년대 석유파동, 2008년 시작된 글로벌 금융위기 등과 같은 세계적 차원의 위기가 발생하는 시기에는 국내산업 및 시장의 보호와 같은 자국의 경제적 이익을 확보하기 위해 상대국에 대한 차별적이고 선별적인 무역 관련 조치를 서슴지 않고 시행하는 등 자유무역을 거스르는 보호무역의 흐름은 늘 이어져 왔다.

특히, 지난 2008년 미국에서 서브프라임 모기지 사태로 시작된 글로벌 금융위기와 이어진 2010년 유럽 재정위기 이후 계속되어 온 세계경제 침체와 부의 양극화 및 실업문제 등으로 자유무역에 대한 회의와 반대의 목소리는 더욱 높아지고 있다. 이로 인해 다시 한 번 보호무역주의의 발흥이 우려되고 있는 것이 현실이다. 특히 그동안 자유무역을 주장하고 옹호하였던 미국과 영국에서 이러한 보호무역주의의 목소리가 정치적 의사결정에까지 영향을 미치게 되는 단계에 이르게 되었다.

우선 미국의 경우 2016년 11월 대선에서 민주당 후보인 힐러리 클린턴(Hillary Clinton)이 유리하다는 예상과 달리 극단적인 보호무역주의자로 알려진 공화당의 도널드 트럼프(Donald Trump)가 당선되었다. 트럼프는 취임 직후 예고한 대로 환태평양동반자협정(TPP) 협상에서 탈퇴하였다. 또한, NAFTA, 한미 FTA 등 미국에 불리하다고 판단되는 자유무역협정의 재협상을 완료하였고 WTO 상소기구의 상소위원 연임 및 선임을 보이콧함으로써 상소기구를 사실상 무력화시키는 등 이전과는 차원이 다른 강력한 보호무역주의 색채를 나타내고 있다. 또한, 막대한 무역적자 상대국인 중국에 대해서는 전면적인 고율의 수입관세를 부과하고 있고 미국의 국익이 침해될 경우 언제든 WTO도 탈퇴할 수 있다는 극단적인 언사도 마다하지 않고 있다. 물론 2020년 12월 대통령 선거에서 트럼프가 재선에 실패하고 다자적 자유무역질서로의 회귀를 주장하는 바이든이 승리함으로써 향후 이러한 일방적 보호무역정책은 다소 완화될 것으로 예상된다.

영국의 경우 보호무역주의의 또 다른 형태라고 할 수 있는 고립주의가 현실화되었다. 영국은 지난 트럼프가 대통령으로 당선되기 불과 5개월 전인 2016년 6월 EU 탈퇴(Brexit)에 대한 국민투표에서 52%의 찬성률로 EU 탈퇴가 결정되었다. EU 탈퇴를 위한 절차적 문제로 인해 우여곡절이 많았지만 2019년 12월 총선에서 보수당의 압승으로 2020년 1월 영국은 EU를 탈퇴하였다. 1년간의 협상을 거쳐 영국은 2021년 1월 단일시장경제권인 EU에서 실질적으로 완전히 탈퇴하게 되었다. 영국의 브렉시트는 향후 EU 회원국들 간 상품, 서비스, 노동의 자유로운 흐름을 보장하는 자유무역을 기치로 한 EU 경제통합의 대세에 적지 않게 부정적인 영향을 줄 것임이 틀림없다.

이처럼 최근 세계경제는 보호무역주의, 고립주의가 득세하고 있고 이는 그동안 불문율처럼 여겨지던 자유무역의 흐름을 제한하거나 역행하는 변수로 작동하게 되었다. 실제로 이러한 보호무역주의의 대두는 2000년대 중반 이후 감소 추세를 보이던 WTO 무역분쟁이 2012년 이후 다시 증가하는 것과 무관하지 않아 보인다. 2011년 8건으로 한 자릿수로 감소세를 보이던 WTO 분쟁 건수는 2012년 다시 27건으로 급증하였고 2013년 20건을 기록하였다. 이후 2014년 14건, 2015년 13건으로 다시 감소하는 모습을 보이지만 2016년, 2017년 각각 17건으로 다시 증가하였다. 이는 중국에 대한 시장경제지위(Market Economy Status) 부여 문제, 중국産 철강제품, 반도체 등에 대한 고율의 반덤핑관세 부과와 같은 미·중 간 무역 갈등 격화 등에 영향을 받은 것으로 보인다. 특히 미중 간 무역전쟁이 본격화된 2018년 39건으로 두 배 이상 급증하였고, 2019년도 19건으로 2018년에 비해 감소했지만, 이전에 비해서는 여전히 많은 추세이다.

이렇게 무역분쟁이 격화되고 있는 현재의 국제통상환경 가운데 WTO는 분쟁해결제도를 활용해 이의 해결을 위해 고군분투하고 있지만 안팎으로 여러 어려움과 도전에 봉착하고 있다. 하지만 그럼에도 불구하고 WTO 분쟁해결제도는 상대국의 보호무역조치의 시행을 억제하고, 부당하고 불공정한(WTO 협정에 위배되는) 무역조치로 인해 발생할 수 있는 피해와 부정적인 영향을 최소화할 수 있는 유일무이한 공식적이고 국제적으로 합의된 절차와 제도라는 점에서 그 의의가 크다.

WTO 분쟁은 국가간 국익과 자존심을 놓고 대결하는 총성 없는 전쟁이라 해도 과언이 아니다. 동시에 WTO 분쟁은 그 판결의 이행에 사법적(judicial) 강제성이 부여됨으로써 국제무역에 미치는 영향이 크다는 점에서 중요한 이슈가 되고 있다. 이는 우리나라에도 예외는 아니다. 적극적인 대외개방과 자유무역을 통해 경제발전과 성장을 이루어 온 우리나라는 갈수록 격화되고 있는 국가간 경쟁과 분쟁에서 국익을 성공적으로 담보할 필요성이 더욱 커지고 있음은 당연하다. 이러한 의미에서 무역을 통한 권리와 이익을 지켜낼 수 있는 최소한의 제도적 장치이자 동시에 법의 지배를 토대로 한 WTO 분쟁해결절차의 적극적인 활용은 그 무엇보다도 필요하다고 할 수 있다. 물론, 이를 위해서는 WTO 분쟁해결제도에 대한 분석과 이해, 그리고 적절한 적용과 활용이 전제되어야 한다.

본 저서는 기존 국제통상학 분야에서 개괄적으로만 다루어져 왔던, 그래서 늘 아쉬움 또는 부족함으로 남겨져 있었던 WTO 분쟁해결제도에 대한 내용을 보다 심층적으로 다루고자 하였다. 이를 통해 독자들에게 WTO 분쟁해결제도에 대한 구체적이고 실제적인 이해와 적절한 적용이 가능하도록 하는데 도움을 주고자 한다. 이러한 목적 하에 본 저서는 WTO에서 제공된 자료와 기존 분쟁해결 및 분쟁사례 관련 논문 및 저서들을 바탕으로 WTO 분쟁해결제도에 대한 다양한 측면을 기술하고자 하였고, WTO 분쟁해결제도에 대한 보다 입체적이고 통섭적인 이해가 가능하도록 하는데 노력을 기울였다.

본 저서는 모두 4부 15장으로 구성되어 있다. 우선 1장부터 4장까지의 제1부에서는 WTO 분쟁해결제도에 대해 개관한다. 이를 위해 1장에서는 WTO 분쟁해결제도 개요에 대해 설명한다. 2장에서는 WTO 분쟁해결제도의 역사적 전개 및 의사결정구조의 변화에 대해, 3장에서는 WTO 분쟁사례에 대해 분석하고, 4장에서는 WTO 분쟁해결 관련 통계 및 평가에 대해 살펴본다.

다음으로 5장부터 8장까지의 제2부에서는 WTO 분쟁해결제도 관련 주요 주제들에 대해 살펴본다. 이를 위해 5장에서는 WTO 분쟁해결제도의 諸고찰이라는 제목으로 WTO 분쟁해결제도의 여러 특성들에 대해 논의한다. 6장에서는 WTO 무역분쟁해결의 실제적 절차와 권한을 가지고 있는 분쟁해결기구(Dispute Settlement Body, DSB)에 대해 설명한다. 그리고 7장에서는 WTO 분쟁해결절차의 내용을 보다 상세하게 기술한다. 8장에서는 WTO 분쟁해결제도와 개발도상회원국간의 관계에 대해 논의한다.

9장부터 13장까지의 제3부에서는 WTO 분쟁해결제도의 법적 근거, 효력 및 문제 등에 대한 내용이다. 먼저 9장에서는 WTO 무역분쟁제도의 법적 근거에 대해 살펴보고, 10장에서는 분쟁해결절차에 대한 제소의 대상, 다시 말해 분쟁해결절차의 판결주체인 패널 및 상소기구의 사법적 관할의 영역에 대해 알아보고자 한다. 11장에서는 판결내용을 담고 있는 패널보고서 및 상소보고서와 이를 근거로 한 분쟁해결기구의 권고 및 판결의 법적 효력에 대해 설명한다. 12장에서는 패널 및 상소기구의 판결에 의하지 않은 다른 분쟁해결절차에 대해 알아본다. 마지막으로 13장에서는 WTO 분쟁해결절차와 관련된 법적 문제에 대해 살펴보고자 한다.

14장과 15장의 제4부는 보론으로 WTO 분쟁해결제도와 관련된 이해도를 높이기 위해 관련 타 연구자들의 논문 2편을 소개한다. 먼저 14장에서는 WTO 분쟁해결제도와 여타 분쟁해결제도를 비교, 분석한 장승화의 논문(2014)을 소개한다. 마지막으로 15장에서는 현재 진행되고 있는 WTO 분쟁해결제도의 개혁 논의에 대해 대외경제정책연구원의 정책보고서(2019) 내용을 중심으로 핵심적인 내용을 정리한다.

그리고 마지막 부록 부분에 독자들의 참고할 수 있도록 WTO 협정의 부속서 2(Annex II)인 '분쟁해결규칙 및 절차에 관한 양해(Disputes Settlement Understanding, DSU)'의 국문본과 영문본을 추가하였다.

본 저서의 일차적인 목표는 대학에서 무역, 통상을 공부하고 있는 학생들이 학부 또는 대학원 과정에서 WTO 무역분쟁 분야에 대한 학업과 이해를 돕는데 필요한 기초지식을 제공하는 것이다. 하지만 그뿐만 아니라 WTO 무역분쟁에 관심이 있는 비전공학생 또는 일반인 독자라도 쉽게 이해할 수 있도록 최대한 평이한 용어와 문장으로 작성하기 위해 노력하였다.

또한, 국가의 이해가 엇갈리는 무역분쟁의 최전선에서 국익을 위해 불철주야 노고에 수고하고 있는 우리나라 외교, 통상 분야 공무원들과 미래에 우리나라를 대표하기 위해 열심히 학업과 실무에 매진하고 있는 외교, 통상 분야 전문인력들이 언제든지 필요할 때 책꽂이에서 꺼내어 읽어보고 도움이 될 수 있는 자료가 되었으면 하는 바람이다. 저서의 내용 중 혹시 오류가 있다면 그것은 전적으로 저자의 책임으로 지속적으로 수정, 보완해 가고자 한다.

2022년 1월

부경대 대연캠퍼스에서
저자

이 저서는 2018년 대한민국 교육부와 한국연구재단의 지원을 받아 수행된 연구임.
(NRF-2018S1A6A4A01028905)

차 례 Contents

제2부 WTO 분쟁해결제도의 諸고찰

제3부 WTO 분쟁해결제도의 법적 근거, 효력 및 문제

제 I 부

WTO 분쟁해결제도 개관

제 1 장 WTO 분쟁해결제도 개요

1. GATT 분쟁해결제도

무역은 국가 간에 이루어지는 재화와 서비스와 같은 상품 및 자본, 노동, 기술 등과 같은 생산요소 등 사회경제적 자원이 국경을 넘어 이동하는 제반 현상을 의미하며 또한 이와 병행하여 이루어지는 주문, 결제, 생산, 이송, 유통, 소비 등의 복잡다기한 경제적 활동들의 매트릭스를 총칭하는 것이기도 하다. 교과서에서 존재하는 무역은 실내 빙판 위의 피겨 스케이팅처럼 매끄럽고 우아하게 이루어지는 것처럼 보이지만 이불 밖 현실 세계는 그렇지 못함은 당연하다. 현실에서는 무역이 이루어지는 과정에서 불확실하고 예상하지 못한 여러 가지 요인들로 인해 그 마찰음이 심하게 발생하는 것이 다반사이다. 무역은 그 과정에서 그 마찰음, 곧 무역분쟁의 발생이 필연적일 수밖에 없다.

무역의 규모가 커지고 그 분야가 다양해질수록 무역분쟁의 가능성도 따라서 증가함은 미루어 짐작할 수 있을 것이다. 따라서 무역 당사국간에 무역분쟁의 발생 시 이를 효과적이고 신속하게 해결하기 위한 적절한 절차와 제도가 부재하거나 미비하다면 자유무역의 발전은 저해될 수밖에 없다. 국가간 무역분쟁이 발생했을 때 이를 원만하게 해결하기 위한 분쟁해결절차를 포함한 분쟁해결제도의 구축과 적용은 자유무역을 위해 필수적인 선결 조건이다.

분쟁해결은 효율적이고 신속해야 한다. 분쟁해결을 위해 많은 시간과 비용이 들어간다면, 다시 말해 분쟁해결절차가 비효율적이고 오랜 시간이 걸린다면 분쟁당사국(특히 피해당사국)은 분쟁으로 인한 경제적 피해, 손실 등을 분쟁이 해결될 때까지 그대로 손을 놓고 있을 수 없기 때문이다. 동시에 그 분쟁해결절차가 투명하고 공정해야 한다. 왜냐하면, 분쟁해결이 효율적이고 신속하게 이루어져도 그 분쟁해결절차가 투명하거나 공정하지 않다면 분쟁당사국(특히 불리한 판결을 받은)은 그 판결을 수용하기 어려울 것이기 때문이다.

분쟁해결절차가 효율적이고 신속하게, 동시에 투명하고 공정하게 진행되지 않는다면 분쟁 관련 국가, 특히 피해당사국은 자위적 차원에서 직간접적인 자의적인(arbitrary) 보호무역조치 또는 상대국에 대한 보복조치를 시행할 가능성이 커지게 된다. 이러한 보호무역 또는 보복조치들은 무역의 확대를 저해할 뿐만 아니라 경제적 불확실성을 증대시켜 자유무역 그 자체를 위축시킨다.

이는 1930년 미국의 스무트-할리 관세법(Smoot-Hawley Tariff Act)[1] 제정이 수입품에 대한 고율 관세 부과와 다른 나라들의 연쇄적인 관세율 인상으로 결국 무역의 대규모 감소와 대공황을 더욱 악화시키는 원인으로 작용했다는 역사적인 교훈에서 알 수 있다. 그러므로 자유무역을 추구하는 WTO 중심의 다자적 무역체제에서 효율성, 신속성, 투명성, 공정성이 담보될 수 있는 분쟁해결제도가 필수적으로 요구되는 것은 자연스러운 귀결이다.

현재의 자유무역질서는 1948년 '관세 및 무역에 관한 일반협정'(General Agreement on Tariffs and Trade, 이하 GATT)의 발효와 함께 시작되었다고 할 수 있다. 이와 함께 무역분쟁해결을 위한 절차 및 제도도 낮은 수준에서나마 동시에 마련되었다. GATT의 분쟁해결제도는 회원국간의 협의를 통해 최초로 마련한 다자적 차원의 공식적 분쟁해결제도라는 점에서 큰 의미가 있다. 하지만 GATT의 분쟁해결제도는 그 규정이 정밀하게 완비되지 못하였고 강제적인 사법적 구속력이 없다는 한계를 가진 채로 시작되었다.

우선 GATT의 분쟁해결제도의 대강은 GATT 제22조와 제23조에서 규정하고 있다. 아래에서 보는 바와 같이 GATT 제22조에서는 체약당사자(회원국)가[2] 상대국의 GATT 규정의 위반으로 인해 피해를 입은 경우, 먼저 체약당사자는 이 문제에 대해 상대국과 협의하도록 하고 있다. 만약 이러한 조정절차가 성공적이지 못할 경우 제23조에 의거, 체약당사자는 상대국이 GATT의 조항을 위반했는지에 대해 상대국 이외의 다

1) 미국이 자국의 불황을 타개하기 위해 1930년에 제정한 관세법. 이 관세법의 제정 후 세계공황은 심화되었다. 1929년 10월 24일 뉴욕증시의 대폭락으로 시작된 불황은 세계로 확산되어 세계 각국의 생산, 소비는 급감하고 실업은 급증했다. 이처럼 내수 기반이 붕괴되자 미국이나 유럽의 기업들은 수입품 규제에 눈을 돌렸고, 각국 업계와 의회는 수입제한을 위해 높은 관세를 부과하도록 정부에 압력을 가했다. 이에 따라 미국에서는 상원의원 스무트(Reed Smoot)와 하원의원 할리(Willis C. Hawley) 의원이 주도해 '스무트-할리 관세법'을 제정, 관세율을 대폭 인상했다. 미국의 이 같은 조치에 자극받은 영국과 프랑스 등의 유럽 국가들도 잇달아 경쟁적으로 수입관세율를 높였다. 1930년 통과된 스무트-할리 관세법은 관세율을 100년 내 최고치인 59%로 인상해 전 세계에 보호무역주의 연쇄효과를 일으켰고, 1929~1932년 국제무역은 63% 감소했다.

2) WTO 협정은 협정에 참여한 국가를 회원국(member)으로 명명하는데 비해 GATT 1947의 경우 체약당사자(contracting party)으로 명명하고 있다.

른 체약당사자단(회원국들)에게 결정하도록 요구할 수 있다.

GATT 제22조: 협의

1. 각 체약당사자는 이 협정의 운영에 영향을 주는 문제에 관하여 다른 체약당사자가 제시할 수도 있는 의견에 대하여 호의적인 고려를 하며 동 의견에 관한 협의를 위하여 충분한 기회를 부여한다.
2. 체약당사자단은 체약당사자의 요청에 따라 제1항 하의 협의를 통하여 만족할만한 해결책을 찾는 것이 가능하지 아니하였던 문제에 관하여 체약당사자 또는 체약당사자들과 협의할 수 있다.

GATT 제23조: 무효화 또는 침해

1. 체약당사자가 다음의 결과로 이 협정 하에서 직접적 또는 간접적으로 자신에게 발생되는 이익이 무효화되거나 침해되고 있거나 이 협정의 목적 달성이 방해되고 있다고 인정하는 경우
   (a) 다른 체약당사자의 이 협정 하의 자신의 의무의 불이행,
   (b) 이 협정 규정과의 저촉 여부를 불문하고 다른 체약당사자에 의한 조치의 적용,
   (c) 그 밖의 상황의 존재
   동 체약당사자는 동 문제의 만족스러운 조정을 목적으로 관련이 있다고 동 체약당사자가 간주하는 다른 체약당사자 또는 체약당사자들에게 서면으로 의견을 제시하거나 제의를 할 수 있다. 이렇게 의견을 제시받거나 제의를 받은 체약당사자는 자신에게 행하여진 동 의견 또는 제의에 대하여 호의적인 고려를 한다.
2. 합리적인 시간 내에 당해 체약당사자 간에 어떠한 만족스러운 조정도 이루어지지 아니하는 경우 또는 그 어려움이 이 조 제1항(c)에 기재된 형태인 경우 동 문제는 체약당사자단에 회부될 수 있다. 체약당사자단은 자신에게 회부된 문제를 신속히 조사하고, 경우에 따라 체약당사자단이 관련이 있다고 인정하는 체약당사자에게 적절한 권고를 하거나 동 문제에 관하여 판결을 한다. 체약당사자단은 협의가 필요하다고 인정하는 경우 체약당사자, 국제연합 경제사회이사회 및 적절한 정부간 기구와 협의할 수 있다. 체약당사자단은 상황이 그러한 조치를 정당화할 만큼 충분히 심각하다고 간주하는 경우 체약당사자단이 동 상황 하에서 적절하다고 결정하는, 이 협정 하의 양허 또는 그 밖의 의무의 다른 체약당사자 또는 체약당사자들에 대한 적용을 체약당사자 또는 체약당사자들이 정지하는 것을 승인할 수 있다. 체약당사자에 대한 양허 또는 그 밖의 의무의 적용이 실제로 정지된 경우 동 체약당사자는 이러한 조치가 취하여진 후 60일 이내에 이 협정에서 탈퇴할 의사를 체약당사자단의 사무총장에게 서면으로 통보할 자유가 있으며 이러한 탈퇴는 동 통보가 사무국장에 의하여 접수된 다음 날로부터 60일째 되는 날 발효한다.

하지만 이러한 GATT의 분쟁해결제도는 그 실효적인 집행을 가로막는 결정적인 문제점을 가지고 있었다. 왜냐하면, 분쟁해결절차가 일단 진행된다 하더라도 분쟁당사국이 GATT 조항을 위반했는지를 결정하기 위해서는 회원국 모두의 지지 또는 총의(consensus)가 있어야 했기 때문이다. 총의의 경우에만 비로소 분쟁해결을 위한 GATT의 공식 결정문(panel reports)이 채택될 수 있다.

총의는 GATT 체제의 가장 대표적인 의사결정방식으로 모든 회원국의 찬성 내지는 명시적인 반대 없이 동의를 하는 경우 해당 안건이 채택되는(adopt) 방식이다. 이는 다시 말해 어느 한 회원국이라도 공식적으로(명시적으로) 해당 안건에 대해 반대하면 그 결정이 유보되거나 채택될 수 없음을 의미한다. 물론 실제로는 일부 회원국이 반대하더라도 그 회원국(들)의 협상력이 약하면 협상력에서 우위가 있는 다른 회원국이나 해당 안건을 다루는 회의 의장에 의해 그 의견이 묵살되는 경우가 적지 않는 것도 현실이다.

여하간 현실적으로는 분쟁해결 판결을 포함한 GATT 내에서 논의되고 있는 협상의제들이 회원국 모두의 지지 또는 명시적인 반대가 없는 총의를 얻기는 쉽지 않은 일이다. 더욱이 분쟁의 원인이 되는 사안에 대해 회원국(특히 강대국들) 간에 이해관계가 엇갈리거나 정치, 경제적으로 민감한 이슈인 경우 GATT의 분쟁해결절차를 통한 최종판결이라고 할 수 있는 패널보고서 채택(통과)은 더욱 어렵게 될 것이다. 따라서 분쟁당사국이 GATT의 규정에 근거한 분쟁해결절차를 통해 무역구제를 받는 것은 실제로는 거의 불가능에 가까운 일이 될 여지가 크다고 할 수 있다.

아니나 다를까 이러한 문제점으로 인해 GATT의 분쟁해결절차는 실질적으로 잘 활용되지 못하였다고 평가되고 있다. 따라서 GATT 체제하에서는 국가간 무역분쟁이 발생하면 상대국의 무역조치로 인해 피해를 입는 당사국이 GATT의 분쟁해결절차에 의존하기보다는 개별국 차원에서 상대국에 대해 무역제재 또는 보복조치를 가하는 일이 빈번하게 일어났다. 이러한 무역제재 또는 보복조치는 다시 상대국의 반발을 일으키고 다시 무역보복을 초래하여 상호간 보복의 악순환에 빠지게 되는 상황을 가져왔다.

이러한 GATT의 분쟁해결제도에 대한 한계와 문제점을 인식한 회원국들은 보다 확실하고 실제적인 법적 강제력과 구속력 있는 새로운 규범에 근거한 분쟁해결제도의 필요성에 공감하게 되었다. 이에 따라 1986~1994년 GATT 체제의 마지막(제8차) 다자간 무역협상인 우루과이라운드(Uruguay Round) 협상을 통해 이러한 문제점을 해소할 수 있는 분쟁해결제도 및 절차에 대한 합의를 이끌어낼 수 있었다.

협상의 결과 1995년 출범한 WTO는 그 어느 때보다도 또 그 어느 국제기구보다도 더 실제적이고 구속력 있는 분쟁해결제도를 갖추게 되었다. WTO의 무역분쟁에 관련된 절차 및 내용은 WTO 협정문 부속서 2(Annex II), '분쟁해결 규칙 및 절차에 관한 양해'(Understanding on Rules and Procedures Governing the Settlement of Disputes, 아래 DSU)에 상세히 규정되어 있다.

2. WTO 분쟁해결제도

위에서 설명한 것처럼 1948년 발효된 GATT 체제하의 분쟁해결절차에서는 패널보고서 채택을 위해 '총의'가 필요하였다. 이로 인해 실제로 패널보고서 채택이 이루어지는 것은 쉬운 일이 아니었고 이에 따라 GATT의 분쟁해결제도는 유명무실해지게 되었다. WTO 협정에서는 GATT의 이러한 한계를 극복하고 실질적이고 구속력 있는 분쟁해결제도 및 절차 마련을 위한 방안으로 총의 대신 소위 '역(逆)총의'(reverse consensus 또는 negative consensus)를 통한 패널보고서 및 상소보고서 채택 방식을 도입하였다.

역총의는 말 그대로 총의의 반대 개념으로 '모든 회원국이 예외 없이 패널보고서 또는 상소보고서의 채택을 반대하는 경우가 아닌 한 패널보고서 또는 상소보고서가 자동적으로(automatically) 채택'되도록 하는 의사결정방식이다. 이러한 역총의 방식을 따르게 되면 일부 회원국(들)이 관련 무역분쟁 관련 패널보고서 또는 상소보고서 채택에 대해 반대 의사를 표명하더라도 회원국들 모두가 동 보고서의 채택에 반대하지 않는 한 패널보고서 또는 상소보고서는 자동적으로 채택되고 그에 따른 사법적 구속력을 갖게 되는 것이다. WTO는 이러한 역총의 방식을 통해 비로소 GATT 체제의 분쟁해결제도가 가지고 있었던 총의 방식의 문제점과 한계를 극복하고 무역분쟁해결을 위한 실제적이고 효과적인 방안을 확보하게 되었다고 할 수 있다.

예상대로 역총의 방식에 따른 분쟁해결절차의 도입에 따라 WTO 협정 위반 여부에 대한 패널 및 상소기구의 판결이 자동적으로 채택될 수 있게 됨으로써 WTO 분쟁해결제도는 실제적인 구속력을 갖게 되었다. 또한, 패널 및 상소기구의 판결을 이행하지 않는 상대국에 대해서는 피해당사국이 다시 이행 관련 분쟁해결절차를 진행할 수 있게 되었다. 이와 동시에 그 피해에 상응하는 수준의 보상을 협의할 수 있게 되었고, 이행분쟁 판결을 통해서 이행에 불응하는 상대국에 대해 그에 상응하는 수준의 의무의 면제조치 시행 권한을 부여받게 되었다. 이에 따라 WTO 체제하의 분쟁해결제도는 GATT 체제와는 달리 강력하고 실제적인 분쟁해결제도로 인정받을 수 있게 되었다.

3. WTO 분쟁해결제도의 목적과 원칙

본 절에서는 GATT/WTO 분쟁해결제도에 대한 개괄적 설명에 이어 WTO 분쟁해결제도의 목적과 원칙에 대해 살펴보고자 한다. 분쟁해결제도의 목적은 한마디로 말해 무역의 확대와 발전을 위해 다자간 자유무역질서의 안정성(stability)과 예측가능성(predictability)을 확보하는 것이다. 또한, 분쟁해결제도의 원칙은 분쟁해결의 모든 과정에서 법의 지배(rule of law)가 가능하도록 하는 것이다. 이러한 목적과 원칙의 달성을 위해 회원국들은 GATT 체제뿐만 아니라 이후 WTO 체제 속에서 무엇보다도 우선적으로 공통의 무역관행 및 규범을 만들기 위해 부단히 노력해 왔다고 할 수 있다.

자유무역 기조의 확산 및 이에 따른 비관세장벽 등 보호무역조치의 철폐와 시장개방의 확대에도 불구하고 국가별 경제력, 지정학적 조건, 무역의 발전 정도, 그리고 무역정책 등의 차이에 따라 국가간 이해의 충돌은 여전히 존재할 수밖에 없다. 이러한 차이는 필연적으로 무역을 둘러싼 회원국간 충돌 및 분쟁을 야기하게 된다. 일반적으로 무역분쟁은 특정 회원국(들)이 준수의무가 있는 WTO의 다자적 무역규범과 국내의 정치, 경제적 상황과의 괴리를 극복하지 못하고 자의적으로 WTO 협정상의 의무에 반하는 무역정책 또는 그와 관련된 조치를 시행할 때 발생하게 된다.

이러한 상황은 안정적이고 예측가능한 다자적 자유무역체제와 질서를 구축하기 위해 반드시 극복해야만 하는 과제이다. WTO 협정 위반행위는 GATT(상품협정), GATS(서비스무역협정) 등과 같은 WTO 협정을 이루고 있는 개별 협정에서 규정하고 있는 회원국들의 부담 의무에 대한 위반이다. 또한, 이는 상대 회원국이 예상할 수 있는 무역의 이익을 무효화하거나 침해하는 것으로 간주된다. 이렇게 WTO 회원국간 무역분쟁이 발생했을 경우 WTO 분쟁해결제도는 분쟁당사국간 원만한 해결을 위해 필요한 사법적(judicial) 절차를 마련하고 있다.

앞에서 보았듯이 GATT 체제에서는 WTO 협정의 DSU와 같이 무역분쟁에 관한 처리를 상세하게 명문화한 규정은 없다. 다만, 앞에서 보았듯이 GATT 제22조와 제23조에서 무역분쟁에 관한 내용을 담고 있을 뿐이다. 예를 들어 GATT 제22조 '협의'에서 회원국은 협정의 운용에 관해 일반적인 협의를 제안할 수 있도록 규정하고 있다. 또한, GATT 제23조 '무효화 또는 침해'에서는 자국의 이익이 무효화 되거나 침해되었을 경우 우선 상대국과 협의(1항)하거나 분쟁당사국 이외의 다른 회원국들에 동 분쟁을 회부(2항)할 수 있도록 규정되어 있다.

하지만 이러한 GATT의 분쟁해결조항들은 분명하고 명시적인 사법적 구속력을 가지지 못하는 한계를 가지고 있다. 실제로 분쟁당사국들은 GATT 패널의 판결(권고사항)을 수용하지 않는 경우가 많았으며 이러한 경우에도 GATT는 판결(권고사항)의 강제적 이행을 위한 구체적 방안을 제시하지 못하였다.

이에 반해 WTO 분쟁해결제도는 DSU에서 분쟁해결 절차와 내용을 비교적 상세하고 분명히 명문화하였다. 이는 무엇보다도 무역분쟁이 발생했을 경우 회원국간 실제적이고 민주적인 방식으로 분쟁을 해결할 수 있는 장치가 마련되었다는 데 그 의의가 있다. '힘의 논리'가 지배하는 국제질서에서는 '법의 지배'가 배제되는 경우가 많다. 하지만 만약 힘의 논리가 WTO 분쟁당사국들에게도 그대로 적용된다면, 법의 지배에 근거한 다자간 자유무역질서는 크게 훼손될 수밖에 없다. 누구나 지켜야 할 원칙인 WTO 협정의 적용과 준수 여부가 힘의 논리에 의해 좌우되는 상황이 발생하기 때문이다.

또한, WTO 분쟁해결제도에서는 그 법적 구속력과 강제력이 명문화됨으로써 권고(recommendations)와 판결(rulings)의 이행(concessions) 가능성이 높아진다. 분쟁당사국간에 원만한 합의가 이루어진다 해도 합의안에 대한 법적 구속력이 없다면 합의의 이행시 그것은 공허한 약속에 불과할 수 있다. 분쟁 발생 시 당사국간 협의를 통한 해결뿐만 아니라 이것이 어려운 경우 협정 위반에 대한 공식적 판결과 그 판결의 이행을 위한 법적 구속력을 부여하기 위해서는 무엇보다도 사법적 강제력을 포함하는 분쟁해결절차 및 규정에 대한 명문화가 필요하다.

이와 관련하여 WTO 협정은 다자간 자유무역체제의 조속한 구축을 위해 즉각적인 분쟁해결의 필요성(DSU 제3.3조[3])을 명시하고 있다. 또한, 분쟁해결을 위한 상세한 절차와 일정표(DSU 제12조[4])를 규정하고 있다. 이 일정표에 따르면 분쟁이 모든 절

---

3) 회원국이 대상협정에 따라 직접적 또는 간접적으로 자신에게 발생하는 이익이 다른 회원국의 조치로 인하여 침해되고 있다고 간주하는 상황을 신속히 해결하는 것이 WTO의 효과적인 기능 수행과 회원국의 권리와 의무 간의 적절한 균형의 유지에 필수적이다.

4) 제12조: 패널절차

1. 패널은 분쟁당사자와의 협의 후 달리 결정하지 아니하는 한 부록 3의 작업절차를 따른다.
2. 패널절차는 패널 과정을 부당하게 지연시키지 아니하면서 수준 높은 패널보고서를 보장할 수 있도록 충분한 융통성을 부여하여야 한다.
3. 분쟁당사자와의 협의 후 패널위원은 현실적으로 가장 빠른 시일 내에, 그리고 가능한 언제나 패널의 구성 및 위임사항에 대하여 합의가 이루어진 후로부터 일주일 이내에 관련이 있는 경우 제4.9조의 규정을 고려하여 패널과정에 관한 일정을 확정한다.
4. 패널과정에 관한 일정 결정 시 패널은 분쟁당사자에게 자신의 입장을 준비하는 데 필요한 충분한 시간을 부여한다.
5. 패널은 분쟁당사자가 서면입장을 제출하여야 하는 정확한 마감시한을 설정해야 하며, 분쟁당사자는 동 마감시한을 준수하여야 한다.
6. 각 분쟁당사자는 패널과 그 밖의 분쟁당사자에게 즉시 전달되도록 자국의 서면입장을 사무국에 제출한다. 패널이 제3항에 언급된 일정 확정시 분쟁당사자와 협의 후 분쟁당사자가 제1

차를 거쳐 최초의 패널판결에 이르기까지의 소요기간은 1년 이상이 걸리지 않게 되어 있다. 패널판결에 불복하여 진행되는 상소절차까지 포함하는 경우에도 15개월 정도 소요되는 것으로 되어 있다. 이렇듯 패널절차 및 상소절차에 소요되는 기간을 명시적으로 규정한 것은 앞에서 이야기하였듯이 분쟁절차의 기한을 설정함으로써 무역분쟁 절차가 효율적으로 운용되고 가능한 신속하게 진행되도록 하려는 데 목적이 있다.

또한, 분쟁당사국은 WTO 분쟁해결기구(Dispute Settlement Body, 이하 DSB)의 결정에 무조건 따르도록 되어 있다. 하지만 DSB의 강제적 조치가 취해지기 전에 분쟁당사국들은 무역분쟁에 관한 협상과 타협을 위한 노력을 전개할 필요가 있다. 분쟁

차 서면입장을 동시에 제출하여야 한다고 결정하지 아니하는 한 제소국은 피소국보다 먼저 제1차 서면입장을 제출한다. 제1차 서면입장을 순차적으로 기탁하기로 한 경우, 패널은 피소국의 입장 접수시한을 확고하게 설정한다. 그 후에 제출되는 모든 서면입장은 동시에 제출된다.

7. 분쟁당사자가 상호 만족할 만한 해결책을 강구하는 데 실패하는 경우, 패널은 서면보고서 형식으로 자신의 조사결과를 DSB에 제출한다. 이 경우 패널보고서는 사실에 관한 조사결과, 관련 규정의 적용가능성 및 자신이 내린 조사결과와 권고에 대한 근본적인 이유를 명시하여야 한다. 분쟁당사자 간에 해결책이 발견된 경우 패널보고서는 사안의 간략한 서술과 해결책이 도달되었다는 사실을 보고하는 데 국한된다.
8. 절차를 보다 더 효율적으로 하기 위하여, 패널의 구성 및 위임사항에 대하여 합의가 이루어진 날로부터 최종보고서가 분쟁당사자에게 제시되는 날까지의 패널이 자신의 검토를 수행하는 기간은 일반적인 규칙으로서 6개월을 초과하지 아니한다. 부패성 상품에 관한 분쟁을 포함하여 긴급한 경우, 패널은 3개월 이내에 패널보고서를 분쟁당사자에게 제시하는 것을 목표로 한다.
9. 패널이 6개월 이내에 또는 긴급한 경우 3개월 이내에 자신의 보고서를 제출하지 못할 것이라고 간주하는 경우, 패널은 지연 사유를 패널보고서를 제출할 때까지 소요될 것으로 예상되는 기간과 함께 DSB에 서면으로 통보한다. 어떠한 경우에도 패널설치로부터 회원국에게 보고서를 배포할 때까지의 기간이 9개월을 초과하여서는 아니 된다.
10. 개발도상회원국이 취한 조치와 관련된 협의의 경우 분쟁당사자는 제4조 제7항 및 제8항에 설정된 기간을 연장하는 데 합의할 수 있다. 만일 관련 기간이 경과한 후에도 협의당사자가 협의 종료에 대하여 합의할 수 없는 경우, DSB 의장은 분쟁당사자와의 협의 후 관련 기간을 연장할 것인지 여부 및 연장할 경우 얼마만큼 연장할 것인지를 결정한다. 또한, 개발도상회원국에 대한 제소를 검토하는 데 있어서, 패널은 동 개발도상회원국이 자국의 논거를 준비하고 제시하는 데 충분한 시간을 부여한다. 제20.1조 및 제21.4조의 규정은 이항에 따른 어떠한 조치에 의해서도 영향을 받지 아니한다.
11. 하나 또는 둘 이상의 당사자가 개발도상회원국인 경우, 패널보고서는 분쟁해결절차의 과정에서 개발도상회원국이 제기한 대상협정의 일부를 구성하는 개발도상회원국을 위한 차등적이고 보다 유리한 대우에 관한 관련 규정을 어떤 형태로 고려하였는지를 명시적으로 적시한다.
12. 패널은 제소국이 요청하는 경우 언제라도 12개월을 초과하지 아니하는 기간 동안 자신의 작업을 정지할 수 있다. 이와 같이 정지하는 경우, 이 조의 제8항 및 제9항, 제20.1조 및 제21.4조에 명시된 시한은 작업이 정지되는 기간만큼 연장된다. 패널의 작업이 12개월 이상 정지되는 경우에는 동 패널설치 권한이 소멸된다.

당사국들은 분쟁절차의 진행과는 무관하게 당사국간 협의를 계속할 수 있으며 이를 통해 합의를 도출해 낼 수 있기 때문이다.

4. WTO 분쟁해결 및 이행절차

WTO 협정에 따라 DSB는 회원국간에 발생하는 무역분쟁을 해결하기 위해 전문가로 구성된 패널을 설치할 수 있다. DSB는 패널 및 상소기구의 보고서를 채택 또는 거부할 수 있고, 대상 협정에 따른 양허 및 그 밖의 의무정지를 승인하는 독점적인 권한을 갖고 있다(DSU 제2.1조[5]). 또한, DSB는 협정을 위반한 회원국에 내려진 판결이 이행될 수 있도록 감시하며 협정 위반국이 판결을 이행하기까지 이를 지속적으로 관리한다.(DSU 제21.6조[6])

WTO 분쟁해결의 주요 판결은 패널에 의해 이루어지지만, 분쟁해결을 위해 협의(consultation)나 주선(good offices), 조정(conciliation), 중개(mediation) 등의 비(非)사법적 방식[7] 및 중재(arbitration)와 같은 준(準)사법적 방식도 국제법상 전통적으로 인정되어 온 방식이라는 점에서 함께 활용될 수 있다. 이중 협의, 주선, 조정, 중개 등의 비사법적 절차는 그 결과의 수용이 분쟁당사국에게 강제되지 않는다. 이에 반해 중재는 분쟁당사국간 사전적으로 합의된 준사법적 절차로서 그 판결이 강제력을 갖게 된다는 차이가 있다.

먼저 비사법적 절차인 협의, 주선, 조정, 및 중개에 대해 살펴보면 다음과 같다. 협

---

5) 이 규칙과 절차를 실시하기 위하여, 그리고 대상협정에 달리 규정되어 있지 않은 한, 대상협정의 협의 및 분쟁해결규정을 실시하기 위하여 DSB가 설치된다. 이에 따라 DSB는 패널을 설치하고, 패널 및 상소보고서를 채택하며, 판결 및 권고의 이행상황을 감독하고, 대상협정에 따른 양허 및 그 밖의 의무의 정지를 허가하는 권한을 갖는다. 복수국간 무역협정인 대상협정에 따라 발생하는 분쟁과 관련, 이 양해에서 회원국이라는 용어는 당해 복수국간 무역협정의 당사자인 회원국만을 지칭한다. DSB가 복수국간 무역협정의 분쟁해결규정을 집행하는 경우 오직 그 협정의 당사자인 회원국만이 그 분쟁에 관하여 DSB가 취하는 결정이나 조치에 참여할 수 있다.

6) DSB는 채택된 권고 또는 판결의 이행상황을 지속적으로 감시한다. 모든 회원국은 권고 또는 판결이 채택된 후 언제라도 그 이행문제를 DSB에 제기할 수 있다. DSB가 달리 결정하지 않는 한, 권고 및 판결의 이행문제는 제21.3조에 따라 합리적 이행기간이 확정된 날로부터 6개월 이후에 DSB 회의 의제로 상정되며, 동 문제가 해결될 때까지 계속 DSB의 의제에 남는다. 이러한 DSB 회의가 개최되기 최소한 10일 전까지 관련 회원국은 권고 또는 판결의 이행에 있어서의 진전상황에 관한 서면보고서를 DSB에 제출한다.

7) 주선은 분쟁을 평화적으로 해결하기 위하여 제3자가 분쟁당사자 간의 교섭을 진행하는 것을, 조정은 분쟁 당사자 사이에 제3자가 중재하여 화해에 이르도록 함으로써 분쟁의 해결을 도모하는 것을, 중개는 분쟁의 해결 또는 계약의 성립을 위하여 제3자가 당사자를 매개하여 합의를 기도하는 것을 의미한다. 이는 모두 사법적 재판에 의하지 않고 당사자 간의 분쟁해결을 도모하는 제도이다.

의는 분쟁을 처리하는 가장 기본적인 방식으로 분쟁당사국간 협상과 합의를 통해 분쟁을 해결하는 것이다. 협의는 제3자의 개입 없이 분쟁을 해결한다는 의미에서 가장 우선적이고 선호하는 방식이라 할 수 있다. 위에서 보았듯이 GATT 제23조에는 타 회원국이 GATT 협정상의 의무이행을 소홀히 하거나 어떤 특정 사유로 인해 직간접적으로 자국에 부여된 이익이 무효화 또는 침해된다고 인정될 때 상대 회원국에 대하여 '협의'를 요청할 수 있도록 규정하고 있다.

WTO 협정 분쟁해결절차를 규정하고 있는 DSU에서도 이에 대한 내용(제4조 협의)를 보다 구체적으로 명문화하고 있는데 이는 무역분쟁이 발생할 경우 가능한 분쟁당사국간 대화를 통해 원만히 해결하는 것이 최선의 방법이라는 것을 반영한 것이라고 할 수 있다. 실제로 WTO 분쟁의 많은 경우가 분쟁당사국간 협의에 의해 해결되고 있는 것이 사실이다. 하지만 협의는 제3자가 배제된 분쟁당사국간 분쟁해결방식이기 때문에 대국과 소국 또는 선진국과 개도국 간 분쟁이 발생할 경우 힘의 논리에 의해 대개는 대국 또는 선진국 등의 강대국 측에 유리하게 합의될 수 있다는 우려가 제기되고 있다.

한편, 협의 과정 중 분쟁당사국간 상호 자발적인 합의를 통해, 또는 WTO 사무총장 직권으로 위의 주선, 조정 및 중개 절차를 밟을 수 있다. 이들 절차는 협의를 요청한 날로부터 60일 이내에 이루어져야 하며 이러한 절차 속에서 진행된 분쟁해결이 불행히 실패하게 되면 협의 요청국은 60일 이내에 패널설치를 요청할 수 있다.(DSU 제5조[8])

분쟁당사국은 패널설치 이전에 또는 패널이 설치되어 진행되는 동안에 언제라도 이들 비사법적 절차를 활용할 수 있다. 준사법절차인 중재의 경우는 양국이 합의한 경우에만 관련 분쟁은 중재절차에 회부될 수 있고, 일단 중재절차에 회부되면 양국은 중재판결을 수용, 준수해야 한다(DSU 제25조[9]). 중재는 사법적 분쟁해결의 대체적

---

8) 협의요청 접수일로부터 60일 이내에 주선, 조정 또는 중개절차가 개시되는 경우, 제소국은 협의요청 접수일로부터 60일의 기간을 허용한 후에 패널의 설치를 요청할 수 있다. 분쟁당사자가 공동으로 주선, 조정 또는 중개과정이 분쟁을 해결하는데 실패하였다고 판단하는 경우, 제소국은 위의 60일의 기간 중에 패널의 설치를 요청할 수 있다.

9) 1. 분쟁해결의 대체적 수단으로서 WTO 안에서의 신속한 중재는 쌍방 당사자가 명백하게 규정한 문제와 관련된 특정 분쟁의 해결을 촉진할 수 있다.

2. 이 양해에 달리 규정되어 있는 경우를 제외하고는, 중재에의 회부는 당사자의 상호 합의에 따르며, 이 경우 당사자는 따라야 할 절차에 합의한다. 중재에 회부하기로 한 합의사항은 중재절차가 실제로 개시되기 전에 충분한 시간을 두고 모든 회원국에게 통지된다.

3. 다른 회원국은 중재에 회부하기로 합의한 당자자의 동의를 얻은 경우에만 중재절차의 당사자가 될 수 있다. 중재절차의 당사자는 중재판결을 준수하기로 합의한다. 중재판결은 DSB 및 관련 협정의 이사회 또는 위원회에 통보되며, 회원국은 DSB, 이사회 또는 위원회에서 중재판결에 관련된 어떠한 문제도 제기할 수 있다.

4. 이 양해 '제21조: 권고 및 판정의 이행에 대한 감독' 및 '제22조: 보상 및 양허의 정지'는 중재

수단으로서 양국이 관련된 특정분쟁의 해결을 신속하게 촉진할 수 있는 역할을 한다.

만약 협의나 주선, 조정, 중개 등의 비사법적 방식을 통한 분쟁해결이 실패하면 패널이 설치된다. 패널은 분쟁당사국이 DSB에 제기한 문제를 조사하고 분쟁의 사실 부분에 대한 객관적인 평가, 관련 대상협정의 적용 가능성, 협정과의 일치성을 포함하여 패널에게 회부된 분쟁 사안에 대하여 객관적인 판결을 내려야 한다. 또한, 패널은 그 판결에 대한 DSB의 최종적 채택을 위해 패널보고서를 작성한다(DSU 제7조,[10] 제11조[11]). 원칙적으로 패널은 비공개로 개최되며 패널의 구성 및 위임사항에 대하여 분쟁당사국간 합의가 이루어진 날로부터 최종 패널보고서가 분쟁당사국에게 회람되는 날까지 패널의 활동은 6개월을 초과하지 않도록 하고 있다.

패널이 수행하는 조사 및 보고서의 작성 절차는 다음과 같다. 먼저 분쟁당사국은 패널에게 사건의 개요를 서면으로 제출한다. 이후 제소국, 피소국 및 해당 분쟁사건에 대한 이해관계가 있다고 미리 공표한 회원국(제3자)들은 동 사건에 대해 패널과의 1차 심리를 가진다. 2차 심리에서 관련 당사국들은 1차 심리에서 제기된 논쟁 사안에 대한 서면 반박문을 제출하여 자신의 입장을 변호할 수 있다. 패널은 적절하다고 판단되는 개인, 전문기관으로부터 관련 정보 및 기술 자문을 구할 수 있고 이를 통해 조사 및 판결의 객관성을 높일 수 있다.

이를 바탕으로 패널은 보고서의 서술적 부분(사실과 주장)을 분쟁당사국에게 제출하고 각 분쟁당사국은 패널이 설정한 기간(2주 이내)에 이에 대한 논평을 서면으로 제출해야 한다. 이후 패널은 판결의 내용이 포함된 잠정보고서를 각 당사국에 제출하여 회람시킨 다음 제기되는 문제에 대해 추가적인 회의를 거쳐 최종보고서를 작성

판결에 준용된다.

10) 1. 패널은 분쟁당사자가 패널설치로부터 20일 이내에 달리 합의하지 아니하는 한, 다음의 위임사항을 부여받는다. "(분쟁당사자가 인용하는 대상협정명)의 관련 규정에 따라 (당사자 국명)이 문서번호 DS○○○으로 DSB에 제기한 문제를 조사하고, DSB가 동 협정에 규정된 권고 및 판결을 내리는 데 도움이 되는 조사결과를 작성한다."

2. 패널은 분쟁당사자가 인용하는 모든 대상협정의 관련 규정을 검토한다.

3. 패널설치시 DSB는 DSB 의장에게 제1항의 규정에 따를 것을 조건으로 분쟁당사자와의 협의를 거쳐 패널의 위임사항을 작성하는 권한을 부여할 수 있다. 이와 같이 작성된 패널의 위임사항은 모든 회원국에게 배포된다. 표준위임사항이 아닌 다른 위임사항에 대한 합의가 이루어지는 경우, 회원국은 DSB에서 이와 관련된 모든 문제를 제기할 수 있다.

11) 패널의 기능은 DSB가 이 양해 및 대상협정에 따른 책임을 수행하는 것을 지원하는 것이다. 따라서 패널은 분쟁의 사실 부분에 대한 객관적인 평가, 관련 대상협정의 적용가능성 및 그 협정과의 합치성을 포함하여 자신에게 회부된 사안에 대하여 객관적인 평가를 내려야 하며, DSB가 대상협정에 규정되어 있는 권고를 행하거나 판결을 내리는 데 도움이 되는 그 밖의 조사결과를 작성한다. 패널은 분쟁당사자와 정기적으로 협의하고 분쟁당사자에게 상호 만족할 만한 해결책을 찾기 위한 적절한 기회를 제공하여야 한다.

한다. 이렇게 작성된 최종보고서는 분쟁당사국이 패널 판결에 불복하고 상소하겠다는 의사를 DSB에 통보하지 않고 또한, DSB의 총의에 의한 거부가 없는(역총의) 한 보고서가 회원국들에게 배포된 날로부터 60일 이내에 분쟁해결이사회(General Council as DSB)에서 DSB의 판결 또는 권고로서 최종적으로 채택된다.

또한, 피소국이 협정을 위반한 것으로 최종적으로 결정이 되면 패널보고서의 권고 및 판결에 따라 피소국은 관련 이행조치를 취해야 한다. WTO 협정에는 권고 및 판결 이행 여부의 감시를 강화하고 권고 및 판결의 불이행에 따른 보복조치를 명문화하고 있다. 즉, 협정 위반국은 DSB의 권고 및 판결의 이행에 대한 자국의 입장을 DSB에 통보해야 하며 DSB는 채택된 권고 및 판결의 이행상황을 지속적으로 감시해야 한다.

만약 협정 위반국이 DSB의 권고 및 판결을 제대로 이행하지 않을 경우, 제소국은 이에 상응하는 보상을 받거나 분쟁상대국에 대한 자국의 양허 또는 기타 협정상 의무의 일부를 정지함으로써 소위 '보복'(retaliation) 조치를 실시할 수 있다. 만일 협정 위반국이 합리적인 기간 내에 DSB의 권고 및 판결을 이행하지 못하게 될 경우, 분쟁당사국들은 상호 수락할 수 있는 보상의 마련을 위한 협상을 개시할 수 있다.

그러나 합리적 기간이 종료된 날로부터 20일 이내에 만족할 만한 보상에 합의하지 못할 경우, 제소국은 협정 위반국에 대해 양허 또는 그 밖의 의무의 적용을 정지하기 위한 승인을 DSB에 요청할 수 있다(DSU 제22.2조[12]). 또한, 제소국은 DSB가 권고 및 판결을 내린 동일한 분야에서의 양허 및 그 밖의 의무를 정지시킬 수 있다. 만일 이러한 조치가 불가능할 경우 대상협정 상의 양허 또는 그 밖의 의무를 정지시킬 수 있는 교차보복(cross-retaliation)을 취할 수 있도록 하고 있다.(DSU 제22.3조[13])

---

12) 관련 회원국이 제21.3조에 의거하여 확정된 합리적인 기간 내에 대상협정 위반으로 판결이 난 조치를 동 협정에 합치시키지 아니하거나 달리 권고 및 판결을 이행하지 아니하는 경우, 동 회원국은 요청을 받는 경우 합리적인 기간이 종료되기 전에 분쟁해결절차에 호소한 분쟁당사자와 상호 수락할 수 있는 보상의 마련을 위하여 협상을 개시한다. 합리적인 기간이 종료된 날로부터 20일 이내에 만족할 만한 보상에 대하여 합의가 이루어지지 아니하는 경우, 분쟁해결절차에 호소한 분쟁당사자는 대상협정에 따른 양허 또는 그 밖의 의무를 관련 회원국에 대해 적용을 정지하기 위한 승인을 DSB에 요청할 수 있다.

13) 3. 어떠한 양허 또는 그 밖의 의무를 정지할 것인지를 검토하는 데 있어서 제소국은 다음의 원칙과 절차를 적용한다.

a. 일반적인 원칙은 제소국은 패널 또는 상소기구가 위반 또는 그 밖의 무효화 또는 침해가 있었다고 판결을 내린 분야와 동일한 분야에서의 양허 또는 그 밖의 의무의 정지를 우선 추구하여야 한다는 것이다.

b. 동 제소국이 동일 분야에서 양허 또는 그 밖의 의무를 정지하는 것이 비현실적 또는 비효과적이라고 간주하는 경우, 동일 협정상의 다른 분야에서의 양허 또는 그 밖의 의무의 정지를 추구할 수 있다.

위에서 살펴본 바와 같이 WTO 분쟁해결절차는 크게 '협의 → 소송 → 이행'의 단계로 나누어진다. 각 단계별로 명백한 최종기한을 설정하여 절차의 신속한 진행을 유도하고 있고 이행을 위한 구속 절차도 규정하고 있다. 다음에서는 위의 WTO 분쟁해결절차를 각 단계별로 좀 더 상세히 기술한다.

1) '협의' 단계

협의는 WTO 회원국간 분쟁해결을 위해 개시되는 첫 번째 절차로 필수적인 단계이다. WTO 회원국은 다른 회원국의 무역정책 또는 조치에 따라 WTO 협정상의 권리 침해가 발생할 경우 DSB와 해당 회원국에게 협의를 요청할 수 있다. 그 요청을 접수한 상대 회원국은 요청접수일로부터 10일 이내에 수락여부를 답변하여야 한다. 또한, 분쟁당사국은 30일 이내의 기간 내에 '상호 만족할 만한 해결책'(mutually satisfactory solution)에 도달하기 위하여 협의에 성실하게 임하여야 한다.

협의는 비공개로 이루어지며, 협의 이후 단계에서 당사국의 권리를 저해하지 않는다. 협의 당사국이 아닌 다른 회원국이 관련 사안에 대하여 실질적인 무역상의 이해관계를 가지고 있는 경우, 협의 당사국의 동의하에 제3자의 자격으로 협의에 동참할 수 있다. 협의요청 접수일로부터 60일 이내에 협의를 통한 분쟁해결이 실패로 돌아가는 경우 제소국(협의를 요청한 회원국)은 패널설치를 요청할 수 있다.

2020년 말 기준, WTO에서 제기된 총 598건의 무역분쟁 중 패널절차로 진행된 분쟁 건수는 320건이다. 나머지 46.5%에 해당하는 278건의 경우는 패널이 설치되기 전이 '협의' 단계에서 문제가 된 무역조치의 철회나 상호 만족할 만한 해결을 통해 문제가 해소되었다고 할 수 있다. 이처럼 '협의'가 패널절차 등 소송단계에 이르지 않고 분쟁을 해결하는데 상당히 효과적임을 확인할 수 있다. 이는 분쟁당사국들이 WTO 분쟁해결제도의 사법적 절차가 강화되었음에도 불구하고, 여전히 협의를 통한 분쟁해결을 부정하지 않고 적극 활용하고 있음을 의미한다.

2) '소송' 단계

다음으로 소송 단계에서는 패널의 판결과 WTO 내 상설기구(standing body)인 상소기구에 의한 재심이 이루어지도록 하는 등 WTO 분쟁해결제도의 사법적 기능이 강화되었다. 협의를 통한 분쟁해결 노력이 실패로 돌아가는 경우 제소국은 패널설치를 요청하게 된다. 이를 위해 제소국은 패널설치 요청서를 작성해야 하는데 제소국은 패널설치 요청서에 분쟁대상이 되는 상대국의 무역조치를 명시해야 한다. 또한, 제소의 근거가 되는 WTO 협정상의 법적 쟁점에 대한 요약을 제공하여야 한다.

패널은 분쟁당사국이 인용하는 모든 대상협정의 관련 규정을 검토한다. 패널위원 선임과 관련하여, 일반적으로는 WTO 사무국(WTO Secretariat)이 분쟁당사국에게 후보자를 제안하고 분쟁당사국은 '불가피한 사유'(compelling reason)가 없는 한 이 제안을 받아들여야 한다.

2개 이상의 회원국이 동일한 분쟁사안과 관련된 패널설치를 요청하는 경우도 있을 수 있는데 이 경우 단일 패널로 병합, 진행될 수 있다. 협의 단계와 마찬가지로 분쟁당사국이 아닌 회원국이 패널에 회부된 사안에 실질적인 이해관계를 가지고 있는 경우 제3자 자격으로 자국의 입장을 패널에 서면으로 제출할 수 있다.

DSU는 기본적으로 패널의 구성과 위임사항에 관한 합의가 이루어진 날로부터 6개월 이내에 최종보고서가 제출되도록 하고 어떠한 경우에도 패널설치로부터 패널보고서의 회람까지 9개월을 초과할 수 없게 하는 등 명백한 기한을 설정하여 절차의 신속성을 담보하도록 하고 있다. 그러나 실제 이러한 상세규정에도 불구하고 패널설치로부터 최종보고서 회람 시까지 평균 2년 6개월 정도가 소요된다. 심지어 3년 이상 소요되는 경우도 적지 않은 것으로 나타나고 있다. 패널보고서가 회원국들에게 회람된 날로부터 60일 이내에 분쟁당사국이 공식적으로 상소하지 않거나 DSB에서 역총의로 패널보고서 채택을 거부하지 않는 한 동 패널보고서는 자동적으로 채택된다.

분쟁당사국이 패널보고서에 불복, 상소하는 경우 상소심은 패널보고서에서 제기된 법적 문제와 패널의 법률 해석에 대해서만 심리한다. 상소절차는 패널절차에 비해 상대적으로 신속하게 진행되는데, 상소통지 시점부터 최종 상소보고서 회람까지 최대 90일을 초과할 수 없도록 규정되어 있다. 하지만 실제 동 기한을 준수하지 않는 경우가 대다수이다. 회람된 상소보고서는 패널보고서 채택과 동일한 절차를 따르며 역총의로 거부되지 않는 한 분쟁당사국은 상소보고서의 권고 및 판결을 조건 없이 수용하여야 한다.

3) '이행' 단계

소송을 통한 무역분쟁의 효과적인 해결을 위해서는 패널 또는 상소기구의 권고 및 판결뿐만 아니라 이를 신속하게 이행하는 것이 필수적이다. 그러나 현실적으로 권고 및 판결의 즉각적인 준수 또는 이행이 '실현 불가능한'(impracticable) 경우, 관련 회원국(패소국)은 판결 이행을 위한 '합리적인 기간'(reasonable period of time)을 부여받을 수 있다.

또한, 분쟁당사국은 판결 이행을 위한 조치가 적절하게 취해지고 있는지 또는 동 조치가 대상협정에 합치하는지 여부에 대하여 이견이 있는 경우, 동 사안을 원(原)패널에 회부할 수 있다. 이렇게 판결 이행 여부와 관련하여 원패널과 다른 패널의 설치 등의 소송절차를 진행하지 않아도 되기 때문에 '사법경제'(judicial economy)의 측면에서 효율적이라 할 수 있다.[14]

합리적인 기간 내에 판결을 이행하지 않는 경우, 이행당사국은 합리적인 기간이 종료되기 전 제소국과 보상안을 마련하기 위한 협상을 개시할 수 있다. 보상은 판결의 신속한 이행이 이루어지지 않는 것에 대하여 잠정적으로 취해지는 조치로 분쟁당사국간 합의를 요하는 자발적인 성격을 가지며 이는 일반적으로 이행당사국 국내시장을 추가 개방하는 형태로 이루어진다.

만일 합리적인 기간이 종료된 후 20일 이내에 분쟁당사국간 보상에 대한 합의가 이루어지지 않는 경우, 제소국은 대상협정에 따른 '양허 또는 그 밖의 의무의 적용 정지'(suspension of concessions or other obligations)를 위한 승인을 DSB에 요청할 수 있는데 이를 이른바 '보복조치'라고 한다. 이는 보상과 마찬가지로 판결이 이행될 때까지 잠정적으로 취해지며, 많은 경우 이행당사국에 대한 양허 또는 의무의 정지의 형태로 시행된다. 이것이 용이하지 않은 경우에는 상응하는 수준의 무역장벽을 강화하는 시장봉쇄조치의 형태도 가능하다.

DSB는 채택된 판결의 이행 상황을 지속적으로 감시하는데, 보상이 제공되거나 보복조치가 취해진 경우에도 예외는 아니다. 판결의 이행문제는 DSB 회의의 의제로 상시적으로 상정되며, 이행이 완료될 때까지 의제 목록에 계속 남아있게 된다. 아래 [그림 1-1]은 위에서 설명한 WTO 분쟁해결절차의 단계 또는 흐름을 그림으로 나타낸 것이다.

14) 사법경제(judicial economy)란 한정된 법률적 자원의 효율적인 활용을 위해 하나의 법적 판결을 통해 충분한 법적 효력이 인정되는 경우 중복되거나 유사한 다른 법적 판결을 유보하는 것을 의미한다.

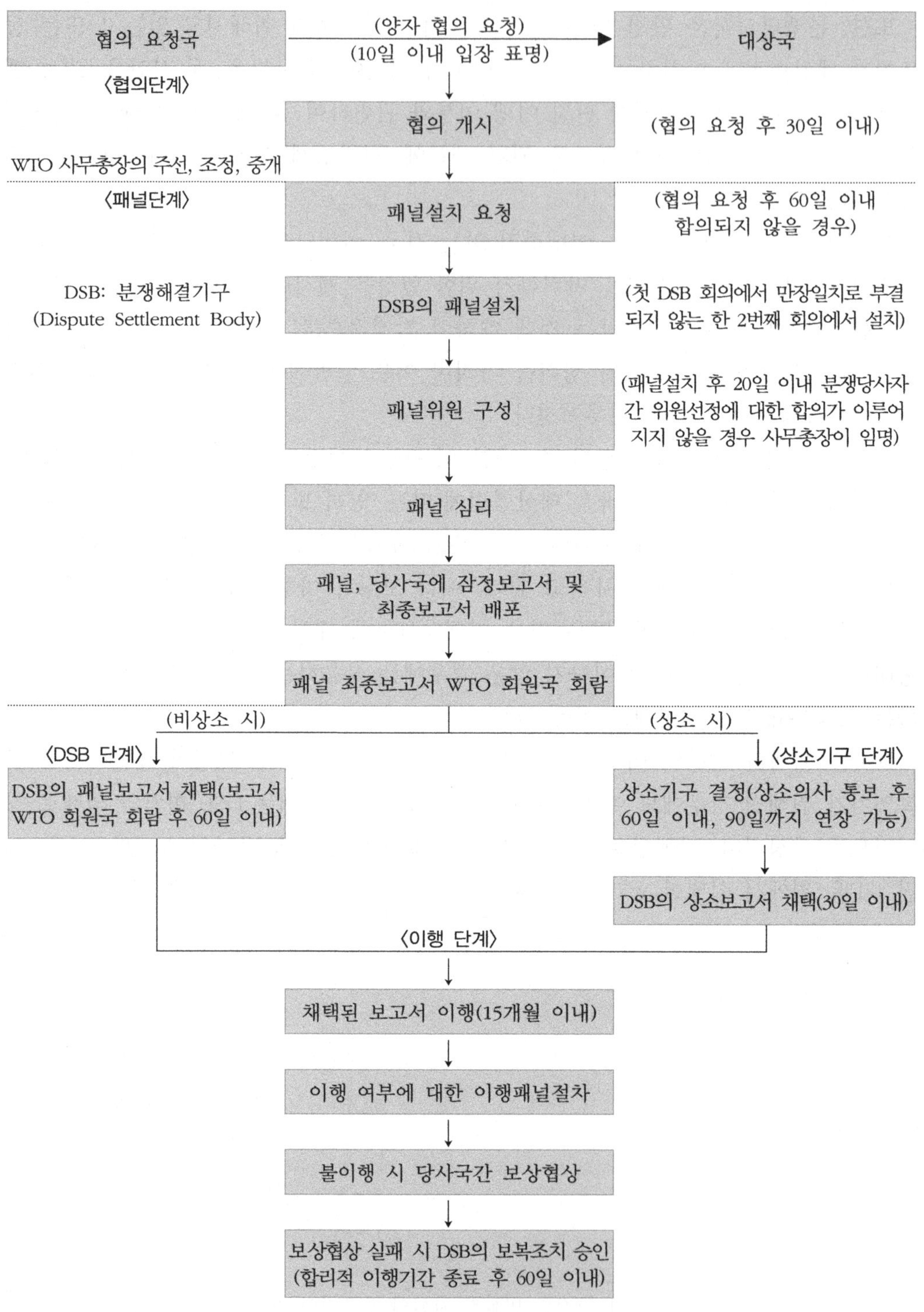

[그림 1-1] **WTO 분쟁해결절차의 단계**

5. 상소제도와 비위반제소

패널의 권고 및 판결에 대해 이의가 있을 경우 분쟁당사국은 피소국, 제소국 어느 쪽이든 상소할 수 있다. GATT 체제에서는 분쟁당사국이 패널판결에 불복하고 패널의 권고 및 판결을 이행하지 않는 일이 많이 발생하였다. 하지만 WTO 분쟁해결제도는 GATT 체제에서 부재했던 상소절차를 도입하여 분쟁해결에 대해 보다 적극적으로 개입하고 있으며 패널의 권고 및 판결에 대한 법리적 판단을 추가함으로써 더욱 높은 수준의 법적 구속력과 신뢰, 그리고 공정성을 확보할 수 있게 되었다.

WTO의 상소기구(Appellate Body)는 개별 분쟁사안의 심리를 위해 비상설기구로 설치되는 패널과는 달리 패널판결 이후 상소절차에 회부된 모든 분쟁사안에 대해 최종적으로 법리적 판단을 내리는 상설기구로 WTO 내에 존치한다. 상소기구를 구성하는 상소위원은 국제법, 국제무역 및 대상협정 전반에 대하여 전문지식을 갖춘 권위자 7인으로 구성되며 임기는 4년으로 1회에 한하여 연임할 수 있다. 상소의 자격은 분쟁당사국으로 한정된다. 다만, 분쟁과 관련하여 이해관계가 걸려있는 제3자는 상소기구에 자국의 입장을 서면으로 제출하는 등 상소절차 과정에서 자국의 입장을 밝힐 수 있다.

상소절차에서 다루는 사안은 분쟁의 사안(fact) 그 자체가 아니라 패널보고서에서 다루어진 법률문제 및 패널이 수행한 법률해석에 국한된다. 상소기구의 심의과정은 패널과 같이 비공개를 원칙으로 한다. 상소기구의 판결이 담긴 상소보고서가 회원국에게 배포, 회람된 후 30일 이내에 DSB가 총의로 동 보고서를 채택하지 않기로 결정하지 않는 한 DSB는 이를 채택해야 한다. 물론 개별 회원국은 이 단계에서도 상소보고서에 대하여 자국의 견해를 표명할 권리를 가진다.(DSU 제17.14조[15])

한편, WTO는 분쟁해결절차 중 하나로 일반적인 '위반제소'와 대비되는 '비위반제소'(non-violation complaints)를 인정하고 있다. '비위반제소'란 회원국이 특별히 명문화된 WTO 협정을 위반하는 것은 아니지만 회원국이 취한 특정 무역조치로 인해 타 회원국(들)이 직간접적으로 피해를 보는 경우, 피해당사국이 이에 대해 제소할 수 있게 하는 제도이다. 이 경우 제소국은 대상협정과 상충하지 아니하는 상대국의 무역관련 조치에 대한 제소의 필요성 등을 포함한 제소의 사유와 그 정당성을 밝혀야 한다.

또한, DSB가 제소국이 제시한 비위반제소의 사유를 인정하게 될 경우라도 피소국

---

15) 상소보고서가 회원국에게 배포된 후 30일 이내에 DSB가 총의로 동 보고서를 채택하지 않기로 결정하지 아니하는 한, DSB는 이를 채택하며 분쟁당사자는 동 보고서를 무조건 수락한다. 동 채택절차는 회원국이 상소보고서에 대하여 자국의 견해를 표명할 수 있는 권리를 저해하지 아니한다.

은 문제가 되는 특정 조치가 WTO 협정을 위반하지 않는 한 이를 철회할 의무는 없다. 하지만 패널 또는 상소기구는 분쟁당사국에게 상호 만족할 만한 조정이 이루어지도록 권고해야 한다. 제소국의 요청이 있을 경우 중재를 통해 무효화 또는 침해된 이익의 수준에 대한 판결을 내릴 수 있으며 상호 만족할 만한 조정에 이르기 위한 수단 및 방법을 제안할 수 있다. 그러나 이러한 제안은 분쟁당사국에게 구속력을 갖지 않는다. 다만, 자발적인 성격을 갖는 보상은 분쟁의 최종적인 해결로서 상호 만족할 만한 조정의 일부가 될 수 있다.(DSU 第26.1조[16])

6. WTO 분쟁해결제도에 대한 평가

앞에서 보았듯이 GATT 체제에서는 분쟁해결에 관한 구체적인 규정의 명문화가 없었기 때문에 패널의 권고 및 판결이 갖는 실제적 구속력의 한계라는 문제가 항상 남아 있었다. 하지만 WTO 체제에서는 WTO 협정이 DSU에 적용, 기속되도록 규정함으로써 분쟁해결절차를 통한 결과물이 실질적인 구속력을 가질 수 있게 되었다. 또한, 분쟁해결절차의 기한 등 무역분쟁에 관한 명문화된 규정이 존재하게 됨으로써 GATT 체제에서는 장시간이 소요되었던 분쟁해결과정이 신속하게 처리될 수 있게 되었다.

GATT 체제에서는 판결이 패널 단심에 그침으로써 그 판결의 부당함을 주장하고

---

16) 1. GATT 1994 제23.1(b)조의 규정이 특정 대상협정에 적용될 수 있는 경우, 패널 또는 상소기구는 일방 분쟁당사자가 특정 회원국의 조치의 결과로 인하여 동 조치의 특정 대상협정의 규정에 대한 위반 여부에 관계없이, 특정 대상협정에 따라 직접적 또는 간접적으로 자국에 발생하는 이익이 무효화 또는 침해되고 있다고 간주하거나 동 대상협정의 목적달성이 저해되고 있다고 간주하는 경우에만 판결 및 권고를 내릴 수 있다. 이러한 당사자가 특정 사안이 GATT 1994 제23.1(b)조의 규정이 적용될 수 있는 대상협정의 규정과 상충하지 아니하는 조치에 관한 것이라고 간주하고, 또한 패널이나 상소기구가 그렇게 판결하는 경우에 이 양해의 절차가 다음에 따를 것을 조건으로 적용된다.

a. 제소국은 관련 대상협정과 상충하지 아니하는 조치에 관한 제소를 변호하는 상세한 정당한 사유를 제시한다.
b. 특정 조치가 관련 대상협정을 위반하지 아니하면서 동 협정에 따른 이익을 무효화 또는 침해하거나 동 협정의 목적달성을 저해한다고 판결이 내려지는 경우, 동 조치를 철회할 의무는 없다. 그러나 이러한 경우 패널 또는 상소기구는 관련 회원국에게 상호 만족할 만한 조정을 행하도록 권고한다.
c. 제21조의 규정에도 불구하고 제21.3조에 규정된 중재는 일방 당사자의 요청이 있는 경우 무효화 또는 침해된 이익의 수준에 대한 결정을 포함할 수 있으며, 또한 상호 만족할 만한 조정에 이르기 위한 수단 및 방법을 제의할 수 있다. 이러한 제의는 분쟁당사자에 대하여 구속력을 갖지 아니한다.
d. 제22.1조의 규정에도 불구하고 보상은 분쟁의 최종적인 해결로서의 상호 만족할만한 조정의 일부가 될 수 있다.

승복하지 않는 경우가 발생하였다. 하지만 WTO 체제에서는 사실관계에 대한 판결을 맡은 패널심과 더불어 법리심인 상소절차를 추가적으로 도입함으로써 판결의 공정성과 신뢰도를 높일 수 있게 되어 분쟁당사국들을 실질적으로 구속할 수 있게 되었다. 더 나아가 이행당사국이 DSB의 권고 및 판결을 정당한 이유 없이 이행하지 않을 경우 교차보복 등 보복할 수 있는 권한을 폭넓게 허용함으로써 권고 및 판결의 효력을 높였다.

하지만 모든 무역분쟁이 WTO 분쟁해결제도 안에서 온전히 해결될 수 있을지의 문제는 여전히 의문으로 남아 있다. 특히, 선진국과 개도국 간에 분쟁이 일어날 경우 WTO 분쟁해결제도가 선진국의 배타적인 힘의 논리를 얼마나 막아낼 수 있느냐의 문제는 여전히 의문으로 남아 있다고 할 수 있다. 실제로 DSU에서 (최빈)개도국에 대한 배려는 여타의 WTO 부속 협정에 비해 미흡한 수준에 있다고 평가되고 있다. 따라서 WTO 분쟁해결제도의 발전을 위해 선진국과 (최빈)개도국이 모두 공감하고 이익을 누릴 수 있는 합리적인 분쟁해결방식을 지속적으로 모색할 필요가 있다고 할 수 있다.

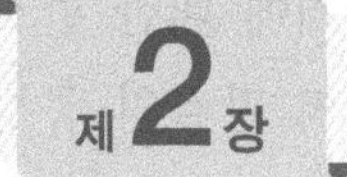

WTO 분쟁해결제도의 역사적 전개 및 의사결정구조의 변화

제1장에서 살펴보았듯이 WTO 분쟁해결제도는 이전 GATT 체제의 분쟁해결제도의 한계를 극복하였다는 점에서 우루과이라운드 협상의 가장 중요한 성과 중 하나로 평가받고 있다. 그러나 이러한 평가는 WTO 분쟁해결제도가 무에서 유를 창조하는 것과 같은 완전히 새로운 발명이라거나, GATT의 분쟁해결제도가 전혀 무용했다는 것을 의미하지는 않는다.

오히려 GATT의 분쟁해결제도의 문제점과 한계는 자유무역의 확대 및 발전과 더불어 더욱 심화되었고 대칭적으로 이를 해결하기 위한 노력이 지속적으로 진행되었다고 해석해야 할 것이다. 회원국들은 1995년 WTO 출범 이전 GATT 체제 50여 년의 시간 속에서 GATT 제22조 및 제23조를 토대로 보다 개선되고 효과적인 분쟁해결제도의 필요성을 인식, 공감하고 이에 대한 논의를 지속해 왔다.

GATT 분쟁해결제도에서 형성된 분쟁해결과 관련된 기본적이고 중요한 원칙과 관행은 현재의 WTO 분쟁해결제도에 그대로 적용되고 있다. 예를 들어 WTO 분쟁해결제도는 GATT의 제22조 및 제23조에 따라 적용, 운용되는 분쟁해결원칙을 토대로 하고 있다(DSU 제3.1조[17]). DSU는 위에서 보았듯이 GATT 협정 당사국들의 결정과 이해를 토대로 성문화되었다.

물론, 우루과이라운드 협상에서는 이것뿐만 아니라 GATT 분쟁해결제도의 단점을 보완하기 위한 중요한 수정과 보완이 다수 이루어졌다. 본 장에서는 이에 대한 설명을 포함, GATT/WTO 분쟁해결제도의 역사적 전개에 대해 살펴보고자 한다. 또한, 이 과정에서 가장 중요한 변화 중 하나라고 할 수 있는 GATT/WTO의 의사결정구조의 변화에 대해 살펴보고자 한다. 이를 위해 우선 1절에서는 WTO의 일반적 의사결정구조에 대해 설명한다. 다음으로 2절과 3절에서는 의사결정구조의 변화를 중심으로

17) 회원국은 지금까지 1947년도 GATT 제22조와 제23조에 따라 적용되어 온 분쟁관리원칙과 양해에 의하여 더욱 발전되고 수정된 규칙 및 절차를 준수할 것을 확인한다.

GATT/WTO 분쟁해결제도의 변화와 발전에 대해 알아본다.

1. WTO의 일반적 의사결정구조[18)]

WTO는 협상의 장(場)인 동시에 다수의 국가들이 협상을 통해 합의한 일련의 협정, 규범들의 총합이자 결과물이다. 이렇게 볼 때 협상은 WTO의 시작이자 마지막이라고 해도 과언이 아닐 것이다. 강대국의 이해와 논리가 우선되고 관철되는 냉엄한 국제관계에서 개별국가들은 WTO 차원의 협상을 통해 이러한 단점을 극복하고 자국의 이익을 다자적 차원으로 반영할 수 있게 되었다.

협상을 통한 WTO의 의사결정원리를 이해하기 위해서는 개별국가들이 자국의 이익을 극대화하기 위한 협상전략이 어떻게 WTO의 의사결정에 작용하는지에 대한 분석이 필요하다. 또한, 이러한 개별국가들의 협상결과가 포괄적인 차원에서 어떻게 세계의 경제적 후생을 증가시킬 수 있는지에 대해 이해할 수 있어야 한다. 본 절에서는 먼저 WTO의 '의사결정'의 원리에 대한 이해를 위해 다자적 차원의 협상 메커니즘, 즉 WTO의 의사결정구조에 대해 살펴본다. 이를 통해 WTO 분쟁해결제도의 의사결정구조의 변화의 이유와 의미에 대해 이해하고자 한다.

어떤 조직이든 구성원들의 의사를 반영하기 위한 의사결정구조가 존재한다. 의사결정구조는 크게 ① **의사결정방식**, ② **의사결정절차**, ③ **의사결정기구** 등으로 나누어 볼 수 있다. 우선 WTO라는 특수한 국제기구의 의사결정방식에 대한 이해를 위해 일반적인 의사결정방식에 대한 논의로 시작한다.

우선, ① 의사결정방식과 관련해서는 두 가지의 가치가 충돌한다. 그 두 가지의 가치는 '포용성'(comprehensiveness)과 '효율성(efficiency)'이다. '포용성'은 찬성이든 반대이든 전체 구성원의 의사를 적절히 반영할 수 있는, 즉 구성원들이 가지고 있는 다양한 의사를 의사결정에 최대한 반영할 수 있게 하는 것이다. 하지만 구성원의 다양한 의사를 최대한 많이 반영하기 위해서는 그만큼 의사결정을 위한 시간과 비용은 커지기 때문에 소위 '효율성'은 저하된다. 결국, 의사결정방식은 '포용성'과 '효율성'이라는 서로 상충되는 두 개의 가치 사이의 다양한 스펙트럼 중 한 지점에서 결정된다.

두 번째로 협상의제를 둘러싼 의사결정방식은 크게 개별협상방식(individual negotiation)과 일괄타결방식(single undertaking, package deal)으로 나누어 볼 수 있다. 개별협상방식은 양자(복수)간 각 구성원들이 갖고 있는 다양한 개별의제들에 대해 이해관계가

---

18) 동 절의 내용은 나희량(2018), 「쉽게 읽는 무역과 WTO 이야기」, 두남, pp.141-146 중 일부 내용을 발췌, 보완한 것이다.

있는 당사자들끼리 상호성(reciprocity)을 전제로 합의를 이끌어내는 방식이다. 또한, 합의의 효력은 해당 협상에 참여한 일부 구성원들에게만 적용되며 다른 구성원들은 그 효력의 구속으로부터 자유롭다.

따라서 개별협상방식은 개별 구성원들의 의사를 최대한 반영할 수 있다는 차원에서 '포용성'이 큰 협상방식이다. 하지만 협상의제들에 대한 합의를 회원국간에 필요한 모든 개별협상을 통해 이루려면 그만큼 시간과 비용이 증가할 수밖에 없고, 또한 협상의 결과들이 모든 구성원들에게 적용되지 않는다는 점 등의 한계가 있다.

이에 비해 일괄타결방식은 모든 의제들을 동시에 상정하고 상호성을 바탕으로 구성원들 간의 주고받기식(give and take) 협상을 통해 한꺼번에 타결을 짓는 의사결정 방식이다. 일괄타결방식은 일단 합의된 사항에 대해서는 모든 구성원들에게 그 효력이 발생하며 원칙적으로 권리와 의무가 동등하게 주어진다.

일괄타결방식은 다양한 구성원들의 복잡한 이해관계를 충분히 반영하는 데는 한계가 있다. 또 그렇다 보니 타결에 이르기까지 상당히 어려운 점이 많다는 단점이 있다. 하지만 만약 가능하다면 모든 구성원들이 참여하는 다자간 협상을 통해 모든 협상 의제들을 빠른 시간 내에도 타결할 수 있다는 측면에서 '효율성'에서는 개별협상방식에 비해 우월하다고 할 수 있다. 하지만 일괄타결방식은 모든 구성원들의 복잡다기한 이해관계를 온전히 반영하기는 어렵다는 측면에서 '포용성'에서는 개별협상방식에 비해 만족스럽지 못할 수 있다.

이러한 포용성과 효율성이 서로 상충되는 문제는 의사결정방식에만 국한되는 것이 아니라 ② 의사결정절차 및 ③ 의사결정기구의 결정에도 동일하게 적용된다. 의사결정절차의 경우 포용성의 측면에서 가장 부합하는 것은 '총의(consensus)'를 통한 의사결정이다. '만장일치(unanimity)'가 모든 구성원이 찬성하는 적극적 차원의 동의라면, '총의'는 그 의제를 결정하는 데 있어 그 어떤 구성원도 적어도 명시적으로, 공개적으로 반대하지 않는 소극적 차원의 동의라고 할 수 있다. 또한, 만장일치는 투표(voting)을 전제로 하는데 비해, 총의는 투표절차 필요 없이 협상과정에서의 의사표명만으로도 가능한 의사결정절차이다.

하지만 '총의'는 모든 구성원의 (적어도 소극적인) 동의를 전제로 하기 때문에 포용성이 극대화되지만 단 하나의 구성원이라도 적극적으로 '반대'를 표시할 경우 총의에 이르지 못하게 된다. 따라서 모든 구성원들의 동의를 이끌어 내기 위해서는, 다시 말해 모든 구성원들 모두가 적어도 적극적인 반대의사를 표시하지 않을 정도로의 진전된 합의가 이루어지기 위해서는 그만큼 많은 시간과 비용이 들어갈 수밖에 없다. 이로 인해 총의는 효율성 측면에서는 떨어지는 단점이 있다.

이에 비해 '투표'는 일단 투표절차를 통해 의사결정이 이루어지면 설사 반대표를 던졌더라도 그 결정을 따라야만 한다. 투표는 신속하게 의사결정절차를 진행할 수 있기 때문에 시간과 비용이 적게 든다는 장점이 있다. 따라서 투표는 모든 구성원의 합의를 전제로 하는 총의에 비해서는 포용성 측면에서는 떨어지지만 효율성 측면에서는 우월하다고 할 수 있다.

투표는 각 구성원이 동등한 권한을 갖는 1인 1표 방식, 구성원의 능력, 소득(부), 지위 등에 따라 가중치를 정하고 그 가중치를 투표 결과에 적용하는 방식 등 다양한 결정방식이 존재한다. 결정기준에 있어서도 과반수, 2/3, 3/4, 만장일치 등의 다양한 기준을 둘 수 있다. 이 중 가장 일반적으로 활용되는 방식 및 기준은 과반수 기준, 1인 1표 방식이다. 1인 1표 방식에 가까울수록, 결정기준이 만장일치 쪽으로 강화될수록 포용성은 올라가고 효율성은 내려간다. 그러므로 투표의 방식에 있어서 기계적인 1인 1표 방식보다는 구성원의 능력에 따른 가중치를 두는 방식과 과반수를 의사결정의 기준으로 하는 투표방식이 가장 효율성을 높이는 의사결정절차라고 할 수 있다.

한편, ③ 의사결정기구에 대해 생각해보자. 모든 구성원들이 동일한 권리와 의무를 부여받고 의사결정기구에 동등한 자격으로 참여한다면 포용성은 극대화될 것이다. 하지만 구성원들의 의사가 다양할수록 의사결정에 필요한 시간과 비용은 증가할 수밖에 없다. 이 경우 효율성은 저하된다. 반대로 제한된 몇몇 구성원들(극단적으로 오직 한 명)만이 의사결정기구에 참여하게 된다면 의사결정의 시간과 비용이 줄어들기 때문에 효율성은 커지지만 그만큼 포용성은 떨어질 수밖에 없다. 〈표 2-1〉은 위에서 논의한 의사결정구조를 '포용성'과 '효율성'을 기준으로 분류해 정리한 것이다.

〈표 2-1〉 **'포용성' 및 '효율성' 기준의 의사결정구조**

	포용성	효율성
① 의사결정방식	개별협상방식	일괄타결방식
② 의사결정절차	총의	과반수 기준 투표(가중치 부여)
③ 의사결정기구	모든 구성원이 참여	일부(단일) 구성원만 참여

위의 일반적 의사결정구조는 주권국가들을 회원으로 하는 WTO의 의사결정구조에도 그대로 적용될 수 있다. 다만 이 경우 위에서 언급한 의사결정의 두 가지 가치인 포용성과 효율성과 더불어 한 가지 더 고려해야 할 사항이 있는데 그것은 개별 회원

국들이 가지고 있는 '주권적 권리'이다. WTO는 주권(sovereignty)을 가지고 있는 국가(관세영역)가 그 회원국이 되므로 일반적인 의사결정구조의 참여자인 개인이나 단체(기업)만을 고려할 때와는 다른 성격을 갖는다. WTO 협정 및 원칙을 준수하기 위해 개별 회원국들은 자신의 주권을 스스로 제한 또는 포기해야 할 필요가 있다.

따라서 일반적인 경우와는 다르게 WTO의 의사결정구조에 있어서는 포용성과 효율성도 이 주권적 권리와 연결하여 고려하여야 한다. 왜냐하면 WTO는 개별 국가를 대표하는 정부가 회원으로 참여하는 국제기구이고 또한 각 정부는 일반적인 조직의 회원과는 달리 자국의 이익에 상충되는 국제기구의 의사결정은 적극적으로 반대할 수 있고 또 따르지 않아도 되는 주권적 권리를 행사할 수 있기 때문이다. 이러한 점을 고려하면 WTO의 의사결정구조의 중요한 쟁점은 "어떻게 하면 개별 회원국들이 주권적 권리를 스스로 제한하면서 동시에 국제기구의 의사결정에 참여할 수 있게 할 것인가"가 된다.

주권적 권리를 포용성과 효율성, 두 가지 가치와 접목해 보면 포용성이 커질수록 주권적 권리가 보장되는 반면 효율성이 증가할수록 주권적 권리는 침해된다고 할 수 있다. 왜냐하면 포용성은 구성원의 다양한 의사를 의사결정에 최대한 반영될 수 있는 것을 의미하므로 그만큼 개별 회원국 주권적 권리에 대한 침해의 소지가 작아지기 때문이다.

반면 효율성 측면에서는 비용절감을 위해 조직의 의사결정이 구성원의 의사를 온전히 반영하지 못할 수 있기 때문에 개별 회원국의 주권적 권리의 침해 소지가 커지게 된다. 따라서 〈표 2-1〉의 포용성과 효율성을 각각 주권적 권리의 인정, 주권적 권리의 침해로 바꾸어 〈표 2-2〉처럼 표현할 수 있다.

실제로 WTO의 의사결정구조는 포용성 즉, 회원국들의 주권적 권리를 최대한 인정하는 차원에서 이루어져왔다고 할 수 있다. 예를 들어 WTO는 기본적으로 의사결정

〈표 2-2〉 **'주권적 권리' 기준 의사결정구조**

	(포용성) 주권적 권리 인정 (주권적 권리의 침해가능성 小)	(효율성) 주권적 권리 침해 (주권적 권리의 침해가능성 大)
① 의사결정방식	개별협상방식	일괄타결방식
② 의사결정절차	총의	과반수 기준 투표(가중치 부여)
③ 의사결정기구	모든 회원국이 참여	일부(단일) 회원국만 참여

절차에 있어서는 '총의'를, 의사결정기구에 있어서는 '모든 회원국들이 참여'하도록 하고 있다. 총의가 이루어지지 않을 경우 예외적으로 투표를 통한 의사결정도 허용하고 있기는 하지만 대부분의 중요한 결정들은 원칙적으로 모든 회원국들이 참여하는 협상장에서 총의에 따라 결정되어 왔다.

이러한 '총의'를 통한 의사결정절차에 대한 내용은 'WTO 설립을 위한 마라케쉬 협정' 제9조 '의사결정'과 제4조 'WTO의 구조'에 명시되어 있다. 먼저 제9.1조에서는 "WTO는 1947년도 GATT에서 지켜졌던 총의(consensus)에 의한 결정의 관행을 계속 유지한다.(주: 관련 기구는 결정을 하는 회의에 참석한 회원국 중 어느 회원국도 공식적으로 반대하지 않는 한 검토를 위하여 제출된 사항에 대하여 총의에 의하여 결정되었다고 간주된다.)"[19] 라고 규정하고 있다.

또한 WTO의 의사결정기구와 관련하여 모든 회원국이 참여하도록 명시하고 있다. 'WTO 설립을 위한 마라케쉬 협정' 제4.1조에서는 "모든 회원국 대표로 구성되며 최소 2년에 1회 개최되는 각료회의가 설치된다. 각료회의는 세계무역기구의 기능을 수행하며 이를 위하여 필요한 조치를 취한다. 각료회의는 회원국이 요청하는 경우, 이 협정과 다자간무역협정의 구체적인 의사결정 요건에 따라 다자간무역협정의 모든 사항에 대하여 결정을 내릴 권한을 갖는다."[20]라고 하고 있다.

동 협정 제4.2조에서는 "모든 회원국 대표로 구성되며 필요에 따라 개최되는 일반이사회가 설치된다. 일반이사회는 각료회의 비회기중에 각료회의의 기능을 수행한다. 일반이사회는 또한 이 협정에 의하여 부여된 기능을 수행한다. 일반이사회는 자체적인 의사규칙을 제정하고 제7항에 규정된 위원회의 의사규칙을 승인한다."[21]라고

---

19) The WTO shall continue the practice of decision-making by consensus followed under GATT 1947(note: The body concerned shall be deemed to have decided by consensus on a matter submitted for its consideration, if no Member, present at the meeting when the decision is taken, formally objects to the proposed decision.)

20) There shall be a Ministerial Conference composed of representatives of all the Members, which shall meet at least once every two years. The Ministerial Conference shall carry out the functions of the WTO and take actions necessary to this effect. The Ministerial Conference shall have the authority to take decisions on all matters under any of the Multilateral Trade Agreements, if so requested by a Member, in accordance with the specific requirements for decision-making in this Agreement and in the relevant Multilateral Trade Agreement.

21) There shall be a General Council composed of representatives of all the Members, which shall meet as appropriate. In the intervals between meetings of the Ministerial Conference, its functions shall be conducted by the General Council. The General Council shall also carry out the functions assigned to it by this Agreement. The General Council shall establish its rules of procedure and approve the rules of procedure for the Committees provided for in paragraph 7.

규정하고 있다.

이렇게 WTO는 개별 회원국들의 주권적 권리를 인정하는 차원에서 포용성을 중시하는 의사결정절차와 의사결정기구를 채택하고 있다. 반면 의사결정방식에 있어서는 일괄타결방식을 채택함으로써 포용성보다는 효율성의 추구에 더 무게를 둠으로써 주권적 권리 침해의 가능성을 열어두고 있다. GATT에는 일괄타결방식에 대한 의무화된 명문 규정은 없다. 하지만 일괄타결방식은 1994년 GATT의 최종협상인 우루과이라운드 협상 때부터 채택되었던 방식으로 이후 WTO에서 이루어지고 있는 협상의 주된 의사결정방식으로 활용되어 오고 있다.

1948년 GATT 발효 이후 초기에는 협상에 참여할 의사가 있는 회원국들만 협상결과인 협정의 내용이 적용되도록 하였다. 이것은 당시 다자간 무역체제와 관련된 무역관련 의제들이 적고 단순했기 때문에 현재에 비해 협상타결이 용이했다는 점이 반영된 것이다. 하지만 무역규모와 품목의 증가, 다자간 무역체제의 진전 등에 따라 무역과 관련된 다양한 의제들에 대한 의사결정이 효율적으로 이루어지기 위해서는 기존의 개별협상방식보다는 협상타결 시 그 효과가 모든 회원국에게 적용되는 일괄타결방식이 선호되게 되었다.

일괄타결방식은 GATT 체제의 마지막 다자간 협상인 우루과이라운드 협상을 거치면서 비로소 공식적으로 채택되었다. 이러한 일괄타결방식에 대한 내용은 WTO 체제의 첫 다자간 협상인 2001년 DDA의 출범을 알리는 도하각료선언문에 명시되어 있다. 동 선언문 제47항에서는 "분쟁해결협정의 개선 및 명료화를 제외한 협상결과의 실행, 결정, 발효는 일괄타결(single undertaking)의 일부로 간주한다."[22]고 함으로써 DDA의 협상이 일괄타결방식으로 진행됨을 공식화하였다.

위에서 보았듯이 WTO의 의사결정구조는 의사결정방식에서는 효율성을, 반면에 의사결정절차와 의사결정기구에서는 포용성에 더 무게를 두고 있다. 이렇게 볼 때 현재의 WTO의 의사결정기구는 포용성만을 강조하면 비효율성이 발생할 수 있고, 효율성만 강조하면 회원국들의 의사를 충분히 반영하지 못하고 주권적 권리 침해의 가능성을 높여 결국 회원국들의 반발을 가져올 수 있는 난점을 함께 고려한 포용성과 효율성을 절충한 의사결정구조라고 할 수 있다.

하지만 지금도 급격하게 변화하고 발전하고 있는 다자간 무역체제의 다양한 의제들에 대한 의사결정에 있어 WTO가 현재 채택하고 있는 의사결정구조가 과연 적절한

---

22) With the exception of the improvements and clarifications of the Dispute Settlement Understanding, the conduct, conclusion and entry into force of the outcome of the negotiations shall be treated as parts of a single undertaking.

지에 대한 비판과 의문이 제기되고 있다. 특히 WTO의 첫 다자간 협상인 DDA가 뚜렷한 성과 없이 계속 공전되면서 현 WTO의 의사결정구조가 가지고 있는 여러 가지 문제점과 한계에 대한 비판과 이를 해결하기 위한 방안들이 제기되기 시작하였다. 2013년 인도네시아 발리에서 개최된 제8차 WTO 각료회의에서는 그 동안의 모든 이슈에 대한 일괄타결방식 대신 일부 이슈에 대한 일괄타결방식 즉 조기수확방식(early harvest)을 채택하여 소위 발리패키지(Bali package)에 대한 타결을 이끌어냄으로써 WTO 의사결정구조의 변화 가능성을 보여주었다.

WTO 무역분쟁해결제도의 의사결정절차의 경우에도 '총의' 방식이 아닌 '역총의' 방식을 도입하였다. 역총의는 WTO의 일반적 의사결정절차인 총의 방식을 변용한 것으로 볼 수 있는데 이를 도입한 것은 총의를 통해서는 패널판결의 채택이 현실적으로 불가능하다는 난제를 해결하기 위한 일환에서 개발된 것이라고 할 수 있다. 아래 2절에서는 이를 포함한 GATT/WTO 분쟁해결제도의 역사적 전개 및 변화에 대해 살펴본다.

2. GATT/WTO 분쟁해결제도의 역사적 전개 및 변화

1) GATT 제22조, 제23조 및 기존 관행

1장에서 보았듯이 GATT 체제하에서는 GATT 제23.2조에서 분쟁해결과 관련된 가장 기초적인 규칙을 제공하고 있다. 이는 기본적으로 GATT의 개별 체약국(회원국) 간에 무역분쟁이 발생하는 경우, 분쟁의 해결을 위해서 GATT 체약국들이 공동으로 처리해야 한다는 기본적인 인식을 전제로 한 것이었다. 따라서 GATT 체제 초기의 무역분쟁의 경우 체약국들이 참여하는 GATT 이사회(GATT Council)의 의사 진행과 이를 반영한 위원장의 결정으로 그 해결을 모색하였다.

하지만 이러한 방식은 분쟁과 관련된 논쟁의 주제와 대상이 확대되고 분화되어 감에 따라 적합하지 않다는 문제의식이 생기게 되었다. 이후 이러한 문제점을 해결하기 위해 GATT 체제하의 무역분쟁은 분쟁당사국들을 포함한 모든 이해 당사국들의 대표로 구성된 작업반(working parties)에 상정되었다. 해당 작업반은 무역분쟁과 관련하여 제반 분쟁사안을 논의하고 이에 대한 최종결정을 위해 총의(consensus)로서 판결보고서를 채택하였다.

하지만 이 경우에도 그 과정에서 작업반의 공정성과 전문성에 대한 비판이 제기되었다. 이에 따라 작업반은 곧 분쟁당사국들과는 관련이 없는 3~5명의 독립적인 전문가들로 구성된 패널(panel)로 교체되었다. 이 패널들은 분쟁을 해결하기 위한 권고(recommendations) 및 판결(rulings)을 포함한 독립적인 패널보고서를 작성하여 GATT

이사회에 회부하였다.

하지만 GATT 이사회에서 총의를 통한 보고서 채택이 있을 때에만 동 패널보고서는 분쟁당사국에 대해 법적으로 구속력을 갖게 되었다. 총의를 통한 패널보고서 채택이 현실적으로 어렵다는 한계점에도 불구하고 이러한 변화의 과정을 통해 GATT의 패널은 점차 무역분쟁과 관련한 사법적 분쟁해결체계를 구성할 수 있는 중심적 역할을 할 수 있게 되었다.

GATT 패널의 판결사례들은 오늘날에도 여전히 중요한 의미를 가지며 이후 WTO 분쟁해결제도에서도 이를 기초로 하여 규범적 기반의 접근 방식(rules-based approach)과 사법적 추론 방식(juridical style of reasoning)을 따르게 되었다. 또한, GATT의 체약국들은 점차적으로 증대되는 무역분쟁을 체계화하였고 이와 함께 분쟁해결절차를 수정하였다. 우루과이라운드 협상 이전 무역분쟁해결과 관련된 가장 중요한 결정과 양해는 다음과 같다.[23]

① 1966년 4월, GATT 1947 제23조 하의 절차에 관한 결정

② 1979년 11월, 채택된 통보, 협의, 분쟁해결 및 감시에 대한 양해각서[24]

③ 1982년 11월, 각료회의에 포함된 분쟁해결과 관련된 결정[25]

④ 1984년 11월, 분쟁해결 관련 결정[26]

2) GATT 분쟁해결제도의 취약점

GATT 분쟁해결제도가 가지고 있었던 몇 가지 핵심 원칙은 우루과이라운드 협상까지 유지되었는데 그 중 가장 중요하면서도 취약점으로 지적되게 된 것은 GATT 체제하에서 존재했던 의사결정방식인 '총의 원칙'이었다. 예를 들어 GATT 이사회에서 분쟁사안을 논의하고 이에 대한 판결이 채택되기 위해서는 회원국들의 총의가 필요했다.

총의는 어떤 안건에 대한 결정에 있어서 모든 회원국들이 적어도 명시적인 반대의 의사표시를 하지 않는다는 것을 전제로 이루어지는 의사결정 방식이다. 따라서 만약 단 하나의 회원국이라도 명시적인 반대나 이의를 제기하게 되면 관련 안건은 채택되지 못하게 된다.

총의를 통한 의사결정방식 이외에 GATT 분쟁해결제도의 또 다른 중요한 문제점은

---

23) 아래 문서들의 내용은 대부분 개도국에 대한 GATT 협정의 적용 유예 및 예외 적용과 분쟁 발생 시 개도국에 대한 배려 및 지원을 규정하는 내용들이라고 할 수 있다.

24) BISD 26S/210

25) BISD 29S/13

26) BISD 31S/9

분쟁당사국들이 의사결정과정에 참여하는 것을 배제하지 않았다는 것이다. 이렇게 되면 피소국은 분쟁해결을 위한 패널설치 자체를 무산시킬 수 있다. 또한, 총의는 패널보고서를 채택하는 것뿐만 아니라 피소국이 패널의 권고 및 판결의 이행을 거부하는 것에 대해 제소국이 대응조치를 실행하는 데 있어서도 적용되었다. 따라서 피소국(일반적으로는 피소국이지만 피소국이 아니라도 다른 회원국)이 명시적인 반대 의사를 표시하게 되면 패널보고서의 채택은 물론 권고 및 판결의 이행 불응에 대한 제소국의 대응조치 시행도 사실상 불가능하게 된다고 할 수 있다.

이렇게 총의방식과 분쟁당사국들의 의사결정과정 참여 등에 따른 문제점만 보더라도 GATT 분쟁해결제도가 과연 효과적으로 운용이 가능했을까 라는 의문이 들 수 있을 것이다. 왜냐하면 피소국이 패널의 판결이 불리하다고 예상한다면 패널설치단계에서부터 패널설치 자체를 막을 수 있기 때문이다. 또한, 그렇지 않더라도 피소국에게 불리한 이행과 관련한 권고 및 편결에 대해서도 명시적으로 반대의사를 표명함으로써 그 이행에 대한 구속력 자체를 불가능하게 만들 수 있는 여지가 있기 때문이다.

상식적인 수준에서 보면 피소국은 자신에게 불리한 패널보고서 채택을 방해할 것이다. 피소국은 자국에게 경제적인 불이익을 줄 수밖에 없는 제소국의 대응조치에 대한 승인에 대해서도 거부권을 행사할 것이다. 따라서 GATT 분쟁해결제도가 이러한 의사결정원칙에 따라 운영된다면 대부분의 경우는 그 운용 자체가 실제적으로 불가능했을 것이다.

하지만 의외로 GATT 체제에서의 분쟁해결제도의 운용은 우려하는 만큼 모든 경우에서 불가능하거나 그 기능을 완전히 잃지는 않았다. 피소국들이 단기간의 손해 가능성에도 불구하고 관련 무역분쟁의 분쟁해결절차가 진행되는 과정에서 패널설치 자체를 거부하는 경우는 많지 않았다. 또한, 패널보고서의 총의를 통한 채택을 막지 않는 사례도 존재했다.

이는 GATT의 대부분 회원국들이 장기적인 측면에서 체계적이고 일관된 분쟁해결에 대한 관심과 지지를 표명하고 있었을 뿐만 아니라 피소국의 입장에서도 분쟁해결절차 과정에서 일방적인 반대의사 표명, 소위 말해 거부권을 과도하게 사용하면 이후 다른 회원국들도 동일한 방식으로 거부권을 남용할 수 있을 것이라는 우려가 일정부분 작용했기 때문인 것으로 보인다. 경험적 연구를 토대로 볼 때 GATT의 분쟁해결제도는 완벽하지는 않더라도 대다수의 회원국들이 최소한의 수준에서 만족할 수 있는 분쟁해결방안을 제공하였다고 볼 수 있다.

그러나 이러한 분석은 실제로 GATT에 제기된 분쟁사건만을 토대로 한 것이기에 한계가 있을 수 있다. 왜냐하면 제소국이 피소국이 거부권을 행사할 것으로 미리 예상하고 GATT 분쟁해결절차에 제소조차 하지 않은 분쟁사안이 상당수 존재할 수 있기 때문이다. 따라서 거부권 행사의 가능성은 그 행사의 여부와 상관없이 GATT의 분쟁해결제도를 약화시키는 장애요인임에는 틀림없다고 할 수 있다.

실제로 이러한 거부권 행사는 반덤핑관세와 같이 기업의 이익과 직접적으로 관련되어 있거나 경제적, 정치적으로 민감한 분야에서 종종 발생하였다. 특히 GATT 체제의 마지막 시기인 1980년대 이후에는 회원국들이 점점 더 많이 패널설치와 패널보고서 채택에 거부권을 행사함으로써 GATT 분쟁해결제도는 지속적으로 왜곡되어져 갔다. 또한, 패널보고서 채택에 있어서 분쟁당사국이 언제라도 그 채택에 거부권을 행사할 수 있다는 점은 패널판결에도 상당한 영향을 미칠 수밖에 없다. 왜냐하면 3~5명(일반적으로는 3명)의 패널위원들은 자신들의 패널보고서가 채택되기 위해서는 분쟁당사국, 특히 패소국이 이를 받아들여야 실제적인 의미가 있다는 것을 알고 있었기 때문에 그 판결의 과정에서 이러한 점을 고려하지 않을 수 없었을 것이다.

따라서 패널판결은 순전히 협정 위반과 관련된 사실관계 및 법률적 측면에서 결정되지 않고 분쟁당사국 양측 모두 어느 정도 용인할 수 있는 타협안을 마련하는 것과 같은 다분히 외교적이고 중재적인 해결책을 모색하는 방안을 중심으로 이루어지는 유인이 존재할 수밖에 없었다고 볼 수 있다.

GATT 체제하에서 적지 않은 무역분쟁이 분쟁해결제도를 통해 해결되었다 하더라도 GATT 분쟁해결제도의 이러한 중요한 구조적인 취약점과 한계는 개선되지 않은 채 지속되었다. 1980년대 후반 우루과이라운드 협상에서 이에 대한 개선을 위한 노력이 진행될 때에도 일부 분쟁당사국들은 정치적으로 민감한 부문이 관련되어 있는 경우 진행 중인 분쟁과 연관시켜 그 절충안을 시도했기 때문에 이러한 상황은 더욱 악화되었다.

이러한 상황 가운데 회원국들은 GATT의 분쟁해결제도가 점점 복잡다기해지는 분쟁사건을 해결할 수 있는 능력을 상실하게 되었고 이에 따라 결국 분쟁해결제도를 신뢰하지 못하는 결과를 가져오게 됨을 인식하게 되었다. 이러한 신뢰의 약화는 개별 회원국들이 무역분쟁 발생 시 GATT 분쟁해결제도에 의존하는 대신 국익의 보호라는 차원에서 분쟁상대국에게 일방적이고 직접적으로 보복조치를 취하는 방식을 선택하는 데 적지 않은 영향을 미쳤다는 것을 부인할 수 없다. 이러한 측면에서 GATT 분쟁해결제도의 문제점을 개선하기 위한 노력이 더욱 절실하게 되었고 이는 이후 WTO의 출범과 더불어 혁신적으로 개선된 WTO 분쟁해결제도의 구축으로 이어지게 되었다.

3) 도쿄라운드 규약(code)에 따른 분쟁해결

1973~79년 도쿄라운드 협상 결과 합의된 반덤핑협정과 같은 소위 도쿄라운드 규약(code)[27]은 각 규약 별로 분쟁해결절차가 포함되어 있다. 규약을 전체적으로 보면 이러한 특정한 분쟁해결절차는 개별 규약의 서명국에게만 적용될 수 있으며 또한, 특정한 분야에 대해서만 적용될 수 있었다. WTO 설립 이전 GATT 체제에서는 회원국들이 개별 협정에 대해 선별적으로 그 기속(참여) 여부를 결정할 수 있었다. 따라서 GATT 분쟁해결제도가 회원국 모두에게 일괄적으로 적용되기 어려운 측면이 있었다.

예를 들어 어떤 분쟁사안이 GATT 협정과 도쿄라운드에서 합의된 규약에 동시에 관련되어 있는 경우, 분쟁당사국들 특히 제소국에 있어서 소위 포럼 쇼핑(forum-shopping) 또는 포럼 중복(forum-duplication)의 여지가 있게 된다. 즉, 분쟁과 관련되어 가장 유리하다고 판단되는 협정 및 분쟁해결절차를 선택할 수 있거나 동일한 분쟁사안에 대해 서로 다른 협정에 근거한 분쟁해결절차를 동시에 진행하는 것 등이 그것이다.

이와 같은 문제점을 가진 규약에 의거한 분쟁해결제도의 경우에도 실제로 총의에 의한 결정에서 거부권 행사로 인해 무산되는 상황이 자주 일어났다. 이러한 상황은 회원국들에게 도쿄라운드 이전의 GATT 체제에 비해서도 더욱 불만족스러운 것으로 인식되었다.

4) 우루과이라운드 협상과 1989년 결정

위에서 지적하였듯이 1980년대에 GATT 분쟁해결제도가 가지고 있었던 내재적 문제가 지속적으로 제기됨에 따라 선진국과 개도국을 포함하는 대부분의 GATT 회원국들은 분쟁해결제도의 개혁에 대한 필요성을 공감하게 되었다. 이에 따라 분쟁해결제도의 개선과 관련된 협상이 우루과이라운드 협상의 중요한 의제 중 하나로 포함되었다.

우루과이라운드 협상이 한창 진행 중이던 1989년 회원국들은 분쟁해결과 관련된 특정한 쟁점에 대한 협상의 예비적 합의 결과를 소위 조기수확(early harvest) 방식으로 수행할 필요가 있음을 공감하였다. 이에 따라 1989년 4월 12일 'GATT 분쟁해결규칙 및 절차의 개선에 대한 결정'을 채택할 수 있게 되었다.[28]

---

27) 규약(code)는 이후 복수국간 협정으로, 또 다자간 협정으로 확대된다.

28) (BISD 36S/61)

1988년 12월 장관급 무역협상위원회 회의와 1989년 4월 고위직 회의에서 GATT 분쟁해결규칙 및 절차의 개선과 본 결정에서 정한 근거에 따른 해당 신청을 승인한다.

G. 패널보고서 채택

1. 이사회 회원국들이 패널보고서를 검토할 수 있는 충분한 시간을 제공하기 위해 보고서는

이 결정에 따른 적용은 우루과이라운드 협상이 끝날 때까지 시행착오를 거쳐야 했지만 패널의 권리와 패널절차에 대한 기한의 설정 등과 같은 이후 WTO 분쟁해결제도에 구체화된 다수의 내용들이 포함되게 되었다. 그러나 WTO 분쟁해결제도에서 도입된 역총의 방식 등 패널보고서의 채택을 위해 필요한 절차 등과 같은 중요한 사안에 대해서는 아직 합의가 이루어지지 않았다. 또한, 패널절차 이후에 예상되는 상소절차에 대한 검토도 아직 이루어지지 않았다.

체약 당사자에게 발행된 후 30일 이내에 이사회의 채택을 고려하지 않는다.

2. 패널보고서에 이의를 제기한 체약 당사자는 패널보고서가 검토될 이사회 회의 10일 전에 서면으로 반대 의사 및 그 이유를 설명해야 한다.
3. 분쟁당사자는 이사회의 패널보고서 검토에 전적으로 참여할 권리를 가지며, 그들의 견해는 완전히 기록되어야 한다. 합의하에 패널보고서를 채택하는 관행은 적용 가능한 의사결정에 관한 GATT 조항을 침해함이 없이 계속될 것이다. 그러나 분쟁해결절차의 지연은 피해야 한다.
4. 제22.1조 또는 제23.1(a)조에 의거한 요청으로부터 이사회가 패널보고서를 결정할 때까지 당사자가 합의하지 않는 한 15개월을 초과하여서는 아니 된다. 이 항의 규정은 F(f).6조의 규정에 영향을 미치지 아니한다.

H. 기술 지원

1. 사무국은 그들의 요청에 따라 분쟁 해결과 관련하여 체약 당사국을 지원하는 동안 개발도상국에 대한 분쟁 해결에 관한 추가적인 법률 자문과 지원을 제공할 필요가 있을 수 있다. 이를 위하여 사무국은 기술 협력 사업부의 자격 있는 법률 전문가를 요구하는 개발도상국에게 제공해야 한다. 이 전문가는 개발도상국이 사무국의 지속적인 공정성을 보장하는 방식으로 지원해야 한다.
2. 사무국은 GATT 분쟁 해결 절차 및 관행에 관한 이해 당사국의 특별 훈련 과정을 실시하여 체약 당사국의 전문가가 이 점에 관해 더 잘 통보할 수 있도록 한다.

I. 권고 및 판결 이행 감시

1. 제23조에 따른 계약 당사자의 권고 또는 판결에 대한 신속한 준수는 모든 체약 당사국의 이익을 위한 분쟁의 효과적인 해결을 보장하기 위해 필수적이다.
2. 관련 체약 당사자는 권고 또는 판결의 시행과 관련하여 이사회에 그 의도를 통보한다. 권고 또는 판결을 즉시 준수하는 것이 실용적이지 않은 경우, 관련 계약 당사자는 합당한 기간을 가져야 한다.
3. 이사회는 제23.2조에 따라 채택된 권고 또는 판결의 이행을 감시한다. 권고 또는 판결의 이행 문제는 채택된 후 언제든지 모든 체약 당사자가 이사회에서 제기할 수 있다. 이사회가 달리 결정하지 않는 한, 권고 또는 판결의 이행 문제는 채택된 후 6개월 후에 이사회 회의의 안건에 위임되어야 하고, 문제가 해결될 때까지 이사회의 안건에 남아있어야 한다. 각 체약 당사자는 각 이사회 회의 개최 최소 10일 전에 패널 권고 또는 판결의 이행 과정에 대한 현황 보고서를 위원회에 서면으로 제출해야 한다.
4. 개발도상국에 의해 제기된 경우 이사회는 1979년 통보, 자문, 분쟁 해결 및 감시에 관한 이해 제21항과 제23항에 따라 상황에 적절한 추가 조치가 무엇인지 고려하여야 한다.

3. 우루과이라운드 협상의 결과로서의 DSU

우루과이라운드 협상의 결과 중 하나로 합의된 WTO의 DSU(분쟁해결양해)는 이전 GATT 체제에 비해 상당히 강화된 분쟁해결제도를 도입하는 내용을 갖게 되었다. 우선 WTO 체제에서는 무역분쟁의 절차 및 단계별 시한을 포함한 무역분쟁절차와 관련된 세부적인 규칙을 제공할 수 있게 되었다. 결과적으로 DSU는 신속한 분쟁해결의 진행을 위해 각 분쟁절차마다 기한(deadline)을 설정하였다. 또한, WTO의 새로운 분쟁해결제도는 GATT와는 다르게 WTO 협정을 이루는 모든 개별 협정에 적용되는 통합적인 제도로 설계되었다.

논란의 여지는 있지만 WTO 분쟁해결제도의 가장 중요한 혁신은 DSU가 패널설치 또는 패널보고서 채택을 막기 위해 분쟁당사국(피소국)이 거부권을 행사할 수 있었던 권리를 제거한 것이다. WTO의 DSB는 모든 회원국들이 패널설치를 반대하는 내용의 총의를 이루지 않는 한 자동적으로 패널설치, 패널보고서 및 상소보고서 채택이 이루어지게 된다. 이러한 역총의 방식은 이전의 GATT 체제하에서의 총의 관행과 크게 대조되는 것이다.

또한, 역총의 방식은 패널설치와 패널보고서 및 상소보고서의 채택뿐만 아니라 패소국이 DSB(분쟁해결기구)가 채택한 패널 또는 상소기구의 권고 및 판결을 이행하지 않을 경우, 이에 대해 대응조치를 취할 수 있는 권한을 허용하는 것에도 적용된다. 이 외에 WTO 분쟁해결제도의 또 다른 중요하고 새로운 특징은 패널보고서에 대한 상소기구의 재심제도의 도입 및 패널보고서 및 상소보고서의 채택에 따른 이행 여부에 대한 DSB의 공식적인 감시의 제도화라고 할 수 있다.

제3장 WTO 분쟁사례 분석

본 장에서는 1장과 2장에서 살펴본 WTO 분쟁해결제도의 개요에 이어 WTO 분쟁해결제도에 대한 이해의 폭을 넓히기 위해 WTO 분쟁의 전반적인 상황과 우리나라의 WTO 분쟁사례에 대해 간략히 살펴본다. 이를 위해 1절에서는 우선 세계 전체적 차원에서 WTO 분쟁을 개괄한다. 다음으로 2절에서는 미국, EU, 중국 등 주요국들의 WTO 분쟁 상황에 대해 알아보고, 마지막 3절에서는 우리나라의 WTO 분쟁사례를 통해 실제로 WTO 분쟁이 어떤 분야에서 어떻게 진행되고 있는지, 관련 분쟁 이슈가 무엇인지 등에 대해 구체적으로 살펴보고자 한다.

1. 세계 WTO 분쟁

본 절에서는 2부 이후에서 다룰 WTO 분쟁해결제도에 대한 구체적인 논의에 앞서 실제로 WTO가 출범한 1995년 이후의 WTO 분쟁해결절차에 제소 또는 피소된 전체 사건의 추이 및 현황에 대해 간략히 분석하고자 한다.[29] 먼저 WTO에 제소 및 피소된 무역분쟁의 연도별, 시기별 추이를 살펴보면 〈표 3-1〉과 같다. 1995~2020년까지 지난 26년 동안 WTO에 제소된 분쟁 건수는 총 598건으로 연평균 23.0건을 기록하였다.[30]

시기별로 나누어 보면 2000년대 초반까지는 평균보다 많은 분쟁 건수를 기록하였

---

29) 1947~1994년 GATT 체제하에서도 무역분쟁이 일어났지만 WTO 출범 이후 분쟁절차 및 판결에 있어서 실제적인 강제성이 부여되었다는 점에서 WTO 출범연도인 1995년 이후의 사건으로 분석대상을 한정한다.

30) GATT 체제 47년 기간(1948~1994) 동안 분쟁해결절차에 회부된 사례가 총 300여 건으로 연 평균 약 6건이었던 것에 비하여 확연하게 증가한 것을 알 수 있다. 이는 WTO가 GATT 체제에서 보다 광범위한 분야의 다자간협정을 규범화함과 동시에 세계 무역의 자유화가 가속화됨으로써 무역분쟁 또한 자연스럽게 증가하였음을 나타내는 것이다. 이와 더불어 WTO는 분쟁 관련 규칙을 기반으로 보다 강력한 구속력 있고 일원화된 분쟁해결절차를 확립함으로써 회원국들에게 공정성과 효율성에 대한 신뢰를 제고할 수 있게 되었고 이에 따라 DSB의 활용도 증가한 것으로 볼 수 있다.

고 2000년대 후반까지는 감소 추세를, 그리고 2010년대 이후에는 다시 증가와 감소를 반복하는 모습을 보이고 있다. 특히 미국의 보호무역조치 시행이 본격화된 2018년은 39건으로 급증하였다. 다만, 동 기간의 전기와 후기로 나누어 보면 1995~2007년까지 분쟁 건수는 382건으로 연평균 29.4건이었던 데 비해 2008~2020년까지 후반기 분쟁 건수는 229건으로 연평균 17.6건으로 전반기에 비해 절반을 약간 못 미치는 수준으로 감소하였다.

세부 기간 별로 나누어 살펴보면 1995년부터 2000년까지 분쟁 건수는 219건으로 연평균 36.5건으로 전체평균인 23.0건에 비해 월등히 높은 수준을 보이고 있다. 2001년부터 2008년에 시작된 글로벌 금융위기 직전인 2007년까지의 분쟁 건수는 150건으로 연평균 21.4건으로 전체평균과 비슷한 수준을 보였다. 그리고 2008년부터 2013년까지의 글로벌 경제위기가 고조된 시기의 경우 분쟁 건수는 105건으로 연평균 17.5건으로 평균보다 낮은 수준을 기록하였다. 2008년 시작된 글로벌 금융위기의 여파에도 2012년의 27건을 제외하면 WTO 무역분쟁 건수가 크게 증가하지 않는 것은 세계경제 위기의 극복을 위한 G20를 중심으로 한 주요국들의 공조와 협력이 있었기에 가능하였다고 할 수 있다.

하지만 2010년 시작된 EU의 재정위기가 본격화되고 세계경제 침제의 장기화로 이어지게 된 2013년부터 2020년까지의 분쟁 건수는 124건으로 연평균 17.7건으로 다소 증가하는 추세를 나타냈다. 특히 2018년은 두 배 이상인 39건으로 급증하였는데 이는 미국 트럼프 정부의 중국 등에 대한 고관세 부과 등 보호무역조치가 강화되고 이에 대한 상대국들의 반발 및 보호무역주의의 확산에 주로 기인한 것으로 보인다. 이러한 기조가 변화되지 않는 한 향후 WTO 무역분쟁은 이전에 비해 지속적으로 증가 또는 높은 수준을 유지할 것이다. 다만 2020년 들어 코로나19 펜더믹의 확산과 상소기구의 기능 마비로 인해 분쟁건수가 5건으로 급감하고 2021년 1월 바이든 민주당 정부가 들어섬에 따라 무역분쟁의 급증은 당분간 현실화되지는 않을 것으로 예상된다.

이렇듯 지난 사반세기 동안 전체적인 차원에서는 WTO 분쟁 건수는 점차 감소하는 추세를 보였다. 하지만 2008년 이후 평균에 미치지 못하다가 2012년 27건, 2013년 20건 등으로 평균을 상회하거나 회복하는 모습을 보였다. 이는 2010년 유럽재정위기 이후 세계경기침체와 국가간 교역의 위축이 현실화되면서 무역을 둘러싼 갈등이 G20를 중심으로 한 공조에도 불구하고 증가한 때문으로 보인다.

이후 2014년 14건, 2015년 13건으로 감소하였지만 2016년, 2017년 각각 17건으로 증가하였는데 이는 최근 주요국들의 통상마찰 및 보호무역주의의 대두로 인한 무역마찰의 심화로부터 비롯된 것으로 보인다. 또한, 이러한 추세는 미국의 트럼프 정부의 미국 우선주의(America First)와 보호무역주의의 회귀가 본격화된 2018년 39건으로 급증한 것과 같이 언제든 재현될 수 있는 가능성을 내포하고 있다.

〈표 3-1〉 **WTO 분쟁 연도별, 시기별 추이**

연 도	분쟁 건수	연평균건수	연 도	분쟁 건수	연평균건수
1995	25		2008	19	
1996	39		2009	14	
1997	50		2010	17	
1998	41		2011	8	
1999	30		2012	27	
2000	34		2013	20	
2001	23		2014	14	
2002	37		2015	13	
2003	26		2016	17	
2004	19		2017	17	
2005	12		2018	39	
2006	20		2019	19	
2007	13		2020	5	
			1995~2018	598	23.0
1995~2007	382	29.4	2008~2020	229	17.6
1995~2000	219	36.5	2008~2013	105	17.5
2001~2007	150	21.4	2013~2020	124	17.7

자료: https://www.wto.org/english/tratop_e/dispu_e/dispu_status_e.htm, 저자 정리.

다음으로 WTO 분쟁에서 제기된 세부 협정별 위반현황을 연도별로 나타내면 〈표 3-2〉와 같다. 이는 총 598건의 WTO 분쟁에서 제기되고 있는 위반사항을 22개 세부 협정별로 나누어서 연도별, 협정별로 집계한 것이다. 세부협정별로 살펴보면 598건의 분쟁에서 총 1,354개의 협정 위반 문제가 제기되었다. 이 중 상품협정(GATT 1994)와 관련된 위반이 36.6%인 495건으로 가장 많았고, 반덤핑협정(ADP) 및 상계관세협정(SCM)이 각각 9.9%, 9.6%인 134건, 130건으로 그 다음을 차지하였다. 그리고 농업협정에 대한 위반이 6.2%인 84건이었고 그 다음으로 WTO 설립에 관한 협정 69건, 세이프가드협정(SG) 62건, 무역에 관한 기술협정(TBT) 56건, 수입허가협정 48건, 검역 및 위생에 관한 협정(SPS) 49건, 무역에 관한 투자협정(TRIMS) 45건 등의 순이었다. 특히 2018년에 들어서 반덤핑협정 및 세이프가드협정 위반 관련 문제제기가 각각 8건, 14건으로 이전에 비해 증가한 것은(특히 세이프가드는 폭증 수준임)은 미국의 반덤핑 및 상계관세 조치에 대한 상대국들의 제소가 주를 이루고 있기 때문인 것으로 보인다.

결국 GATT 1994, 반덤핑협정, 상계관세협정, 농업협정과 관련된 위반의 비중이 62.3%(843건)으로 제기된 총 협정 위반의 60% 이상을 차지하고 있음을 알 수 있다. GATT 1994의 경우는 최혜국대우(제1조), 내국민대우(제3조), 수량제한금지(제11조) 등 WTO의 기본원칙에 대한 내용을 기술하고 있고 이에 대한 위반 제기가 기본적으로 이루어진다는 점에서 그 건수가 많은 것은 자연스러운 일이다. 또한, 반덤핑협정 및 상계관세협정의 경우 협정의 기본적인 목적이 불공정무역행위의 방지에 있다는 점에서 국가간 분쟁의 소지가 크다. GATT 1994, 반덤핑협정, 상계관세 협정에 대한 위반 제기는 매년 지속되어 오고 있다.

협정 위반 건수의 연도별 추이를 살펴보면 위에서 살펴본 WTO 분쟁 건수의 추이와 대동소이한 것을 알 수 있다. 연평균 협정 위반 건수는 52.1건으로 1995년 이후 2000년대 초반까지 평균을 상회하였고 2000년대는 2006년을 제외하면 그 보다 적은 건수를 기록하였다. 하지만 2012년, 2013년 각각 80건, 58건으로 평균 건수를 상회하였다가 다시 줄어드는 추세를 보이고 있다. 이후 2016년 39건, 2017년 38건에 그치던 협정 위반 건수가 2018년 다시 82건으로 크게 급증하였다.

[그림 3-1]은 위에서 설명한 WTO 분쟁 건수와 협정 위반 건수의 추이를 나타낸 것이다. 그림에서 두 항목은 유사한 추이를 나타내는 것을 알 수 있다. 전체적으로는 1995년 이후 2000년대 초반에는 높은 수준을 보이다가 2000년대 중반 이후 점차 줄어드는 모습을 보이고 있다. 물론 2012년, 2013년 반등하는 모습을 보이긴 하지만 이후 다시 감소하는 추세를 보이고 있다.

특히 협정 위반 건수는 2012년 80건으로 폭증하였는데 이는 유럽재정위기 이후 세계경제의 침체가 지속되고 무역의 증가세가 감소하면서 각국의 보호무역조치가 강화됨에 따라 나타나는 현상이라고 할 수 있을 것이다. 또한, 이러한 폭증 현상은 2018년에도 비슷한 양상을 보이는데 이는 미국發 보호무역정책의 강화에 기인하고 있는 것으로 보인다.

〈표 3-2〉 **WTO 세부협정별 위반 건수 연도별 추이**

	'95	'96	'97	'98	'99	'00	'01	'02	'03	'04	'05	'06	'07	'08	'09
Agreement Establishing the WTO				1	2	6	6	6	5	2	1	7		3	2
Agriculture	3	5	14	5	6	5	2	7	6	2	2	1	2	2	5
Anti-Dumping(ADP)	1	3	3	6	8	11	6	7	6	8	4	8	1	5	3
Civil Aircraft															
Customs valuation	3	1		1	1	3	1		1			1	1	2	
Dispute Settlement Understanding(DSU)	1	1		1	1	1	1		1	2	1				
GATT 1947									1						
GATT 1994	24	28	34	25	17	24	19	34	23	17	11	21	10	14	14
Government Procurement			3		1										
Import Licensing	2	1	13	5	4	1	2	3	1	1	1				
Intellectual Property Rights(TRIPS)		6	5	4	5	3	1		1				1	1	
Preshipment Inspection															
Rules of Origin			2	1				1				1		2	
Safeguards(SG)			2	2	4	3	7	11	1		2	2			
Sanitary and Phytosanitary Measures(SPS)	5	3	3	5		2	1	5	6				1	2	3
Services(GATS)	1	3	2	3	1	3	1		1	1				1	3
Subsidies and Countervailing Measures(SCV))		8	10	11	3	7	4	7	6	6	1	10	5	5	1
Technical Barriers to Trade(TBT)	8	5	4	5		2	3	2	4				1	3	3
Textiles and Clothing	1	6	2	1	1	4			1						
Trade-Related Investment Measures(TRIMS)		7	5	3	1	1	1	2			1	3	2		
Protocol of Accession												3	3	5	6
Trade Facilitation															
Total (Year)	49	77	102	79	55	76	55	85	64	39	24	57	27	45	40

	'10	'11	'12	'13	'14	'15	'16	'17	'18	'19	'20	Total	비중
Agreement Establishing the WTO	3		5	4	3	1	3	1	7	1		69	5.1
Agriculture			3	4	3		3		1	3		84	6.2
Anti-Dumping(ADP)	5	5	6	6	5	5	4	4	8	4	2	134	9.9
Civil Aircraft												0	0.0
Customs valuation				1	1					1		18	1.3
Dispute Settlement Understanding(DSU)	4		1						2	2		19	1.4
GATT 1947												1	0.1
GATT 1994	16	8	26	20	12	11	14	14	35	19	5	495	36.6
Government Procurement												4	0.3
Import Licensing			4	3	3		2	1	1			48	3.5
Intellectual Property Rights(TRIPS)	2		3	2				3	3	2		42	3.1
Preshipment Inspection				2	3							5	0.4
Rules of Origin											1	8	0.6
Safeguards(SG)	4		5	1		2	1		14		1	62	4.6
Sanitary and Phytosanitary Measures(SPS)	1		3		2	1	1	3	1	1		49	3.6
Services(GATS)		1	1		1		1	4	1	1		30	2.2
Subsidies and Countervailing Measures(SCV))	3	2	7	6	3	4	4	4	5	6	2	130	9.6
Technical Barriers to Trade(TBT)	1		4	4	1	1	1	2		1	1	56	4.1
Textiles and Clothing												16	1.2
Trade-Related Investment Measures(TRIMS)	1	1	6	5	1	1	1		1	2		45	3.3
Protocol of Accession	3		6			1	4	2	3			36	2.7
Trade Facilitation										2		3	0.2
Total (Year)	43	17	80	58	38	27	39	39	82	45	12	1354	100.0

자료: https://www.wto.org/english/tratop_e/dispu_e/dispu_agreements_index_e.htm, 저자 정리.

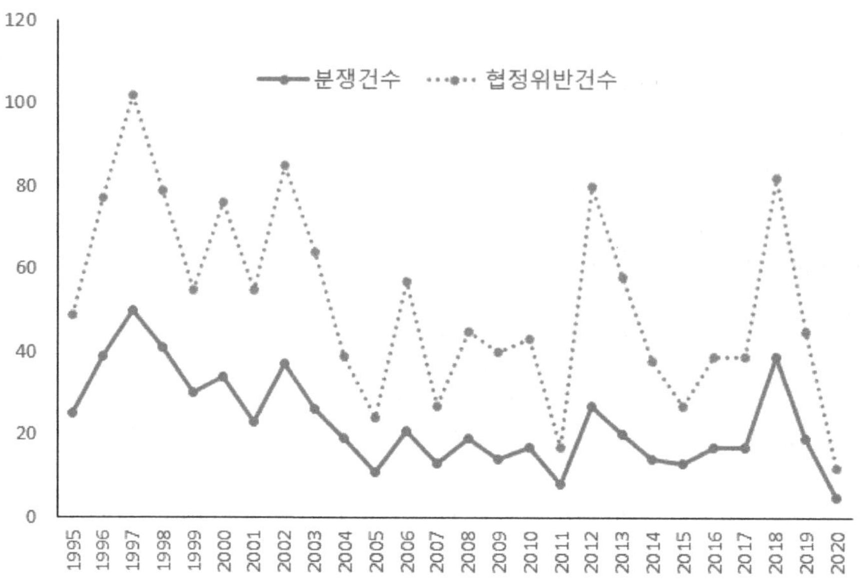

[그림 3-1] **WTO 분쟁 건수 및 협정 위반건수 추이**

2. 주요국의 WTO 분쟁

본 절에서는 미국, EU, 일본, 중국, 인도 등 주요국들의 WTO 분쟁 현황을 비교, 분석한다. 〈표 3-3〉은 우리나라를 포함한 주요 국가(지역)들의 WTO 분쟁 건수 및 그 비중을 나타낸 것이다.

〈표 3-3〉 **주요국 WTO 분쟁 건수 및 비중(2020년 말 기준)**

국가	제소 (A)	피소 (B)	분쟁 건수 (A+B)	제3자 참여 (C)	제소비중(%) (A/세계 총 제소 건수)	피소비중(%) (B/세계 총 피소 건수)	분쟁 비중(%) ((A+B)/세계 총분쟁 건수)	제3자참여비중(%) (C/세계 총3자 참여 건수)
한국	21	19	40	132	3.5	3.2	3.3	4.0
미국	124	152	276	162	20.7	25.4	23.1	4.9
EU	104	85	189	208	17.4	14.2	15.8	6.3
일본	27	15	42	216	4.5	2.5	3.5	6.5
캐나다	40	23	63	160	6.7	3.8	5.3	4.8
호주	10	16	26	112	1.7	2.7	2.2	3.4

국가	제소 (A)	피소 (B)	분쟁 건수 (A+B)	제3자 참여 (C)	제소비중(%) (A/세계 총 제소 건수)	피소비중(%) (B/세계 총 피소 건수)	분쟁 비중(%) ((A+B)/세계 총분쟁 건수)	제3자참여비중(%) (C/세계 총3자 참여 건수)
중국	21	43	64	186	3.5	7.2	5.4	5.6
인도	24	25	49	166	4.0	4.2	4.1	5.0
브라질	33	16	49	154	5.5	2.7	4.1	4.7
아세안	38	25	63	284	6.4	4.2	5.3	8.6
합계	442	419	861	1,780	73.9	71.1	71.9	53.8
세계	598	598	1,196	3,307	100.0	100.0	100.0	100.0

자료: https://www.wto.org/english/tratop_e/dispu_e/dispu_by_country_e.htm, 저자 정리.

〈표 3-4〉 **주요국 GDP 및 무역 통계(2020년 말 기준, 백만 달러)**

	GDP(A)	수출(B)	수입(C)	무역액 (D=B+C)	세계GDP비중 (A/세계GDP*100)	무역의존도 (D/GDP*100)	무역비중 (D/세계무역액*100)
한국	1,664,066	561,936	485,107	1,047,043	1.9	62.9	2.8
미국	21,545,402	1,652,437	2,516,768	4,169,205	24.6	19.4	11.3
EU	15,499,909	5,504,575	5,099,655	10,604,230	17.7	68.4	28.8
일본	5,092,694	697,238	693,743	1,390,981	5.8	27.3	3.8
캐나다	1,733,419	448,593	462,493	911,086	2.0	52.6	2.5
호주	1,399,826	271,411	223,660	495,071	1.6	35.4	1.3
중국	14,227,968	2,399,018	1,973,747	4,372,765	16.2	30.7	11.9
인도	3,059,962	331,328	485,292	816,620	3.5	26.7	2.2
브라질	1,813,496	225,821	185,039	410,860	2.1	22.7	1.1
아세안	3,173,504	1,395,253	1,284,276	2,679,529	3.6	84.4	7.3
세계	87,691,501	18,578,053	18,305,573	36,883,626	100.0	42.1	100.0

자료: UNCTAD, https://unctadstat.unctad.org/wds/ReportFolders/reportFolders.aspx, 저자 정리.

위 〈표 3-3〉에서 먼저 우리나라는 2020년 말 기준 제소 21건, 피소 19건으로 모두 40건의 WTO 분쟁 건수를 기록하였다. 따라서 우리나라와 관련된 WTO 분쟁은 총 분쟁 건수 중 3.3%의 비중을 차지하고 있다. 제3자 참여의 경우 132건, 총 참여 건수의

4.0%로 직접적인 분쟁 비중인 3.3%에 비해 높은 수준이다. 이는 우리나라가 직접적인 분쟁의 제소뿐만 아니라 제3자 참여를 통한 국익의 반영에도 노력하고 있음을 의미한다. 제3자 참여는 우리나라와 같이 무역상대국이 많고 무역규모가 큰 경우에 유리하다. 특히 개도국들의 경우 제3자로서 참여하게 되면 직접적인 제소보다는 부담이 적고 유리한 판결이 나오게 되면 사후적으로 협상 및 제소의 여지도 생각해 볼 수 있다는 점에서 적극 활용할 수 있는 방안이라고 할 수 있다.

〈표 3-4〉에서 2019년 기준 우리나라의 GDP는 1조 6,641억 달러로 세계GDP의 1.9%, 무역규모는 1조 407억 달러로 세계무역규모의 2.8%를 차지하였다. 우리나라는 오랫동안 수출주도형 성장전략을 시행해온 대표적인 사례로 경제성장에서 무역이 차지하는 비중이 높고 무역의존도(GDP/무역규모)도 70% 내외 수준(2019년 62.9%)을 기록하는 등 WTO 분쟁이 다수 발생할 조건을 가지고 있다. 우리나라는 세계에서 차지하는 자국의 경제 및 무역규모의 비중과 비교해 볼 때 WTO 분쟁 비중(3.3%)이 다소 높은 수준이라고 할 수 있다.

미국은 제소 124건, 피소 152건으로 모두 276건의 WTO 분쟁 건수를 기록하였다. 이는 세계에서 가장 많은 것으로 WTO 분쟁 중 23.1%로 4건 중 1건은 미국과 관련된 분쟁임을 알 수 있다. 또한, 제소 건수보다는 피소 건수가 많은데 이는 미국의 무역조치에 대해 수출국들이 상당히 민감하게 반응하고 있음을 의미한다. 그만큼 수출시장으로서 미국이 중요하고 미국시장에 이해관계가 많은 나라들이 적지 않음을 반증한다.

또한, 미국이 WTO 협정을 주도하는 리더의 역할뿐만 아니라 동시에 자국의 이익을 위해서는 WTO 협정을 위반하는 사례도 많다는 이율배반적인 모습을 가지고 있음도 보여주고 있다. 미국의 제3자 참여의 경우는 162건으로 총 건수의 4.9%에 불과하다. 분쟁 비중에 비해서 제3자 참여의 비중이 현저히 낮은 것은 미국이 간접적인 분쟁 참여보다는 직접적인 제소를 선호하고 관심을 갖고 있음을 의미한다. 통상 분야에서 그 협상력과 인적·물적 인프라 수준이 세계 최고라고 할 수 있는 미국의 입장에서는 직접적인 분쟁제소가 오히려 유리하다고 할 수 있을 것이다.

2019년 기준 미국의 GDP는 21조 5,454억 달러로 세계GDP의 24.6%, 무역규모는 4조 1,692억 달러로 세계무역규모의 11.3%를 차지하였다. 미국은 우리나라와는 다르게 WTO 분쟁 비중이 무역 규모의 비중에 비해 오히려 높은 것으로 나타났다. 특히 2018년 발생한 WTO 39건의 분쟁 중 미국의 피소 건수는 19건, 제소 건수는 8건으로 미국 관련 분쟁 건수는 총 27건이고 그 비중은 2/3를 넘어서는 71%로 집계되었다. WTO의 분쟁 10건 중 7건이 미국과 관련된 분쟁임을 알 수 있다. 이와 같이 2018년만 보면 WTO 분쟁에서 미국은 절대적인 지위를 차지하고 있다고 할 수 있다. 향후에도 미국의 보호무역조치가 지속, 강화된다면 미국과 관련된 WTO 분쟁은 더욱 빠르게 증가할 것으로 예상된다. 다만 트럼프가 재선에 실패하고 2021년 1월 바이든 민주당 정부로의 정권 교체로 인해 무역분쟁의 심화는 다소 완화될 것으로 예상된다.

다음으로 EU는 제소 104건, 피소 85건으로 모두 189건의 WTO 분쟁 건수를 기록하였다. 이는 미국에 이어 두 번째로 많은 것으로 WTO 분쟁 중 15.8%로 6~7건 중 1건은 EU와 관련된 분쟁임을 알 수 있다. 또한, EU는 미국과는 달리 피소 건수보다는 제소 건수가 많은데 이는 EU가 미국과 함께 세계의 자유무역질서를 주도하는 양대축으로서 미국보다는 WTO 협정에 부합하는 무역조치들을 시행하고 있음을 반증한다고 할 수 있다. EU의 제3자 참여의 경우는 208건으로 총 건수의 6.3%에 불과하다.

미국에 비해서는 높지만 EU의 경우에도 분쟁 비중에 비해서 제3자 참여의 비중이 현저히 낮은 것은 EU가 간접적인 분쟁 참여보다는 직접적인 제소를 선호하고 관심을 갖고 있음을 의미한다. 협상력과 통상 인프라 수준이 미국과 더불어 세계최고라고 할 수 있는 EU의 입장에서는 직접적인 분쟁제소가 오히려 유리하다고 할 수 있을 것이다.

2019년 기준 EU의 GDP는 15조 4,999억 달러로 세계GDP의 17.7%, 무역규모는 10조 6,042억 달러로 세계무역규모의 28.8%를 차지하였다. EU는 미국의 경우와는 WTO 분쟁의 비중이 경제 및 무역 규모의 비중에 비해 낮은 것으로 나타났다.

일본은 제소 27건, 피소 15건으로 모두 42건의 WTO 분쟁 건수를 기록하였다. WTO 분쟁 중 일본과 관련된 분쟁 비중은 3.5%를 차지하고 있다. 일본의 제3자 참여 건수는 216건으로 총 참여 건수의 6.5%를 차지하고 있다. 이는 직접적인 분쟁 건수의 비중에 비해 높은 것으로 일본도 직접적인 분쟁제소보다는 간접적으로 자국의 이익을 반영할 수 있는 제3자 참여를 선호한다는 것을 알 수 있다.

2019년 기준 일본의 GDP는 5조 927억 달러로 세계GDP의 5.8%, 무역규모는 1조 3,910억 달러로 세계무역규모의 3.8%를 차지하였다. 일본은 세계에서 차지하는 자국의 경제 및 무역규모의 비중과 비교해 볼 때 WTO 분쟁 비중은 비슷하다고 할 수 있다. 일본 경제는 수출도 중요하지만 상대적으로 내수중심형 경제구조이고 무역의존도도 30% 내외(2019년 27.3%) 수준에 그치고 있다. 이에 따라 일본은 미국이나 EU에 비해 WTO 분쟁에 있어서도 공세적인 입장을 취하기보다는 보수적이고 소극적인 입장을 보이고 있다고 할 수 있다.

캐나다는 제소 40건, 피소 23건으로 모두 63건의 WTO 분쟁 건수를 기록하였다. WTO 분쟁 중 캐나다와 관련된 분쟁 비중은 5.3%를 차지하고 있다. 또한 캐나다는 미국과는 달리 피소 건수보다는 제소 건수가 많은데 이는 캐나다가 EU와 같이 WTO 협정에 기초한 무역조치들을 시행하고 있음을 반증한다고 할 수 있다. 캐나다의 제3자 참여의 경우는 160건으로 총 건수의 4.8%로 분쟁 비중보다 낮은 수준을 보이고 있다. 캐나다의 분쟁 비중에 비해서 제3자 참여의 비중이 그렇게 높지 않은 것은 캐나다도 미국이나 EU와 같이 간접적인 분쟁 참여보다는 직접적인 제소를 선호하고 관심을 갖고 있음을 의미한다.

2019년 기준 캐나다의 GDP는 1조 7,334억 달러로 세계GDP의 2.0%, 무역규모는 9,111억 달러로 세계무역규모의 2.5%를 차지하였다. 캐나다는 미국과 같이 WTO 분쟁의 비중이 경제 및 무역 규모의 비중에 비해 높은 것으로 나타났다.

호주는 제소 10건, 피소 16건으로 모두 26건의 WTO 분쟁 건수를 기록하였다. WTO 분쟁 중 호주와 관련된 분쟁 비중은 2.2%를 차지하고 있다. 또한, 호주는 제소 건수보다는 피소 건수가 많은데 이는 호주가 자국 산업을 보호하는 무역조치들을 상대적으로 많이 시행하고 있음을 반증한다고 할 수 있다. 호주의 제3자 참여의 경우는 112건으로 총 건수의 3.4%로 분쟁 비중보다는 다소 높은 수준을 보이고 있다. 호주의 경우 다른 선진국들과 달리 간접적인 분쟁 참여를 보다 선호하고 있음을 의미한다.

2019년 기준 호주의 GDP는 1조 3,998억 달러로 세계GDP의 1.6%, 무역규모는 4,951억 달러로 세계무역규모의 1.3%를 차지하였다. 호주 또한 WTO 분쟁의 비중이 경제 및 무역 규모의 비중에 비해 약간 높은 것으로 나타났다.

중국은 제소 21건, 피소 43건으로 모두 64건의 WTO 분쟁 건수를 기록하였고 따라서 WTO 분쟁 중 중국과 관련된 분쟁의 비중은 5.4%를 차지하였다. 3자 참여의 경우 186건, 총 참여 건수의 5.6%로 직접적인 분쟁 비중인 5.4%와 비슷한 수준이다. 이는 중국이 직접적인 분쟁의 제소뿐만 아니라 제3자 참여를 통한 국익의 반영에도 노력하고 있음을 의미한다. 제3자 참여는 중국의 경우에도 우리나라와 같이 무역규모가 크거나 개도국들의 경우 직접적인 제소보다는 부담이 덜하고 사후적으로 제소의 여지도 생각해 볼 수 있다는 점에서 적극 활용할 수 있는 방안이라고 할 수 있다.

2019년 기준 중국의 GDP는 14조 2,280억 달러로 세계GDP의 16.2%, 무역규모는 4조 3,728억 달러로 세계무역규모의 11.9%를 차지하였다. 중국은 선진국들과 우리나라와는 다르게 WTO 분쟁의 비중이 경제 및 무역 규모의 비중에 비해 오히려 낮은 것으로 나타났다. 하지만 최근 중국과 관련된 WTO 분쟁이 빠르게 증가하고 있다는 점에서 향후 그 비중은 지속적으로 증가할 것으로 예상된다.

중국도 우리나라와 같이 수출주도형 성장전략을 시행해온 대표적인 사례로 경제성장에서 무역이 차지하는 비중은 30% 수준(2019년 30.7%)으로 우리나라에 비해 낮지만 국가의 시장개입이 아직까지는 크다는 면에서 WTO 분쟁이 다수 발생할 조건을 가지고 있다. 중국이 세계에서 차지하는 자국의 경제 및 무역규모의 비중과 비교해 볼 때 WTO 분쟁 비중은 비슷하다고 할 수 있다.

인도는 제소 24건, 피소 25건으로 모두 49건의 WTO 분쟁 건수를 기록하였고 따라서 WTO 분쟁 중 인도와 관련된 분쟁의 비중은 4.1%를 차지하였다. 3자 참여의 경우 166건, 총 참여 건수의 5.0%로 직접적인 분쟁 비중을 약간 상회하는 수준이다. 이는 인도가 직접적인 분쟁의 제소뿐만 아니라 제3자 참여를 통한 국익의 반영에도 노력하고 있음을 의미한다. 제3자 참여는 인도와 같은 개도국들의 경우 직접적인 제소보다는 부담이 덜하고 사후적으로 제소의 여지도 생각해 볼 수 있다는 점에서 적극 활용할 수 있는 방안이라고 할 수 있다.

2019년 기준 인도의 GDP는 3조 600억 달러로 세계GDP의 3.5%, 무역규모는 8,166억 달러로 세계무역규모의 2.2%를 차지하였다. 인도는 개도국임에도 불구하고 WTO 분쟁의 비중이 경제 및 무역 규모의 비중에 비해 오히려 높은 것으로 나타났다. 이는 인도가 자국 산업의 보호를 위해 적극적으로 WTO 협정과 분쟁해결절차를 활용하고 있음을 알 수 있다.

브라질은 제소 33건, 피소 16건으로 모두 49건의 WTO 분쟁 건수를 기록하였고 따라서 WTO 분쟁 중 중국과 관련된 분쟁의 비중은 4.4%를 차지하였다. 3자 참여의 경우 154건, 총 참여 건수의 4.7%로 직접적인 분쟁 비중보다 다소 높은 수준이다. 이는 브라질이 직접적인 분쟁의 제소뿐만 아니라 제3자 참여를 통한 국익의 반영에도 노력하고 있음을 의미한다. 제3자 참여는 브라질의 경우에도 우리나라와 같이 무역규모가 크거나 개도국들의 경우 직접적인 제소보다는 부담이 덜하고 사후적으로 제소의 여지도 생각해 볼 수 있다는 점에서 적극 활용할 수 있는 방안이라고 할 수 있다.

2019년 기준 브라질의 GDP는 1조 8,135억 달러로 세계GDP의 2.1%, 무역규모는 4,109억 달러로 세계무역규모의 1.1%를 차지하였다. 브라질은 개도국임에도 불구하고 WTO 분쟁의 비중이 경제 및 무역 규모의 비중에 비해 오히려 높은 것으로 나타났다. 이는 브라질이 자국 산업의 보호를 위해 적극적으로 WTO 협정과 분쟁해결절차를 활용하고 있음을 알 수 있다.

마지막으로 아세안의 경우 WTO 분쟁과 관련해서 제소 38건, 피소 25건으로 총 63건을 기록하였다.[31] 따라서 WTO의 분쟁 중 아세안과 관련된 WTO 분쟁 건수는 5.3%의 비중을 차지하고 있다. 제3자 참여의 경우 284건, 총 참여 건수의 8.6%로 직

31) 〈표 3-5〉 ASEAN 국가들의 WTO 분쟁 현황

접적인 분쟁 비중보다 상당히 높은 수준이다. 아세안도 간접적인 분쟁 참여를 선호하는 개도국의 특성을 보이고 있다.

2019년 기준 아세안의 GDP는 3조 1,735억 달러로 세계GDP의 3.6%, 무역규모는 2조 6,795억 달러로 세계무역규모의 7.3%를 차지하고 있다. 따라서 아세안의 경우 우리나라와 유사하게 GDP 규모에 비해 WTO 분쟁에서 차지하는 비중이 상당히 크다는 것을 알 수 있다. 이는 아세안의 무역의존도가 80% 이상(2019년 84.4%) 으로 상당히 높고 말레이시아, 싱가포르, 태국 등 주요 국가들이 지난 20여 년 이상 수출주도형 성장전략을 시행해오고 있는 것과도 무관하지 않다.

최근 베트남 등 후발국 또는 체제전환국들의 개혁, 개방이 본격화되면서 아세안의 세계시장통합이 가속화되고 세계시장에서의 경쟁이 격화되면서 경쟁국들의 견제가 증가하고 있고 WTO 분쟁해결절차를 활용하기 시작한 것도 중요한 요인이 되고 있다. 이처럼 아세안은 다른 동아시아 국가들과 비교해 보면 경제 및 무역규모에 비해 WTO 분쟁 비중이 상당히 높다. 특히 경제규모에 대비했을 때에는 가장 높은 비중을 보이고 있다. 따라서 WTO 분쟁이 갖는 의미와 가치는 다른 동아시아의 국가들보다도 중요할 수밖에 없다.

이러한 배경하에 최근 아세안 국가들이 상대국의 수입규제조치에 대하여 WTO 분쟁해결제도를 활용하여 대응하는 빈도가 증가하고 있는 것은 주목할 만하다. 예를 들어 인도네시아는 1995년 WTO 출범 이후 총 12건을 제소한 반면 그보다 많은 15건의 피소를 당하였다. 이는 인도네시아가 국내시장과 천연자원의 보호를 위해 보호무역의 색채가 강한 산업정책, 무역정책을 시행해 온 데 기인하는 바가 크다.[32)]

특히 인도네시아의 경우 2005년 이전의 제소 건수는 3건에 불과했던 반면 2006년 이후에는 2배가 넘는 9건을 제소하였다. 이는 인도네시아가 시간이 지나면서 보다 적

	제소	피소	제3자 참여
말레이시아	1	1	25
베트남	5	-	33
싱가포르	1	-	62
인도네시아	12	15	46
태국	14	4	100
필리핀	5	6	18
ASEAN 합계	38	26	284

32) 인도네시아 정부의 무역정책은 기본적으로 수입제한을 통한 국내생산 상품의 소비 촉진과 국내산업의 육성을 목표로 하고 있다. 이에 따라 다양한 수입제한적인 성격의 정책과 조치들이 시행중에 있다.

극적으로 WTO 분쟁해결절차를 활용하고 있음을 의미한다. 또한, 베트남은 2006년 WTO 가입 이후 초기에는 공식적인 분쟁을 회피하는 개도국들의 일반적인 행태를 보였으나 2010년 이후에는 이전의 기조와는 달리 적극적으로 상대국을 제소하는 양상을 보이고 있다.

3. 우리나라의 WTO 분쟁사례 요약[33)]

본 절에서는 우리나라의 WTO 분쟁사례를 제소와 피소 사례로 나누어 간략히 소개하고 그 쟁점이 된 사안과 의미에 대해 알아보고자 한다. 대외개방과 무역을 통한 성장전략을 추진해 온 우리나라에 있어서 WTO 분쟁에 대한 분석과 연구 그리고 적절한 대응방안은 필수적이라고 하지 않을 수 없다.

1) 제소 사례

(1) 1991년 미국 DRAM 반덤핑 분쟁(DS99)

GATT 체제하였던 1991년 4월 미국 Micron사가 한국산 DRAM에 대해 반덤핑 조사를 신청함에 따라 미국의 상무부와 국제무역위원회는 이에 대한 덤핑여부 및 피해조사를 실시하였고 덤핑으로 최종 결정하였다. 미국의 경우 상무부는 덤핑의 존재 여부를 국제무역위원회(ITC)는 덤핑과 피해 간의 인과관계의 존재여부 및 덤핑마진율 조사한다. 이에 따라 미국 상무부는 1993년 4월 LG전자와 현대전자에 대한 반덤핑 관세를 부과하였다. 현대전자와 LG전자는 최종판결 이후 3차례에 걸친 연례재심에서 계속해서 미소 덤핑마진 판결을 받았다.

이에 우리 측은 세 번째 연례재심 신청 시 반덤핑관세 철회를 요청하였으나 미국 상무부는 이를 기각하였다. 이에 우리나라는 1997년 8월 반덤핑관세 철회기각 판결에 대해 WTO에 제소하였다. 패널은 1999년 1월 미국 상무부 규정상 반덤핑조치 철회요건 중 일부가 WTO 반덤핑협정에 위배된다고 판결하였다. 양국은 패널결정에 따라 1999년 11월까지 판결내용을 이행키로 합의하였다. 하지만 미국이 관련 조항의 삭제 약속에도 불구하고 반덤핑조치를 계속 유지키로 함에 따라 우리나라는 2004년 4월 WTO 분쟁해결기구에서 이행패널 설치를 요청하였다.

미국 상무부는 이 패널의 심리가 진행 중이던 2000년 9월 일몰재심을 통해 현대전

---

33) 본 장의 내용은 나희량(2018), 「쉽게 읽는 무역과 WTO 이야기」, 두남, pp.278-292 중 일부내용을 발췌, 보완한 것임.

자에 대한 반덤핑관세를 철회하였다. 이 제소 건은 우리나라가 GATT/WTO체제하에서 최초로 제기한 제소 건으로 미국과의 분쟁에서 실질적인 승소를 했다는 점에서 의미가 크고 자의적이고 무분별한 반덤핑관세 부과에 경종을 울렸다는 데 더 큰 의의가 있다고 할 수 있다.

(2) 1999년 미국 스테인리스 반덤핑 분쟁(DS179)

미국은 1999년 5월과 7월 각각 포항제철(현 POSCO)의 스테인리스 후판(plate)과 스테인리스 판재(sheet)에 대해 반덤핑관세를 부과하였다. 이에 우리나라는 이 조치가 WTO 반덤핑협정에 위반된다고 판단하여 1999년 7월 WTO에 제소하였다. 이는 WTO 체제 이후 최초의 제소 건이다. 이에 패널은 2000년 12월 미국의 덤핑마진 계산방식에 문제점이 있다고 판단하고 미국 측 조치가 WTO 반덤핑협정에 위반된다고 판결하였다. 양국은 분쟁해결기구 회의를 통해 2001년 9월까지 판결내용을 이행하기로 합의하였다. 미국은 재조사를 통해 2001년 8월 우리나라 철강회사들의 스테인리스 후판 및 스테인리스 판재에 대한 덤핑마진을 하향조정하는 방식으로 패널의 판결내용을 이행하였다.

(3) 2000년 미국 탄소강관 세이프가드 분쟁(DS202)

미국은 2000년 3월 우리나라 탄소강관 수입물량 중 연간 9천 톤을 초과하는 물량에 대해 세이프가드조치를 취하였다. 우리나라는 이 조치가 WTO 세이프가드협정 위반이라고 2000년 6월 WTO에 제소하였다. 패널은 2001년 10월 29일에 할당관세의 기본세율 적용 물량을 수출국간에 할당하는 과정에서 국별 과거 수출실적에 대한 고려 없이 일률적인 할당이 이루어졌고(GATT 제13조 위반), 미국 내 수입증가와 국내산업 피해간의 연관관계가 입증되지 않았으며(WTO 세이프가드협정 제4.2(b)조 위반), 세이프가드조치의 선결요건인 “예상치 못한 상황(unforeseen development)” 요건을 충족시키지 못하였고(GATT 제19조 위반), 세이프가드조치 시행 이전에 관련국에게 충분한 협의 기회를 제공하지 않았으며, 조치 대상국들에게 이 조치 이전 수준의 양허조건을 유지하려는 노력을 기울이지 않았으므로(세이프가드협정 제12.3조 및 제8.1조 위반) 미국 측의 조치가 WTO 협정을 위반하였다고 판결하였다.

하지만 양국의 상소에 따라 상소기구는 2002년 2월 미국의 세이프가드조치가 국내산업 보호를 위해 필요한 수준을 초과한다는 점 등을 이유로 추가적인 사항에 대해 WTO 협정 위반판결을 내렸다. 판결내용의 이행기간에 대한 양측의 합의가 이루어지지 않아 우리나라는 2002년 4월 중재절차를 요청하였으며 2002년 7월 미국 측이 우리에게 양자적인 해결 모색을 제안하여 2002년 9일 판결내용을 이행키로 합의가 이루어졌다. 이후 미국은 합의사항을 준수하였다.

(4) 2000년 미국 Byrd 수정법 분쟁(DS217/234)

2000년 미국 의회는 반덤핑관세 및 상계관세 징수액을 미국 내 제소 당사자들에게 배분하는 것을 골자로 하는 미국 Byrd 법안을 상·하원에서 통과시켰고 2000년 10월 동 법안이 발효되었다. 우리나라는 2000년 12월 이를 WTO에 제소하였으며, EU, 일본, 브라질 등 총 10개국이 공동 제소국으로 참여하였다. 패널은 WTO 협정 상 덤핑 및 보조금 지급에 대해서는 반덤핑관세 및 상계관세 조치만이 허용되므로 Byrd 수정법은 WTO 반덤핑 및 보조금협정의 위반이라고 판결하고 이 법안의 폐지를 권고하였다. 상소기구도 2003년 1월 패널의 판결을 지지하였다.

판결내용 이행기간에 대해 공동제소국과 미국 간에 합의가 이루어지지 않아 중재절차에 따라 미국이 2003년 12월까지 의무를 이행하라는 판결이 내려졌으나 미국은 동 기간까지도 Byrd 수정법을 폐지하지 않았다. 이에 공동 제소국들은 2004년 1월 WTO 분쟁해결기구에 미국에 대한 양허정지를 요청하였다. 이후 양허정지수준에 대한 중재패널이 설치되어 2004년 8월 반덤핑·상계관세 징수액의 72% 수준의 양허정지를 허용하는 판결이 내려졌다. 우리나라는 EU, 일본, 캐나다, 멕시코, 인도, 브라질의 6개 공동 제소국와 함께 2004년 11월 WTO 분쟁해결기구 회의에서 미국에 대한 양허정지조치 승인을 획득하였다. 하지만 이후 미국 의회가 2006년 2월 Byrd 수정법을 2007년 10월까지 폐지하는 내용의 법안을 통과시킴으로써 이행문제도 일단락되었다.

(5) 2002년 미국 철강 세이프가드 분쟁(DS251)

미국은 2002년 3월 판재류 등 14개 철강제품에 대해 3년 간 추가관세를 부과하는 내용의 세이프가드조치를 발표하였다. 이에 우리나라는 2002년 3월 WTO에 제소하였으며, EU, 일본, 중국, 브라질 등 7개국이 공동 제소국으로 참여하였다. 패널은 2003년 7월 세이프가드조치의 선결요건인 '예상치 못한 상황의 발생(unforeseen development)'을 입증하지 못하였고(GATT 제19조 위반), 조치대상 중 일부는 조사기간 후반부에 수입이 감소하고 있음에도 세이프가드 조치를 취하였으며(세이프가드 협정 제2.1조 위반), 수입증가와 국내산업 피해간의 인과관계가 충분히 입증되지 않았고(세이프가드 협정 제2.1조 및 제4.2(b)조 위반), 멕시코와 캐나다로부터의 수입이 세이프가드 조사대상에는 포함되었으나 조치대상에서는 제외되어 동등성(parallelism)이 위배되었으므로(세이프가드 협정 제2.1조 및 제2.2조 위반), 미국의 조치가 WTO 세이프가드 협정에 위배된다고 판결하였다. 상소기구 역시 2003년 11월 패널의 주요 결정을 재확인하였으며 이에 미국은 2003년 12월 분쟁해결기구 회의 시 철강 세이프가드조치가 종결되었음을 선언하였다.

(6) 2003년 미국 DRAM 상계관세 분쟁(DS296)

미국은 우리나라의 1997년 외환위기 이후 하이닉스 채권단의 구조조정 조치를 정부 보조금으로 간주하여 2003년 6월 하이닉스 DRAM에 대해 상계관세를 부과하였다. 이에 우리나라는 2003년 6월 30일 WTO에 제소하였다. 패널은 2004년 12월 공공기관으로서의 성격이 인정된 4개 금융기관을 제외한 채권은행들이 정부의 지시 또는 위임에 의해 하이닉스 구조조정에 참여하였다는 점이 입증되지 않았고(보조금협정 제1.1(a)(1)(iv)조 위반), 이에 근거하여 보조금의 여타 요건인 혜택 및 특정성의 요건도 충족되지 않았으며(보조금협정 제1.1(b)조 및 제2.1조 위반), 국내산업 피해 판결 시 하이닉스 DRAM 수입에 의한 피해와 다른 요인에 대한 피해가 제대로 구분되지 않았으므로(보조금협정 제15.5조 위반) 미국의 조치가 WTO 보조금협정에 위배된다고 판결하였다.

미국의 상소에 따라 상소기구는 2005년 6월 패널이 정부의 지시와 위임에 관해 여러 개별증거를 종합적으로 검토하지 않고 관련 사실 조사를 새로이 실시하였기 때문에 제출된 사실에 따라서만 판결을 내려야 한다는 패널의 검토기준을 위반하였다고 판결하여 패널의 판결을 번복하였다. 또한 '정부의 지시와 위임'에 관한 패널판결 번복에 따라 혜택과 특정성에 관한 패널판결 역시 번복하였다. 하지만 상소기구는 미국의 상계관세조치가 WTO 협정에 합치하는지 여부에 대해서는 판결을 내리지 않았다.

(7) 2003년 EU DRAM 상계관세 분쟁(DS299)

EU도 1997년 외환위기 이후 하이닉스에 대한 채권단의 구조조정 조치를 정부 보조금으로 간주하여 2003년 6월 하이닉스 DRAM에 대해 상계관세를 부과하였으며, 우리나라는 2003년 7월 이를 WTO에 제소하였다. 패널은 2005년 4월, 2001년 5월 구조조정 프로그램을 정부의 지시에 따른 것으로 간주한 것은 보조금협정 제1.1(a)조에 위배되고, 산업은행 등의 자금지원이 혜택(benefit)을 제공하였다는 것이 입증되지 않아 보조금협정 제1.1(b)조에 위배되며, EU가 5개 구조조정 프로그램 모두를 현금공여

(grant)로 간주하여 상계관세율을 산정한 것은 보조금협정 제1.1(b)조 및 제14조 위배되고, 국내산업 피해판결 시 보조금으로 인한 피해와 기타 요인으로 인한 피해를 구분하지 않아 보조금협정 제15.5조를 위배하였다는 등의 이유로 EU의 조치 중 일부가 WTO 보조금협정을 위배하였다고 판결하였다. 다만, 수출보험공사의 수출보증 및 산업은행의 회사채 신속인수 등을 보조금으로 취급한 것과, EU가 이용 가능한 자료를 사용하여 사실관계를 부정적으로 유추한 것은 보조금협정 위반이 아니라고 판결하였다. 양국은 2006년 4월까지 판결을 이행키로 합의하였으며, EU는 2006년 4월 분쟁해결기구 회의 시 판결을 완전히 이행하였다고 선언하였으나, 우리나라는 이에 대해 이의를 제기하였다.

(8) 2003년 EU 조선 보조금분쟁(DS301)

우리나라는 우리 조선업계와 경쟁하는 역내 조선사에 대해서만 6%의 보조금을 지급하는 EU의 조치가 WTO 협정 위반이라고 보고, 2003년 9월 이를 WTO에 제소하였다. 패널은 2005년 2월 EU 측의 조치가 일방적인 보복 조치를 엄격하게 금지하고 있는 WTO 분쟁해결절차규정 제23.1조에 위배된다고 판결하였다. EU는 2005년 6월 분쟁해결기구 회의 시, 시효가 만료된 자국 조치를 갱신하지 않음으로써 판결을 이행하였다고 통지하였다. 이 분쟁에서 승소함으로써, 우리나라는 EU와의 조선 피제소 및 맞제소 분쟁에서 모두 승소하여 1990년대 후반부터 장기간 계속되어 온 한-EU 간 조선 분쟁을 성공적으로 마무리할 수 있었다.

(9) 2004년 일본 김 수입할당(Quota) 분쟁(DS323)

우리나라는 일본의 김 수입할당제도가 예외적인 경우를 제외하고는 수량제한조치를 금지하고 있는 WTO 협정에 위배된다고 보고, 2004년 12월 이를 WTO에 제소하였다. 우리나라는 WTO를 통한 김 수입할당조치 철폐를 추진하는 한편, 양자적 해결방안도 병행하여 모색하였다. 이후 일본이 2006년 1월 우리나라에 대한 김 수입할당물량을 향후 10년 간 2004년 물량의 5배(1,200만 속)로 증량하기로 함에 따라 이 분쟁은 최종 타결되었다.

(10) 2012년 한-미 세탁기 분쟁(DS464)

2012년 12월 미국 상무부는 우리나라 세탁기에 대해 반덤핑관세(삼성 9.29%, LG 13.02%) 및 상계관세(삼성 1.85%)를 부과하였다. 이에 대해 우리나라는 2013년 8월

WTO에 제소했으며 2016년 3월 패널판결에서 승소하였고 이어 미국이 상소로 상소심이 진행되었는데 2017년 9월 상소심 판결로 우리나라의 승소가 최종 확정되었다. WTO 한-미 세탁기 분쟁 상소심 최종판결 결과, 반덤핑 관련 쟁점 전부승소, 상계관세 관련 기존 패소쟁점에 대한 승소 등 압도적인 결과를 도출해, 대미국 수출여건 개선은 물론, 최근 강화되고 있는 전 세계적 보호무역주의 강화 기조에 급제동이 걸릴 것으로 평가되고 있다.

상소심은 표적덤핑 판결, 표적 덤핑에 대한 제로잉 적용 등 반덤핑 관련 쟁점과, 보조금 계산방식, 보조금의 지역적 특정성 여부 등 상계관세 관련 쟁점에 대해 최종 판결을 내렸다. 반덤핑 관련 쟁점사안에서 상소기구는 미 상무부가 삼성·엘지(LG)의 블랙 프라이데이 세일 판매를 표적덤핑(targeted dumping, 특정 시기, 장소, 구매자에 대해 덤핑이 발생하는 경우로서, WTO 협정은 이 경우 해당 거래와 정상가격을 비교하여 덤핑율을 산정할 수 있도록 규정함)으로 판단한 것과, 제로잉(zeroing, 덤핑마진 산정 시 수출가격이 국내 정상가격보다 낮은 경우(덤핑)만 반영하고 수출가격이 국내 정상가격보다 높은 경우에는 이를 마진 계산 시 반영하지 않고 "0"으로 처리하여 최종 덤핑마진을 높게 부풀리는 방식)을 적용하여 고율의 반덤핑관세를 부과한 조치가 반덤핑협정에 위반된다고 판결하여, 우리 측의 손을 들어주었다.

상계관세의 경우 보조금 계산방식과 관련하여 패널단계에서 우리 측이 패소했던 판결을 상소기구에서 우리 측이 최종 승소하는 등 우월한 분쟁결과가 도출되었다. 예를 들어 삼성전자의 전체 연구개발(R&D)지출에 대한 세액공제를 세탁기에 대한 보조금율 계산에 반영한 미국 상무부의 조치를 WTO 보조금협정 위반으로 판결했고 보조금 계산 시 삼성전자의 해외매출을 고려하지 않은 미국 상무부의 조치 또한 WTO 보조금협정 위반으로 판결하였다.

다만, '수도권 과밀억제권역' 이외 지역에 투자할 경우 세액공제를 제공하는 것은 '지역적 특정성'이 인정되는 것으로 판결하였고 이외 연구개발(R&D) 세액공제가 사실상 특정 기업에 지급된 보조금이라고 간주한 미국 상무부의 조치가 세계무역기구(WTO) 보조금 협정 위반이라는 패널의 판결도 확정되었다. 따라서 우리나라 정부가 삼성과 LG에 보조금을 지급했다는 이유로 미국이 부과하는 상계관세(원심 1.85%, 재심 34.77%)는 그 조치 자체가 종료될 것으로 예상하고 있다.

금번 판결은 표적덤핑을 활용한 제로잉에 대해 한국이 최초로 WTO에 제소했고, 미국의 상계관세조치까지 제소대상에 포함한 포괄적 분쟁에서 압도적인 결과를 도출한 것으로서 최근 전 세계적인 보호무역 추세에 선제적으로 대응한 사례라는 중요한 의미를 가진다고 할 수 있다. 이번 판결로 인해 미국의 새로운 제로잉(zeroing) 방식

(표적덤핑을 활용한 제로잉)도 WTO 협정 위반이라는 최종 판결을 통해 어떠한 경우에도 제로잉은 금지된다는 원칙을 확립했다는데 의의가 있다.

미국은 판결 이행차원에서 기존 반덤핑 조사기법을 전면 수정(이번 분쟁에서 한국은 세탁기에 부과된 조치(as applied)뿐 아니라 미국의 제도자체(as such)를 제소하여 승소함)해야 하므로 철강 등 우리 주력 산업의 보호무역주의 대응에도 긍정적 영향이 기대된다. 향후 미국은 이행기간을 최대 15개월로 제한하고 있는 WTO 협정에 따라 2017년 말까지는 상소기구 판결의 이행 일정을 제안하여야 할 것으로 보인다.

미국과의 세탁기 반덤핑, 상계관세 분쟁에서 동시에 승소함으로써 우리나라는 그동안 무역분쟁 과정에서 축적한 경험과 노하우를 우리 수출업계와 공유하여 전세계 보호주의 대응에 민관이 공동으로 대응하는 토대를 마련할 수 있게 되었다고 평가되고 있다.

(11) 한국산 유정용 강관에 대한 미국의 반덤핑관세 분쟁(DS488)

2014년 7월 미국 상무부가 한국산 유정용강관(수출액 8억 달러)에 대해 고율의 반덤핑관세(현대하이스코 15.75%, 넥스틸 9.89%, 세아제강, 휴스틸, 아주베스틸, 일진 등 기타 12.82%)를 부과한데 대해, 정부는 업계의 요청에 따라 2014년 12월 WTO에 제소하였다. 이에 따라 2015년 1월 분쟁해결절차의 첫 단계인 양자협의가 열렸다. 양자협의에서 별도 합의에 이르지 못한 바, 2015년 4월 패널이 설치되었다.

제소와 관련 우리정부는 미 상무부가 덤핑 마진 계산방법과 조사절차 등에 있어 WTO 협정을 위반하였다고 판단했으며, 우리 정부가 승소할 경우 미국은 반덤핑관세 부과 조치를 시정할 의무가 발생한다. 미국 상무부는 우리나라 유정용강관의 약 98%가 미국으로 수출되므로 수출가격과 비교가능한 우리 내수가격이나 제3국 수출가격이 없어 구성가격(Constructed Value, 구성가격(CV) = 제조원가(COM) + 판매관리비(SG&A) + 이윤(Profit))에 의한 덤핑율을 산정해야 한다고 주장하고 있다. 우리 국내 기업의 이윤율이 아닌 다국적 기업의 높은 이윤율을 반영하면 상대적으로 고율의 덤핑마진을 산정하게 되는 것이다. 우리 정부는 이에 대해 미국 측이 반덤핑 조사과정에서 우리업계의 정당한 자료제출 기회를 보장하지 않고 고율의 반덤핑관세를 부과하는 등 WTO 반덤핑협정에서 보장하고 있는 절차적 방어권을 보장하지 않았다고 주장하였다.

산업통상자원부에 따르면 우리나라 유정용 강관의 대미 수출은 2013년 기준 89만 4천 톤으로(8.17억 달러), 우리가 분쟁에서 승소해 미국 측의 조치가 철폐할 경우, 철강업계는 연간 약 1억 달러의 반덤핑관세가 경감되고 매년 연례재심 조사절차에 대응해야 하는 부담도 해소될 것으로 기대된다고 조사되었다.

2019년 11월 패널은 미국이 2014년 한국산 유정용 강관에 부과한 반덤핑관세 조치가 WTO 협정 위반이라는 취지로 한국이 주요 쟁점에서 승소한 패널보고서를 공개 회람했다. 패널은 미국이 구성가격[34]에 의한 덤핑률을 산정하면서 우리 기업의 이윤율이 아닌 다국적 기업의 높은 이윤율을 사용해 덤핑마진을 상향조정한 것이 WTO 협정에 위반된다고 판결하는 등, 덤핑률에 영향을 미치는 주요 쟁점에서 우리의 손을 들어줬다.

다만, 관계사거래, 제3국 수출가격 불인정, 의견제출기회 미제공 등 미국 상무부 반덤핑 조사과정 상의 일부 쟁점에 대해서는 우리 측 주장을 수용하지 않았다. 이후 미국이 상소를 포기함에 따라 2018년 1월 WTO DSB 회의에서 패널의 판결이 최종 확정됐다.

이로써 분쟁결과를 확정함에 따라 WTO 협정은 미국이 즉시 분쟁결과를 이행하거나, 즉시 이행이 현실적으로 어려운 경우 합리적 기간(Reasonable Period of Time, RPT)[35] 내에 이행을 완료할 의무를 부여했다.

동 분쟁결과의 확정은 최근 확산되고 있는 보호무역조치를 견제하는 역할을 할 수 있을 것이며, 미국이 상기 이행절차 완료시에는 한국산 유정용 강관의 대미 수출여건도 크게 개선될 것으로 기대된다.

---

34) 미국 상무부는 한국산 유정용강관의 대미(對美) 수출가격과 비교가능한 우리 내수가격이나 제3국 수출가격이 없어 상무부가 계산한 구성가격(Constructed Value)으로 덤핑률을 산정함.

35) WTO 협정은 RPT를 당사국간 합의하거나 중재를 통해 결정하되 원칙적으로 15개월을 넘지 않도록 규정하고 있음.

반덤핑 분쟁의 핵심 이슈인 제로잉 분석

1. 기존 제로잉에 대한 해석 종합

위에서 본 바와 같이 제로잉의 해석에 대한 문제는 최근까지도 WTO 분쟁의 가장 중요한 이슈 중 하나로 지속적으로 논란이 되어왔다. 제로잉과 관련된 가장 최근의 분쟁 중 하나인 위에서 논의한 미국-Washers 분쟁(DS464)은 패널 및 상소기구의 판결과 이행분쟁 판결까지 종결된 분쟁으로 제로잉과 관련된 WTO의 최종적 판단이 무엇인지 가늠해 볼 수 있는 분쟁사례라고 할 수 있다. 본 보론에서는 미국-Washers 분쟁에서 채택된 상소보고서의 내용을 중심으로 WTO가 제로잉에 대해 어떻게 해석하고 있는지와 추가적으로 제기될 수 있는 이슈에 대해 살펴보고자 한다.[36)]

최근까지도 제로잉(zeroing)이 반덤핑협정에 위반되는지에 대한 여부는 1995년 WTO 출범 이래 WTO 분쟁에서 가장 첨예하고 빈번한 사안이었다. 1999년 EC가 인도산 침대보(bed linen)에 대한 덤핑마진 계산 시 제로잉을 활용한 데 대하여 인도가 WTO에 제소한 이후 2018년까지 제로잉과 관련하여 총 23건의 분쟁이 제기되었고 총 12개의 상소보고서가 동 문제를 다루었다.

제로잉에 대한 WTO의 판단은 분쟁의 사안이 되는 부분에 있어 지속적으로 제로잉을 금지하는 것이었다. 다시 말해 WTO 분쟁해결기구의 패널과 상소기구는 조사당국이 원심과 재심에서, 가중평균 대 가중평균 비교방식(Weighted average to Weighted average comparison methodology: W-W 비교방식), 거래 대 거래 비교방식(Transaction to Transaction comparison methodology: T-T 비교방식) 및 가중평균 대 거래 비교방식(Weighted average to Transaction comparison methodology: W-T 비교방식)으로 덤핑마진을 산정하며 제로잉하는 것이 모두 WTO 규정에 위반된다는 입장을 일관되게 견지하여 왔다고 할 수 있다.

---

36) 한국은 추수감사절 연휴인 블랙프라이데이(Black Friday)에 이루어진 자국산 세탁기의 할인판매를 표적덤핑으로 판단하고, W-T 비교방식으로 덤핑마진을 산정하면서 제로잉하여 약 9~13%의 반덤핑관세를 부과한 미국의 조치가 WTO 규정 위반이라고 주장하며 2013년 12월 WTO에 제소하였다. 패널은 미국의 조치 대부분이 WTO 규정에 위반된다고 하면서도, 표적 덤핑 상황에서 W-W 비교방식과 W-T 비교방식을 결합하여 덤핑마진을 산정할 때에는 W-W 비교방식으로 계산된 중간 덤핑마진 중 음(-)이 마진을 영(0)으로 처리할 수 있다고 판단한 내용의 보고서를 2016년 3월 회람되었다. 이에, 미국과 한국 모두 상소하였고, 상소기구는 최종적으로 상기 패널의 판단을 기각하고 비교방식을 결합하여 덤핑마진을 산정하는 경우에도 제로잉을 할 수 없다고 판결하였다.

이 외의 이슈에 대해, 예를 들어 특정 구매자, 지역 또는 기간에 집중적으로 덤핑을 하고 나머지 지역이나 기간에는 덤핑을 하지 않는 소위 '표적덤핑'(targeted dumping) 상황에서 W-T 비교방식을 사용하여 덤핑마진을 산정하면서 제로잉하는 것이 반덤핑협정 규정에 위반하는지 여부에 대해서는 제기된 분쟁 사안이 없었기 때문에 아직까지 쟁점으로 남아 있었다. 하지만 이 부분에 있어서도 미국-Washers 분쟁에서 상소기구가 상소보고서를 통해 2016년 9월 표적덤핑에서의 제로잉 역시 반덤핑협정을 위반한다고 판결함으로써 제로잉에 대한 WTO의 판결을 확인하였다. 동 상소기구의 판결로 표적덤핑에서의 제로잉 활용이 WTO 협정 위반이라는 명확한 결론이 도출되었다고 할 수 있다. 이는 다시 말해 그동안의 제로잉 관련 판결과 더불어 미완의 부분으로 남아있던 표적덤핑에서의 제로잉도 협정 위반으로 금지된다는 결론에 이르게 됨으로써 제로잉과 관련된 더 이상의 논란을 종식시키는 계기가 될 것으로 기대할 수 있다.

하지만 여기서 주목해야 할 부분은 제로잉과 관련하여 동 상소보고서는 제로잉을 금지하고 있지만 이례적으로 이를 대신할 수 있는 표적덤핑 시 활용 가능한 덤핑마진 산출방안에 대해 제시하고 있다는 것이다. 아래에서는 상소보고서가 제시하고 있는 덤핑마진 산출방안에 대해 살펴보고 이 방안이 가지고 있는 의미과 시사점을 제기하고자 한다.

2. 상소보고서에서 제시한 덤핑마진 기법

우선 상소보고서에서 제시한 새로운 덤핑마진 계산법을 살펴보자. 상소보고서의 관련 내용은 아래와 같다.

The Appellate Body found that the second sentence of Article 2.4.2 allows an investigating authority to establish margins of dumping by *applying the W-T comparison methodology only to transactions that constitute the "pattern of export prices which differ significantly among different purchasers, regions or time periods" to the EXCLUSION of "non-pattern transactions" and by dividing the resulting amount by all the export sales of a given exporter or foreign producer*. Nevertheless, with respect to the Panel's finding that Korea had failed to establish that the United States' use of "systemic disregarding" under the DPM is inconsistent "as such" with Article 2.4 and the second sentence of Article 2.4.2, the Appellate Body considered that the second sentence of Article 2.4.2 neither permits the combining of comparison methodologies (i.e. W-T for "pattern transactions" and W-W or T-T for "non-pattern transactions"); nor does it allow "systemic disregarding", whereby an investigating authority conducts separate comparisons for transactions within the "pattern", under the W-T comparison methodology, and for transactions outside the "pattern", under the W-W or T-T comparison methodology, and then disregards the latter when they yield an overall negative comparison result. The Appellate Body also considered that *the EXCLUSION of "non-pattern transactions" in establishing margins of dumping under the W-T comparison methodology is consistent with the "fair comparison" requirement in Article 2.4. In light of the above, the Appellate Body declared moot the Panel's findings in respect of "systemic disregarding"*.

위 내용에서 보듯이 상소기구는 덤핑마진 계산 시 패턴거래(수출가격이 현저히 낮은 거래)와 비패턴거래(수출가격이 정상가격에 비해 낮지 않은 거래)로 구분하여 패턴거래는 W-T 비교방식으로, 비패턴거래는 W-W 또는 T-T 거래방식으로 나누어 계산하는 것은 협정 위반으로 판단하였다. 또한, 패턴거래의 W-T 비교방식에서도 제로잉을 사용하는 것은 협정 위반으로 판단하였다. 결론적으로 그 어떤 경우에도 제로잉은 안 된다는 것이 상소기구의 일관된 판단이라고 할 수 있다.

하지만 위 상소보고서의 내용을 살펴보면 제로잉을 금지하는 동시에 표적덤핑 시 반덤핑협정을 위반하지 않으면서 덤핑마진을 계산하는 방안을 제시하고 있다. 이 방안은 간단히 설명하면 다음과 같다. 상소기구는 표적덤핑의 덤핑마진 계산 시 패턴거래에서의 덤핑마진만을 인정하고 이를 전체 수출금액으로 나누어 덤핑마진을 구한다면 이는 반덤핑협정 제2.4(b)조 제2문에서 말하는 덤핑마진 계산방식으로 인정할 수 있다고 규정하였다.

이는 다시 말하면 수출가격이 낮지 않은 비패턴거래는 덤핑마진 계산 시 아예 제외(exclusion)하는 것이라고 할 수 있다. 이러한 비패턴거래의 제외 방식은 형식적으로는 제로잉과 상관이 없는 것으로 보이지만 경우에 따라서는 실질적으로 제로잉과 일정부분 동등한 또는 유사한 효과를 가지고 있다고 할 수 있다. 상소기구는 제로잉을 금지하는 대신 그와 동등한 또는 유사한 효과를 낼 수 있는 소위 '비패턴거래 제외' 방식을 허용하는 것으로 볼 수 있다.

왜냐하면, 조사당국이 덤핑마진 계산 시 패턴거래와 비패턴거래로 구분하게 되면 이는 당연히 수출가격이 정상가격에 비해 현저히 낮은 거래는 패턴거래로 분류되고 그렇지 않은 거래(다시 말해 수출가격이 정상가격에 비해 문제가 될 정도로 낮지 않은 거래이거나 더 나아가 수출가격이 오히려 정상가격에 비해 높은 거래도 포함)는 비패턴거래로 구분될 가능성이 크다.

제로잉은 수출가격이 오히려 정상가격에 비해 높은 거래의 경우 덤핑마진이 (-)가 되고 이를 0으로 간주하는 것이므로 비패턴거래를 덤핑마진 계산 시 아예 제외해 버리게 되면 이러한 부의 덤핑마진이 0로 간주되는 경우 자체가 원천적으로 덤핑마진 계산에서 제외된다. 이로 인해 덤핑마진이 (+)가 되는 거래가 (-) 되는 부분을 충분히 상쇄할 만큼 크지 않은 경우라면 이러한 비패턴거래 제외 방식은 명목상 제로잉이 금지되더라도 실제로는 제로잉과 비슷한 결과를 가져올 수 있다.

또한, 패턴거래의 경우 비록 제로잉이 금지되더라도 어차피 패턴거래는 수출가격이 정상가격에 비해 현저히 낮은 거래이기 때문에 대부분의 경우 덤핑마진은 (+)가 되지 (-)가 되는 경우는 상대적으로 적기 때문에 제로잉의 효과는 설사 제로잉이 허용된다 하더라도 실제로는 미미하다고 할 수 있다. 위의 내용을 간단하게 사례별로 나누어서 분석해보면 아래 〈표 3-6〉~〈표 3-11〉과 같다. 정상가격은 $1,000이라고 가정한다. 우선 무역거래를 패턴거래와 비패턴거래로 분류하고, 제로잉도 허용과 금지로 나누면 아래 6가지의 경우가 가능하다.

① 패턴거래+비패턴거래+두 거래 모두 제로잉 허용
② 패턴거래+비패턴거래+패턴거래 제로잉 금지+비패턴거래 제로잉 허용
③ 패턴거래+비패턴거래+패턴거래 제로잉 허용+비패턴거래 제로잉 금지
④ 패턴거래+비패턴거래+두 거래 모두 제로잉 금지
⑤ 패턴거래+비패턴거래 제외+패턴거래 제로잉 허용
⑥ 패턴거래+비패턴거래 제외+패턴거래 제로잉 금지

〈표 3-6〉 **덤핑마진 산출 Case I**

	패턴거래	비패턴거래
거래 A	+$100	+$100
거래 B	-$100	-$100

수입국의 입장에서는 일반적으로 자국산업의 보호를 위해 수입상품의 덤핑마진율을 가능한 높게 책정하고자 하는 유인이 존재한다. 우선 〈표 3-6〉에서 A거래와 B거래가 존재한다. 그리고 두 거래의 패턴거래와 비패턴거래에서 발생하는 덤핑마진은 동일하다고 가정한다. 〈표 3-7〉의 각 번호는 위 6가지 방식으로 산출된 덤핑마진율을 나타낸다.

〈표 3-7〉 덤핑마진율 산정 결과

	패턴거래 A	패턴거래 B	비패턴거래 A	비패턴거래 B	합계	덤핑마진율
①	100	0	100	0	200	20%
②	100	-100	100	0	100	10%
③	100	0	100	-100	100	10%
④	100	-100	0	0	0	0%
⑤	100	0	-	-	100	10%
⑥	100	-100	-	-	0	0%

표에서 6가지 방식 중 ① '패턴거래+비패턴거래+두 거래 모두 제로잉 적용' 방식을 적용하면 덤핑마진율이 20%로 가장 높게 책정되므로 수입국은 ① 방식을 가장 선호할 것이다. 그 다음으로는 ② 패턴거래+비패턴거래+패턴거래 제로잉 금지+비패턴거래 제로잉 허용 방식, ③ 패턴거래+비패턴거래+패턴거래 제로잉 허용+비패턴거래 제로잉 금지 방식, ⑤ 패턴거래+비패턴거래 제외+패턴거래 제로잉 허용 방식 모두 10%로 ②, ③, ⑤는 무차별하다. 그리고 ④ 패턴거래+비패턴거래+두 거래 모두 제로잉 금지 방식과 ⑥ 패턴거래+비패턴거래 제외+패턴거래 제로잉 금지 방식은 덤핑마진율이 0%로 반덤핑관세를 부과할 수 없다.

〈표 3-8〉 덤핑마진 산출 Case II

	패턴거래	비패턴거래
거래 A	+$200	+$100
거래 B	-$20	-$100

〈표 3-9〉 덤핑마진율 산정 결과

	패턴거래 A	패턴거래 B	비패턴거래 A	비패턴거래 B	합계	덤핑마진율
①	200	0	100	0	300	30%
②	200	-20	100	0	280	28%

	패턴거래 A	패턴거래 B	비패턴거래 A	비패턴거래 B	합계	덤핑마진율
③	200	0	100	-100	200	20%
④	200	-20	100	-100	180	18%
⑤	200	0	-	-	200	20%
⑥	200	-20	-	-	180	18%

다음으로 〈표 3-8〉에서 패턴거래와 비패턴거래에서 발생하는 덤핑마진을 보면 〈표 3-7〉에 비해 패턴거래의 덤핑마진이 좀 더 크다는 것을 알 수 있다. 이 경우 〈표 3-9〉에서 산출된 덤핑마진율을 보면 6가지 방식 중 ① '패턴거래+비패턴거래+두 거래 모두 제로잉 적용' 방식을 적용하면 덤핑마진율이 30%로 가장 높게 책정되므로 수입국은 ① 방식을 가장 선호할 것이다. 그 다음으로는 ② 패턴거래+비패턴거래+패턴거래 제로잉 금지+비패턴거래 제로잉 허용 방식이 28%로 두 번째로 높다. 그리고 ③ 패턴거래+비패턴거래+패턴거래 제로잉 허용+비패턴거래 제로잉 금지 방식, ⑤ 패턴거래+비패턴거래 제외+패턴거래 제로잉 허용 방식 모두 20%로 ③, ⑤는 무차별하다. 마지막으로 ④ 패턴거래+비패턴거래+두 거래 모두 제로잉 금지 방식과 ⑥ 패턴거래+비패턴거래 제외+패턴거래 제로잉 금지 방식은 덤핑마진율이 18%로 가장 낮은 반덤핑관세를 부과하게 된다.

하지만 여기서 주목해야 하는 것은 상소기구가 제시한 ⑥ '패턴거래+비패턴거래 제외+패턴거래 제로잉 금지 방식'의 덤핑마진율이 18%로 ① '패턴거래+비패턴거래+두 거래 모두 제로잉 적용' 방식의 덤핑마진율 30%와의 차이가 앞의 〈표 3-7〉 30%p에 비해 12%p로 줄어들었다는 점이다. 다시 말해 비패턴거래의 덤핑마진율은 변화 없는 상황에서 패턴거래의 (+) 덤핑마진율이 높아질수록 ⑥ '패턴거래+비패턴거래 제외+패턴거래 제로잉 금지 방식'의 덤핑마진율과 ① '패턴거래+비패턴거래+두 거래 모두 제로잉 적용' 방식의 덤핑마진율과의 차이가 줄어든다는 것을 알 수 있다.

〈표 3-10〉 **덤핑마진 산출 Case III**

	패턴거래	비패턴거래
거래 A	+$200	+$20
거래 B	-$20	-$200

〈표 3-11〉 덤핑마진율 산정 결과

	패턴거래 A	패턴거래 B	비패턴거래 A	비패턴거래 B	합계	덤핑마진율
①	200	0	20	0	220	22%
②	200	-20	20	0	200	20%
③	200	0	20	-200	20	2%
④	200	-20	20	-200	0	0%
⑤	200	0	-	-	200	20%
⑥	200	-20	-	-	180	18%

〈표 3-10〉은 비패턴거래에 비해 패턴거래에서 (+)의 덤핑마진거래가 현저하게 큰 경우를 보여준다. 따라서 〈표 3-11〉에서 산출된 덤핑마진율을 보면 6가지 방식 중 ① '패턴거래+비패턴거래+두 거래 모두 제로잉 적용' 방식을 적용하면 덤핑마진율이 22%로 가장 높게 책정되므로 수입국은 ① 방식을 가장 선호할 것이다. 그 다음으로는 ② 패턴거래+비패턴거래+패턴거래 제로잉 금지+비패턴거래 제로잉 허용 방식, ⑤ 패턴거래+비패턴거래 제외+패턴거래 제로잉 허용 방식 모두 20%로 ②, ⑤는 무차별하다. 그리고 ⑥ 패턴거래+비패턴거래 제외+패턴거래 제로잉 금지 방식은 덤핑마진율이 18%로 상당히 높게 나타난다. ③ 패턴거래+비패턴거래+패턴거래 제로잉 허용+비패턴거래 제로잉 금지 방식 및 ④ 패턴거래+비패턴거래+두 거래 모두 제로잉 금지 방식의 덤핑마진율이 각각 2%, 0%로 반덤핑관세를 부과할 수 없다.[37)]

위에서 보는 바와 같이 패턴거래의 덤핑마진이 크고 비패턴거래의 덤핑마진이 작을수록 ⑥ 패턴거래+비패턴거래 제외+패턴거래 제로잉 금지 방식은 가장 큰 덤핑마진율의 산출이 가능한 ① 패턴거래+비패턴거래+두 거래 모두 제로잉 허용 방식의 덤핑마진율과 크게 차이가 나지 않게 되는 결과를 가져오게 된다. 그리고 이 경우 비패턴거래를 제외하지 않고 덤핑마진율을 계산하는 방식인 ④ 패턴거래+비패턴거래+두 거래 모두 제로잉 금지 방식의 경우에 비해 오히려 덤핑마진율이 높이 책정됨을 알 수 있다.

따라서 표적덤핑을 의미하는 패턴거래만을 대상으로 덤핑마진율을 산출하고 대신 제로잉을 금지하는 상소기구의 보고서의 제안은 표적덤핑에 대한 반덤핑관세 부과에 무게를 두는 경우 수입국에게 오히려 유리한 방식이 될 수 있다.

37) 덤핑마진율이 2% 이하인 경우는 반덤핑관세를 부과하지 않는 것이 일반적이다.

이처럼 ⑥ 패턴거래+비패턴거래 제외+패턴거래 제로잉 금지 방식이 WTO 상소기구에서 공식적으로 인정한 덤핑마진율 산출 방식이라고 한다면 수입국과 수출국에게 주는 시사점은 다음과 같다. 먼저 수입국의 입장에서 볼 때 표적덤핑으로 의심될 만한 거래가 다수인 동시에 비패턴거래에서 부(-)의 덤핑마진이 큰 거래가 많을 경우 패턴거래만을 대상으로 덤핑마진율을 산출하는 ⑥ 패턴거래+비패턴거래 제외+패턴거래 제로잉 금지 방식은 유용하게 활용될 수 있다.

하지만 이 방식이 활용되기 위해서는 우선 패턴거래와 비패턴거래를 적절하게 분류할 수 있는 정교한 덤핑마진율 산출 방식이 전제되어야 한다. 현재까지는 미국이 패턴거래와 비패턴거래로 나누어 덤핑마진율을 산출하는 방식을 운용하고 있다. 미국이 현재 운용 중인 방식은 소위 가격차이 분석법(Differential Pricing Methodology, DPM)이라고 한다.

2013년 3월 4일부터 적용된 동 분석법은 모든 반덤핑조사 원심과 재심에서 덤핑조사 청원자의 별도 요구가 없는 경우에도 상무부가 표적덤핑 분석을 할 수 있도록 하는 내용을 포함하는 가격의 차이를 Cohen's d Test라는 통계분석방법을 사용하여 분석하고 덤핑 여부를 판단한다. 이것은 기존 반덤핑 분쟁에서 W-W 비교방식 또는 T-T 비교방식으로는 덤핑마진을 산정할 때 제로잉을 금지한 WTO의 결정을 회피하기 위한 것으로 미국이 제로잉을 사용할 수 있는 유일한 제2.4(b)조에 규정된 표적덤핑 상황에서 W-T 비교방식으로 덤핑마진을 산정하는 방식이다.

실제 2007년 이후 미국이 반덤핑조사에서 표적덤핑 상황을 적용하는 빈도가 높아진 것을 알 수 있다.[38] 또한, 미국 상무부도 표적덤핑 관련 규정을 정비하였다. 미국은 19USC§1667f-1(d)(1)(B)조항을 통해 표적덤핑을 규정하는 반덤핑협정 제2.4(b)조를 이행하는 것으로 간주하였다.[39] 상무부는 상무부령(regulation)에 따라 동 조항을 이행하였는데 표적덤핑 상황을 보다 수월하게 적용할 수 있는 새로운 규정을 도입하기 위하여 2008년 12월에 동 법령을 개정하였고 2012년 2월 이를 재개정하였다. 2008년에 도입된 표적덤핑 분석법은 아랍에미레이트 및 중국産 못(nail)에 대한 반덤핑조사에 처음 적용되어서 Nails Test라고 하고, 이를 2012년에 개정한 분석법은 Nails II라고 한다. 한국산 세탁기에 대한 반덤핑조사 원심에 후자가 적용되었다. 이후 2013년부터는 현재의 DPM 방식이 사용되고 있다.

---

38) 미국 상무부는 1995년 1월 1일부터 2006년 12월 31일까지 총 376건의 반덤핑조사 중 4건에서 표적덤핑을 적용하였는데, 2007년 1월 1일부터 2012년 12월 31일까지는 총 93건의 조사 중 37건에서 이를 적용하였다. US Department of Commerce, the Anti-Dumping Investigation Database, http://www.doc.gov.

39) 동 조항은 표적덤핑을 아래와 같이 규정하는 바, 사실상 그 내용이 반덤핑협정 제2.4(b)조와 동일하다. The administering authority may determine whether the subject merchandise is being sold in the United States at less than fair value by comparing the weighted average of the

3. 평가 및 전망

제로잉이 효과를 내기 위해서는 복수의 수출거래가 필요하고, 복수의 수출거래를 묶지 않고(즉 평균하지 않고) 개별로 보아야 한다. 여기서 수출거래를 개별로 두는 계산방식으로 틀을 바꾸어야 소위 제로잉은 효과를 낸다. 그래서 제2.4(b)조의 제2문이 가중평균 정상가격과 개별수출가격 간의 비대칭적 비교를 허용하고 있다고 할 수 있다.[40]

따라서 이러한 비대칭비교는 다분히 표적덤핑을 염두에 두고 있다고 할 수 있다. 표적덤핑은 특정의 구매자, 지역, 또는 기간을 표적으로 하여 저가수출(덤핑)하는 반면에 비특정의 구매자, 지역, 또는 기간에는 덤핑하지 않는 경우(산수로 말하면 '음'의 덤핑마진이 나오는 경우)를 말한다. 하지만 비대칭비교의 경우에도 제로잉이 금지되게 되면 표적덤핑에 대한 적절한 반덤핑관세 부과가 곤란해질 수 있다. 이러한 딜레마를 해소하기 위한 방안이 위에서 상소기구가 제시한 ⑥번 방식인 제로잉 금지와 더불어 비패턴거래 제외 방식이라고 할 수 있다.

따라서 ⑥번 방식이 인정되면 제로잉을 적용하지 않았던 미국 이외 국가들의 경우에도 비패턴거래 제외 방식 적용으로 덤핑마진의 인위적 상승이 가능하게 되었다. 지금까지 미국을 제외한 국가의 조사당국은 제로잉의 사용을 금기시했다. 제로잉은 WTO에서 계속 허용하지 않는다는 결정을 내려왔기 때문이었다. 그래서 제로잉 이슈가 나온 이래로 미국을 제외한 대부분의 국가들은 반덤핑관세 조사 시 덤핑마진 계산은 대칭비교에 한정했다.

그러나 이번 상소보고서의 비패턴거래 제외 방식 제시를 통해서 모든 회원국은 요건만 맞으면 비대칭비교를 쓸 수 있게 되었다. 비대칭비교를 통해서 나온 덤핑마진은 동일한 조건의 대칭비교(W-W)하의 덤핑마진에 비해서 커지게 된다. 조사

---

normal values to the export prices (or constructed export prices) of individual transactions for comparable merchandise, if, (i) there is a pattern of export prices (or constructed export prices) for comparable merchandise that differ significantly among purchasers, regions, or periods of time, and (ii) the administering authority explains why such differences cannot be taken into account using a method described in paragraph (1)(A)(i) or (ii).

40) 제2.4(b)조 제1문. 제4항의 공정비교를 규율하는 규정에 따라 일반적으로 조사기간 동안의 덤핑마진의 존재를 가중평균 정상가격과 모든 비교가능한 수출거래가격의 가중평균과의 비교에 기초하거나 또는 각각의 거래에 기초한 정상가격과 수출가격의 비교에 의하여 입증된다. (W-W비교 또는 T-T비교, 대칭비교)
제2.4(b)조 제2문. 당국이 상이한 구매자, 지역, 또는 기간별로 현저히 다른 수출가격의 양태(패턴)를 발견하고, 가중평균의 비교 또는 거래별 비교 사용으로 이러한 차이점이 적절히 고려될 수 없는 이유에 대한 설명이 제시되는 경우에는 가중평균에 기초하여 결정된 정상가격이 '개별' 수출거래가격에 비교될 수 있다. (W-T비교, 비대칭비교)

당국에게는 불확실성의 세계에서 확실성의 세계로 접어들게 되었지만, 반대로 수출자의 입장에서는 나름 확실성의 세계에서 불확실성의 세계에 놓이게 된 측면이 있다고 평가할 수 있다.

또한, 위에서 본 바와 같이 DPM 방식에 있어서 패널과 상소기구 모두 현재의 방식은 WTO 협정을 위반이라고 판단하고 있다. 하지만 이후 미국이 현재의 DPM 방식을 수정 또는 개정하여 이러한 위반과 관련된 부분을 보완하여 표적덤핑에 대한 분석을 시행할 경우 위의 비패턴방식 제외 방식이 실제로 WTO 협정을 위반하지 않을 수 있고 표적덤핑에 대한 덤핑마진율을 산출하는 표준방식이 될 수 있을 것이다.

이는 미국에게만 유리한 것이 아니라 실제로 표적덤핑이 많이 이루어지는 경우 어떤 나라도 동 방식을 채택, 적용할 수 있다. 따라서 상소기구가 제시한 비패턴거래 제외 방식은 그 동안 제로잉을 금지하는 WTO의 노선을 고수하는 동시에 표적덤핑을 걸러낼 수 있는 나름대로의 고육지책으로 평가된다고 할 수 있다.

물론 표적덤핑을 어떻게 구별해낼지에 대한 계량화된 그리고 일반화된 모형이 아직 없다는 점, 설명의무에 대해서 약간의 이견이 있을 수 있다는 점 등이 아직 해결해야 할 과제로 남아있다. 하지만 이번의 상소기구의 판결로 반덤핑협정 제2.4조 제2문 전체에 대한 명확한 개념이 확립되었다고 볼 수 있기 때문에 표적덤핑을 구분하기 위한 표준모델은 큰 논란의 여지없이 논의되고 또한 제시될 수 있다고 볼 수 있다.

2) 피소 사례

(1) 1997년 EU, 미국 주세분쟁(DS75/84)

EU와 미국은 소주보다 위스키에 대해 높은 세율을 부과하는 우리나라의 주세제도가 WTO 협정을 위반하였다고 주장하며 각각 1997년 4월과 1997년 5월 WTO에 제소하였다. 패널은 1998년 7월일 우리나라의 주세제도가 WTO 협정의 '내국민대우' 의무에 위배된다고 판결하였으며, 상소기구도 1999년 1월 패널의 판결을 그대로 수용하였다. 이에 우리나라는 주세법을 개정하여 2007년 1월 WTO 분쟁해결기구 회의 시 판결내용 이행을 통보하였다. 이 주세분쟁은 우리나라가 최초로 피소된 사례로 패소로 인해 수입산 양주 등에 대한 주세와 국내산 소주 등에 대한 주세를 통일시키게 되는 결과를 가져오게 되었다. 무역분쟁의 결과 패널의 판결을 토대로 국내의 법률개정을 이행하는 첫 번째 사례가 되었다.

(2) 1998년 EU 혼합분유 세이프가드 분쟁(DS98)

1990년대 중반 분유에 대한 고율관세를 회피하기 위한 혼합분유 수입이 급격히 증가하자, 우리나라는 무역위원회의 산업피해조사를 거쳐 1997년 3월 세이프가드 조치를 발동, 혼합분유 수입에 대한 수량제한을 시행하였다. EU는 산업피해조사의 적정성 및 수량제한조치의 불가피성 등에 대한 문제점을 들어 1997년 8월 이를 WTO에 제소하였다. 패널은 1999년 6월 국내산업 피해여부 판결 시 WTO세이프가드 협정상의 요건(제4.2조)에 대한 검토가 불충분하고, 수량제한 조치가 국내산업 보호에 필요한 수준을 초과하였다는 이유로 우리나라 수량제한조치가 WTO 협정을 위배한다고 판결하였다. 상소기구도 1999년 12월 패널의 판결을 재확인하였다. 우리나라는 2005년 5월 긴급수입제한조치를 종료하여 판결내용을 이행하였다.

(3) 1999년 미국, 호주 쇠고기 수입규제 분쟁(DS161/169)

미국과 호주는 각각 1999년 12월과 4월 우리나라의 수입쇠고기 전문판매점 제도, 수입쇠고기에 대한 표시제 등의 수입쇠고기에 대한 유통 상의 제약과 축산보조금 제도가 WTO 협정에 위배된다며 이를 WTO에 제소하였다. 패널은 2000년 7월 우리나라 수입쇠고기 전문판매점 제도와 수입쇠고기에 대한 표시제도 등의 유통 상 제약은 내국민대우 조항에 위배되며 한우산업에 대한 보조금 계산방법도 WTO농업협정에 위배된다고 판결하였다. 상소기구는 2000년 12월 우리나라의 수입쇠고기 구분 판매제도가 WTO 협정에 위배되는 것임을 재확인하였으나, 축산보조금과 관련해서는 우리나라가 보조금 감축약속을 위반했다고 판단할 충분한 근거가 없다는 이유로 패널의 판결을 번복하였다. 우리나라는 쇠고기 수입제도를 개선하여 2001년 9월 분쟁해결기구 회의에서 판결내용 이행을 통보하였다.

(4) 1999년 미국 신공항건설공단 정부조달 분쟁(DS163)

미국은 1997년 9월 WTO정부조달협정위원회 회의에서 우리나라 신공항건설공단이 입찰과정에서 외국기업을 차별한 것은 WTO정부조달협정 위반이라고 주장하였다. 이 문제에 대한 협의를 양자적으로 제기해오다 미국은 1999년 2월 WTO에 제소하였다. 패널은 2000년 5월 인천국제공항 건설을 담당했던 신공항건설공단 등은 WTO정부조달협정 상의 양허기관이 아니므로 동 협정상의 의무가 발생하지 않으며, 따라서 동 기관들이 시행한 인천국제공항의 조달조치는 WTO 협정 위반이 아니라고 판결하였다. 이 분쟁은 우리나라가 피소국으로서 승소한 최초의 사례로 WTO분쟁해결절차를 통해 여타 WTO 회원국의 부당한 통상압력을 해결할 수 있음을 보여준 사례로서 의미가 있다.

(5) 2002년 EU 조선보조금 분쟁(DS273)

EU는 2002년 10월 1997년 외환위기 이후 우리나라 조선업계에 대한 구조조정 조치가 WTO 협정에 위배되는 정부의 보조금이라 주장하며 이를 WTO에 제소하였다. 패널은 2004년 12월 일반금융기관들의 경우 정부의 위임 또는 지시를 받아 구조조정에 참가했다는 증거가 없고, 수출입은행 등 공공성이 인정된 6개 금융기관 역시 상업적 고려에 의해 구조조정 절차에 참가한 것이므로 대우조선 등에 대한 구조조정 조치가 WTO보조금협정상의 정부보조금이 아니라고 판결하였다. 아울러, 수출입은행이 각 조선사에 제공한 제작금융 및 선수금환급보증 중 일부는 수출보조금에 해당하나, 수출입은행 관련 법령 및 내부규정(legal regime), 제작금융 및 선수금환급보증 자체는 보조금협정에 위배되지 않는다고 판결하였다.

(6) 2004년 인도네시아 제지 반덤핑 분쟁(DS312)

인도네시아는 2004년 6월 자국산 정보용지 및 백상지에 대한 우리나라 무역위원회의 반덤핑관세 부과 조치가 WTO반덤핑협정을 위반하였다고 주장하며 이를 WTO에 제소하였다. 패널은 2005년 7월 우리나라 무역위원회의 결정이 WTO반덤핑 협정에 위배되지 않는다고 판결하였다. 이 분쟁은 반덤핑 분야에서 우리나라가 제소된 첫 번째 사례이다. 다행히 WTO에서의 승소로 인해 우리나라 무역위원회 판결에 대한 대외공신력이 제고되고 향후 무역위원회의 무역구제조치에 대한 교역상대국의 추가적인 WTO제소를 억제할 수 있게 되었다.

(7) 2015년 일본 수산물 수입금지 분쟁(DS495)

우리나라는 2013년 3월 후쿠시마 원전사고로 인한 인근 해역의 수산물 방사능오염 가능성을 들어 2013년 9월 이후 후쿠시마현 주변 8개현의 모든 수산물에 대해 수입을 금지했으며, 검사 기준 및 국내 방사능기준을 강화해 일본산 수산물에 적용하여왔다. 이에 2015년 5월 일본은 우리나라가 일본산 수산물 수입금지에 대해 WTO 검역 및 위생협정을 위반하였다고 WTO에 제소하였다. WTO 협정을 근거로 60일 이내의 양국 간 협의에서도 성과가 없었기 때문에 이 문제는 정식으로 WTO 소위원회를 통해 분쟁 해결에 돌입하게 되었다. 일본은 다양한 경로로 우리나라 수입금지 해제를 요청해왔으며, 우리나라의 전문가들로 구성된 위원회를 통해 현장조사를 실시했지만 수입금지 해제에 대한 진전이 보이지 않자 WTO제소를 통해 정식 무역분쟁화 함으로써 우리나라를 압박하기 위한 것으로 분석되고 있다.

일본 수산물 수입은 먹거리 안전에 관련된 민감한 사안인 만큼 냉철하고 객관적인 판단이 요구되고 있다. 또한 현재 우리나라 이외에도 미국, 중국, 러시아, 대만 등 총 12개국이 후쿠시마현을 포함한 일본의 동북부에서 생산된 농수산물에 대한 수입을 금지하고 있고 27개 국가 및 지역(EU)이 엄격한 안전성 인증을 실시하고 있다. 방사능 오염 관련 일본 수산물에 대한 안전성이 완전하게 입증되지 않았다는 점에서 필요에 따라 각 국가와의 공조를 통한 대응을 강구하는 등 국익을 위해 냉철하게 대응할 필요가 있을 것으로 전망되었다.

2015년 9월 패널이 설치되었고 2018년 2월 패널은 패널보고서를 통해 우리나라의 수입제한 조치 중 일본이 제기한 4개 쟁점 중 검사절차를 제외한 차별성, 무역제한성, 투명성 등 3건이 WTO 협정에 불합치한다고 판결하여 사실상 일본의 손을 들어주었다. 패널판결이 그대로 확정되면 우리나라는 일본산 수산물에 대한 수입제한 조치를 철회해야 할 상황이 되었다.

이에 우리나라 정부는 2018년 4월 패널판결에 대해 상소를 제기하였다. 이후 2019년 4월 상소기구는 상소보고서를 통해 일본 측이 제기한 4개 쟁점 중 일부 절차적 쟁점을 제외한 사실상 모든 쟁점에서 1심 패널판결을 파기하였다. 우리나라가 최종적으로 승소한 것이다.

상소기구의 판결 내용을 보면 우선 우리나라가 일본에 대해 자의적 차별을 하였다는 부분에 대해서 패널은 일본산 식품에 대한 방사능검사 수치를 기초로, 일본과 제3국 간 위해성이 유사함에도 불구하고 일본산 식품에 대해서만 수입규제를 적용하는 것은 SPS 협정상 금지되는 자의적 차별이라고 판단하였으나, 상소기구는 일본과 제3국의 상황이 유사한지 여부를 판단하면서 식품의 방사능검사 수치만을 고려한 것은 잘못되었다고 판결하였다. 즉, 식품 오염에 영향을 미칠 수 있는 일본의 특별한 환경적 상황 등도 고려했어야 한다고 판단한 것이다.

다음으로 우리나라의 수입제한 조치가 불필요한 무역제한성을 가졌다는 부분에 대해서 우리나라의 적정한 보호수준(ALOP)은 정성적 요소를 포함한 3가지 요소로 이루어져 있음에도, 패널은 이중 정량적 기준인 1mSv/year만 적용하여 한국의 조치가 지나치게 무역 제한적이며 일본이 제시한 대안적 조치로도 한국의 보호수준을 달성할 수 있다고 판결하였으나, 상소기구는 패널이 한국 ALOP의 다른 2개의 정성적 기준(자연방사능 수준, 달성 가능한 최대로 낮은 수준)을 같이 검토하지 않은 것이 잘못

되었다고 판결하였다.

또한, 잠정조치 여부에 대해서는 패널은 우리나라의 조치가 임시적으로 시행하는 잠정조치 요건을 만족시키기 못한다고 판단했으나, 상소기구는 제소국인 일본이 제기하지도 않은 사안을 판단한 것은 패널의 월권이며 잘못되었으므로 법적 효력이 없다고 판결하였다. 그리고 마지막으로 절차상 조치의 불명확성 부분에 대해서 상소기구는 우리나라가 수입규제조치 관련 정보를 불명확하게 공개한 부분에 대해 협정 위반으로 본 패널판결은 인용하였다. 하지만 우리나라가 수입규제조치 관련 '문의처(enquiry point)'를 적절히 설치하지 않았다는 패널판결은 파기하였다.

일본산 수입식품 분쟁(DS 495, 2019.4.26. - 상소기구)[41]

1. 사건 개요

1) 사건의 배경

2011년 3월 11일, 일본 지진 관측사상 최대 규모인 진도 9.0의 강진이 동일본 지역을 강타했다. 최대 20m에 달하는 쓰나미가 후쿠시마현을 휩쓸었고, 이 사고로 후쿠시마 원자력발전소 1~4기가 폭발, 방사능이 유출되는 참사가 발생했다. 국제사회는 재난을 당한 일본에 구호의 손길을 내밀었다. 한국도 국제사회의 일원으로서 생존자 수색과 구호활동을 돕기 위해 구조대를 급파하는 동시에 대대적인 성금 모금을 전개했다.

동시에 우리 국민의 안전을 보호하기 위한 일련의 수입규제조치를 채택했다. 일본 정부가 출하를 제한한 후쿠시마 인근 13개현 농산물 등 일반식품 26개 품목, 8개 현 수산물 50여종을 수입금지하고, 기타 지역의 일본산 농산물 및 가공식품에서 세슘이 미량이라도 검출될 경우 추가 핵종에 대한 검사증명서를 요구하였다. 한국 외에도 전 세계 51개 국가들이 일본산 식품의 방사능으로부터 식품안전을 담보하기 위한 조치를 속속 채택했다.

41) 한일 간 수산물 분쟁은 최근 가장 중요한 현안 중의 하나였고 우리나라가 패널에서는 패소하였으나 상소 판결을 통해 이를 뒤집고 최종 승소하였다는 측면에서 중요한 의미를 갖는다. 이에 대한 좀 더 자세한 분쟁에 대한 이해가 필요한 것으로 보여 보론을 추가한다. 본 보론은 산업통상자원부에서 운영하는 국제법 판례·통상법 해설 포털(https://disputecase.kr/439?category=745675)에 실린 내용을 인용하였다.

2013년 8월, 도쿄전력은 후쿠시마 원전에서 방사능 오염수가 유출되고 있다는 사실을 발표했다. 이에 따라 한국은 한층 강화된 임시특별조치를 채택했다. 일본은 임시특별조치 시행 직후부터 한국의 수입규제조치가 SPS 협정에 위배된다며 조치 철폐를 강력히 요구했다. 평행선을 달리던 2년여의 협상 끝에 2015년 5월, 일본은 한국을 WTO에 제소하게 된다.

2) 주요 쟁점

한국이 채택한 임시특별조치는 크게 3가지로 구분할 수 있다. 첫째는 국내외 모든 식품에 대한 세슘 기준을 강화(370Bq/kg→100Bq/kg)하는 것이다. 둘째는 후쿠시마 인근 8개현의 수산물 수입을 전면 금지(기존 50개 품목에서 확대)하는 것이고, 셋째는 일본산 모든 식품에서 세슘이 미량이라도 검출될 경우 17개의 추가 핵종에 대한 검사증명서를 요구하는 것(이하 "추가핵종검사")이었다.

일본은 이중 둘째와 셋째 조치가 SPS 협정에 위배된다는 이유로 WTO에 제소하였다. 그 중에서도 특히 문제가 된 것은 추가핵종검사였다. 세슘을 제외한 다른 핵종의 경우 검사에 시간과 비용이 많이 소요되어, 세슘 검출로 인해 추가핵종검사 대상이 된 식품은 수출성이 떨어지는 문제가 있었다. 때문에 일본은 추가핵종검사가 사실상의 완전금수조치라는 입장이었다.

2. 주요 쟁점별 당사자 주장 및 판결 요지

1) SPS 협정 제2.3조 위반 여부

일본은 한국의 조치가 유사한 조건 하에 있는 회원국들을 자의적이고 부당하게 차별하지 않도록 해야 한다는 SPS 협정 제2.3조[42]에 위반된다고 주장하였다. 패널은 일본과 여타 국가가 SPS 협정 제2.3조상 "유사한 조건"에 있는지 여부를 판단하면서, "조건"의 범위는 제소대상 조치의 목적에 따라 결정된다는 입장을 취했다. 그러면서 동 조항상 "조건"이 수입제한조치의 목적에 따라 각국의 생태적 또는 환경적 상황을 포함할 수 있지만, 이에 한정되지는 않는다고 보았다.

특히, 전염병이나 질병의 확산을 막기 위한 조치에 관련 분쟁에서는 "유사한 조건"인지 여부를 해석할 때 해당 영역의 환경적 상황에 초점을 맞출 것이지만, 식품첨가제, 독소, 오염원 또는 식품 내 질병유발 유기물 등에서 비롯된 위험성을 규제하는 조치에 관한 분쟁에서는 환경적 상황이 덜 부각된다고 보았다. 패널은 이번

42) 회원국은 자국 영토와 다른 회원국 영토간에 차별 적용하지 않는 것을 포함하여 자국의 위생 및 식물 위생조치가 동일하거나 유사한 조건하에 있는 회원국들을 자의적이고 부당하게 차별하지 아니하도록 보장한다. 위생 및 식물 위생조치는 국제무역에 대한 위장된 제한을 구성하는 방법으로 적용되지 아니한다.

사건에서 한국의 수입제한조치의 목적은 결국 식품의 위해성으로부터 국민의 건강을 보호하려는 것이라고 보고, SPS 제2.3조의 문언과 그 맥락에 비추어 볼 때 식품에 현존하는 위해성만을 관련 조건으로 해석하는 것이 배제되지 않는다는 결론을 내렸다.

따라서 동 분쟁에서 "유사한 조건"인지 여부는 ① 일본과 다른 나라의 식품이 방사능 물질에 오염되었을 가능성이 유사한지 여부와 ② 그 오염수치가 한국의 허용치(세슘 100Bq/kg) 이하인지 여부로 판단되어야 한다고 보았다. 그런데 식품에 현존하는 위해성을 보기 위해 일본산 식품에 대한 샘플링 검사를 실시하고 과학 전문가들의 자문을 받은 결과, 패널은 일본산 식품의 방사능 오염도가 다른 나라 식품과 유사하게 세슘 100Bq/kg 이하일 가능성이 높다고 보았다. 이에 따라 일본과 다른 나라가 유사한 조건 하에 있음에도 일본 식품에 대해서만 강화된 규제를 적용한 한국의 조치는 부당한 차별에 해당한다고 판시하였다.

상소기구는 일본과 다른 나라가 유사한 조건하에 있으며, 이에 따라 한국의 조치는 부당한 차별에 해당한다는 패널의 판정을 번복하였다. 상소기구는 패널이 제2.3조상 "유사한 조건"인지 여부를 판단하면서 모든 관련 요소를 검토하겠다고 하였으나, 실제로는 잠재적으로 오염에 영향을 미칠 수 있는 다양한 요소를 제대로 분석하지 않았다고 지적하였다.

특히 상소기구는 패널이 방사능 오염수준이 특정 정량적 기준(세슘 100 bq/kg) 이내일 경우 오염잠재성도 유사하다고 볼 수 있는지 여부에 대해서 설명하거나, 식품의 현존 오염도 측정이 오염환경의 차이로 인한 오염잠재성까지 완전히 포착(fully capture)할 수 있는지 여부에 대해서도 설명하지 않았다고 보았다. 즉, 상소기구는 패널이 SPS 제2.3조를 해석하고 적용하면서 실제 식품에 현존하는 오염 수치에만 의존하고, 식품의 잠재적 위해성에 영향을 미치는 여타 환경적인 요인을 검토하지 않았다고 보았다.

이와 관련하여, 상소기구는 SPS 제2.3조에 따른 분석에는 식품에 현존하는 조건에 대한 분석이 포함될 수 있지만 영토적 조건과 같은 다른 조건들도 식품에 영향을 미칠 잠재성이 있는 이상(to the extent they have the potential to affect the products at issue) 분석에 포함되어야 한다고 판시하였다. 상소기구는 패널이 판정의 여러 부분에서 방사능 오염환경이 식품에 미칠 수 있는 잠재적 위해성을 인정하고 있음을 지적한 뒤, 그럼에도 불구하고 오염환경으로 인한 잠재적 위해성에 대한 분석을 배제하고 식품에 현존하는 위해성만 검토함으로써 SPS 제2.3조를 잘못 적용하였다고 판단하였다. 이에 상소기구는 패널의 잘못된 제2.3조 해석 및 적용에 근거한 판정을 파기하였다.

2) SPS 협정 제5.6조 위반 여부

일본은 세슘 검사만으로 우리나라의 적정보호수준(ALOP; Appropriate Level of Protection)을 달성할 수 있는데도 한국이 일본 8개 현 수산물에 대해 수입을 전면 금지하고, 여타 식품에 대해 미량의 세슘 검출 시 추가핵종검사 증명서를 요구한 것은 필요한 정도 이상의 무역제한적인 조치로, SPS 협정 제5.6조[43]에 위반된다고 주장하였다.

패널은 일본이 제안한 대안조치(세슘 검사)로 우리나라의 적정보호수준을 달성할 수 있는지 검토하기 위해 우선 우리나라의 적정보호수준을 확인하고, 일본의 대안조치로 달성될 수 있는 보호수준을 확인한 후, 우리나라의 적정보호수준과 일본의 대안조치로 달성되는 보호수준을 비교하였다.

패널은 한국의 보호수준이 연간 1 mSv(밀리시버트)를 노출 제한량으로 설정하되, '(원전) 사고 이전 수준'과 '가능한 낮은 방사능 노출(ALARA; As Low as Reasonably Achievable)'이라는 목표를 추구함을 인정하였다. 그러면서 '사고 이전 수준'의 의미는 불명확하지만, 전문가 의견에 따라 '자연 상태에서의 방사능 노출량'이 이에 해당한다고 볼 때, 자연 상태에서의 방사능 노출량(전세계 평균 연간 3 mSv)에 연간 1 mSv만큼 추가로 노출되는 것은 미미한 정도의 추가 노출(minor addition)이라고 보았다.

아울러 자신의 보호수준이 정량적 수치로 고정되지 않는다는 한국과 달리 국제방사선방호위원회(ICRP), 국제식품규격위원회(Codex) 등 국제기구는 '가능한 낮은 방사능 노출'이라는 원칙을 통해 연간 1 mSv 이하라는 방사능 노출 한도를 정하였다고 언급하며, SPS 협정이 반드시 정량적 보호수준을 채택할 것을 요구하지는 않지만 그럼에도 보호수준이 결코 모호하거나 불명확해서는 안 된다고 지적하였다.

결국 패널은 회원국이 명시적으로 오염수준의 정량적 한계를 설정하였다면, 그 수치 이하의 오염수준을 포함하는 상품은 그 보호수준을 충족하는 것으로 볼 수 있다고 보면서, 일본의 대안조치로 연간 1 mSv 이하의 방사능 노출이라는 보호수준을 달성할 수 있다면 한국의 조치가 필요한 정도 이상의 무역제한적인 조치라는 것이 입증된다고 결론 내렸다. 그리고 과학적 검토 결과 일본의 대안조치로 한국

43) 제3.2조를 저해함이 없이, 위생 또는 식물위생 보호의 적정수준을 달성하기 위하여 위생 또는 식물위생 조치를 수립 또는 유지하는 때에는, 회원국이 기술적 및 경제적인 타당성을 고려하여, 동조치가 위생 또는 식물 위생보호의 적정수준을 달성하는데 필요한 정도 이상의 무역제한적인 조치가 되지 않도록 보장한다.(각주: 제5.6조의 목적상, 기술적 및 경제적인 타당성을 고려하여 합리적으로 이용가능하고 위생 또는 식물위생 보호의 적정수준을 달성하면서 무역에 대한 제한이 현저히 적은 다른 조치가 없는 경우, 동조치는 필요한 정도 이상의 무역제한조치가 아니다.)

소비자들이 연간 1 mSv보다 현저히 낮은 수준의 방사능에 노출되는 것이 보장되므로, 한국의 수입제한조치는 필요 이상의 무역제한적인 조치라고 판시하였다.

상소기구는 패널이 한국의 보호수준이 정성 및 정량의 동등한 3개 기준으로 구성되어 있다고 인정하면서도 실제로는 연간 1mSv 이하의 방사능 노출이라는 정량적 기준만을 근거로 판정을 내렸다고 지적하면서, 한국의 조치가 제5.6조에 위반된다는 패널의 판정을 번복하였다. 상소기구는 패널이 한국의 보호수준의 정성적 기준과 관련하여 일부 검토를 수행하였지만, 그 결과 일본의 대안조치가 한국의 정성적 보호수준을 어떻게 달성할 수 있는지에 대한 해답을 제시하지 못하였다고 지적하였다.

3) SPS 협정 제5.7조 위반 여부

패널은 한국이 자신의 조치가 SPS 협정 제5.7조[44]에 근거하여 취해진 잠정조치라고 주장하는데, 이는 일본이 제기한 여타 조항상의 위반 여부를 검토하는 데 영향을 주기 때문에 일본이 한국의 조치가 제5.7조에 위반된다고 주장하지 않았더라도 우선적으로 한국의 조치가 제5.7조의 범위에 속하는지 검토되어야 한다고 보았다. 아울러 Japan-Agricultural Products II, Japan-Apples 사건에서 제5.7조을 원용한 피소국이 입증책임을 부담하였다는 점을 언급하며, 동 사건에서는 한국이 제5.7조을 원용하는 국가로서 입증책임을 진다고 판시하였다. 패널은 제5.7조을 원용하기 위한 요건을 아래와 같이 4가지로 제시하고 차례로 검토하였다.

① 위해성 평가를 실시하기 위한 관련된 과학적 정보가 불충분
② 잠정조치를 입수 가능한 적절한 정보에 근거
③ 보다 객관적인 위해 평가를 위해 필요한 추가적인 정보 수집을 위해 노력
④ 합리적인 기간 내에 해당 조치를 재검토

첫째, 과학적 정보가 불충분한지에 대해 패널은 후쿠시마 원전 사고로 인한 방사능의 정확한 방출량 및 방사능의 종류에 대한 정보가 불충분한지는 판단 기준이 아니며, 식품에 포함된 방사능이 인체에 미칠 위해성을 평가하기 위한 과학적 정보가 불충분한지가 판단 기준이라고 판시하였다. 이어서 패널은 후쿠시마 원전 사고 이전에 연간 1 mSv 방사능 노출 한도와 Codex 기준 등이 수립되어 있었고, 한

44) 관련 과학적 증거가 불충분한 경우, 회원국은 관련 국제기구로부터의 정보 및 다른 회원국이 적용하는 위생 또는 식물위생 조치에 관한 정보를 포함, 입수가능한 적절한 정보에 근거하여 잠정적으로 위생 또는 식물위생 조치를 채택할 수 있다. 이러한 상황에서, 회원국은 더욱 객관적인 위험평가를 위하여 필요한 추가정보를 수집하도록 노력하며, 이에 따라 합리적인 기간내에 위생 또는 식물위생 조치를 재검토한다.

국이 2013년 특별임시조치를 취할 당시 식품에 포함된 방사능을 검사할 능력도 있었다고 보았다.

아울러, 패널은 전문가에게 방사능 추가 유출, 유출량 및 핵종간 비율에 관한 불확실성과 일본산 식품 섭취로 인한 위해성 평가 간 관련성에 대해 자문하였는데, 전문가들은 식품에 포함된 방사능 양을 직접 검사할 수 있다면 방사능 추가 유출과 관한 제반 불확실성은 위해성 평가에 중요한 문제가 되지 않는다고 답변하였다. 이에 근거하여 패널은 2013년 한국이 조치를 취할 당시 위해성 평가를 실시하기 위한 관련된 과학적 정보가 불충분하지 않았다고 판단하였다.

둘째, 한국의 조치가 입수 가능한 적절한 정보에 근거하였는지와 관련하여 한국은 후쿠시마 원전 사고 당시 방출된 방사능의 추정치, 원전 주위와 일본 해역에서의 방사능 수치, 일본 인근 해저토 내의 방사능에 관한 제한된 연구결과, 일본 농수산물에 포함된 세슘 및 스트론튬 수치, 후쿠시마 원전의 방사능 추가 유출 및 향후 유출 가능성에 관한 정보, 도쿄전력(TEPCO)의 추가 유출 방지 실패에 관한 정보, 저선량 노출에 관한 추가 연구 필요성과 관련된 논문, 그리고 Codex 기준을 제시하였다.

패널은 이에 대해 정보의 목록을 제시하는 것만으로는 충분하지 않으며, 이러한 정보가 어떻게 조치의 근거로 역할 하였는지(제5.7조를 원용하는) 회원국이 입증하여야 한다고 판시하였다. 아울러 Codex 기준은 수입을 전면금지하기보다는 식품이 안전하게 수출입될 수 있는 기준을 제시한다고 언급하며, 동 기준이 한국 수입금지 조치의 적절한 근거가 될 수 없다고 보았다. 또한 패널은 추가핵종검사와 관련하여 한국이 제시한 정보가 어떻게 일본산 식품에서 세슘이 0.5Bq/kg 이상 검출되면 다른 핵종에 대한 검사를 추가로 요청하는 조치에 대한 근거가 될 수 있는지 입증하지 못하였다고 판단하였다.

셋째, 한국의 추가적인 정보 수집 노력이 있었는지에 대해 패널은 한국이 수입제한조치를 채택한 이후 일본측에 여러 차례 추가적인 정보를 요청한 바, 동 요건은 충족한다고 보았다.

넷째, 패널은 한국이 합리적인 기간 내 수입제한조치를 재검토를 하지 않았다고 판단하였다. 그 이유로 한국이 2014년 2월 재검토 계획을 수립하고 14~18주 내로 재검토를 완료키로 하였으나 동 절차가 완료되지 않았고, 2014년 9월 이후에는 한국 정부를 대표하지 않는 민간 전문가 그룹의 활동 이외의 별도 재검토 활동이 존재하지 않았다는 점을 들었다. 패널은 한국의 8개 현 수입금지조치와 추가핵종검사 요구가 상기 4가지 요건을 모두 충족시키지 못하므로, 한국의 조치가 제5.7조에 합치하지 않는다고 결론 내렸다.

상소기구는 동 사건에서 제소국인 일본이 패널 설치요청서에서 한국 조치의 제

5.7조 위반 여부를 제기하지 않았다는 점을 언급하면서, 패널이 제5.7조 위반 여부를 판단하는 것이 적법하였는지 검토하였다. 상소기구는 분쟁해결 규칙 및 절차에 관한 양해(이하 "DSU") 제7조 1항[45], 2항[46] 및 제11.4조[47]에 따라 패널이 자신에 회부된 사안과 분쟁당사자가 인용하는 모든 대상협정의 관련 규정을 검토할 의무가 있지만, 어떤 조항이 단순히 해석적인 맥락에서 언급된 경우 패널이 동 조항의 위반 여부까지 판단할 수 있는 것은 아니라고 보았다.

그리고 동 사건에서 한국은 제5.7조를 근거로 일본이 제기한 SPS 협정 제2.3조, 제5.6조, 제7조 및 제8조상 의무 위반을 정당화하거나, 이러한 의무에서 면제된다고 주장하지 않았고, 단지 제5.7조를 여타 규정을 해석하기 위한 관련된 문맥으로 제시한 것으로 판단하였다. 이에 따라 상소기구는 패널이 한국의 조치가 제5.7조를 위반하였는지에 대해 판정한 것은 패널에 부여된 위임사항을 벗어난 것으로 DSU 제7.1조 및 제11조 위반이며, 이에 따라 제5.7조와 관련된 패널 판정이 무효이며 법적 효과가 없다고 판정하였다.

4) SPS 협정 제7조 위반 여부

일본은 한국의 수입금지조치와 추가핵종검사 요구조치가 이해당사국이 인지할 수 있도록 공표되지 않았고, 한국의 문의처가 일본의 합리적인 질문에 대해 적절한 문서와 답변을 제공하지 않아 한국이 SPS 협정 제7조 및 부속서2 1항[48], 3항(a), 3항(b)[49]를 위반하였다고 주장하였다.

패널은 부속서2 1항 상 "위생 및 식물위생 규정"은 문맥적인 해석 상 부속서 2 5항(a)상 특정 규정의 도입의 "공고"보다 자세하여야 하며, 그 규정 자체를 의미한다고 보았다.

---

45) 패널은 분쟁당사자가 패널설치로부터 20일 이내에 달리 합의하지 아니하는 한, 다음의 위임사항을 부여받는다. "(분쟁당사자가 인용하는 대상협정명)의 관련 규정에 따라 (당사자 국명)이 문서번호 …… 으로 분쟁해결기구에 제기한 문제를 조사하고, 분쟁해결기구가 동 협정에 규정된 권고나 판결을 내리는 데 도움이 되는 조사결과를 작성한다."

46) 패널은 분쟁당사자가 인용하는 모든 대상협정의 관련 규정을 검토한다.

47) 만일 제3자가 이미 패널과정의 대상이 되는 조치로 인하여 대상협정에 따라 자국에 발생하는 이익이 무효화 또는 침해되었다고 간주하는 경우, 그 회원국은 이 양해에 따른 정상적인 분쟁해결절차에 호소할 수 있다. 이러한 분쟁은 가능할 경우에는 언제나 원패널에 회부된다.

48) 1. 회원국은 채택된 모든 위생 및 식물위생 규정(일반적으로 적용되는 법률, 법령 또는 명령 같은 위생 및 식물위생 조치)을 이해당사회원국이 인지할 수 있도록 신속히 공표할 것을 보장한다.

49) 3. 각 회원국은 이해당사회원국으로부터의 모든 합리적인 질의에 대한 답변 및 아래와 관련한 문서의 제공을 담당할 하나의 문의처가 존재할 것을 보장한다.

a. 자국 영토내에서 채택 또는 제안된 모든 위생 또는 식물위생 규정

b. 자국 영토내에서 운영되고 있는 모든 방제 및 검사절차, 생산 및 검역처리, 농약허용치 및 식품첨가제 승인절차

따라서, 단순히 이러한 규정의 존재를 알리거나 규정을 요약하여 제시하여서는 안 되고, 규정의 전부가 공표되어야 한다고 판시하였다. 또한, 이해당사국이 해당 조치를 인지하기 위해서는 단순히 규정을 공표하는 것만으로는 충분하지 않으며, 해당 규정을 ① 충분한 내용을 담아 ② 적절한 매체에 수입자가 일반적으로 알 수 있도록 공표해야 한다고 판시하였다.

한국의 수입금지조치와 관련하여 패널은 한국이 후쿠시마 인근 8개현의 모든 수산물의 수입이 금지된다는 보도자료를 배포하였으나, "모든 수산물(all fishery products)"의 범위가 일반적으로 국제무역에서 통용되는 용어(HS 코드 또는 국제수역사무국(OIE) 수산동물 코드)를 사용하여 제시되지 않아 모호하고, 한국이 WTO SPS 위원회에 통보할 때 보다 구체적으로 품목 범위를 제시한 점에 비추어, 해당 보도자료가 규정의 전체 내용을 포함하지 않았다고 보았다.

또한 동 보도자료의 접근성과 관련하여, 한국은 해당 조치가 식품의약품안전처와 국무조정실 홈페이지에 보도자료로 게시되었다고 하였으나, 식품의약품안전처 홈페이지 링크는 열리지 않고, 국무조정실은 해당 조치의 주관부처가 아니므로 이해당사국(일본)이 동 부처의 홈페이지에서 해당 조치 관련 사항을 찾아보리라고 기대하기 어렵다고 보았다. 이에 따라 한국이 SPS 협정 제7조 및 부속서2 1항을 위반하였다고 판정하였다.

한국의 추가핵종검사 요구와 관련하여 패널은 동 조치를 공표하는 보도자료에 추가핵종검사가 요구되는 세슘 기준치, 구체 검사 대상 핵종, 추가 핵종의 수입 허용 기준치 등이 명시되어 있지 않아 충분한 내용을 담지 않았고, 수입금지조치와 마찬가지로 식품의약품안전처 및 국무조정실 홈페이지에 게재되었으나, 이행당사국이 이에 접근하기 어려웠다고 판단하였다. 따라서 동 조치와 관련하여서도 한국이 SPS 협정 제7조 및 부속서2 1항을 위반하였다고 판정하였다.

SPS 문의처와 관련하여, 패널은 SPS 협정 제7조 및 부속서2 3항에 합치하기 위해서는 단순히 문의처를 설립하는 것이 아니라, 실제로 합리적인 질문에 대해 정보와 답변이 제공되어야 한다고 판시하였다. 한국은 2014년 6월 24일자 일본의 문의에 대해 완벽하지는 않지만 답변과 문서를 제공하였으므로, 일본이 이러한 답변이 부속서2 3항에 비합치된다는 점을 입증하지 못하였다고 판정하였다. 그러나 2014년 11월 13일자 일본의 문의에 대해서는 한국이 답변하지 않아 부속서2 3항을 위반하였다고 판정하였다.

상소기구는 공표 의무(제7조 및 부속서2 1항) 위반과 관련된 패널 판정은 인용하였으나, 문의처와 관련된 패널 판정은 파기하였다. 상소기구는 부속서2 3항 위반을 검토하기 위해서는 해당 문의처에 접수된 총 문의 건수, 문의 건수에 대한 답변 비율, 요청된 정보의 성질 및 범위, 해당 문의처가 지속적으로 답변하지 않았는지 여부 등 관련 요소를 모두 검토하여야 한다고 판시하였다. 따라 패널이 해당 문의처가 단지 1회 답변하지 않은 사실로 동 조항 위반을 판단한 것은 잘못이라고 판정하였다.

5) SPS 협정 제8조 위반 여부

일본은 한국의 추가핵종검사 요구가 검사 절차와 관련된 SPS 협정 제8조[50] 및 부속서3 1항 (a), (c), (e), (g)[51]에 위반된다고 주장하였다. 패널은 추가핵종검사가 한국의 SPS 조치의 이행을 확인하고 확보하기 위한 조치로서, SPS 협정 제8조 및 부속서3 상의 검사에 해당한다고 보았다. 부속서3 1항(a)의 위반 여부와 관련하여 패널은 Russia-Pigs 사건 판례에 따라 이를 검토하기 위해서는 ① 국내 상품과 수입 상품이 동종(like)인지 여부를 먼저 판단하고, ② 수입 상품이 국내 상품보다 불리한 대우를 받았는지 검토하여야 한다고 보았다.

일본은 동 조항에서의 "동종성"이 SPS 제2.3조상 "동일하거나 유사한 조건"와 동일하게 판단되어야 한다고 주장하였으나, 패널은 동일하거나 유사한 조건 하에 있는 (예컨대, 동일한 물질에 오염된) 버섯과 물고기를 동종상품으로 볼 수 없다면서, 일본의 주장을 배척하였다. 아울러 일본은 어떠한 조치가 상품을 오로지 원산지에만 근거하여 차별하는 경우 이러한 상품의 동종성이 추정되어야 한다고 주장하였으나, 패널은 동 사건에서 한국이 원산지에만 근거하여 상품을 차별한 것이 아니라, 후쿠시마 원전 사고를 경험한 일본 상품에 대한 공공 보건상의 우려에 근거하여 차별한 것이라고 보며, 동종성이 추정될 수 없다고 보았다.

이어 패널은 동 사건에서 동종성이 전통적인 4가지 기준(물리적 성격, 상품의 최종 용도, 소비자 취향 및 습관, 관세 분류)에 의거하여 판단되어야 한다고 결론 내리며, 동 조항의 위반을 제기하는 일본이 이에 대한 입증책임을 부담한다고 보았다. 그러나 일본이 상기 4가지 기준에 따른 동종성 검토를 하기 위한 추가적인

50) 회원국은 식품, 음료 또는 사료의 첨가제 사용 승인 또는 오염물질 허용치 설정에 관한 국내제도를 포함한 방제, 검사 및 승인절차의 운영에 있어서 부속서 3의 규정을 준수하며 또한 자국의 절차가 이 협정의 규정에 불일치하지 아니하도록 보장한다.

51) a. 이러한 절차는 부당한 지연 없이, 그리고 수입상품이 동종 국내상품에 비하여 불리하지 않은 방법으로 행하여지고 완료된다.

c. 정보의 요구는 첨가제 사용의 승인 또는 식품, 음료 또는 사료내의 오염물질 허용치의 설정을 포함, 적절한 통제, 검사 및 승인절차를 위하여 필요한 사항에 국한된다.

e. 상품의 개별적인 견본의 통제, 검사 및 승인을 위한 요건은 합리적이고 필요한 사항에 국한된다.

g. 신청인, 수입자, 수출자 또는 그들의 대리인에 대한 불편을 최소화하기 위하여, 절차에 사용되는 시설물의 위치 및 수입품의 표본 선정시 국내상품에 적용되는 기준과 동일한 기준이 사용되어야 한다.

증거를 제공하지 않아 패널이 동종성 여부를 평가할 수 없으므로, 일본이 한국의 조치가 부속서3 1항(a)에 위반하였음을 입증하지 못하였다고 판정하였다.

부속서3 1항(c) 위반 여부와 관련하여, 패널은 일본이 동 조항 위반을 원용하면서 정보 제출의 필요성에 대한 문제 제기보다는 SPS 협정 제5.6조상 보호수준을 달성하기 위해 필요한 것보다 무역제한적인 조치를 취하지 않을 의무에 관한 실체적 문제 제기를 하고 있다고 보았다. 보다 구체적으로, 일본은 자신의 대안조치(세슘 검사)만으로도 한국의 보호수준을 달성할 수 있으므로, 추가핵종검사가 필요하지 않다는 제5.6조 위반 관련 실체적 주장만을 하였고, 동 부속서 상 "검사를 위해 필요한 정보 요구"에 관련한 사항에 대해서는 언급하지 않았다. 패널은 실체적 의무 위반에 관한 문제 제기는 부속서3 1항(c)의 범위에서 벗어난 것으로, 일본이 동 조항의 위반을 입증하지 못하였다고 판정하였다.

부속서3 1항(e) 위반 여부와 관련하여, 일본은 검사절차가 수입국의 보호수준을 달성하기 위해 필요한 조치가 아니면 동 조항에도 위반된다고 주장하였으나, 패널은 제5.6조의 위반이 부속서3 1항(e) 위반의 근거가 될 수 없다고 판시하였다. 아울러 일본은 추가핵종검사가 일본에서만 실시되어야 하는 바, 이는 합리적으로 필요한 정도 이상의 검사 요건이라고 주장하였으나, 패널은 추가핵종검사가 반드시 일본에서만 실시되어야 하는 것은 아니므로 일본이 부속서3 1항(e) 위반을 입증하지 못하였다고 판정하였다.

부속서3 1항(g)와 관련하여, 패널은 동 조항의 문언상 "동일한 기준이 사용되어야 한다(the same criteria should be used)"의 의미가 권고적인 것인지 의무적인 것인지에 대해 우선 판단하였다. 패널은 조약에서 "should"라는 표현은 상황에 따라 권고적일 수도 있고, 의무적일 수도 있는데, 동 조항의 경우 SPS 협정 제8조 및 부속서3 1항 전문(chapeau)에서 각각 해당 조항을 반드시 준수("shall observe", "shall ensure")할 것을 규정하고 있는 점을 고려해볼 때, 의무적인 것으로 해석해야 한다고 보았다.

이어 추가핵종검사의 위치에 관하여는 일본 주장과 달리 반드시 일본에서 검사되어야 하는 것은 아니므로 국내상품에 적용되는 기준과 다른 기준이 사용된다고 볼 수 없다고 판단하였다. 패널은 수입품의 표본 선정과 관련하여, 일본과 한국 상품의 세슘 검사를 위한 표본 선정 기준이 다른 것은 사실이지만 일본이 동 조항에서 문제를 제기하고 있는 추가핵종검사는 표본 선정 이후의 절차로 동 조항 위반과 관련이 없다고 판단하였다. 따라서 일본이 부속서3 1항(g)의 위반도 입증하지 못하였다고 판정하였다.

상소기구는 부속서3 1항(a)와 관련한 일본의 상소에서 한국의 조치가 오로지 원산지에만 근거한 것이 아니라 공공 보건상의 우려를 반영한 것이라는 패널의 판정을 지지하고, 일본산 상품과 한국산 상품간 동종성이 추정될 수 없다는 판정을 유지하였다.

3. 해설 및 평가

동 사건은 SPS 조치와 관련하여 WTO에 제소된 분쟁 중 처음으로 상소기구가 실체적인 쟁점에 대해 패널 판정을 파기한 사건이다. 또한 주요 SPS 분쟁들 가운데 피소국이 승소한 최초의 사건이기도 하다. 그간 WTO가 EC-Hormones 사건, US-Shrimp 사건 등에서 환경, 건강보다는 무역 측면을 중시하는 판결을 내려왔던 것에 비추어 볼 때, 이례적인 판결이라고 볼 수 있다.

패널이 식품에 현존하는 위해성에 집중한 반면, 상소기구는 후쿠시마 원전 사고로 인한 환경적 요인이 식품에 잠재적으로 미칠 수 있는 위해성까지 고려해야 한다는 우리나라의 주장을 사실상 인정한 것으로 보인다. 또한, 국제기준에 근거한 정량적인 보호수준 이외에도 개별 국가가 설정한 정성적인 보호수준(가능한 낮은 정도의 방사능 노출, 사고 이전 수준 정도의 노출)도 존중하는 모습을 보여주었다. 향후 WTO가 무역 이외의 가치에 대해 점차 중요성을 더 많이 부여할 것인지, 이번 사건이 이례적인 것으로 남을지 귀추가 주목된다.

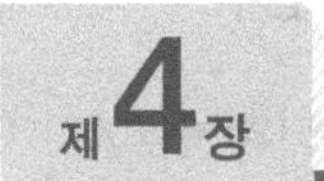

WTO 분쟁해결 관련 통계 및 평가

1. 분쟁 관련 통계

1) 패널 및 상소 절차

앞에서 이미 논의하였듯이 분쟁당사국들이 협의를 통해 상호 합의된 해결책에 도달할 수 없는 경우, 제소국은 해당 분쟁을 조사할 패널의 설치를 요청할 수 있다. 또한, 어느 분쟁당사국이든 이후 패널의 판결에 대해 상소할 수 있다. 1995년 WTO가 출범한 이후 2020년 말까지 제기된 분쟁은 총 598건으로 이와 관련하여 약 절반(50.5%)에 해당하는 302개의 패널이 설치되었다. 그리고 동 302개의 패널 설치는 356건(59.5%)의 분쟁과 관련된 것이었다. 하지만 패널의 설치가 이루어지더라도 최종적으로 패널이 구성되는 것은 아니다. 실제로 패널위원 선정 등 패널의 구성이 이루어진 것은 302개 중 267개(88.4%)로 이 267개의 패널은 총 316건(52.8%)의 분쟁을 다루었다.

또한, 패널의 판결로 패널보고서가 작성, 회람된 것은 215건(36.0%)이다(패널설치 또는 패널판결 과정에서도 분쟁당사국간 합의를 통해 분쟁을 해결할 수 있는 경우 패널보고서가 작성되지 않는 경우가 있음). 215건의 패널보고서는 598건의 분쟁사건 중 265건(44.3%)의 분쟁에 대해 다루고 있다. 회람된 215건(36.0%)의 패널보고서 중 DSB 회의에서 채택된 패널보고서는 197건(32.9%)으로 244건(40.8%)의 분쟁사건을 다루고 있다.

한편 2020년 말 기준 141건의 상소가 제기되었다. 이는 패널보고서가 회람된 총 215건의 65.6%로 약 3건 중 2건이 상소절차로 진행되었을 알 수 있다. 137건의 상소는 174건(29.1%)의 분쟁을 다루고 있다. 상소기구의 판결로 상소보고서가 작성, 회람된 것은 124건(20.7%)로 이는 167건(27.3%)의 분쟁에 대해 다루고 있다. 최종적으로 상소보고서가 채택된 건수는 123건(20.1%)으로 이는 166건(27.2%)의 분쟁을 다루고 있다. 〈표 4-1〉은 위에서 언급한 1995년부터 2020년까지 WTO에서 제기된 분쟁의 수와 패널과 상소기구에서 진행된 분쟁 건수를 나타낸 것이다.

〈표 4-1〉 WTO에 제기된 분쟁 건수, 패널 및 상소 관련 분쟁 건수

	1995	1996	1997	1998	1999	2000	2001	2002	2003	2004	2005	2006	2007	2008
협의 요청	25	39	50	41	30	34	23	37	26	19	12	20	13	19
패널설치	5	11	15	13	20	11	15	11	19	7	8	12	11	3
패널설치와 관련된 분쟁	9	11	22	15	23	12	16	18	25	7	8	14	14	5
패널구성	4	8	13	12	18	9	13	9	10	13	7	9	10	3
패널구성과 관련된 분쟁	8	8	19	14	21	11	14	16	12	17	7	9	13	3
합의 또는 철회된 분쟁	3	8	9	12	2	7	12	5	3	6	6	10	3	6
패널보고서 회람	0	6	6	10	14	18	7	10	9	11	13	4	7	8
회람된 패널 보고서 관련 분쟁	0	10	7	16	16	21	8	11	16	11	13	6	7	10
패널보고서 채택	0	2	8	12	9	15	13	11	8	8	13	4	6	8
채택된 패널 보고서 관련 분쟁	0	5	5	17	11	17	15	12	16	8	17	6	6	8
상소보고서 회람	0	2	6	7	10	8	6	7	5	5	8	3	3	6
회람된 상소 보고서 관련 분쟁	0	5	6	10	13	11	7	8	13	5	11	3	3	9
상소 통보	0	4	6	8	9	11	5	6	5	5	8	3	2	7
통보된 상소 관련 분쟁	0	7	6	11	11	13	6	8	12	5	11	3	2	10
상소보고서 채택	0	2	5	8	7	8	9	6	5	6	8	3	3	5
채택된 상소 보고서 관련 분쟁	0	5	5	11	9	11	11	7	13	6	11	3	3	6

	2009	2010	2011	2012	2013	2014	2015	2016	2017	2018	2019	2020	TOTAL
협의 요청	14	17	8	27	20	14	13	17	17	38	20	5	598
패널설치	10	6	9	11	12	13	16	8	10	26	11	7	302
패널설치와 관련된 분쟁	13	7	13	13	14	13	18	8	10	26	13	7	356
패널구성	8	9	5	6	11	14	14	6	8	11	27	10	267
패널구성과 관련된 분쟁	10	13	8	9	13	14	14	6	8	10	29	10	316
합의 또는 철회된 분쟁	3	1	1	7	1	4	1	2	1	0	5	0	118
패널보고서 회람	3	9	10	6	3	9	6	10	9	10	11	5	215
회람된 패널 보고서 관련 분쟁	3	11	14	10	4	13	6	11	11	13	11	5	265
패널보고서 채택	4	5	8	11	3	5	8	6	9	8	7	6	197
채택된 패널 보고서 관련 분쟁	6	7	8	18	4	8	11	6	10	9	8	6	244
상소보고서 회람	2	1	6	6	1	5	5	5	5	5	5	3	124
회람된 상소 보고서 관련 분쟁	2	1	7	9	2	8	8	5	6	6	5	4	167
상소 통보	1	3	9	4	1	6	6	7	7	11	4	4	141
통보된 상소 관련 분쟁	1	3	6	5	2	11	6	7	10	11	4	4	174
상소보고서 채택	2	2	5	7	1	4	6	5	5	3	4	4	123
채택된 상소 보고서 관련 분쟁	4	2	5	11	2	7	9	5	6	4	5	5	166

자료: WTO, https://www.wto.org/english/tratop_e/dispu_e/dispustats_e.htm#more_numbers, 저자 정리.

2) 이행 기간

분쟁 절차에 따른 패널 및 상소기구의 판결이 분쟁당사국의 조치가 WTO 협정과 일치하지 않는다는 판결로 이어진 경우 DSB는 해당 회원국(이행당사국)이 그 조치를 WTO 협정에 일치하도록 이행하는 것을 권고한다. 이 단계에서 이행당사국은 권고 및 판결 사항을 이행하기 위해 합리적인 기간을 요청할 수 있다. 분쟁당사국들은 합리적인 기간에 대한 의견의 불일치를 제거하기 위해 기존 협정에서 부여하고 있는 기간에 합의하거나 그렇지 않다면 이행 기간을 결정하기 위해 중재(arbitration)를 요청할 수도 있다.

2020년 말 기준 총 38건의 중재가 이루어졌고 관련하여 53개의 분쟁에서 이행 기간을 결정하기 위한 중재가 있었다. 〈표 4-2〉는 1995년부터 2020년까지(분쟁해결 이행의 제21.3(c)조[52]에 의거한) 이행 기간을 결정하기 위해 중재가 이루어진 분쟁의 건수를 보여준다.

〈표 4-2〉 **이행 기간을 결정하기 위한 중재 횟수(DSU 제21.3(c)조)**

	1995~97	1998	1999	2000	2001	2002	2003	2004	2005	2006	2007	2008	2009
중재안 회람	0	3	2	3	4	2	2	2	4	1	1	3	1
회람된 중재안 관련 분쟁	0	7	3	5	5	2	3	2	6	2	1	3	1

	2010	2011	2012	2013	2014	2015	2016	2017	2018	2019	2020	TOTAL
중재안 회람	0	0	1	1	0	3	1	1	1	0	1	38
회람된 중재안 관련 분쟁	0	0	2	1	0	3	1	1	1	0	1	53

자료: WTO, https://www.wto.org/english/tratop_e/dispu_e/dispustats_e.htm#more_numbers, 저자 정리.

52) 권고 및 판결이 채택된 날로부터 90일 이내에 기속적인 중재를 통하여 확정되는 기간. 이러한 중재에 있어서 중재인을 위한 지침은 패널 또는 상소기구 권고 이행을 위한 합리적인 기간이 패널 또는 상소보고서가 채택된 날로부터 15개월을 초과하지 아니하여야 한다는 것이다. 그러나 특별한 사정에 따라 동 기간은 단축되거나 연장될 수 있다.

3) 이행절차

DSB가 WTO 협정에 합치되도록 하는 이행을 위해 이행당사국에게 권고하는 경우에도 이행을 위한 조건에 대해 분쟁당사국들이 합의하지 못하면 추가 절차(소위 "이행절차")가 필요할 때가 있다. 분쟁당사국들 중 이행에 대해 이의를 제기한 경우 추가 이행패널의 설치(일반적으로 원패널이 담당)를 요청할 수 있고 분쟁당사국들은 여기서의 패널의 판결에 대해 이의를 제기하고 상소할 수도 있다.

2020년 말 기준, 56개 분쟁에서 이행 관련 패널이 설치되었다. 이는 원래 패널이 설치된 건수인 302건의 18.5%로 약 5건 중 1건에서 이행절차와 관련된 패널이 설치되었다고 할 수 있다. 이행 관련 패널의 설치 이후 실제로 패널이 구성된 것은 54건이다. 이 54개의 패널은 50건(8.4%)의 분쟁을 다루었다.

또한, 이행패널의 판결로 패널보고서가 작성, 회람된 것은 44건(7.3%)이다(패널설치 또는 패널의 판결과정에서도 분쟁당사국간에 합의를 통해 분쟁을 해결할 수 있는 경우 패널보고서가 작성되지 않는 경우가 있음). 회람된 44건의 패널보고서 중 DSB 회의에서 채택된 패널보고서는 36건(6.1%)으로 이는 38건(6.4%)의 분쟁사건을 다루고 있다.

한편, 이행절차와 관련하여 2020년 말 기준 32건의 상소가 제기되었다. 이는 패널보고서가 회람된 총 44건의 72.7%로 약 3건 중 2건이 상소절차로 진행되었을 알 수 있다. 32건의 상소는 33건(5.5%)의 분쟁을 다루고 있다. 상소기구의 판결로 상소보고서가 작성, 회람된 것은 25건(4.2%)으로 이는 27건(4.5%)의 분쟁에 대해 다루고 있다. 최종적으로 상소보고서가 채택된 건수는 26건(4.3%)으로 이는 28건(4.7%)의 분쟁을 다루고 있다. 〈표 4-3〉은 위에서 언급한 1995년부터 2020년까지 WTO에서 제기된 이행과 관련된 분쟁(분쟁해결 이행의 제21.5조[53]에 의거한)의 수와 패널과 상소기구에서 진행된 분쟁 건수를 나타낸 것이다.

---

53) 권고 및 판결의 준수를 위한 조치가 취해지고 있는지 여부, 또는 동 조치가 대상협정에 합치하는지 여부에 대하여 의견이 일치하지 아니하는 경우, 이러한 분쟁은 가능한 한 원패널에 회부하는 것을 포함하여 이러한 분쟁해결절차의 이용을 통하여 결정된다. 패널은 사안이 회부된 날로부터 90일 이내에 보고서를 배포한다. 패널이 동 시한 내에 보고서를 제출할 수 없다고 판단하는 경우, 지연사유를 패널보고서 제출에 필요하다고 예상되는 기간과 함께 서면으로 분쟁해결기구에 통보한다.

〈표 4-3〉 **이행절차 분쟁 건수(패널 및 상소기구 절차)(DSU 제21.5조)**

	1995	1996	1997	1998	1999	2000	2001	2002	2003	2004	2005	2006	2007	2008	2009
패널설치 요청	0	0	0	2	1	1	3	1	0	3	3	6	1	2	1
패널설치	0	0	0	0	6	4	5	1	0	2	4	4	5	2	0
패널설치와 관련된 분쟁	0	0	0	0	5	4	3	1	0	2	4	4	4	2	0
패널구성	0	0	0	0	6	4	2	2	0	2	5	4	5	2	0
패널구성과 관련된 분쟁	0	0	0	0	5	4	3	3	0	2	4	4	4		0
패널보고서 회람	0	0	0	0	2	5	4	2	0	0	5	3	3	3	1
패널보고서 채택	0	0	0	0	1	4	4	1	2	0	3	3	4	3	2
채택된 패널 보고서 관련 분쟁	0	0	0	0	1	4	5	1	3	0	3	3	4	2	2
상소 통보	0	0	0	0	0	2	4	1	1	0	2	2	2	3	2
통보된 상소 관련 분쟁	0	0	0	0	0	2	5	2	1	0	2	2	2	2	2
상소보고서 회람	0	0	0	0	0	2	3	2	1	0	1	3	2	3	2
회람된 상소 보고서 관련 분쟁	0	0	0	0	0	2	4	3	1	0	1	3	2	2	2
상소보고서 채택	0	0	0	0	0	2	3	1	2	0	1	3	2	3	2
채택된 상소 보고서 관련 분쟁	0	0	0	0	0	2	4	1	3	0	1	3	2	2	2

	2010	2011	2012	2013	2014	2015	2016	2017	2018	2019	2020	TOTAL
패널설치 요청	0	1	1	1	1	0	4	4	4	0	0	40
패널설치	1	0	2	2	3	0	5	3	5	1	1	56
패널설치와 관련된 분쟁	1	0	2	3	3	0	4	2	5	1	1	51
패널구성	0	1	2	1	3	0	4	5	4	1	1	54
패널구성과 관련된 분쟁	0	1	2	2	3	0	5	3	4	1	0	50
패널보고서 회람	0	0	0	1	1	3	1	2	4	3	1	44
패널보고서 채택	0	0	0	0	0	3	1	0	2	3	0	36
채택된 패널 보고서 관련 분쟁	0	0	0	0	0	4	1	0	2	3	0	38
상소 통보	0	0	0	0	1	2	1	2	2	4	1	32
통보된 상소 관련 분쟁	0	0	0	0	2	2	1	2	2	3	1	33
상소보고서 회람	0	0	0	0	0	2	1	0	2	1	0	25
회람된 상소 보고서 관련 분쟁	0	0	0	0	0	3	1	0	2	1	0	27
상소보고서 채택	0	0	0	0	0	2	1	0	1	3	0	26
채택된 상소 보고서 관련 분쟁	0	0	0	0	0	3	1	0	1	3	0	28

자료: WTO, https://www.wto.org/english/tratop_e/dispu_e/dispustats_e.htm#more_numbers, 저자 정리.

4) 의무의 정지

이행을 위한 합리적인 기간이 끝날 때까지 이행이 달성되지 않고 분쟁당사국들이 이에 대한 보상에 동의하지 않는 경우, 제소국은 피소국에 대해 협정에 따라 일시적으로 의무를 중지(소위 보복)할 권한을 부여받는다. 또한, 분쟁당사국들이 보복의 수준에 동의하지 않을 경우 의무 정지의 허용 수준을 결정하기 위한 중재가 발생할 수 있다.

대부분의 경우 분쟁해결절차에서 이 단계에 도달하지 않고 분쟁이 해결된다. 2020년 말 기준 총 45건의 중재 신청이 이루어졌고 이는 37건의 분쟁과 관련된 것이다. 45건의 중재 신청 중 중재판결이 이루어져 회람된 건수는 25건이고 이는 19건의 분쟁과 관련된 것이다. 그리고 25건의 회람된 중재판결 중 23건의 중재판결이 DSB의 승인을 받았다. 지금까지 회원이 보복 권한을 요청할 때마다 의무 정지의 허용 수준은 중재를 통해 결정되었다. 〈표 4-4〉는 1995년부터 2020년까지의 보복 수준(DSU 제22.6조[54]에 의거)에 대한 중재와 관련된 분쟁의 건수를 나타낸다.

〈표 4-4〉 **의무의 정지 수준을 결정하기 위한 중재 횟수(DSU 제22.6조)**

	1995~97	1998	1999	2000	2001	2002	2003	2004	2005	2006	2007	2008	2009
DSU 제22.6조 관련 중재 요청	0	0	5	2	2	4	0	9	5	0	2	2	0
중재 관련 분쟁 건수	0	0	4	2	2	4	0	3	4	0	2	2	0
중재안 회람	0	0	3	2	0	1	1	9	0	0	1	0	2
회람된 중재안 관련 분쟁	0	0	3	2	0	1	1	3	0	0	1	0	1
중재안 확정	0	0	3	2	0	0	2	8	0	0	0	0	2

54) 분쟁해결기구는 채택된 권고 또는 판결의 이행상황을 지속적으로 감시한다. 모든 회원국은 권고 또는 판결이 채택된 후 언제라도 그 이행문제를 분쟁해결기구에 제기할 수 있다. 분쟁해결기구가 달리 결정하지 아니하는 한, 권고나 판결의 이행문제는 제21.3조에 따라 합리적 이행기간이 확정된 날로부터 6개월 이후에 분쟁해결기구 회의의 의제에 상정되며, 동 문제가 해결될 때까지 계속 분쟁해결기구의 의제에 남는다. 이러한 분쟁해결기구 회의가 개최되기 최소한 10일 전까지 관련 회원국은 권고 또는 판결의 이행에 있어서의 진전 상황에 관한 서면 보고서를 분쟁해결기구에 제출한다.

	2010	2011	2012	2013	2014	2015	2016	2017	2018	2019	2020	TOTAL
DSU 제22.6조 관련 중재 요청	1	0	1	1	0	2	1	1	4	1	2	45
중재 관련 분쟁 건수	1	0	1	1	0	2	1	1	4	1	2	37
중재안 회람	0	0	0	0	0	1	0	1	0	3	1	25
회람된 중재안 관련 분쟁	0	0	0	0	0	2	0	1	0	3	1	19
중재안 확정	0	0	0	1	0	2	0	1	0	1	1	23

자료: WTO, https://www.wto.org/english/tratop_e/dispu_e/dispustats_e.htm#more_numbers, 저자 정리.

5) 주선(good office), 조정(conciliation), 중개(mediation) 및 중재(arbitration)

분쟁 절차 중 분쟁당사국간 합의를 위한 준사법적 방안인 중재(arbitration)와 비사법적 방안인 주선(good office), 조정(conciliation), 및 중개(mediation)가 가능하다. 〈표 4-5〉는 2020년 말 기준 관련 건수를 나타낸 것이다. 중재(DSU 제25조)[55]는 1건, 주선, 조정 및 중개(DSU 제5조)[56]는 3건으로 분쟁 절차가 진행되는 과정에서 비사법

55) 중재

1. 분쟁해결의 대체적 수단으로서 WTO 안에서의 신속한 중재는 쌍방 당사자가 명백하게 규정한 문제와 관련된 특정 분쟁의 해결을 촉진할 수 있다.
2. 이 양해에 달리 규정되어 있는 경우를 제외하고는, 중재에의 회부는 당사자의 상호 합의에 따르며, 이 경우 당사자는 따라야 할 절차에 합의한다. 중재에 회부하기로 한 합의사항은 중재절차가 실제로 개시되기 전에 충분한 시간을 두고 모든 회원국에게 통지된다.
3. 다른 회원국은 중재에 회부하기로 합의한 당사자의 동의를 얻은 경우에만 중재절차의 당사자가 될 수 있다. 중재절차의 당사자는 중재판결을 준수하기로 합의한다. 중재판결은 분쟁해결기구 및 관련 협정의 이사회 또는 위원회에 통보되며, 회원국은 분쟁해결기구, 이사회 또는 위원회에서 중재판결에 관련된 어떠한 문제도 제기할 수 있다.
4. 이 양해 제21조 및 제22조는 중재판결에 준용된다.

56) 조선, 조정 및 중개

1. 주선, 조정 및 중개는 분쟁당사자가 합의하는 경우 자발적으로 취해지는 절차이다.
2. 주선, 조정 및 중개의 절차, 특히 이러한 절차의 과정에서 분쟁당사자가 취한 입장은 공개되지 아니하며, 이러한 절차에 따른 다음 단계의 과정에서의 분쟁당사자의 권리를 저해하지 아니한다.
3. 분쟁당사자는 언제든지 주선, 조정 또는 중개를 요청할 수 있다. 주선, 조정 또는 중개는 언

적 방법으로 합의를 모색하는 주선, 조정 및 중개의 역할은 WTO 분쟁해결 과정에서 상대적으로 미미함을 알 수 있다.

〈표 4-5〉 **중재와 주선, 조정 및 중개 횟수(DSU 제5조, 제25조)**

	1995~97	1998	1999	2000	2001	2002	2003	2004	2005	2006	2007	2008
DSU 제25조 관련 중재안 회람	0	0	0	0	1	0	0	0	0	0	0	0
중개 및 주선	0	0	0	0	0	1	0	0	0	0	0	0

	2009	2010	2011	2012	2013	2014	2015	2016	2017	2018	2019	2020	TOTAL
DSU 제25조 관련 중재안 회람	0	0	0	0	0	0	0	0	0	0	0	0	1
중개 및 주선	2	0	0	0	0	0	0	0	0	0	0	0	3

자료: WTO, https://www.wto.org/english/tratop_e/dispu_e/dispustats_e.htm#more_numbers, 저자 정리.

2. 평가 및 전망

위 WTO 분쟁해결절차와 관련된 통계는 WTO 분쟁해결제도가 일부 비사법적 방안을 제외하면 전반적으로 성공적으로 운영되어 왔다는 결론을 뒷받침한다. 이를 통해 WTO 회원국들은 분쟁해결제도에 대한 신뢰를 갖게 된 것도 사실이다. WTO 분쟁해결제도는 회원국간 무역분쟁의 해결에 기여한다는 주요 기능을 어느 정도 적절히 수행해 온 것으로 보인다. 더욱이 패널과 상소절차를 통한 판결 및 패널 및 상소기구의 판결보고서는 해당 협정에 포함된 권리와 의무에 대한 명확한 설명을 제공하는데 크

제든지 개시되고 종료될 수 있다. 일단 주선, 조정 또는 중개절차가 종료되면 제소국은 패널의 설치를 요청할 수 있다.

4. 협의요청 접수일로부터 60일 이내에 주선, 조정 또는 중개절차가 개시되는 경우, 제소국은 협의요청 접수일로부터 60일의 기간을 허용한 후에 패널의 설치를 요청할 수 있다. 분쟁당사자가 공동으로 주선, 조정 또는 중개과정이 분쟁을 해결하는데 실패하였다고 판단하는 경우, 제소국은 위의 60일의 기간 중에 패널의 설치를 요청할 수 있다.
5. 분쟁당사자가 합의하는 경우, 주선, 조정 또는 중개절차는 패널과정이 진행되는 동안 계속될 수 있다.
6. 사무총장은 회원국이 분쟁을 해결하는 것을 돕기 위하여 직권으로 주선, 조정 또는 중개를 제공할 수 있다.

게 기여했다고 평가된다.(DSU 제3.2조[57])

또한, WTO 무역분쟁은 많은 경우 협의 단계에서 해결되며 패널 및 상소절차의 최종절차까지 진행되는 경우는 일부라는 점은 긍정적인 부분이다. 대부분 분쟁의 경우 초기 단계에서 해결되기 때문에 WTO 분쟁해결제도의 사법적 절차 및 보복에 과도하게 의존할 필요는 없다고 할 수 있다.

WTO 분쟁해결제도는 모든 제도가 그렇듯이 장점과 단점을 모두 가지고 있다. 예를 들어 현재 WTO 분쟁해결제도가 갖고 있는 단점 중 하나는 기한의 설정에도 불구하고 분쟁해결절차가 완료되기 위해서는 상당한 시간이 필요하며 이 기간 동안 제소국은 상당한 경제적 손해를 감수해야만 한다는 것이다. 더욱이 분쟁해결절차 중 제소국의 이익을 보호하기 위한 잠정적 조치(구제)도 부재하다.

설사 제소국이 분쟁해결에서 승소하더라도 피소국에 대해 그 조치로 인해 이미 발생한 경제적 불이익 및 더 나아가 부여된 판결을 이행하는 동안 발생하는 피해에 대해서 보상을 받을 수 없다. 패소국과의 보상을 위한 합의는 가능하지만 이 과정도 지난한 과정이 될 수밖에 없다. 또한, 승소국은 패소국에 대해 법적 비용을 요구할 수 없다. 패소국의 판결의 미이행 시 의무의 정지를 통한 효과는 각 회원국마다 다르다. 일부 경우에는 의무의 정지 등 양허의 중단이 실제로 상대국에게 그 영향이 미미하고 효과적이지 않을 수도 있다.

물론 현재의 WTO 분쟁해결제도는 그 이전의 GATT 체제하의 분쟁해결제도에 비해 훨씬 효과적이라는 것을 부정할 수 없다. 더욱이 분쟁해결절차의 준사법적 및 준자동적 특성은 이를 더욱 강화한다. 이 기능은 자국의 권리를 보호하고자 하는 회원들에게 더욱 유용하다. 또한, 국제법상의 다른 다자간 분쟁해결제도과 비교할 때 WTO 분쟁해결제도의 절차 및 이행을 위한 강제적 성격과 집행 메커니즘은 분명히 큰 장점이라고 할 수 있다.[58]

마지막으로 현재의 WTO 분쟁해결제도가 전반적으로 잘 작동해 왔다는 데에는 공감대가 형성되어 있지만 추가적인 개선이 필요하다는 견해도 많다. 새로운 WTO 분쟁해결제도는 GATT의 기존 제도와 크게 다르므로 WTO 회원국 각료들은 우루과이

57) WTO 분쟁해결제도는 다자간무역체제에 안전과 예측가능성을 부여하는 데 있어서 중심적인 요소이다. WTO의 회원국은 이 제도가 대상협정에 따른 회원국의 권리와 의무를 보호하고 국제공법의 해석에 관한 관례적인 규칙에 따라 대상협정의 현존 조항을 명확히 하는 데 기여함을 인정한다. 분쟁해결기구의 권고와 판결은 대상협정에 규정된 권리와 의무를 증가시키거나 축소시킬 수 없다.

58) 이에 대한 보다 자세한 내용은 14장 'WTO 분쟁해결제도와 여타 분쟁해결제도와의 비교'에서 논의한다.

라운드를 체결할 때 WTO 협정이 발효된 후 4년 이내에 DSU에 대한 검토를 요청했고 이를 위한 협상이 1997년 시작되었지만 아직까지 합의된 결과를 도출하지 못하였다.

도하 각료선언은 DSU의 '개선과 명확화에 관한 협상'에 대한 위임 사항을 담고 있다. 지난 시기 집중적인 협상과 많은 분야에서의 진전이 있었음에도 불구하고 회원국들은 도하 각료선언에 명시된 최종 기한(2003년 5월)까지 협상을 마치지 못하였다. 현재 WTO 분쟁해결제도에 대한 개혁논의가 보다 본격적으로 진행 중이다.[59]

---

59) WTO 분쟁해결제도의 개혁과 관련된 논의는 15장 'WTO 분쟁해결제도 개혁 논의'에서 보다 상세하게 다루고자 한다.

WTO 분쟁해결제도의 諸고찰

제 5 장 WTO 분쟁해결제도의 諸고찰

1. WTO 분쟁해결제도의 의의

3장에서 살펴본 바와 같이 WTO가 1995년 출범한 이래로 2020년 말 기준 WTO DSB에 제기된 무역분쟁은 총 598건에 이르고 있다. 이는 연평균 23건 정도로 매달 2건 정도의 무역분쟁이 WTO 분쟁해결절차에 공식적으로 제기되었음을 의미한다. 이는 결코 작지 않은 숫자로 분쟁의 적절한 해결 없이는 국가간 신뢰가 무너져 자유무역을 근간으로 하는 국제통상질서는 위기를 맞게 될 수밖에 없을 것이다.

WTO 무역분쟁은 기업 간, 국가간, 그리고 기업과 국가간에서 일어나는 광범위한 경제활동 및 무역정책 등 복합적인 요인들의 상호작용 속에서 일어나기 때문에 그 분쟁을 둘러싼 사안들이 결코 단순하지 않다. 또한, 이러한 분쟁의 해결을 위해서는 사적(私的), 비공식적 분쟁해결방식만으로는 충분치 않은 경우가 대부분이다.

따라서 이러한 다양하고 복잡한 요인들 속에서 나타나는 국가간 무역분쟁을 해결하기 위해 고안된 WTO 분쟁해결제도는 다자간 무역질서가 유지될 수 있는 중추이자 핵심이라고 해도 과언이 아닐 것이다. 1994년 타결된 우루과이라운드 협상에서 회원국들은 WTO 협정상의 규범과 거래 규칙이 존중되고 원활히 이행되도록 하기 위해서는 유명무실했던 GATT 체제의 분쟁해결제도를 넘어서는 보다 강력하고 구속력 있는 새로운 분쟁해결제도가 필요함을 공감하게 되었다.

앞에서도 논의했지만 WTO 분쟁해결제도는 기존 GATT의 분쟁해결제도를 기반으로 하지만 그 한계를 상당 수준 극복했다는 측면에서 한층 진일보된 분쟁해결제도로 인정받고 있다. 동시에 세계 무역과 경제활동의 안정성 및 예측가능성을 강화하는데 공헌해 온 것으로 평가받고 있다. WTO를 중심으로 하는 다자적 자유무역질서는 이렇게 개선되고 진일보한 WTO 분쟁해결제도를 통해 국제통상 규범의 안정성과 예측가능성을 향상시킴으로써 전 지구적 차원에서 기업, 농민, 노동자 등의 생산자 이익 및 소비자 효용의 증대에 기여하였다.

그 어떤 국제협정도 회원국이 그 의무를 다하지 않는다면 그 협정은 그 의미와 실효성을 상실할 수밖에 없을 것이다. 따라서 협정의 이행과 관련하여 회원국간 분쟁이 발생할 경우 이를 효과적으로 해결할 수 있는 내부적 또는 외부적 시스템(제도)을 갖추는 것은 회원국들이 협정을 준수할 수 있는 필수조건이 된다. 새로운 다자간 무역질서를 세우기 위한 우루과이라운드 협상에서 회원국들이 WTO의 설립뿐만 아니라 GATT 체제를 넘어서 보다 진일보한 형태의 분쟁해결제도를 도입하기로 합의한 이유도 다자간 무역질서의 유지와 발전을 위해서는 결국 모든 회원국들이 WTO 협정하에 설정된 자신들의 의무를 준수하도록 하는 것이 반드시 필요하다는 것을 인식했기 때문이라고 할 수 있다.

분쟁 발생시 이를 적절한 시간 내에 공식적이고 합의된 절차를 통해 해결하는 것은 매우 중요한 일이다. 이는 분쟁과 갈등이 원만히 해결되지 않을 때 발생할 수 있는 여러 가지 비용과 부작용을 최소화하기 위해 필요하다. 또한, '법의 지배'를 통해 강대국과 약소국 간에 발생할 수 있는 '힘의 지배'의 가능성을 최소화함으로써 국가간 무역관계의 비대칭성을 완화하는 역할을 한다.

이러한 의미에서 WTO 분쟁해결제도는 우루과이라운드 협상의 가장 큰 결실 중 하나라고 여겨지고 있다. 실제로 1995년 WTO 협정이 발효된 이후 다수의 회원국들이 무역분쟁의 해결을 위해 WTO 분쟁해결절차를 활용하게 됨에 따라 WTO 분쟁해결제도는 제도적 측면에서뿐만 아니라 실체적 측면에서도 그 의미와 정당성을 확보할 수 있게 되었다.

현재의 WTO 분쟁해결제도는 우루과이라운드 협상의 결과인 WTO 협정문의 일부이다. WTO 분쟁해결과 관련된 대부분의 제반 사항은 '분쟁해결규칙 및 절차에 관한 양해'(Understanding on Rules and Procedures Governing the Settlement of Disputes, 이하 DSU)에 근거한다. DSU는 WTO 협정문 부속서 2(Annex Ⅱ)의 분쟁해결을 위한 규정과 절차들에 대한 조문들로 이루어진다. WTO 협정의 부속서는 상품무역협정(부속서 1A), 서비스무역협정(부속서 1B), 지식재산권협정(부속서 1C), 무역정책검토제도(부속서 3), 복수국간협정(부속서 4) 등 우루과이라운드 협상에서 타결된 모든 다자적 차원의 개별 협정들을 포함하며 DSU도 이 중의 하나이다.

다시 한 번 기억할 점은 WTO 분쟁해결제도가 비록 우루과이라운드 협상을 통해 마련되었지만 그것이 가능했던 것은 1948년 GATT 출범 후 50여 년이 지나는 동안 축적되어 온 무역분쟁과 관련된 규범, 절차 및 판례들, 그리고 무엇보다 분쟁해결제도의 개선을 위한 회원국들의 치열한 노력이 있었기 때문이라는 것이다. 결국 WTO 분쟁해결제도는 수십 년간의 시행착오와 지난한 협상의 결과물이라는 점이다.

2. WTO 분쟁해결제도의 기능, 목적 및 특성

1) 다자간 무역체제의 안정성 및 예측가능성 확보

WTO 분쟁해결제도의 가장 핵심적인 목적은 다자간 무역체제의 발전을 위한 안정성(security)과 예측가능성(predictability)을 제공하는 것이다. 무역의 원활한 수행을 위해서는 무엇보다도 안정적이고 예측가능한 무역환경이 전제되어야 하기 때문이다. 구체적으로 관련 내용을 보면 DSU 제3.2조[1]는 다음과 같다.

> "WTO 분쟁해결제도는 다자간 무역체제에 안정성(security)과 예측가능성(predictability)을 부여하는 데 있어서 중심적인 요소이다. WTO의 회원국은 이 제도가 대상협정에 따른 회원국의 권리와 의무를 보호하고 국제공법의 해석에 관한 관례적인 규칙에 따라 대상협정의 현존 조항을 명확히 하는 데 기여함을 인정한다. 분쟁해결기구의 권고 및 판결은 대상협정에 규정된 권리와 의무를 증가시키거나 축소시킬 수 없다."

여기에서의 '안정성'은 일반적으로 일컬어지는 군사, 안보적 측면의 안정성이라기보다는 기업들이 무역활동을 원활히 수행하기 위한 여러 가지 무역환경 및 규범적 측면을 안정적으로 유지한다는 의미로 해석되는 것이 더 적절할 것이다.

WTO 체제하에서 이루어지는 무역은 회원국간에 일어나는 재화와 서비스의 흐름이라고 할 수 있지만 엄밀하게는 이러한 상품의 흐름은 대부분 국가의 주도가 아닌 기업을 중심으로 하는 민간의 경제주체들에 의해서 이루어진다고 할 수 있다. 따라서 기업 등 시장참여자들이 장시간에 걸쳐 안정적으로 사적 상행위인 무역활동을 가능하게 하기 위해서는 무역과 관련된 국가간의 법, 제도, 규칙 등 무역규범이 안정적으로 그리고 예측가능하게 운용되어야만 한다.

이에 비추어 볼 때 DSU는 WTO 협정의 공정한 적용을 통해 국가간 무역분쟁이 신속하고 효율적으로 해결될 수 있도록 신뢰할 수 있고 국가간 합의된 규범에 입각한 분쟁해결제도를 제공하는 것을 목표로 한다고 할 수 있다. WTO는 법의 지배를 강화

---

1) 영문으로는 다음과 같다. "The dispute settlement system of the WTO is a central element in providing security and predictability to the multilateral trading system. The Members recognize that it serves to preserve the rights and obligations of Members under the covered agreements, and to clarify the existing provisions of those agreements in accordance with customary rules of interpretation of public international law. Recommendations and rulings of the DSB cannot add to or diminish the rights and obligations provided in the covered agreements."

함으로써 분쟁해결과 관련돼서도 무역을 보다 안정적이고 예측가능하게 만들 수 있게 되었다.

WTO 회원국이 무역 상대국의 WTO 협정 위반을 주장할 경우 WTO는 DSU에 근거해 이해 분쟁당사국들의 영향으로부터 독립적인 판결을 통해 분쟁당사국의 협정 준수를 위한 비교적 신속한 조치 또는 이행을 요구할 수 있다. 더 나아가 만약 분쟁당사국이 이를 지연하거나 이행하지 않는 경우 분쟁당사국은 상대국으로부터 의무의 유예 등 보복조치로 인한 불이익을 감수해야만 한다.

2) WTO 회원국의 권리와 의무 유지

일반적으로 WTO 무역분쟁은 WTO의 어떤 회원국이 하나 이상의 다른 회원국들이 WTO 협정에 명시된 의무 사항과 일치하지 않는 것으로 간주되는 무역 관련 조치를 채택하거나 시행할 때, 이에 대해서 관련 당사국이 WTO DSB에 공식적으로 협의(consultation)를 신청하는 것으로부터 시작된다. 상대국의 무역조치에 대해 WTO 협정 위반으로 인식하고 불만을 느낀 회원국은 상대국의 조치로 인해 실제로 피해가 발생하든 그렇지 않든 상관없이(물론 피해로 인한 제소가 대부분이지만) WTO 분쟁해결제도의 절차와 조항을 근거로 그 조치에 대해 이의를 제기할 권리를 갖는다.

만일 분쟁당사국간 협의를 거쳐 상호 합의된 해결방안을 찾지 못하면 제소국은 패널 및 상소기구와 같은 독립적 심판기구의 판결에 의해 그 주장의 정당성을 입증받기 위한 법적 절차를 보장받는다. 패널 및 상소기구의 판정 결과 제소국의 주장이 받아들여지게 되면 우선적으로 상대국에 대해 WTO 협정과 일치하지 않는 것으로 판명된 조치의 철회가 요구된다. 보상(compensation) 및 보복조치(retaliation) 등은 DSU 제3.7조[2]의 협정 위반에 대한 2차적인 또는 일시적인 대응으로서만 시행하도록 하고 있다.

WTO 분쟁해결제도는 WTO 회원국이 WTO 협정에 따른 권리를 보장받을 수 있는

---

2) 제소하기 전에 회원국은 이 절차에 따른 제소가 유익할 것인지에 대하여 스스로 판단한다. 분쟁해결제도의 목표는 분쟁에 대한 긍정적인 해결책을 확보하는 것이다. 분쟁당사자가 상호 수락할 수 있으며 대상협정과 합치하는 해결책이 명백히 선호되어야 한다. 상호 합의된 해결책이 없을 때에는 분쟁해결제도의 첫 번째 목표는 통상 그 조치가 대상협정에 대한 위반으로 판결이 내려진 경우 동 조치의 철회를 확보하는 것이다. 그러한 조치의 즉각적인 철회가 비현실적일 경우에만 대상협정에 대한 위반조치의 철회 시까지 잠정조치로서 보상의 제공에 의지할 수 있다. 이 양해가 분쟁해결절차에 호소하는 회원국에게 부여하는 최후의 구제수단은 분쟁해결기구의 승인에 따르는 것을 조건으로 다른 회원국에 대하여 차별적으로 대상협정 상의 양허 또는 그 밖의 의무의 적용을 정지할 수 있다는 것이다.

공식적인 메커니즘을 제공한다. 하지만 이러한 메커니즘은 제소국의 권리를 보장하는 것뿐만 아니라 피소국에게도 해당 무역조치의 정당성을 주장할 수 있는 기회를 준다는 의미에서 양측 모두 동일하게 중요하다. 이러한 방식을 통해 WTO 분쟁해결제도는 위에서 언급한 DSU 제3.2조[3)]에서 보는 바와 같이 WTO 회원국의 권리와 의무를 보장하는 역할을 한다.

분쟁해결제도의 심판기구인 패널과 상소기구 및 판결의 이행을 위한 중재기구(일반적으로 패널절차를 담당했던 원(原)패널에서 담당) 등의 권고 및 판결은 기본적으로 WTO 협정에 명시되어 있는 회원국의 권리와 의무를 반영하고 올바르게 적용하기 위한 것이다. 특히 DSU 제3.2조뿐만 아니라 제19.2조[4)]에서도 심판기구는 회원국간에 적용 가능한 WTO 협정을 변경해서는 안 되며 WTO 협정에서 제공하고 있는 권리와 의무를 추가하거나 축소해서도 안 된다고 규정하고 있다.

3) 협정 해석을 통한 권리와 의무의 명확화

현실적으로 WTO 협정에 포함된 권리와 의무의 정확한 의미와 범위는 협정의 내용 그 자체만으로 분명하지 않은 경우가 있다. 국내법이든 국제법이든 그 안에 담긴 법률 조항은 현실적으로 모든 경우를 구체적으로 규제할 수 없는 한계가 있기 때문에 여러 가지 다양한 개별적 사례들에 포괄적으로 적용할 수 있도록 일반적인 측면에서 기술되는 경우가 많다. 국가간 합의를 다루는 국제법의 경우에는 이러한 특성이 더 두드러지게 나타난다.

따라서 특정한 사실관계들로 이루어진 무역조치가 WTO 협정 내 특정 조항에 포함된 법적 요구사항을 위반하는지, 그렇지 않은지의 여부는 결코 쉽게 결론 내리기가 어려운 문제이다. 대부분의 경우 문제가 되는 조항의 문구에 포함된 법적 의미를 여러 가지 측면에서 검토한 후에 이를 바탕으로 가장 적절한 의미 또는 해석을 찾아갈 수밖에 없다.

또한, 국제협정의 법적 조항들은 국가간의 다자적 협상을 통한 타협의 결과물이므로 그 법적 해석이 중의적이고 명확하지 않은 경우가 있다. 협상 과정에 참여하는 국

---

3) WTO 분쟁해결제도는 다자간 무역체제에 안정과 예측가능성을 부여하는 데 있어서 중심적인 요소이다. WTO의 회원국은 이 제도가 대상협정에 따른 회원국의 권리와 의무를 보호하고 국제공법의 해석에 관한 관례적인 규칙에 따라 대상협정의 현존 조항을 명확히 하는 데 기여함을 인정한다. 분쟁해결기구의 권고 및 판결은 대상협정에 규정된 권리와 의무를 증가시키거나 축소시킬 수 없다.

4) 제3.2조에 따라 패널과 상소기구는 자신의 조사 결과와 권고에서 대상협정에 규정된 권리와 의무를 증가 또는 감소시킬 수 없다.

가들은 서로 다른 국내적 차원의 이해와 요구를 충족시키기 위해 한 가지 이상의 방식으로 이해되거나 해석될 여지가 있는 텍스트(문구)를 채택함으로써 국가간 의견의 차이와 괴리를 조정한다. 따라서 동일한 텍스트(문구)에 대해서도 협상가들은 서로 다른 방식으로 해석하고 이해할 수 있다.

이러한 이유로 인해 WTO 협정의 경우에도 각 분쟁사례에 대한 판결을 위해 우선 관련 조항에 대한 적절하고 개별적인 해석을 필요로 한다. WTO 협정의 전문(preamble)이라고 할 수 있는 'WTO 설립을 위한 마라케쉬 협정'(Marrakesh Agreement Establishing the World Trade Organization) 제9.2조에서는 "WTO 각료회의와 WTO 일반이사회는 WTO 협정의 해석을 채택할 독점적 권한을 갖는다."라고 규정함으로써 WTO 분쟁해결절차에서 이러한 해석의 문제가 발생할 수 없다고 생각할 수 있다. 그러나 동시에 DSU는 제3.2조에서 분쟁해결제도는 '국제공법의 해석에 관한 관례적인 규칙에 따라 WTO 협정의 조항을 명확히 하기 위한 것'이라고 명시하고 있다.

그러므로 DSU는 WTO 협정의 규정을 명확히 해야 할 필요성을 인정하고 있고, 이러한 작업이 해석과 관련된 통상적(ordinary) 규칙에 의거하여 이루어지도록 강제하고 있다고 할 수 있다. 또한, DSU 제17.6조[5]에서는 패널이 법적 해석을 개발할 수 있다고 암묵적으로 인정한다. 따라서 WTO 설립을 위한 마라케쉬 협정 제9.2조의 '독점적 권한'은 모든 WTO 회원국에 대하여 일반적으로 유효한 '권위 있는' 해석을 채택할 수 있는 가능성으로 이해하는 것이 타당하다고 할 수 있다.

이에 반해 패널 및 상소기구에 의한 해석은 분쟁당사국 및 분쟁과 관련된 특정한 주제에 대해서만 유효하다. 따라서 DSU 제3.9조[6]에서는 WTO 규정을 명확히 하기 위한 DSU의 권한은 회원국이 'WTO 설립을 위한 마라케쉬 협정' 제9.2조에 의거하여 권위 있는 해석을 추구할 수 있는 권리를 침해하지 않는다고 규정하고 있다.

해석의 방법과 관련하여 DSU는 제3.2조에서 '국제공법의 해석에 대한 통상적 규칙'을 참고하도록 명시하고 있다. 국제법은 일반적으로 성문화되어 있지 않지만 조약의 해석과 관련한 통상적 규칙의 일부분을 성문화한 국제협약이 존재한다. 특히 '조약에 관한 비엔나 협약(Vienna Convention on the Law of Treaties)'[7] 제31조, 제32조 및 제33조에는 국제공법의 해석에 관한 다수의 통상적 규칙이 포함되어 있다. DSU 제3.2

5) 상소는 패널보고서에서 다루어진 법률문제 및 패널이 행한 법률해석에만 국한된다.
6) 이 양해의 규정은 WTO 협정 또는 복수국간 무역협정인 대상협정에 따른 결정을 통하여 대상협정의 규정에 대한 유권해석을 구할 수 있는 회원국의 권리를 저해하지 아니한다.
7) 1969년 오스트리아 수도 비엔나에서 체결된 협약으로 '조약법에 관한 일반 조약'으로서 조약의 체결, 효력, 개정, 종료 등을 포괄적으로 규정함으로써 국제법 해석을 위한 일반적 원칙을 제공한다.

조에서는 위 비엔나 협약의 조항들에 대해 직접적으로 언급하고 있지는 않지만, WTO의 상소기구는 위 조항들이 적용가능한 통상적 규칙을 식별할 수 있게 하는 잣대로 활용될 수 있다고 판결하였다. 위 '조약법에 관한 비엔나 협약' 제31조, 제32조 및 제33조의 세 가지 조항은 다음과 같다.[8)]

---

8) 영문은 다음과 같다.

Article 31: General rule of interpretation

1. A treaty shall be interpreted in good faith in accordance with the ordinary meaning to be given to the terms of the treaty in their context and in the light of its object and purpose.
2. The context for the purpose of the interpretation of a treaty shall comprise, in addition to the text, including its preamble and annexes:
   (a) any agreement relating to the treaty which was made between all the parties in connexion with the conclusion of the treaty;
   (b) any instrument which was made by one or more parties in connexion with the conclusion of the treaty and accepted by the other parties as an instrument related to the treaty.
3. There shall be taken into account, together with the context:
   (a) any subsequent agreement between the parties regarding the interpretation of the treaty or the application of its provisions;
   (b) any subsequent practice in the application of the treaty which establishes the agreement of the parties regarding its interpretation;
   (c) any relevant rules of international law applicable in the relations between the parties.
4. A special meaning shall be given to a term if it is established that the parties so intended.

Article 32: Supplementary means of interpretation

Recourse may be had to supplementary means of interpretation, including the preparatory work of the treaty and the circumstances of its conclusion, in order to confirm the meaning resulting from the application of article 31, or to determine the meaning when the interpretation according to article 31:

(a) leaves the meaning ambiguous or obscure; or

(b) leads to a result which is manifestly absurd or unreasonable.

Article 33: Interpretation of treaties authenticated in two or more languages

1. When a treaty has been authenticated in two or more languages, the text is equally authoritative in each language, unless the treaty provides or the parties agree that, in case of divergence, a particular text shall prevail.
2. A version of the treaty in a language other than one of those in which the text was authenticated shall be considered an authentic text only if the treaty so provides or the parties so agree.
3. The terms of the treaty are presumed to have the same meaning in each authentic text.
4. Except where a particular text prevails in accordance with paragraph 1, when a comparison of the authentic texts discloses a difference of meaning which the application of articles 31 and 32 does not remove, the meaning which best reconciles the texts, having regard to the object and purpose of the treaty, shall be adopted.

제31조. 해석의 일반 규칙

1. 조약은 그 내용과 목적에 비추어 조약의 조건에 부여되는 통상적인 의미에 따라 선의로 해석되어야 한다.
2. 조약의 해석을 위한 내용은 그 전문과 부속서 및 본문으로 구성되어야 한다. 또한, 그 내용에는 조약 체결과 관련하여 모든 당사자 간에 체결된 조약과 관련된 모든 합의, 조약 체결과 관련하여 하나 또는 그 이상의 당사자들이 설정한 법률적 조치 및 동 조약과 관련되어 상대편 당사자(들)가 수용한 법률적 조치 등도 포함된다.
3. 조약의 문구와 함께 조약의 해석 또는 조항의 적용과 관련한 당사자 간의 모든 후속 합의, 해석과 관련한 당사국간의 합의를 이룰 경우, 그 적용과 관련한 후속 관행 및 당사자 간의 관계에 적용될 수 있는 국제법의 관련 규정 등도 고려되어야 한다.
4. 당사자들이 의도한 바에 따라 어떤 조건이 설정되었다면 이에 대해서는 특별한 의미가 부여되어야 한다.

제32조. 보완적인 해석 방법

제31조의 적용에 따른 의미를 확인하거나, 또는 제31조에 따른 해석의 의미가 모호하거나 정확하지 않을 때 또는 명백하게 불합리하거나 부당한 결과를 초래할 경우, 그 의미를 결정하기 위하여 조약의 준비작업과 그 조약체결을 둘러싼 여러 상황과 환경을 포함하는 보충 수단이 필요할 수 있다.

제33조. 2개 이상의 언어로 체결된 조약의 해석

1. 조약이 2개 이상의 언어로 체결되어 만약 특정 문구의 해석에 차이가 있을 경우 조약의 규정이나 당사국간 합의를 통해 특정 해석에 대해 우선권을 부여하지 않는 한 각 언어로 된 조약은 동등한 권리를 갖는다.
2. 본문이 인증된 언어 이외의 언어로 된 조약은 조약의 규정이나 당사자가 동의하는 경우에만 진정한 본문으로 간주된다.
3. 조약의 용어는 각 인증된 언어로 된 조약에서 동일한 의미를 갖는 것으로 추정된다.
4. 특정 문구가 제1항에 따라 우선하는 경우를 제외하고 각기 다른 인증된 언어로 된 조약의 내용을 비교할 때 제31조와 제32조의 적용으로도 그 의미의 차이가 해소되지 않을 경우에는 조약의 대상과 목적에 비추어 보았을 때 가장 잘 부합하는 의미가 채택되어야 한다.

조약의 해석에 관한 위의 조항들에서 볼 수 있듯이 WTO 협정의 조항들은 문맥(context), 조약의 내용 및 목적(object and purpose)에 비추어 볼 때 해당 조항에서 사용되고 있는 단어의 통상적인(ordinary) 의미에 따라 해석되어야 한다. 조약에서의 용어의 '통상적인'의 의미는 일반적인 문장에 기초하여 해석되어야 한다는 것으로 이해되고 있다.

예를 들어 조약에 명시된 용어의 통상적 의미를 확인하기 위해서는 우선 사전(dictionary)에서 규정하고 있는 용어의 정의를 알아보는 것이 도움이 될 수 있을 것이다. '문맥'이란 동일한 협정문의 다른 조항, 특히 해석의 대상이 되는 부분의 앞, 뒤에 연결되어 있는 조항의 문장구조 및 내용 또는 용어를 기초로 하여 도출할 수 있는 일종의 합리적 결론을 의미한다. 조약의 '내용' 및 '목적'은 해당 규정 또는 협정 전체에서 제시하고 있는 내용과 명시적 또는 묵시적 목적을 의미한다고 볼 수 있다.

실제로는 패널과 상소기구는 조항의 해석에 있어 해석될 조항과 관련하여 조약의 최상위 개념이라고 할 수 있는 '내용'과 '목적'보다는 그 조항의 통상적인 의미와 '맥락(문맥)'에 더 의존하는 것처럼 보인다. 왜냐하면, 용어의 해석을 위해 용어의 통상적 의미와 조항이 포함된 문장의 맥락을 이해하는 것이 용어의 해석을 내용과 목적과 연결시키는 것보다 현실 적합성이 크고, 해석의 오류와 괴리를 줄일 수 있기 때문이다.

또한, 일반적으로 위 비엔나 협약 제32조에서 보듯이 협정체결을 위해 진행되었던 과정과 상황에 대한 이해는 단지 해석을 위한 보조적 수단으로 활용되는 것으로 해석된다. 다시 말해, 협정체결의 과정과 상황에 대한 이해를 적용하는 방법은 통상적인 의미, 문맥 및 목적에 따른 해석의 확인을 위해 또는 해석의 결과가 모호하거나 불명확하고 명백하게 터무니없거나 불합리한 경우에만 사용되어야 하는 것으로 이해된다.

조약의 해석과 관련된 중요한 원칙 중 하나는 협정의 전체적 차원에서 중복되거나 쓸모없는 부분을 줄이는 것보다는 협정의 모든 조항과 관련하여 그 의미와 결과를 부여해야 한다는 것이다. 하지만 이는 해석의 과정에서 협정에서 의도하지 않는 내용을 허용한다는 것을 의미하지 않는다. 한편, 비엔나 협약 제33조와 관련하여 WTO 협정은 영어, 프랑스어 및 스페인어 3개 언어만을 해석을 위한 인증된 언어로 인정하고 있다.

4) '상호 합의'를 통한 해결의 선호

협정의 내용이 불분명하고 해석과 관련한 다툼의 소지가 있는 경우 규정의 해석이 중요할 수밖에 없다. 하지만 위에서 보았듯이 기본적으로 WTO 분쟁해결제도의 주된 목적은 우선 불만이 있는 회원국의 권리를 지지하고, 점진적으로 무역에 있어서 보다 높은 수준의 안정성 및 예측가능성을 달성하도록 회원국의 권리와 의무의 범위를 명확하게 하는 것이다. 판결을 내리거나 법리적 해석을 개발하는 것 자체가 목적은 아니다. 따라서 다른 사법 제도와 마찬가지로 WTO 분쟁해결을 위한 우선순위는 분쟁이 된 무역조치가 WTO 협정과 일치한다(일반적인 사법제도의 경우 무죄추정의 원칙)는 전제하에 DSU 제3.7조에서 보듯이 '상호 합의'를 통해 분쟁을 해결하는 것이라고 할 수 있다.

그러므로 패널 및 상소절차를 통한 사법적 판결은 당사국들이 상호 합의를 통한 해결책을 찾을 수 없는 경우에만 제한적으로 사용되어야 한다. 이를 위해 DSU 제3.7조에서는 분쟁의 첫 단계로 '협의'를 요구하고 있다. 이는 DSU가 분쟁당사국들이 항상 합의를 위한 협의를 우선적으로 시도하도록 기본적인 틀을 제공하고자 하는 것이다. 또한, DSU 제11조[9]에서는 분쟁사건이 사법적 판결(패널 및 상소)의 단계로 진행되었다고 하더라도 언제든 양자간 합의는 가능하며 당사국들은 항상 그러한 방향으로 노력하도록 권장하고 있다.

5) 분쟁의 신속한 해결

DSU는 제3.3조[10]에서 WTO가 효과적으로 기능하고 회원국간의 권리와 의무의 균형을 유지하기 위해서는 신속한 분쟁해결이 필수적임을 강조하고 있다. 분쟁해결이 성공적으로 이루어지기 위해서는 재판이 공정한 결과를 제공해야 할 뿐만 아니라 그 진행 절차가 신속해야 한다는 것은 잘 알려진 사실이다. 이에 따라 DSU는 분쟁해결을 위한 절차와 단계별 절차의 기한을 상당히 자세하게 설정하고 있다.

분쟁해결절차는 피소국의 동의가 없는 경우에도 제소국이 제기한 불만 사항을 처리해 나갈 수 있는 권리를 포함하는 등 분쟁해결의 실제성과 효율성을 달성하도록 설계되었다(DSU 제4.3조[11] 및 제6.1조[12]). 만일 분쟁이 사법적 절차로 진행이 되면

9) 패널의 기능은 분쟁해결기구가 이 양해 및 대상협정에 따른 책임을 수행하는 것을 지원하는 것이다. 따라서 패널은 분쟁의 사실부분에 대한 객관적인 평가, 관련 대상협정의 적용가능성 및 그 협정과의 합치성을 포함하여 자신에게 회부된 사안에 대하여 객관적인 평가를 내려야 하며, 분쟁해결기구가 대상협정에 규정되어 있는 권고를 행하거나 판결을 내리는 데 도움이 되는 그 밖의 조사결과를 작성한다. 패널은 분쟁당사자와 정기적으로 협의하고 분쟁당사자에게 상호 만족할 만한 해결책을 찾기 위한 적절한 기회를 제공하여야 한다.

10) 회원국이 대상협정에 따라 직접적 또는 간접적으로 자신에게 발생하는 이익이 다른 회원국의 조치로 인하여 침해되고 있다고 간주하는 상황을 신속히 해결하는 것이 WTO의 효과적인 기능수행과 회원국의 권리와 의무간의 적절한 균형의 유지에 필수적이다.

11) 협의요청이 대상협정에 따라 이루어지는 경우 그 요청을 접수한 회원국은 달리 상호합의하지 아니하는 한 요청접수일로부터 10일 이내에 답변하며, 요청접수일로부터 30일 이내의 기간 내

패널판결이 내려지기까지 일반적인 경우 9개월이 넘지 않아야 하고 상소를 포함하는 경우에도 12개월을 넘지 않도록 하고 있다(DSU 제20조[13]). 더 나아가 제소국이 사건을 긴급한 것으로 간주하는 경우 사건에 대한 판결은 더 짧은 기간을 설정하고 있다(DSU 제4.9조[14] 및 제12.8조[15]).

물론 위에서 설정된 기간 외에도 패널 또는 상소기구의 판결 후 이행을 위한 시간이 추가된다는 점을 감안할 때 제소국의 입장에서는 분쟁해결을 위한 시간이 여전히 길다고 할 수 있다. 분쟁이 지속되는 전체 기간 동안 제소국은 여전히 쟁점이 된 피소국의 무역조치로 인해 경제적 손실을 입을 가능성이 크다. 또한, 분쟁해결절차를 통해 승소한 경우에도 피소국이 패널 또는 상소기구의 판결에 대한 이행을 완료하는 시점 이전에 입은 피해에 대해서는 현실적으로 보상을 받을 수 없는 한계가 있다.

그럼에도 불구하고 WTO 분쟁에서 제기된 사안은 일반적으로 그 사실관계의 확정과 법률적 판단이라는 측면에서 상당히 복잡하고 난해한 경우가 많다는 점을 고려해야 한다. 분쟁당사국들은 일반적으로 분쟁과 관련된 조치에 관한 상당한 분량의 자료와 문서를 제출하고 당사국의 주장을 뒷받침하기 위해 매우 치밀한 법적 논거를 제시한다. 또한, 분쟁당사국들은 분쟁과 관련된 사실관계 및 법리적 해석과 관련된 논쟁을 준비하고 상대방이 제기한 문제에 대한 구두 및 서면 답변도 준비하게 된다. 이러한 분쟁을 다루기 위해 지정된 패널 및 상소기구는 제시되는 모든 증거와 논거를 고려해야 하고 필요할 경우 관련분야 전문가의 의견을 청취하고 그 판결을 뒷받

에 상호 만족할 만한 해결책에 도달하기 위하여 성실하게 협의에 응한다. 회원국이 요청접수일로부터 10일 이내에 답변하지 아니하거나 30일 이내의 기간 내에 또는 달리 상호합의한 기간 내에 협의에 응하지 아니하는 경우, 협의 개최를 요청한 회원국은 직접 패널의 설치를 요구할 수 있다.

12) 제소국이 요청하는 경우 패널설치 요청이 의제로 상정되는 첫 번째 분쟁해결기구 회의에서 컨센서스로 패널을 설치하지 아니하기로 결정하지 아니하는 한, 늦어도 그 분쟁해결기구 회의의 다음번에 개최되는 분쟁해결기구 회의에서 패널이 설치된다.(제소국이 요청 시, 최소한 10일의 사전공고 후, 요청으로부터 15일 이내에 분쟁해결기구 회의가 동 목적을 위하여 개최된다.)

13) 분쟁당사자가 달리 합의하지 아니하는 한, 일반적으로 분쟁해결기구가 패널을 설치한 날로부터 패널 또는 상소보고서의 채택을 심의하는 날까지의 기간은 패널보고서에 대하여 상소를 제기하지 아니한 경우는 9개월을, 상소를 제기한 경우에는 12개월을 초과하지 아니한다. 패널이나 상소기구가 제12.9조 또는 제17.5조에 따라 보고서의 제출 기간을 연장하기로 한 경우, 추가로 소요된 시간은 동 기간에 합산된다.

14) 부패성 상품에 관한 분쟁을 포함하여 긴급한 경우, 분쟁당사자와 패널 및 상소기구는 가능한 한 최대한 절차의 진행을 가속화하기 위하여 모든 노력을 기울인다.

15) 절차를 보다 더 효율적으로 하기 위하여, 패널의 구성 및 위임사항에 대하여 합의가 이루어진 날로부터 최종보고서가 분쟁당사자에게 제시되는 날까지의 패널이 자신의 검토를 수행하는 기간은 일반적인 규칙으로서 6개월을 초과하지 아니한다. 부패성 상품에 관한 분쟁을 포함하여 긴급한 경우, 패널은 3개월 이내에 패널보고서를 분쟁당사자에게 제시하는 것을 목표로 한다.

침하는 상세한 추론과 법률적 해석을 분쟁당사국들에게 제공해야 한다.

그러므로 이러한 모든 절차를 준수하기 위한 물리적 시간의 필요성과 충분한 자료와 증거들의 수집 및 해석 등의 업무 부담 등의 현실적 제약을 감안할 때 ―물론, 분쟁 피해국의 입장에서는 분쟁해결을 위한 시간이 길다고 여겨지겠지만― WTO의 분쟁해결절차의 진행은 적어도 규정상으로는 상대적으로 신속하다고 할 수 있고, 여타의 개별국가 차원의 사법제도 또는 국제적 차원의 사법제도보다도 빠르게 운영된다고 할 수 있다.

6) 개별국 차원의 일방적 결정 및 대응조치의 금지

WTO 회원국들은 무역분쟁을 해결하기 위해 개별국 차원의 일방적 조치에 의존하기보다는 다자적 분쟁해결제도를 사용하기로 합의하였다(DSU 제23조[16]). 이는 무역분쟁의 해결에 있어서 사실관계의 확정과 법률적 판단을 자국 스스로 하는 것이 아니라 WTO DSU 등에서 합의된 절차를 준수하고 일단 판결이 내려지면 그 판결을 존중하고 수용한다는 것을 의미한다.

다자간 무역체제의 역사와 경험 속에서 회원국들이 일방적으로 행동할 때 나타나는 부작용과 폐해는 잘 알려진 사실이다. 한 회원국이 다른 회원국이 WTO 규정을 위반했다고 문제를 제기하고 이에 대한 자구적 차원의 해결을 위해 수입제한과 같은 일방적인 무역장벽 등 상대방 회원국에게 불이익을 초래하는 보복조치를 취하기로 결정할 수 있다. 하지만 이는 오히려 WTO 회원국으로서 그 협정상의 의무를 침해하는 것이다.

예를 들면 무역분쟁 발생 시 제소국은 다른 회원국의 WTO 협정의 위반에 대한 대

16) 1. 회원국은 대상협정 상의 의무위반, 이익의 무효화 또는 침해, 또는 대상협정의 목적달성에 대한 장애의 시정을 추구하는 경우 이 양해의 규칙 및 절차에 호소하고 또한 이를 준수한다.
2. 이러한 경우 회원국은 다음과 같이 한다.
a. 이 협정의 규칙 및 절차에 따른 분쟁해결에 호소하지 아니하고는 위반이 발생하였다거나 이익이 무효화 또는 침해되었다거나 대상협정의 목적달성이 저해되었다는 취지의 판결을 내리지 아니하며, 분쟁해결기구가 채택한 패널보고서나 상소보고서에 포함된 조사결과 또는 이 양해에 따라 내려진 중재판결에 합치되도록 그러한 판결을 내린다.
b. 관련 회원국이 권고 및 판결을 이행하기 위한 합리적인 기간을 확정하는 데 있어서 제21조에 명시된 절차를 따른다.
c. 관련 회원국이 합리적인 기간 내에 권고 및 판결을 이행하지 아니하는 데 대한 대응으로서 대상협정 상의 양허 또는 그 밖의 의무를 정지하기 전에 양허 또는 그 밖의 의무의 정지 수준을 정하는 데 있어서 제22조에 명시된 절차를 따르며 동 절차에 따라 분쟁해결기구의 승인을 얻는다.

응책으로서 조치를 취했기 때문에 그것이 WTO 협정에 위배된다 하더라도 합법적인 행동으로 간주되어야 한다고 주장할 수 있다. 그러나 피소된 회원국이 제소국의 일방적 보복조치가 WTO의 의무를 진정으로 침해하는지의 여부에 대해 동의하지 않는다면 제소국의 그 대응 방안을 순순히 수용하지 않을 것이다.

따라서 피소국은 제소국과는 반대로 자국의 조치가 협정 위반이 아니라고 주장할 수 있으며 이를 근거로 제소국의 보복조치에 대해 다시 또 다른 보복조치를 취하는 것이 정당하다고 주장할 수 있다. 이에 대해 제소국은 그 법적 근거에 대해 동의하지 않을 것이고 당연히 피소국의 두 번째 대책을 또 하나의 불법으로 간주할 것이다. 제소국이 추가적으로 이에 대응하는 조치를 채택할 수도 있다. 이는 결국 분쟁당사국들이 상호 보복의 악순환에 빠져 분쟁의 해결이 더욱 어려워지고 궁극적으로 분쟁당사국들 모두가 더 큰 피해를 입는 결과를 가져올 수밖에 없다.

이러한 악순환은 분쟁당사국들의 견해가 다르면 개별국가의 일방적인 행동으로 분쟁을 순조롭게 해결할 수 없다는 것을 보여준다. 심지어 이러한 상황이 악화되고 당사국들이 먼저 물러서지 않는다면 상호 보복조치가 확대 재생산되어 소위 '무역전쟁(trade war)'을 초래할 위험이 커지게 된다. 이러한 사례로서 잘 알려진 것이 1929년 대공황 이후 미국이 스무트-할리 관세법을 제정하고 급격하게 관세를 인상하자 다른 나라들도 이에 대한 대응조치로 자국의 관세를 인상하고 이러한 관세 인상이 격화되면서 세계무역 규모가 2/3 가까이 감소한 경험을 들 수 있다. 또한, 최근 트럼프 정부의 중국 수입품에 대한 관세인상과 이에 대한 중국의 보복적 관세 인상으로 인해 세계무역이 큰 타격을 입고 있는 것도 이러한 사례 중 하나라고 할 수 있다.

이러한 악순환을 방지하기 위해 DSU는 WTO 회원국이 다른 회원국의 무역조치에 대한 구제를 위해 소송을 제기하는 경우 WTO 협정에 따라 다자간 분쟁해결제도의 사용을 의무화하였다(위 DSU 제23.1조). 이는 회원국이 다른 회원국이 WTO 협정을 위반하거나, WTO 협정에 따른 혜택을 무효화 또는 손상시키거나, WTO 협정의 목적을 달성하는 데 방해된다고 판단하는 상황에서 적용될 수 있다.

이 경우, 회원국은 개별국 차원의 일방적인 판단에 기초한 조치를 취할 수 없으며 DSU의 규정 및 절차에 따른 분쟁해결의 방안만을 통해서만 행동할 수 있다. 다만 제소국은 패널보고서 및 상소보고서에서 채택된 판결 또는 중재판결(arbitration award)에 근거하여 상대국에 대한 조치를 취할 수 있다(위 DSU 제23.2(a)조). 또한, 판결의 이행과 보복조치에 대해서도 관련 당사국들은 DSU에서 제시한 절차 및 시행시기의 결정 등을 존중해야 하고 DSB의 승인을 근거로만 이행과 보복조치와 관련된 대책을 강구해야 한다(위 DSU 제23.2(b)조 및 제23.2(c)조). 여기에는 위에 설명된 것과 같은 개별국 차원의 일방적인 조치는 제외된다.

7) 독점적 사법관할권 및 강제적 성격

위에서 논의했듯이 WTO는 무역분쟁 해결을 위해 위임된 분쟁사건에 대해서 개별국가 차원의 일방적 조치를 배제할 뿐만 아니라 DSU 제23.1(a)조에서 "회원국은 이 협정의 규칙 및 절차에 따른 분쟁해결에 호소하지 아니하고는 위반이 발생하였다거나 이익이 무효화 또는 침해되었다거나 대상협정의 목적달성이 저해되었다는 취지의 판결을 내리지 아니하며, 분쟁해결기구가 채택한 패널보고서나 상소보고서에 포함된 조사결과 또는 이 양해에 따라 내려진 중재판결에 합치되도록 그러한 판결을 내린다."라고 명시함으로써 무역분쟁의 해결을 위한 다른 분쟁해결절차의 사용을 배제하도록 하고 있다.

또한, WTO 분쟁해결제도는 회원국들에 대한 적용에 있어서 강제적인 성격을 갖고 있다. 모든 WTO 회원국은 일괄타결협상방식(single undertaking)으로 WTO 협정에 서명하고 비준하였으므로 회원국은 협정의 일부인 DSU에도 기속된다. 따라서 WTO 협정에 따라 발생하는 모든 회원국간 무역분쟁은 DSU의 분쟁해결제도를 적용받는다. 다른 국제분쟁 해결제도와는 달리 분쟁당사국이 WTO 분쟁해결제도의 사법 권한을 별도의 선언 또는 합의로 수락할 필요가 없다. 이는 모든 회원국은 WTO 가입 시에 WTO 분쟁해결제도의 사법적 권한을 수락한다고 동의하였기 때문이다.

결과적으로 WTO 모든 회원국은 무역분쟁과 관련하여 DSU의 분쟁해결제도가 보장하는 권리를 누리는 동시에 제소국 및 피소국은 해당 분쟁사건에 대한 DSU의 사법적 판결 및 그 구속으로부터 자유로울 수 없다고 할 수 있다.

3. WTO 분쟁해결제도의 참가자

1) 당사국 및 제3자

WTO 분쟁해결절차 참가 자격은 오직 회원국 정부에게만 주어진다. 따라서 특정 분쟁사건에 대해서 당사국을 대표하여 당사국 정부(일반적으로 제소국과 피소국의 주(駐)제네바 대사)가 참여하게 된다. 또한, 동 분쟁과 관련하여 이해관계가 있는 국가들은 제3자(the third party) 자격으로 참여할 수 있다. 따라서 WTO 사무국, WTO 옵서버 국가(비회원국), UN 등 기타 국제기구, 지역 또는 지방 정부, NGO, 기업 및 개인 등은 WTO 분쟁해결절차에 참여할 자격이 주어지지 않는다.

DSU는 일반적으로 분쟁을 제기한 회원국을 '제소 당사국(complaining party)' 또는 '제소국(complainant)'(본 저서는 주로 이 용어를 사용함.)으로 부른다. 반대로 제소국에 의해 피소되어 분쟁 대상국이 된 회원국은 '관련된 회원국(member concerned)' 이라고 한다. 하지만 실제로는 '피소국(respondent or defendant)'이라는 용어가 일반적으로 사용된다.(본 저서 또한 이 용어를 사용함.)

2) 비정부 행위자의 배제

이처럼 WTO의 회원국 정부만이 분쟁해결절차에 참여할 자격을 갖고 있기 때문에 실제로 상대국의 WTO 협정 위반으로 인해 가장 직·간접적으로 부정적인 영향을 받을 수밖에 없는 수출업체 또는 수입업체 등과 같은 기업이나 사인(私人)은 WTO 분쟁해결제도에 직접적인 행위자로서 접근할 수 없다. 이는 무역분쟁과 관련하여 비슷한 이해를 갖는 비정부기관(NGOs)의 경우에도 마찬가지이다. 회원국 정부를 제외한 이들 이해당사자들은 WTO 분쟁해결절차를 개시할 수 없고 분쟁절차에 참여할 수도 없다.

물론 이러한 단체 또는 이해당사자들은 무역분쟁의 개시와 관련하여 자국 정부에 영향력을 행사하거나 또는 압력을 가할 수 있고 실제로도 그러한 사례가 적지 않다고 할 수 있다. 미국 등 일부 WTO 회원국은 관련 기업 등 민간 당사자가 WTO 분쟁을 개시하기 위해 해당 정부에 공식적으로 탄원할 수 있는 국내적 차원의 제도를 운영하고 있는 경우도 있다.

우리나라의 경우에도 덤핑, 보조금, 지식재산권 위반 등 상대국의 불공정 무역행위에 대해 관련 기업 또는 산업의 대표들이 산업통상자원부 산하 무역위원회(Korea Trade Commission)에 무역구제에 대한 조사를 신청할 수 있다. 그렇지 않더라도 정부-기업 간 긴밀한 소통채널이 마련되어 있는 경우가 대부분으로 우리나라의 경우는 무역협회 등이 이러한 소통의 역할을 담당하고 있다.

이와 관련하여 비정부기구가 WTO 분쟁해결절차에서 일정한 역할을 수행할 수 있는지의 여부에 대한 견해차가 존재한다. 예를 들면, 이들 비정부기구는 amicus curiae (법정 조언자)[17]로서 DSB에 자신들의 의견서를 제출할 수 있다. 하지만 이에 대한

---

17) 라틴어로 '법정의 벗'이라는 뜻으로 법정에서 자료를 제공하거나 법률문제 또는 사실문제에 관해 조언하는 사람이라는 의미한다. 소송의 당사자는 아니며 소송 결과에 대해서 직접적인 이해관계를 가지고 당사자로서 소송에 참가하는 소송참가인과는 다르다. 법정 조언자는 법원의 허가 없이는 참여하지 않음이 보통이며 대부분의 법원은 그와 같은 권한을 허용하는 일이 드물다. 그러나 미국 연방대법원은 연방·주·지방 정부가 그 모든 관련 사건에 대해서 법원 또는

WTO의 법리적 해석은 패널과 상소기구는 이러한 비정부기구의 의견 제출을 수락하거나 거절할 재량권을 갖고 있지만 제출된 서류의 내용을 고려해야 할 의무는 없다는 것이다.

4. WTO 분쟁해결제도의 실질적인 범위

1) WTO 협정

WTO 분쟁해결제도는 DSU의 부록 1(Appendix I)[18]에 열거된 대로 WTO 협정과 관련하여 제기된 모든 분쟁사건에 적용된다(DSU 제1.1조[19]). DSU에서는 WTO 협정을 이루고 있는 개별 협정을 '적용대상 협정'(covered agreements)이라고 한다. DSU 자체와 'WTO 설립을 위한 마라케쉬 협정' 제1조~제16조의 내용도 포함된다. 대부분의 경우 제소국은 WTO 분쟁절차에서 복수의 적용대상 조항과 관련된 분쟁을 제기한다.

또한, 적용대상 협정에는 WTO 협정의 부속서 4(Annex IV)에 포함된 소위 복수국간 무역협정(Plurilateral Trade Agreements)도 포함된다(DSU 부록 1). 복수국간 무역협정은 WTO 회원국 모두가 동 협정에 서명한 것이 아니기 때문에 다자간(multilateral) 협

당사자의 동의 없이도 의견을 제시할 수 있도록 하고 있다. 당사자 쌍방이 동의하거나 법원이 허가하는 경우에는 사인(私人)도 대법원에서 법정 조언자로서 참여할 수 있다.

18) DSU 부록 1
(A) WTO 설립을 위한 협정
(B) 다자간 무역협정
부속서 1A: 상품무역에 관한 다자간협정
부속서 1B: 서비스무역에 관한 일반협정
부속서 1C: 무역관련 지식재산권에 관한 협정
부속서 2: 분쟁해결규칙 및 절차에 관한 양해
(C) 복수국간 무역협정
부속서 4: 민간항공기 무역에 관한 협정
정부조달에 관한 협정
국제낙농협정
국제우유협정
복수국간 무역협정에 대한 이 양해의 적용가능성은 부록 2에 포함되는 모든 특별 또는 추가적인 규칙 또는 절차를 포함하여 이 양해가 개별협정에 적용되기 위한 조건을 명시하는 각 협정 회원국의 결정으로서 분쟁해결기구에 통지되는 결정의 채택에 따른다.

19) 이 양해의 규칙 및 절차는 이 양해의 부록 1에 연결된 협정(이하 '대상협정'이라 한다)의 협의 및 분쟁해결규정에 따라 제기된 분쟁에 적용된다. 또한 이 양해의 규칙 및 절차는 WTO 설립을 위한협정(이하 'WTO 협정'이라 한다) 및 이 양해만을 고려하거나 동 협정 및 양해를 다른 대상협정과 함께 고려하여 WTO 협정 및 이 양해의 규정에 따른 회원국의 권리 및 의무에 관한 회원국간의 협의 및 분쟁해결에 적용된다.

정이 아닌 복수국간(plurilateral) 협정이라고 불린다.

그러나 DSU의 분쟁해결절차의 복수국간 무역협정에 대한 적용가능성은 우선적으로 복수국간 무역협정의 각 개별 협정에서 규정하고 있는 특별한 또는 추가적인 규칙과 절차를 포함한 분쟁해결의 조건에 대한 당사국들의 채택여부에 달려있다(DSU 부록 1). 예를 들어 정부조달협정의 경우는 이러한 경우에 해당되지만 민간항공기협정은 그렇지 않다.[20] 참고로 나머지 두 개의 복수국간 무역협정인 국제낙농협정(International Dairy Agreement)과 국제우육협정(International Bovine Meat Agreement)은 현재 더 이상 시행되지 않고 있다.

2) 단일한 분쟁해결 관련 규칙 및 절차

DSU는 이러한 WTO 협정 내 모든 조항에 적용되는 일관되고 통합된 분쟁해결규칙 및 절차를 제공한다. 이를 통하여 각 협정마다 참여국이 다르고 분쟁해결규칙도 따로 존재했던 이전의 GATT 체제의 분쟁해결제도의 한계를 극복하였다고 평가된다. 일부 예외를 제외하고는 DSU는 모든 측면에서 WTO 협정과 관련한 무역분쟁에 대해 일률적으로 동일하게 적용된다. 일부의 경우 해당 협정에 분쟁해결에 대한 소위 '특별 및 추가적 규칙 및 절차'가 존재한다(DSU 제1.2조[21] 및 부록 2[22]). 이것들은 '일부

---

20) 정부조달협정의 경우는 동 협정 제22조에서 분쟁해결관련 절차 및 내용을 규정하고 있다. 동 규정의 가장 특징은 관련 분쟁의 경우 협정상 양허나 의무의 정지를 초래하지 않는다는 것이다.

21) 이 양해의 규칙 및 절차는 이 양해의 부록 2에 명시된 대상협정에 포함된 분쟁해결에 관한 특별 또는 추가적인 규칙과 절차에 따를 것을 조건으로 하여 적용된다. 이 양해의 규칙 및 절차가 부록 2에 명시된 대상협정의 특별 또는 추가적인 규칙 및 절차와 상이한 경우 부록 2의 특별 또는 추가적인 규칙 및 절차가 우선한다. 2개 이상의 대상협정 상의 규칙 및 절차가 관련되는 분쟁에 있어서, 검토대상이 되고 있는 이러한 대상협정들의 특별 또는 추가적인 규칙 및 절차가 서로 상충하고, 분쟁당사자가 패널설치로부터 20일 이내에 적용할 규칙 및 절차에 대하여 합의에 이르지 못하는 경우, 제2.1조에 규정된 분쟁해결기구의 의장은 분쟁당사자와 협의하여 일방 분쟁당사자의 요청 후 10일 이내에 적용할 규칙 및 절차를 확정한다. 분쟁해결기구 의장은 가능한 한 특별 또는 추가적인 규칙 및 절차를 이용해야 하며, 이 양해의 규칙 및 절차는 상충을 피하기 위하여 필요한 범위 안에서 이용해야 한다는 원칙에 따른다.

22) 대상협정에 포함된 특별 또는 추가적인 규칙 및 절차
- 위생 및 식물위생 조치의 적용에 관한 협정, 제11.2조
- 섬유 및 의류에 관한 협정, 제2.14조 및 제2.21조, 제4.14조, 제5.2조, 제5.4조 및 제5.6조, 제6.9조부터 제6.11조까지, 제8.1조부터 제8.12조까지
- 무역에 대한 기술장벽에 관한 협정, 제14.2조부터 제14.4조까지, 부속서 2
- 1994년도 GATT 제6조의 이행에 관한 협정, 제17.4조부터 제17.7조까지
- 1994년도 GATT 제7조의 이행에 관한 협정, 제19.3조부터 제19.5조까지, 부속서 제2.2조, 제2.3조, 제2.9조 및 제2.21조
- 보조금 및 상계조치에 관한 협정, 제4.2조부터 제4.12조까지, 제6.6조, 제7.2조부터 제7.10조

제한된 협정에서 가능한 분쟁의 특수성을 다루기 위해 고안된 특별한 규칙 및 절차'의 성격을 갖고 있다.

이것은 DSU의 일반적인 규칙과 절차보다 우선한다(DSU 제1.2조). DSU의 일반 규칙과 특별 규칙 간의 차이로 충돌이 발생하는 것은 DSU의 일반 규칙과 특별 또는 추가 규칙 및 절차가 상호보완적인 것으로 해석될 수 없는 경우에만 가능하다. 왜냐하면, 특별 규칙에 따른 준수는 일반 규칙에 따른 조항의 위반으로 이어질 수 있기 때문이다. 이러한 경우와 그 범위 내에서만 특별 또는 추가 규칙이 우선하며 DSU의 일반적 규칙이 적용되지 않는다.

5. WTO 분쟁해결제도와 개발도상회원국

WTO는 개발도상회원국에 대한 특수한 지위를 인정하고 이를 위한 특별하고(special) 차별적인(differential) 대우를 허용하고 있다. DSU의 경우에도 개발도상회원국들의 특수한 사정을 감안한다는 차원에서는 다른 WTO 협정들과 동일하지만 그 내용에 있어서는 다른 방식으로 분쟁해결절차를 적용하고 있다. WTO 협정은 일반적으로 회원국들의 실질적인 무역과 관련된 권리와 의무를 규정하고 개발도상회원국에게는 차등적 권리와 의무를 허용하고 있는 반면, DSU는 그러한 실질적인 권리와 의무의 경중보다는 그것이 집행될 수 있는 절차적 내용을 주로 규정하고 있다고 할 수 있다.

특히 DSU 제24조에서는 최빈개발도상회원국에 대한 차별적인 분쟁해결 관련 대우를 규정하고 있다.[23] 또한, DSU 제27조에서 WTO 사무국은 회원국의 요청에 따라 분

까지, 제8.5조, 제21.14조, 제27.7조, 부속서 5
- 서비스무역에 관한 일반협정, 제22.3조, 제23.3조
- 금융서비스에 관한 부속서, 제4항
- 항공운송서비스에 관한 부속서, 제4항
- 서비스무역에 관한 일반협정을 위한 특정분쟁 해결절차에 관한 결정, 제1항부터 제5항까지
- 이 부록상의 규칙 및 절차의 목록에는 그 규정의 일부만이 문맥상 적절한 조항들이 포함되어 있다. 복수국간 무역협정에 포함된 특별 또는 추가적인 규칙이나 절차로서 각 협정의 관할 기구에 의하여 결정되고 분쟁해결기구에 통보된 규칙 또는 절차

23) DSU 제24조: 최빈개발도상회원국에 대한 특별절차
1. 최빈개발도상회원국이 관련된 분쟁의 원인판결 및 분쟁해결절차의 모든 단계에서 최빈개발도상회원국의 특수사정이 특별히 고려된다. 이와 관련하여 회원국은 최빈개발도상회원국이 관련되는 분쟁의 해결절차에 따라 문제를 제기함에 있어서 적절히 자제한다. 무효화 또는 침해가 최빈개발도상회원국의 조치에 의하여 초래된 것으로 판결이 내려지는 경우, 제소국은 동 절차에 따라 보상을 요청하거나 양허 또는 그 밖의 의무를 정지시키기 위한 승인을 추구함에 있어서 적절히 자제한다.
2. 최빈개발도상회원국이 관련된 분쟁의 해결에 있어서 만족할 만한 해결책이 협의과정에서

쟁해결에 관하여 회원국을 지원하는 것과 별도로 개발도상회원국에게 분쟁해결과 관련한 추가적인 법률 자문 및 지원을 제공하도록 하고 있다. 이를 위하여 사무국은 지원을 요청하는 개발도상회원국에게 WTO의 기술협력부서의 유자격 법률전문가의 이용이 가능하도록 하고 있는 등 개발도상회원국을 위한 적절한 지원을 제공할 것에 대해 규정하고 있다.[24]

따라서 WTO 분쟁해결제도에서 개발도상회원국들에 대해 제공하는 특별하고 차등적인 대우는 개발도상회원국이 이행해야 하는 의무를 감소시키거나 실질적인 권리부여를 강화하는 등의 형태 그리고 체제 전환을 위한 기간의 연장 등의 방법을 취하지 않는다. 오히려 개발도상회원국에 추가적이거나 특권적인 절차를 제공하거나 절차상의 기한을 연장해 주거나 단축시키는 등의 절차상의 형식을 취한다고 할 수 있다. 이러한 특수하고 차별적인 대우에 관한 규칙과 적용과 관련된 보다 자세한 내용과 개발도상회원국의 다른 역할과 관련된 규칙은 8장 WTO 분쟁해결제도와 개발도상회원국에서 좀 더 자세히 살펴보고자 한다.

발견되지 아니하는 경우, 사무총장 또는 분쟁해결기구 의장은 최빈개발도상회원국이 요청하는 때에는 당사자가 문제를 해결하는 것을 지원하기 위하여 패널설치 요청이 이루어지기 전에 주선, 조정 및 중재를 제의한다. 사무총장 또는 분쟁해결기구 의장은 이러한 지원을 제공함에 있어서 자신이 적절하다고 판단하는 어떠한 출처와도 협의할 수 있다.

24) DSU 제27조: 사무국의 책임

1. 사무국은 특히 패널이 다루는 사안의 법적, 역사적 및 절차적 측면에 관하여 패널을 지원할 책임을 지며, 또한 사무 및 기술지원을 제공할 책임을 진다.
2. 사무국이 회원국의 요청에 따라 분쟁해결에 관하여 회원국을 지원하는 것과 별도로 개발도상 회원국에게 분쟁해결과 관련한 추가적인 법률자문 및 지원을 제공할 필요성이 있을 수 있다. 이를 위하여 사무국은 지원을 요청하는 개발도상회원국에게 WTO의 기술협력부서의 유자격 법률전문가의 이용이 가능하도록 한다. 동 전문가는 사무국의 계속적인 불편부당성을 확보하는 방법으로 개발도상회원국을 지원한다.
3. 사무국은 회원국의 전문가가 분쟁해결절차 및 관행을 보다 더 잘 알 수 있도록 하기 위하여 관심 있는 회원국을 위해 이에 관한 특별 연수과정을 실시한다.

제6장

WTO 분쟁해결기구(DSB)의 주체 및 권한

WTO 분쟁해결제도의 운영에는 당사국 및 분쟁과 관련되어 제3자(the third party)의 자격으로 참여하는 회원국, 패널, 상소기구, WTO 사무국, 중재인(arbitrator), 독립적인 전문가 및 다수의 관련 기관 등 많은 주체들이 관여한다. 그만큼 관련된 절차 및 조정의 과정이 단순하지만은 않음을 짐작할 수 있다. 따라서 WTO 분쟁해결제도를 활용하기 위해서는 이 주체들에 대한 적절한 이해가 필요하다.

이를 위해 이 장에서는 WTO 분쟁해결제도와 관련된 다양한 WTO의 기구 및 행위자들에 대해 소개하고자 한다. 우선 분쟁해결절차에 참여하는 주요 행위자인 분쟁당사국 및 제3자에 대해 설명하고 다음으로 분쟁해결절차에 참여한 각 행위자의 정확한 의무와 역할에 대해 살펴보고자 한다. 이를 통해 분쟁해결과 관련된 WTO 기구들 중 사법적 차원의 기구인 DSB, 패널, 상소기구 및 중재인과 같은 독립적이고 준(準)사법적 기구(quasi-judicial institutions)에 대해 좀 더 실제적인 이해를 할 수 있고 각 기구 및 행위자들의 역할을 구별할 수 있을 것으로 기대한다.

1. 분쟁해결기구(Dispute Settlement Body, DSB)

1) 기능 및 구조

WTO 협정을 보면 WTO의 일반이사회(General Council)는 분쟁해결기구(DSB)를 통해 분쟁해결에 관한 양해각서(DSU)에서 규정하고 있는 무역분쟁 관련 책임과 의무를 이행하도록 하고 있다(WTO 설립을 위한 마라케쉬 협정 제4.3조[25]). 일반이사회와 마찬가지로 DSB는 모든 WTO 회원국의 대표들로 구성된다. 이들은 각 회원국 정부

25) 일반이사회는 분쟁해결양해에 규정된 분쟁해결기구의 임무를 이행하기 위하여 적절히 개최된다. 분쟁해결기구는 자체적인 의장을 둘 수 있으며 동 임무이행을 위하여 필요하다고 판단하는 의사규칙을 제정한다.

의 대표로서 대부분의 경우 제네바에 거주하는 외교관들이고 통상 또는 외교 관련 부처의 소속인 경우가 대부분이다. 협상과 관련하여 이들은 자국 정부의 지시 또는 협의를 통해 그들이 취할 입장과 DSB에서 행하는 활동 및 진술을 결정한다. 따라서 DSB도 자연스럽게 각 정부의 대표들이 참여하는 국제정치적 성격의 기구라는 특성을 갖게 된다.

DSB는 DSU의 실행 및 운용, 즉 분쟁해결절차의 전체적 과정을 감독하는 역할을 한다. 이를 위해 DSB는 패널을 설치하고 패널보고서와 상소보고서를 채택한다. 패널 및 상소기구의 권고 및 판결의 이행을 감시하고 이행당사국이 이를 이행하지 않을 경우 해당 협정에 따른 의무의 정지를 승인할 권한을 갖는다(DSU 제2.1조[26]). 이에 대해서는 뒷부분의 분쟁해결절차의 단계에 대한 설명에서 보다 자세히 다루고자 한다.

쉽게 이야기하면 DSB는 무역분쟁 발생 시 이의 사법적 판결로의 회부(패널설치)를 담당하고, 패널보고서 또는 상소보고서의 채택을 통해 판결의 사법적 구속력을 보장한다. 또한, 판결의 이행을 감독하고 만약 회원국(패소국)이 판결을 준수 또는 이행하지 않을 경우 이에 상응하는 조치로서 제소국에게 보복을 승인하는 권한과 책임을 갖는다고 할 수 있다.

또한, DSB는 DSU에서 허용한 기한을 준수하기 위해 필요한 회의의 개최를 명기하고 있다(DSU 제2.3조[27]). 실제로 DSB는 보통 매월 한 번 이상의 정기 회의를 갖고 있다. 또한, 회원국의 요청이 있으면 WTO 사무총장은 특별회의를 추가로 소집할 수 있다. 이러한 분쟁해결절차의 순조로운 진행을 위해 WTO 사무국 직원은 DSB에 대한 행정적 지원을 제공하도록 하고 있다(DSU 제27.1조[28]).

---

26) 이 규칙과 절차를 실시하기 위하여, 그리고 대상협정에 달리 규정되어 있지 아니하는 한, 대상협정의 협의 및 분쟁해결규정을 실시하기 위하여 분쟁해결기구(DSB)가 설치된다. 이에 따라 분쟁해결기구는 패널을 설치하고, 패널 및 상소보고서를 채택하며, 권고 및 판결의 이행상황을 감독하고, 대상협정에 따른 양허 및 그 밖의 의무의 정지를 허가하는 권한을 갖는다. 복수국간 무역협정인 대상협정에 따라 발생하는 분쟁과 관련, 이 양해에서 회원국이라는 용어는 당해 복수국간 무역협정의 당사자인 회원국만을 지칭한다. 분쟁해결기구가 복수국간 무역협정의 분쟁해결규정을 집행하는 경우 오직 그 협정의 당사자인 회원국만이 그 분쟁에 관하여 분쟁해결기구가 취하는 결정이나 조치에 참여할 수 있다.

27) 분쟁해결기구는 이 양해에 규정된 시한 내에 자신의 기능을 수행하기 위하여 필요할 때마다 회의를 개최한다.

28) 사무국은 특히 패널이 다루는 사안의 법적, 역사적 및 절차적 측면에 관하여 패널을 지원할 책임을 지며, 또한 사무 및 기술지원을 제공할 책임을 진다.

2) DSB의 의사결정

DSB의 일반적인 의사결정원칙은 WTO 협상과 같이 총의에 의해 결정을 내리는 것이다(DSU 제2.4조[29]). DSU 제2.4조의 주석(footnote)에서는 의사결정 시 회의에 참석한 WTO 회원국들 중 공식적으로 제안된 결정에 대한 반대 의사표시를 하는 회원국이 없다면 총의가 이루어진 것으로 정의한다.[30] 이는 다시 말하면 DSB 의장이 회의에 참석한 모든 정부의 대표들에게 각각 제안된 결정을 지지하는지의 여부를 묻지는 않는다는 것을 의미한다. 또한, 이는 의사결정을 위한 투표절차도 없다는 것을 의미한다.

대신 의사결정을 위해 DSB 의장은 제안된 결정을 채택할 수 있는지 회원국들에게 그 여부를 묻는 것뿐이라고 할 수 있다. 만약 반대 의사를 공식적으로 표명하는 회원국이 없는 경우 의장은 제안된 결정이 채택되었음을 공표하게 된다. 이는 제안된 결정에 반대하는 회원국은 반드시 회의에 참석하여야 하고 의사를 묻는 순서에 자국의 국명이 적혀 있는 명패를 들어 올려 발언권을 얻은 후 반대 의사를 분명히 표시해야 한다는 것이다. 이는 반대의사를 표명하는 회원국이 단 하나일지라도 제안된 안건이 채택되는 것을 막을 수 있음(소위 비토권)을 의미한다.

그러나 이러한 총의 방식이 적용되지 않는 경우가 존재한다. DSB는 패널을 설치할 때, 패널보고서와 상소보고서를 채택하고 보복을 승인할 때 등과 같은 분쟁해결절차에 있어서는 그 안건이 역총의에 의해 거부되지 않는 한 채택해야 한다(DSU 제6.1조,[31] 제16.4조,[32] 제17.14조[33] 및 제22.6조[34]). 다시 말해 DSB는 분쟁해결절차의 세

---

29) 이 양해의 규칙 및 절차에 따라 분쟁해결기구가 결정을 하여야 하는 경우 총의(consensus) 의한다.

30) 결정 채택 시 분쟁해결기구 회의에 참석한 회원국 중 어떠한 회원국도 그 결정에 대하여 공식적인 반대를 하지 않을 경우, 분쟁해결기구는 검토를 위해 제출된 사안에 대하여 총의(consensus)로 결정하였다고 간주된다.

31) 제소국이 요청하는 경우, 패널설치 요청이 의제로 상정되는 첫 번째 분쟁해결기구 회의에서 총의(consensus)로 패널을 설치하지 아니하기로 결정하지 아니하는 한, 늦어도 그 분쟁해결기구 회의의 다음번에 개최되는 분쟁해결기구 회의에서 패널이 설치된다. (주석) 제소국이 요청 시, 최소한 10일의 사전공고 후, 요청으로부터 15일 이내에 분쟁해결기구 회의가 동 목적을 위하여 개최된다.

32) 일방 분쟁당사자가 정식으로 분쟁해결기구에 자국의 상소결정을 통지하지 아니하거나, 분쟁해결기구가 총의(consensus)로 패널보고서를 채택하지 아니하기로 결정하지 아니하는 한, 패널보고서는 회원국에게 배포된 날로부터 60일 이내에 분쟁해결기구 회의에서 채택된다. 일방 분쟁당사자가 자국의 상소결정을 통지하는 경우, 패널보고서는 상소절차 종료 후까지 분쟁해결기구에서 채택을 위한 논의의 대상이 되지 아니한다. 이러한 채택절차는 회원국이 패널보고서에 대하여 자국의 견해를 표명할 수 있는 권리에 아무런 영향을 미치지 아니한다.

33) 상소보고서가 회원국에게 배포된 후 30일 이내에 분쟁해결기구가 총의(consensus)로 동 보고

가지 중요한 절차인 패널설치, 패널보고서 및 상소보고서 채택, 그리고 양허정지의 승인(보복)의 경우에는 역총의 방식으로 결정해야 한다.

이는 하나 또는 일부의 회원국들이 DSB의 절차 실행을 무력화하기 위해 반대의사를 표시한다 하더라도 모든 회원국들이 이와 같이 반대하지 않는 한 DSB는 자동적으로 위의 조치들을 채택해야 함을 의미한다. 모든 회원국들이 제기된 사안에 대한 명시적인 반대를 하는 것은 현실적으로 거의 불가능하기 때문에 DSB 분쟁해결절차의 결정이 거부되는 상황은 실제적으로 피할 수 있게 된 것이다. 다시 말해 이 세 가지 절차에 관한 결정은 회원국들이 단순히 그 결정이 승인되었음을 수용하는 것과 마찬가지가 된다.

DSB의 의사결정과정에는 분쟁당사국들 및 이해관계가 있는 회원국들을 포함하여 모든 회원국들이 참여할 수 있다. 즉 패널설치, 보고서 채택 및 양허정지의 승인에 대해 회원국이 그 안건을 DSB에 요청하게 되면 DSB는 이 요청에 대해 역총의 방식을 통해 승인한다. 패널보고서 및 상소보고서 채택의 경우 승소한 분쟁당사국은 당연히 동 보고서의 채택을 강하게 주장할 것이고, 극단적으로 승소국을 제외한 다른 모든 회원국이 보고서 채택을 반대하더라도 하나의 회원국(승소국)이 보고서 채택에 대해 반대의사를 표시하지 않는다면 보고서는 자동적으로 채택되게 된다.

보고서 채택이 불발되는 경우의 사례로 생각해 볼 수 있는 것은 보고서 채택의 결정을 막으려는 회원국(패소국)이 다른 모든 WTO 회원국(이 경우 제소국도 포함)을 설득하여 그 채택에 명시적으로 반대하거나 최소한 반대 의견에 머물도록 하는 것인데 이는 이론적으로는 가능하지만 현실적으로는 사실상 불가능하다. 역총의 방식을 통해 보고서 채택을 하지 않은 사례는 현재까지 단 한 번도 발생하지 않았다는 점은 이를 충분히 반증하는 것이라고 할 수 있고 역총의 방식이 가지는 의미를 생각해 볼 수 지점이다.

서를 채택하지 아니하기로 결정하지 아니하는 한, 분쟁해결기구는 이를 채택하며 분쟁당사자는 동 보고서를 무조건 수락한다. 동 채택절차는 회원국이 상소보고서에 대하여 자국의 견해를 표명할 수 있는 권리를 저해하지 아니한다.

34) 제22.2조에 규정된 상황이 발생할 때에 분쟁해결기구는 요청이 있는 경우, 분쟁해결기구가 총의(consensus)로 동 요청을 거부하기로 결정하지 아니하는 한, 합리적 기간의 종료로부터 30일 이내에 양허 또는 그 밖의 의무의 정지를 승인한다. 그러나 관련 당사국이 제안된 정지의 수준에 대하여 이의를 제기하거나, 제소국이 제22.3(a)조 또는 제22.3(c)호에 따라 양허 또는 그 밖의 의무의 정지에 대한 승인을 요청했을 때 제3항에 명시된 원칙 및 절차가 준수되지 아니하였다고 주장하는 경우, 동 사안은 중재에 회부된다. 이러한 중재는 원패널위원의 소집이 가능한 경우 원패널, 또는 사무총장이 임명하는 중재인에 의하여 수행되며 합리적인 기간의 만료일로부터 60일 이내에 완결된다. 양허 또는 그 밖의 의무는 중재의 진행 중에는 정지되지 아니한다.

이런 이유로 DSB의 결정은 준(準)자동성(quasi-automaticity)을 갖고 있다고 할 수 있다. 역총의를 통한 WTO의 분쟁해결의 의사결정원칙은 위에서 언급하였듯이 패널 설치, 보고서 채택, 양허정지의 승인 등이 총의를 통해서만 가능했던 GATT체제하의 분쟁해결 의사결정원칙과는 대조적이다.

이와 같이 WTO의 DSU는 GATT와는 달리 분쟁해결과 관련된 중요한 문제에 대한 의사결정과정에서 개별 회원국들이 거부권을 행사함으로써 DSB의 의사결정을 무산시킬 수 있는 기회를 실질적으로 박탈하였다. 하지만 이와 같은 역총의를 통한 의사결정방식은 이외의 WTO의 다른 의사결정방식에는 적용되지 않는다는 것은 기억할 만한 것이다. 또한, DSB가 복수국간 협정의 분쟁해결을 운용하는 경우는 동 협정에 참여하고 있는 회원국들만이 동 협정에 따른 분쟁과 관련하여 DSB가 취한 결정 또는 조치에 참여할 수 있다.(DSU 제2.1조[35])

DSB 업무의 운영과 관련하여 DSB 회의 절차의 규정[36]은 DSU에 따로 명시된 경우를 제외하면 DSB 의장과 관련된 특별 규칙의 적용을 받아 각료회의 및 일반이사회의 진행 규칙[37]을 적용하도록 하고 있다. 이에 따라 회원국이 자신이 원하는 사안을 다음 회의의 의제로 포함시키기 위해서는 회의 일정이 공지되는 날(회의 최소 10일 전)의 이전 근무일까지 회의 의제에 포함시킬 항목을 DSB에 제출해야 한다.(절차규칙 제3조)

3) DBS 의장

DSB는 자체적으로 의장을 두고 있으며 DSB 의장은 대개 제네바 주재 대사 즉 WTO 회원국 정부대표의 책임자 중에서 임명된다(WTO 협정 제4.3조[38]). DSB 의장

---

35) 이 규칙과 절차를 실시하기 위하여, 그리고 대상협정에 달리 규정되어 있지 아니하는 한, 대상협정의 협의 및 분쟁해결규정을 실시하기 위하여 분쟁해결기구가 설치된다. 이에 따라 분쟁해결기구는 패널을 설치하고, 패널 및 상소보고서를 채택하며, 권고 및 판결의 이행상황을 감독하고, 대상협정에 따른 양허 및 그 밖의 의무의 정지를 허가하는 권한을 갖는다. 복수국간 무역협정인 대상협정에 따라 발생하는 분쟁과 관련, 이 양해에서 회원국이라는 용어는 당해 복수국간 무역협정의 당사자인 회원국만을 지칭한다. 분쟁해결기구가 복수국간 무역협정의 분쟁해결규정을 집행하는 경우 오직 그 협정의 당사자인 회원국만이 그 분쟁에 관하여 분쟁해결기구가 취하는 결정이나 조치에 참여할 수 있다.

36) WT/DSB/9, 16 January 1997

37) WT/L/161, 25 July 1996

38) 일반이사회는 분쟁해결양해에 규정된 분쟁해결기구의 임무를 이행하기 위하여 적절히 개최된다. 분쟁해결기구는 자체적인 의장을 둘 수 있으며 동 임무이행을 위하여 필요하다고 판단하는 의사규칙을 제정한다.

은 WTO 회원국들의 총의에 의해 임명된다. DSB 의장의 주요 업무는 회원국들에게 관련 정보를 전달하고 회의를 주재하며 회의 의제에 대한 발언과 소개, 그리고 회의 시 발언하기를 원하는 회원국 대표에게 발언권을 주고, 의제의 상정 및 채택 시 이를 공식적으로 공표하는 것 등이다. DSB 의장은 또한 DSB 내에서 회원국들의 원활한 의사소통을 위한 중개자의 역할도 한다.

또한, DSB 의장은 특정한 상황에서 몇 가지 책임을 갖고 있다. 예를 들어 상충되는 '특별 또는 추가 규칙 및 절차'가 적용되는 몇 가지 협정이 포함되는 무역분쟁의 발생 시 이들 분쟁당사국들이 그 분쟁해결절차에 동의하지 않는 경우 의장은 회원국의 요청이나 당사국들과의 협의를 통해 동 분쟁의 규칙 및 절차를 20일 이내에 결정해야 한다(DSU 제1.2조[39]). 의장은 DSB에 의해 DSU 제7.3조[40]에 의거한 특별 규정을 작성하도록 승인받을 수 있다.

DSB 의장은 개발도상회원국이 포함된 분쟁의 경우 분쟁당사국들이 협의 종료에 합의하지 않는 경우 당사국들과의 협의를 통해 개발도상회원국이 취한 조치와 관련된 협의기간을 연장할 수 있다(DSU 제12.10조[41]). 최빈개발도상회원국과 관련된 분쟁해결의 경우에도 최빈개발도상회원국은 DSB 의장에게 패널절차의 개시 전에 주선, 조정 및 중재를 요청할 수 있다(DSU 제24.2조[42]). 마지막으로 DSB 의장은 DSU 제

---

39) 이 양해의 규칙 및 절차는 이 양해의 부록 2에 명시된 대상협정에 포함된 분쟁해결에 관한 특별 또는 추가적인 규칙과 절차에 따를 것을 조건으로 하여 적용된다. 이 양해의 규칙 및 절차가 부록 2에 명시된 대상협정의 특별 또는 추가적인 규칙 및 절차와 상이한 경우 부록 2의 특별 또는 추가적인 규칙 및 절차가 우선한다. 2개 이상의 대상협정상의 규칙 및 절차가 관련되는 분쟁에 있어서, 검토대상이 되고 있는 이러한 대상협정들의 특별 또는 추가적인 규칙 및 절차가 서로 상충하고, 분쟁당사자가 패널설치로부터 20일 이내에 적용할 규칙 및 절차에 대하여 합의에 이르지 못하는 경우, 제2.1조에 규정된 분쟁해결기구의 의장은 분쟁당사자와 협의하여 일방 분쟁당사자의 요청 후 10일 이내에 적용할 규칙 및 절차를 확정한다. 분쟁해결기구 의장은 가능한 한 특별 또는 추가적인 규칙 및 절차를 이용해야 하며, 이 양해의 규칙 및 절차는 상충을 피하기 위하여 필요한 범위 안에서 이용해야 한다는 원칙에 따른다.

40) 패널설치시 분쟁해결기구는 분쟁해결기구 의장에게 제1항의 규정에 따를 것을 조건으로 분쟁당사자와의 협의를 거쳐 패널의 위임사항을 작성하는 권한을 부여할 수 있다. 이와 같이 작성된 패널의 위임사항은 모든 회원국에게 배포된다. 표준위임사항이 아닌 다른 위임사항에 대한 합의가 이루어지는 경우, 회원국은 분쟁해결기구에서 이와 관련된 모든 문제를 제기할 수 있다.

41) 개발도상회원국이 취한 조치와 관련된 협의의 경우 분쟁당사자는 제4.7조 및 제4.8조에 설정된 기간을 연장하는 데 합의할 수 있다. 만일 관련 기간이 경과한 후에도 협의 당사자가 협의종료에 대하여 합의할 수 없는 경우, 분쟁해결기구 의장은 분쟁당사자와의 협의 후 관련 기간을 연장할 것인지 여부 및 연장할 경우 얼마만큼 연장할 것인지를 결정한다. 또한, 개발도상회원국에 대한 제소를 검토하는 데 있어서, 패널은 동 개발도상회원국이 자기나라의 논거를 준비하고 제시하는 데 충분한 시간을 부여한다. 제20.1조 및 제21.4조의 규정은 이항에 따른 어떠한 조치에 의해서도 영향을 받지 아니한다.

42) 최빈개발도상회원국이 관련된 분쟁의 해결에 있어서 만족할 만한 해결책이 협의과정에서 발견

8.7조[43])에 따라 패널 구성을 위해 WTO 사무총장과 협의하고 상소절차의 채택과 조정을 위해 상소기구와 협의한다.(DSU 제17.9조[44]))

2. WTO 사무총장 및 WTO 사무국

WTO의 최고 책임자인 WTO 사무총장(Director-General)은 분쟁해결과 관련하여 다양한 역할을 할 수 있다. 우선 WTO 사무총장은 분쟁해결을 돕기 위해 적절한 주선, 조정 또는 중개를 제안할 수 있다(DSU 제5.6조[45])). 최빈개발도상회원국이 참여하는 분쟁해결절차에서 협의 중에 만족할만한 해결책이 마련되지 않을 경우 사무총장은 최빈개발도상회원국의 요청에 따라 패널절차를 개시하기 전에 분쟁을 해결할 수 있도록 하기 위해 주선, 조정 또는 중개를 제공할 수 있다(DSU 제24.2조[46])). 사무총장은 DSB 회의를 소집할 수 있고 분쟁당사국들이 20일 이내에 패널구성에 대해 합의하지 못할 경우 제소국의 요청에 따라 DSB 의장 및 관련 이사회(Council) 또는 위원회(Committee)의 의장과 협의하여 패널위원을 선정할 수 있다.(DSU 제8.7조[47]))

되지 아니하는 경우, 사무총장 또는 분쟁해결기구 의장은 최빈개발도상회원국이 요청하는 때에는 당사자가 문제를 해결하는 것을 지원하기 위하여 패널설치 요청이 이루어지기 전에 주선, 조정 및 중재를 제의한다. 사무총장 또는 분쟁해결기구 의장은 이러한 지원을 제공함에 있어서 자신이 적절하다고 판단하는 어떠한 출처와도 협의할 수 있다.

43) 패널설치일로부터 20일 이내에 패널위원 구성에 대한 합의가 이루어지지 아니하는 경우, 사무총장은 일방 분쟁당사자의 요청에 따라 분쟁해결기구 의장 및 관련 위원회 또는 이사회의 의장과의 협의를 거쳐 분쟁에서 문제가 되고 있는 대상협정의 특별 또는 추가적인 규칙이나 절차에 따라 분쟁당사국과 협의 후 가장 적합하다고 생각되는 패널위원을 임명함으로써 패널의 구성을 확정한다. 분쟁해결기구 의장은 이러한 요청을 받은 날로부터 10일 이내에 회원국에게 이와 같이 이루어진 패널의 구성을 통보한다.

44) 상소기구는 분쟁해결기구 의장 및 사무총장과의 협의를 거쳐 작업절차를 작성하며, 동 작업절차는 회원국들이 알 수 있도록 통보된다.

45) 사무총장은 회원국이 분쟁을 해결하는 것을 돕기 위하여 직권으로 주선, 조정 또는 중개를 제공할 수 있다.

46) 최빈개발도상회원국이 관련된 분쟁의 해결에 있어서 만족할 만한 해결책이 협의과정에서 발견되지 아니하는 경우, 사무총장 또는 분쟁해결기구 의장은 최빈개발도상회원국이 요청하는 때에는 당사자가 문제를 해결하는 것을 지원하기 위하여 패널설치 요청이 이루어지기 전에 주선, 조정 및 중개를 제의한다. 사무총장 또는 분쟁해결기구 의장은 이러한 지원을 제공함에 있어서 자신이 적절하다고 판단하는 어떠한 출처와도 협의할 수 있다.

47) 패널설치일로부터 20일 이내에 패널위원 구성에 대한 합의가 이루어지지 아니하는 경우, 사무총장은 일방 분쟁당사자의 요청에 따라 분쟁해결기구 의장 및 관련 위원회 또는 이사회의 의장과의 협의를 거쳐 분쟁에서 문제가 되고 있는 대상협정의 특별 또는 추가적인 규칙이나 절차에 따라 분쟁당사국과 협의 후 가장 적합하다고 생각되는 패널위원을 임명함으로써 패널의 구성을 확정한다. 분쟁해결기구 의장은 이러한 요청을 받은 날로부터 10일 이내에 회원국에게 이와 같이 이루어진 패널의 구성을 통보한다.

또한, 사무총장은 분쟁당사국들이 이행 기간 및 중재인 선임과 관련하여 상호 합의하지 못하는 경우 이행을 위한 합리적인 기간 및 패소국이 DSB의 권고 및 판결을 미이행할 경우 제안된 의무 정지의 검토 결정을 위해 중재인을 임명할 수 있다(DSU 제22.6조[48]). 사무총장이 DSU 제22조에 따라 중재인을 임명하는 것은 기존 원분쟁의 패널위원이 그 일을 맡을 수 없는 경우에 이를 대신하는 경우에 적용된다.

WTO 사무국(Secretariat)은 사무총장을 보좌하며 분쟁당사국들의 요청에 따라 분쟁해결을 돕고(DSU 제27.2조[49]), 특별 연수과정을 실시하고(DSU 제27.3조[50]), 추가적인 법률 자문과 DSU 제27.2조에서 요구하는 공정성이 보장되는 한도 내에서 분쟁해결과 관련된 문제에 대해 개발도상회원국을 지원한다. 또한, WTO 사무국은 관련 분쟁사안에 적합한 패널구성을 위해 패널위원 후보군을 제안하고(DSU 제8.6조[51]), 일단 패널이 구성되면 DSB에 대한 행정적 지원을 제공함으로써 패널을 지원하는 역할을 한다.(DSU 제27.1조[52])

3. 패널(Panel)

1) 패널의 기능 및 구성

패널은 WTO 회원국간 발생한 무역분쟁의 절차 중 첫 번째 판결을 담당하고 있는 준사법적 기관의 역할을 한다. 패널은 일반적으로는 3명의 패널리스트(위원)로 구성

48) 제22.2조에 규정된 상황이 발생할 때에 분쟁해결기구는 요청이 있는 경우, 분쟁해결기구가 총의(consensus)로 동 요청을 거부하기로 결정하지 아니하는 한, 합리적 기간의 종료로부터 30일 이내에 양허 또는 그 밖의 의무의 정지를 승인한다. 그러나 관련 당사국이 제안된 정지의 수준에 대하여 이의를 제기하거나, 제소국이 제22.3(b)조 또는 제22.3(c)조에 따라 양허 또는 그 밖의 의무의 정지에 대한 승인을 요청했을 때 제22.3조에 명시된 원칙 및 절차가 준수되지 아니하였다고 주장하는 경우, 동 사안은 중재에 회부된다. 이러한 중재는 원패널위원의 소집이 가능한 경우 원패널, 또는 사무총장이 임명하는 중재인에 의하여 수행되며 합리적인 기간의 만료일로부터 60일 이내에 완결된다. 양허 또는 그 밖의 의무는 중재의 진행 중에는 정지되지 아니한다.

49) 사무국이 회원국의 요청에 따라 분쟁해결에 관하여 회원국을 지원하는 것과 별도로 개발도상회원국에게 분쟁해결과 관련한 추가적인 법률자문 및 지원을 제공할 필요성이 있을 수 있다. 이를 위하여 사무국은 지원을 요청하는 개발도상회원국에게 세계무역기구의 기술협력부서의 유자격 법률전문가의 이용이 가능하도록 한다. 동 전문가는 사무국의 계속적인 불편부당성을 확보하는 방법으로 개발도상회원국을 지원한다.

50) 사무국은 회원국의 전문가가 분쟁해결절차 및 관행을 보다 더 잘 알 수 있도록 하기 위하여 관심 있는 회원국을 위해 이에 관한 특별 연수과정을 실시한다.

51) 사무국은 분쟁당사자에게 패널위원 후보자를 제의한다. 분쟁당사자는 불가피한 사유를 제외하고는 동 패널위원 후보자를 거부하지 아니하다.

52) 사무국은 특히 패널이 다루는 사안의 법적, 역사적 및 절차적 측면에 관하여 패널을 지원할 책임을 지며, 또한 사무 및 기술지원을 제공할 책임을 진다.

되며 예외적으로 5명으로 구성될 수도 있다.[53] 패널은 사전적으로 정해진 바 없이 해당 분쟁사건의 해결에 적합한 전문가들로 구성된다. 이는 WTO 내에 상설 패널이 설치되지 않음을 의미하고 따라서 각 분쟁마다 분쟁을 맡는 개별적인 패널이 구성된다.

패널위원은 DSU 제8.1조 및 제8.2조에 의거 충분한 자격과 독립적으로 업무를 수행할 수 있는 전문가로 구성된다. 우선 제8.1조에서는 "패널은 패널에서 일한 경력이 있거나 패널에 자국의 입장을 개진한 경력이 있는 자, WTO 회원국의 대표나 1947년도 GATT 체약당사자의 대표로 근무한 경력이 있는 자, 또는 대상협정이나 그 협정의 선행 협정의 이사회나 위원회에서 대표로 근무한 경력이 있는 자, 사무국에서 근무한 경력이 있는 자, 국제무역법이나 국제무역정책에 대하여 가르치거나 저술한 경력이 있는 자, 또는 회원국의 고위급 무역정책 관리로서 근무한 경력이 있는 자 등 충분한 자격을 갖춘 정부 및/또는 비정부인사로 구성된다."라고 규정하고 있다. 제8.2조에서는 "패널위원은 패널위원의 독립성과 충분히 다양한 배경 및 광범위한 경험이 확보될 수 있도록 선정되어야 한다."라고 규정하고 있다.

또한, WTO 사무국은 패널위원으로 선출될 수 있는 정부 및 비정부 인원의 명단을 관리, 유지하도록 규정하고 있다(DSU 제8.4조[54]). WTO 회원국은 정기적으로 그 패널위원 명단에 포함될 인사를 추천하며, 실제로 DSB는 이에 대한 특별한 이견 제시 없이 이를 승인한다. 하지만 특정한 분쟁에서 패널위원으로 추천되기 위해 반드시 이 패널위원 목록에 들어갈 필요는 없다. 일부 패널위원은 두 개 이상의 패널에서 활동할 수도 있지만 대부분은 하나의 패널에서만 활동한다. 따라서 제도적으로 서로 다른 패널 간에는 인원의 중복, 심리 및 판결의 연속성은 존재하지 않는다. 또한, 패널위원으로 임명된 사람은 독립적으로 그리고 개별적으로 활동하며 특정 정부 또는 단체의 대표자로서 활동할 수 없다.(DSU 제8.9조[55])

---

53) 패널은 분쟁당사자가 패널설치로부터 10일 이내에 5인의 패널위원으로 패널을 구성하는 데 합의하지 아니하는 한 3인의 패널위원으로 구성된다. 패널구성은 회원국에게 신속히 통보된다.

54) 패널위원의 선정을 돕기 위하여 사무국은 제1항에 기술된 자격요건을 갖춘 정부 및 비정부인사의 명부를 유지하며, 동 명부로부터 적절히 패널위원이 선정될 수 있다. 명부는 1984년 11월 30일 작성된 비정부 패널위원명부(BISD 31S/9) 및 대상협정에 따라 작성된 그 밖의 명부 및 목록을 포함하며, 세계무역기구협정의 발효시의 명부 및 목록에 등재된 인사들의 이름을 유지한다. 회원국은 명부에 포함시킬 정부 및 비정부인사의 이름을 이들의 국제무역에 대한 지식 및 대상협정의 분야 또는 주제에 대한 지식에 관한 정보와 함께 정기적으로 제시할 수 있으며, 이들의 이름은 분쟁해결기구의 승인을 얻은 후 명부에 추가로 등재된다. 명부에는 등재된 각 인사별로 구체적인 경험분야 또는 대상협정의 분야나 주제에 관한 전문지식이 명시된다.

55) 패널위원은 정부 대표나 기구 대표가 아닌 개인자격으로 임무를 수행한다. 따라서 회원국은 패널에 계류 중인 사안과 관련하여 패널위원에게 지시를 내리지 아니하며, 개인자격인 패널위원에 대하여 영향력을 행사하지 아니한다.

특정 분쟁을 해결하기 위해 구성된 패널은 사건의 사실 및 법적 측면을 검토하고 제소국의 제소 사항이 타당한지와 문제가 된 무역관련 조치가 WTO 협정에 합치하는지 그렇지 않은지에 대한 판결이 담긴 보고서를 DSB에 제출해야 한다. 또한, 패널은 제소국이 제소된 사안이 타당하고 해당 회원국의 위반사항이 있는 것으로 밝혀지면 피소국에 대해 이에 대한 시정조치를 시행할 것을 권고한다.(DSU 제11조[56] 및 제19조[57])

2) 패널에 대한 행정 및 법률 지원

WTO 사무국은 패널에 대해 분쟁해결절차의 행정적인 측면뿐만 아니라 문제가 되는 분쟁의 법률 및 절차적 측면에 대해 지원할 책임이 있다(DSU 제27.1조[58]). 이러한 지원업무는 대부분 제네바에서의 업무로 이루어지는데 패널위원들의 출장을 지원하는 것, 패널 회의에 분쟁 관련 당사국들을 초청하는 공문을 준비하는 것, 분쟁당사국들의 제출물을 수령하여 패널위원들에게 회부하는 것 등의 제반 행정적 업무 등을 포함한다.

한편, 패널에 대한 지원은 패널 및 상소기구의 과거 판례를 포함한 법률적 판단을 위한 조언 등과 같은 법률적 지원의 제공도 포함한다. 패널은 상설기구가 아니기 때문에 사무국은 다자간 무역체제인 WTO의 안정성 및 예측가능성을 제공한다는 DSU의 목표를 달성하는 데 필요한 패널판결 간의 연속성과 일관성을 제공하기 위한 제도적 기반을 구축하는 역할을 수행한다.(DSU 제3.2조[59])

패널을 지원하는 사무국 직원은 일반적으로 적어도 한 명의 비서와 한 명의 법무

---

56) 패널의 기능은 분쟁해결기구가 이 양해 및 대상협정에 따른 책임을 수행하는 것을 지원하는 것이다. 따라서 패널은 분쟁의 사실 부분에 대한 객관적인 평가, 관련 대상협정의 적용가능성 및 그 협정과의 합치성을 포함하여 자신에게 회부된 사안에 대하여 객관적인 평가를 내려야 하며, 분쟁해결기구가 대상협정에 규정되어 있는 권고를 행하거나 판결을 내리는 데 도움이 되는 그 밖의 조사결과를 작성한다. 패널은 분쟁당사자와 정기적으로 협의하고 분쟁당사자에게 상호 만족할 만한 해결책을 찾기 위한 적절한 기회를 제공하여야 한다.

57) 패널 또는 상소기구는 조치가 대상협정에 일치하지 않는다고 결론짓는 경우, 관련 회원국에게 동 조치를 동 대상협정에 합치시키도록 권고한다. 자신의 권고에 추가하여 패널 또는 상소기구는 관련 회원국이 권고를 이행할 수 있는 방법을 제시할 수 있다.

58) 사무국은 특히 패널이 다루는 사안의 법적, 역사적 및 절차적 측면에 관하여 패널을 지원할 책임을 지며, 또한 사무 및 기술지원을 제공할 책임을 진다.

59) WTO 분쟁해결제도는 다자간무역체제에 안정과 예측가능성을 부여하는 데 있어서 중심적인 요소이다. 세계무역기구의 회원국은 이 제도가 대상협정에 따른 회원국의 권리와 의무를 보호하고 국제공법의 해석에 관한 관례적인 규칙에 따라 대상협정의 현존 조항을 명확히 하는 데 기여함을 인정한다. 분쟁해결기구의 권고 및 판결은 대상협정에 규정된 권리와 의무를 증가시키거나 축소시킬 수 없다.

관으로 구성된다. 두 사람 중 한 사람은 WTO 내 해당 분쟁과 관련된 협정을 담당하는 부서에 속해 있고 다른 한 사람은 법무국(Legal Affairs Division)에 소속되어 있다. 예를 들어 반덤핑 및 보조금 등과 같은 무역구제에 관한 분쟁의 경우는 규범국(Rules Division) 소속 직원이 이를 지원한다.

4. 상소기구(Appellate Body)

1) 상소기구의 기능 및 설치 배경

WTO의 상소기구는 개별 분쟁사건에 따라 임시적으로 설치되는 패널과는 달리 WTO 내 상설기구(standing body)로 운영되며 7명의 상소위원들로 구성된다. 상소기구는 패널이 발행한 패널보고서의 법리적 측면을 검토하는 역할을 하며 WTO 분쟁해결제도의 사법적 절차의 두 번째이자 최종 단계이다. 위에서 언급하였듯이 상소기구는 GATT 체제하의 舊분쟁해결제도에는 존재하지 않았던 것으로 두 번째 판결 단계의 추가는 우루과이라운드 협상의 주요 성과 중 하나였다.

상소기구 신설의 중요한 이유는 WTO 출범 이후 패널보고서 채택이 역총의로 이루어지기 때문에 이전에 비해 자동적인(실제적으로는 예외 없는) 채택의 성격이 강화되었기 때문이다. 패널보고서의 자동적 채택에 따라 부당한 거부권 행사를 방지할 수 있지만 만에 하나 있을 수 있는 패널보고서의 법률적 흠결 가능성에 대한 WTO 내부의 검토 또는 검증이 필요했던 것이다. 현재의 WTO 분쟁해결제도에서 개별 회원국은 더 이상 DSB를 구성하는 다른 모든 회원국의 동의를 받지 않는 한 패널보고서 채택을 막을 수 없다. 사실상 패널보고서의 자동적 채택은 이전에 문제로 제기돼 왔던 패소국의 패널보고서 채택을 방해할 수 있는 가능성을 제거하는 데 성공했다.

하지만 이러한 역총의 방식은 분쟁당사국 또는 다른 회원국들이 패널보고서의 판결에 불복하거나 현저한 법리적 흠결을 이유로 패널보고서 채택을 거부할 수 있는 가능성마저도 제거하였다. 일반적으로 분쟁당사국은 분쟁에서 승소하는 것이 최종 목적이기 때문에 설사 패널보고서가 심각한 법리적 결함을 갖고 있더라도 보고서의 채택을 거부하지 않을 것이고 이를 막지 않을 것이다. 하지만 패널보고서의 판결이 WTO 협정의 내용과 법률적 일관성 또는 합치성이 보장되어야만 분쟁해결절차의 정당성이 입증되고 지속가능할 수 있는 것이다.

이와는 대조적으로 GATT의 舊분쟁해결제도 하에서는 특정 GATT 규정에 대한 법적 해석이 실질적으로 법적 측면에서 보았을 때 용납될 수 없을 때에는 패널보고서가 채택되지 않는 경우가 있었다. 하지만 WTO에서는 이것이 사실상 더 이상 가능하지 않기 때문에 이러한 문제를 보완하기 위해 상소기구의 패널보고서의 재검토를 통해 혹시나 있을 수 있는 패널보고서의 법적 오류를 수정하는 기능을 마련하였다고 할 것이다. 그렇게 함으로써 상소기구는 판결의 일관성을 유지하고 다자간 무역체제의 안정성과 예측가능성을 제공하는 분쟁해결 제도의 목표를 이루기 위한 역할을 하고 있다고 볼 수 있다.(DSU 제3.2조[60])

분쟁당사국이 패널보고서에 대해 상소를 제기하는 경우 상소기구는 문제가 패널보고서의 판결에 대해 법리적 해석을 검토하고 패널보고서의 결과를 지지(uphold), 반대(reverse) 또는 수정(modify)할 수 있는 권한을 갖는다.(DSU 제17.13조[61])

2) 상소기구의 구성과 구조

상소기구는 1995년 WTO 출범과 함께 설치되었고 그 후 7명의 첫 상소위원들이 임명되었다. DSB는 4년 임기의 상소위원을 총의를 통해 임명한다. 상소위원은 1회에 한하여 연임이 가능하다(DSU 제17.2조[62]). 그러므로 상소위원은 최대 8년까지 복무할 수 있고 큰 결격사유가 없는 한 연임하는 것이 일반적이다. 평균적으로 2년 정도마다 상소위원의 일부가 변경된다.

상소위원은 국제법, 국제통상 및 WTO의 적용 대상 협정의 내용과 관련하여 전문성이 입증된 인사여야 하며 출신국을 포함한 어떤 정부로부터도 독립적으로 활동할 수 있어야 한다(DSU 제17.3조[63]). 지금까지 대부분의 상소위원은 국제법 및 통상 분야 교수, 변호사, 과거 정부 공무원, 판사와 같은 사법기관 공무원 등에서 주로 선임되었다. 원론적으로 상소기구는 상설기구이지만 상소위원은 전임(full-time)이 아니라 필요에 의해 업무를 수행하는 파트타임 업무를 수행한다. 하지만 상소 건수의 증가와 이에 대한 전문적이고 충분한 법리적 검토 및 판결을 위해서 언제든 업무를 수행할 수 있어야 하고 그 업무량 및 업무강도가 상당한 수준에 달하고 있어 대부분의 상

60) 위 주석 35)의 내용과 동일.

61) 상소기구는 패널의 법률적인 조사 결과와 결론을 확정, 변경 또는 파기할 수 있다.

62) 분쟁해결기구는 4년 임기의 상소위원을 임명하며 각 상소위원은 1차에 한하여 연임할 수 있다. 다만, WTO 협정 발효 직후 임명되는 7인 중 3인의 임기는 2년 후 만료되며, 이는 추첨으로 결정한다. 결원은 발생할 때마다 충원된다. 임기가 만료되지 아니한 상소위원을 교체하기 위하여 임명된 위원은 전임자의 잔여임기 동안 상소위원의 직을 수행한다.

63) 상소기구는 법률, 국제무역 및 대상협정 전반의 주제에 대하여 입증된 전문지식을 갖춘 인정된 권위자로 구성된다. 상소위원은 어느 정부와도 연관되지 아니한다. 상소위원은 WTO 회원국을 폭넓게 대표한다. 모든 상소위원은 어느 때라도 단기간의 통지로 이용가능 해야 하며 세계무역기구의 분쟁해결 활동 및 그 밖의 관련 활동을 계속 숙지하고 있어야 한다. 상소위원은 직접 또는 간접적인 이해의 충돌을 이야기할 수 있는 분쟁의 심의에 참여하지 아니한다.

소위원이 해당 상소사건들을 분담해서 맡는 형식으로 거의 상시적으로 운영되고 있다고 할 수 있다.(DSU 제17.3조)

7명의 상소위원은 자신의 출신국을 대표하는 것이 아니라 WTO 회원국 모두를 광범위하게 대표한다(DSU 제17.3조). 따라서 패널절차의 경우 출신국 인사가 패널에서 제외되는 것과는 달리 상소위원은 출신국과는 상관없이 상소사건에 배당될 수 있고 경우에 따라서는 출신국이 분쟁당사국이 된 상소사건을 맡는 경우도 적지 않게 발생한다.

또한, 개발도상회원국에 대한 배려 차원에서 관례적으로 7명의 상소위원들 중 3~4명의 상소위원은 항상 개발도상회원국 출신으로 이루어져 왔다. 2020년 말 기준 역대 상소위원은 27명으로 이중 중국, 인도, 브라질 등 개도국 출신 위원은 12명으로 거의 절반 수준에 이르고 있다. 상소심을 위한 업무절차에 따르면 7명의 상소위원들은 상소위원 중 1년 또는 최대 2년 임기의 상소기구 의장을 선출한다. 상소기구 의장은 상소기구의 운영 및 내부 기능과 관련한 전반적인 책임을 지고 있다.

3) 상소기구 사무국

상소기구는 상설기구이기 때문에 상소기구를 전담 보좌하는 사무국을 둘 수 있다. 상소기구 사무국은 상소기구에 법률 조언 및 행정 지원을 제공한다(DSU 제17.7조[64]). 상소기구의 독립성을 보장하기 위해 상소기구 사무국은 WTO 사무국과 행정상으로만 연계되어 있을 뿐 직제상으로 보면 사실상 별도로 분리되어 있다. 상소기구 사무국은 WTO 사무국과 함께 제네바의 WTO 본부 내에 위치한다.

5. 중재인(Arbitrators)

WTO 분쟁해결제도는 패널과 상소기구 외에 개인 자격 또는 기관의 중재인을 분쟁해결절차의 여러 단계에서 권고 및 판결의 이행에 대한 감독, 보상 및 양허의 정지 등과 같은 분쟁과 관련된 특정 문제에 대한 중재 및 판결을 위해 활용할 수 있도록 허용하고 있다. 중재(arbitration)는 패널과 상소기구에 의한 분쟁해결의 대안으로 이용 가능하지만 WTO 내의 사법적 판단의 차원에서는 실제로는 거의 사용되지 않아 왔다(DSU 제25.1조[65]). 다만 중재인의 판결 자체는 패널이나 상소기구의 판결과 같

64) 상소기구는 자신이 필요로 하는 적절한 행정적 및 법률적 지원을 제공받는다.

65) 분쟁해결의 대체적 수단으로서 WTO 내에서의 신속한 중재는 쌍방 당사자가 명백하게 규정한 문제와 관련된 특정 분쟁의 해결을 촉진할 수 있다.

이 사법적 강제력은 없지만 특정한 조건하에서는 DSB를 통해 강제되어질 수 있다는 데 의미가 있다.(DSU 제21.3조[66] 및 제22.6조[67])

중재의 경우 DSB가 패널보고서 또는 상소보고서를 채택하고 패소국이 관련 판결과 권고에 따라 이행절차를 진행할 때 두 가지 유형의 중재가 가능한다. 중재절차가 가능한 첫 번째 상황은 패소국에게 DSB의 권고 및 판결을 이행하도록 하기 위해 부여되는 '합당한 기간(reasonable period of time)'을 설정하는 것이다(DSU 제21.3(c)조). 두 번째는 패소국이 권고 조치를 미이행하는 경우 제소국에게 허용하는 패소국에 대한 WTO 의무정지 수준과 내용에 대해 중재를 요청할 수 있다(DSU 제22.6조). 이 두 가지 형태의 중재는 위의 두 가지 상황에 대한 판단을 위해 활용되는 데만 제한적으로 활용되며 이를 통한 중재판결은 분쟁당사국을 구속하는 효력을 갖는다.

6. 전문가(Experts)

WTO 무역분쟁에서는 특정 제품과 관련되어 인체의 생명과 건강에 미치는 위험의 존재 또는 그 가능성 정도에 대한 사안이 분쟁당사국간의 논쟁의 대상이 되는 것처럼 기술적 또는 과학적 성격과 관련된 복잡한 사안을 다루는 경우가 적지 않다. 패널리스트에 등재된 인사들은 국제통상 분야의 전문가라고 할 수 있지만, 반드시 해당

---

66) 패널보고서 또는 상소보고서가 채택된 날로부터 30일 이내에 개최되는 분쟁해결기구 회의에서 관련 회원국은 분쟁해결기구의 권고 및 판결의 이행에 대한 자국의 입장을 분쟁해결기구에 통보한다. 권고 및 판결의 즉각적인 준수가 실현 불가능한 경우, 관련 회원국은 준수를 위한 합리적인 기간을 부여받는다. 합리적인 기간은 다음과 같다.
   a. 분쟁해결기구의 승인을 받는 것을 조건으로, 관련 회원국이 제의하는 기간. 또는 이러한 승인이 없는 경우에는,
   b. 권고 및 판결이 채택된 날로부터 45일 이내에 분쟁당사자가 상호 합의하는 기간. 또는 이러한 합의가 없을 때에는,
   c. 권고 및 판결이 채택된 날로부터 90일 이내에 기속적인 중재를 통하여 확정되는 기간. 이러한 중재에 있어서 중재인을 위한 지침은 패널 또는 상소기구의 권고 이행을 위한 합리적인 기간이 패널보고서 또는 상소보고서가 채택된 날로부터 15개월을 초과하지 아니하여야 한다는 것이다. 그러나 특별한 사정에 따라 동 기간은 단축되거나 연장될 수 있다.

67) 제22.2조에 규정된 상황이 발생할 때에 분쟁해결기구는 요청이 있는 경우, 분쟁해결기구가 컨센서스로 동 요청을 거부하기로 결정하지 아니하는 한, 합리적 기간의 종료로부터 30일 이내에 양허 또는 그 밖의 의무의 정지를 승인한다. 그러나 관련 당사국이 제안된 정지의 수준에 대하여 이의를 제기하거나, 제소국이 제22.3(b)조 또는 제22.3(c)조에 따라 양허 또는 그 밖의 의무의 정지에 대한 승인을 요청했을 때 제3항에 명시된 원칙 및 절차가 준수되지 아니하였다고 주장하는 경우, 동 사안은 중재에 회부된다. 이러한 중재는 원패널위원의 소집이 가능한 경우 원패널, 또는 사무총장이 임명하는 중재인에 의하여 수행되며 합리적인 기간의 만료일로부터 60일 이내에 완결된다. 양허 또는 그 밖의 의무는 중재의 진행 중에는 정지되지 아니한다.

분야의 기술 또는 과학적 사실관계를 확인할 수 있는 전문가가 아닌 경우가 많다. 이 경우 DSU는 패널에게 해당 전문가에게 관련 정보와 기술 조언을 구할 수 있는 권리를 부여하고 있다.

패널은 해당 전문가들에게 관련된 자료를 제한 없이 구하거나 요청할 수 있지만 회원국 관할권 내의 개인이나 기관으로부터 정보를 얻기 위해서는 우선 해당 회원국에게 이를 통지해야 한다(DSU 제13.1조[68]). 또한, 이와 같이 DSU 제13조의 일반적인 조항에 추가하여 DSU는 아래와 같은 특정 협정과 관련된 경우에는 다음의 규정과 같이 패널이 해당 협정에 해당하는 사안을 처리할 때 전문가의 의견을 구할 것을 명시적으로 요구하고 있다.

① 위생 및 식물 위생 조치에 관한 협정 제11.2조,[69]

② 무역에 관한 기술장벽에 관한 협정 제14.2조, 제14.3조 및 부속서 2,[70]

---

68) 각 패널은 자신이 적절하다고 판단하는 모든 개인 또는 기관으로부터 정보 및 기술적 자문을 구할 권리를 갖는다. 그러나 패널은 회원국의 관할권 아래에 있는 개인이나 기관으로부터 이러한 정보나 자문을 구하기 전에 동 회원국의 당국에 통보한다. 패널이 필요하고 적절하다고 간주하는 정보를 요청하는 경우, 회원국은 언제나 신속히 그리고 충실하게 이에 응하여야 한다. 비밀정보가 제공되는 경우, 동 정보는 이를 제공하는 회원국의 개인, 기관 또는 당국으로부터의 공식적인 승인 없이는 공개되지 아니한다.

69) 이 협정에 따른 과학적 또는 기술적인 쟁점을 포함하는 분쟁 시, 패널은 분쟁당사국과 협의하여 패널이 선정한 전문가로부터 자문을 구하여야 한다. 이 목적을 위하여 패널은 적절하다고 판단하는 경우에는 일방 분쟁당사국의 요청 또는 자신의 주도에 의하여 기술전문가 자문단을 설치하거나 관련 국제기구와 협의할 수 있다.

70) 14.2 패널은 일방 분쟁당사국의 요청에 따라, 또는 독자적으로, 전문가의 상세한 검토를 요구하는 기술적인 성격의 문제를 지원할 기술전문가단을 설치할 수 있다.
14.3 기술전문가단은 부속서 2의 절차에 의하여 관리된다.
부속서 2
다음 절차는 제14조의 규정에 따라 설립된 기술전문가단에 적용된다.
1. 기술전문가단은 패널의 권한 하에 있다. 동 전문가단의 위임사항과 세부작업절차는 패널에 의하여 결정되며 동 전문가단은 패널에 보고한다.
2. 기술전문가단에의 참가는 당해 분야에서 전문가적 지위와 경험을 가진 사람들에 한한다.
3. 분쟁당사국의 국민은 패널이 전문적인 과학적 지식에 대한 필요가 달리 충족될 수 없다고 고려하는 예외적인 상황을 제외하고는, 분쟁당사자국들의 공동 합의 없이는 기술전문가단에서 활동하여서는 아니 된다. 분쟁당사국의 정부관리는 기술전문가단에서 활동하여서는 아니 된다. 기술전문가단의 회원은 정부대표나 특정 기관의 대표로서가 아니라 개인 자격으로 봉사한다. 따라서 정부나 기관은 기술전문가단원에게 기술전문가단에 회부된 사안과 관련하여 지시를 내려서는 아니 된다.
4. 기술전문가단은 그들이 적합하다고 판단하는 모든 출처와 협의하고 이로부터 정보와 기술적 조언을 구할 수 있다. 기술전문가단은 특정 회원국의 관할 하에 있는 출처로부터 정보나 조언을 구하기에 앞서 그 회원국의 정부에 통보한다. 모든 회원국은 기술전문가단이 필요하며 적절하다고 간주하는 정보에 대한 모든 요청에 대하여 신속하고 충분하게 회신한다.

③ 1994년 GATT 제7조 이행협정 제19.3조, 제19.4조 및 부속서 2,[71]
④ 보조금 및 상계조치 협정 제4.5조[72] 및 제24.3조[73]

또한, 패널은 사실관계를 객관적으로 평가할 의무를 이행하기 위해 전문가와 상의할 필요가 있다고 판단되는 경우 개별 전문가에게 자문하거나 전문가검토단을 지정하여 관련 자문보고서를 준비할 수 있다(DSU 제13.2조[74]). 전문가검토단 설치 및 절차와 관련된 규정은 DSU 부록 4[75]에 수록되어 있다. 전문가검토단은 패널의 권한 하에 직무를 수행하고 그 내용을 패널에 보고한다. 패널은 그들의 위임 사항과 상세한 작업 절차를 결정한다.

---

5. 분쟁당사국은 비밀이 아닌 한 기술전문가단에 제공되는 모든 관련 정보에 접근할 수 있다. 기술전문가단에 제공되는 비밀정보는 이러한 정보를 제공한 정부, 기관 또는 개인으로부터의 공식 승인 없이는 공개되어서는 아니 된다. 이러한 정보가 기술전문가단으로부터 요구되나 기술전문가단에 의한 정보의 공개가 승인되지 아니하는 경우, 비밀이 아닌 정보의 요약이 정보를 제공하는 정부, 기관, 또는 개인에 의하여 제공된다.
6. 관련 회원국의 의견을 입수하고 이를 최종보고서에서 적절히 고려하기 위하여 기술전문가단은 보고서 초안을 관련 회원국에게 제출하며, 또한 최종보고서는 패널에 제출되는 때에 관련 회원국에게 배포된다.

71) 19.3. 기술위원회는 요청이 있는 경우, 협의에 참여하는 회원국에게 조언과 지원을 제공한다.
19.4. 이 협정의 규정과 관련된 분쟁을 검토하기 위해 설치된 패널은 분쟁당사자의 요청 또는 자체 결정에 따라 기술위원회에 대해 기술적 고려가 필요한 사안에 대한 검토를 실시할 것을 요청할 수 있다. 패널은 특정 분쟁에 관한 기술위원회의 위임사항을 정하고 기술위원회의 보고서 제출기한을 지정한다. 패널은 기술위원회의 보고서를 고려한다. 이 항에 따라 회부된 사안에 대하여 기술위원회가 컨센서스에 도달하지 못하는 경우, 패널은 분쟁당사자로 하여금 패널에서 동 사안에 대한 자신의 견해를 제시할 수 있는 기회를 부여한다.
부속서 2는 부록 참고

72) 패널은 설치된 후 당해조치가 금지보조금인지의 여부에 관하여 상설전문가단의 지원을 요청할 수 있다. 상설전문가단은 요청을 받은 경우 즉시 당해 조치의 존재 및 성격에 관한 증거를 검토하고, 그러한 조치를 적용 또는 유지하고 있는 회원국에게 당해 조치가 금지보조금이 아니라는 것을 증명할 기회를 제공한다. 상설전문가단은 패널이 정한 기한 내에 자신의 결론을 패널에 보고한다. 패널은 당해 조치가 금지보조금인지의 여부에 대한 상설전문가단의 결론을 수정없이 채택한다.

73) 위원회는 보조금과 무역관계의 분야에서 고도의 자격을 가진 독립된 5인으로 구성되는 상설전문가단을 설치한다. 전문가는 위원회에 의하여 선출되며 매년 1명이 교체된다. 상설전문가단은 제4조 제5항의 규정에 따라 패널을 지원하도록 요청받을 수 있다. 위원회는 또한 어떠한 보조금의 존재와 성격에 관하여도 자문을 구할 수 있다.

74) 패널은 모든 관련 출처로부터 정보를 구할 수 있으며, 사안의 특정 측면에 대한 의견을 구하기 위하여 전문가와 협의할 수 있다. 패널은 일방 분쟁당사자가 제기하는 과학적 또는 그 밖의 기술적 사항과 관련된 사실문제에 관하여 전문가검토단에게 서면 자문보고서를 요청할 수 있다. 이러한 검토단의 설치에 관한 규칙 및 검토단의 절차는 부록 4에 규정되어 있다.

75) 본 저서 〈부록1〉의 DSU 전문 중 해당 부분 참고.

전문가검토단의 최종 보고서는 패널에 제출될 때 분쟁당사국들에게 함께 제공된다. 전문가검토단은 자문역할만 할 뿐 법적인 문제에 대한 최종적인 결정과 전문가 의견을 바탕으로 한 사실관계의 확정은 패널의 권한으로 남아 있다. 전문가검토단에 참여하는 것은 해당 분야에서 전문적인 지식과 경력을 가진 사람으로 제한된다.

분쟁당사국의 국적을 가진 사람은 특수한 전문 지식에 대한 필요성이 다른 방안으로 해결될 수 없다고 패널이 판단하는 예외적인 경우를 제외하면 분쟁당사국간의 합의 없이는 전문가검토단에 참여할 수 없다. 또한, 분쟁당사국의 공무원은 전문가검토단에 참여할 수 없다. 전문가검토단의 구성원은 정부 또는 기관의 대표자가 아닌 개인 자격으로 업무를 수행한다. 정부 또는 기관은 전문가검토단에 대해 해당 분쟁사안과 관련된 여하간 지침을 제공해서는 안 된다. GATT 체제하에서는 패널이 전문가에게 의견을 구하는 경우는 있지만 개별적 차원에 국한했을 뿐 전문가검토단을 구성하지는 않았다.

또한, 패널은 분쟁당사국들과 협의하여 각 전문가가 개별적으로 서면으로 답변한 질문 목록을 제공하고 패널위원들과 분쟁당사국들이 질문 및 답변과 관련한 전문가들과 특별회의를 가질 수 있도록 하고 있다. 패널보고서는 일반적으로 패널의 질문에 대한 전문가들의 서면 답변과 패널과의 회의에서 이루어진 토론 내용을 반영하고 있다.

7. 행동규칙(Rules of Conduct)

DSU하에서 분쟁해결절차와 관련된 모든 관계자들은 정당한 절차와 공정한 판결을 보장하기 위해 고안된 특정한 규칙을 적용받는다. 분쟁해결절차에 포함되는 패널위원, 상소위원, 중재인, 전문가 등은 모두 공정하고 독립적인 방식으로 업무를 수행해야 한다. 이를 위해 패널과 상소기구는 해당 심의절차에서 분쟁당사국(들)의 참석 없이 일방 당사국(들)과 의견을 교환할 수 없도록 하고 있다.(DSU 제18.1조[76])

보다 구체적으로 DSB는 분쟁해결제도의 완전성, 공정성 및 기밀 유지를 보장하기 위해 DSU 행동규칙(Rules of Conduct)을 채택하였다. 이러한 행동규칙은 패널위원, 상소위원, 패널절차 시 전문가, 중재인, WTO 사무국 및 상소기구 사무국 직원 등을 포함하는 모든 분쟁해결절차의 대상자들에게 적용된다.

행동규칙에 따르면, 관련 대상자들은 직접 또는 간접적인 이해관계의 충돌을 피하

---

76) 패널 또는 상소기구가 심의 중인 사안과 관련하여 패널 또는 상소기구와 일방 분쟁당사국만의 의사소통이 있어서는 아니 된다.

고 분쟁해결절차의 기밀성을 존중하기 위해 독립적이며 공정할 것을 필요로 한다. 특히, 해당 분쟁과 관련된 대상자는 그 사람에 대해 합리적으로 예상할 수 있는 독립성 또는 공정성에 영향을 미칠 수 있거나 정당한 의심을 야기할 수 있는 이해관계 및 관련 문제의 존재에 대해 공개해야 한다. 그러한 공개에는 여론, 고용관계 또는 가족의 이해와 관련된 것뿐만 아니라 재정적, 직업적 및 기타 직접적인 이해관계에 대한 정보가 포함되어야 한다.

대상자가 위의 이러한 요구사항을 위반할 경우 분쟁당사국은 분쟁해결절차에서 그 사람의 참여에 이의를 제기할 수 있는 권리가 있다. 또한, 그 사람을 분쟁해결절차에 더 이상 참여하지 못하게 배제하도록 요청할 권한을 갖는다. 특히 사무국 직원이 이러한 문제와 관련될 경우 이 문제는 WTO 사무총장에게까지 보고되도록 하고 있다.

제 7 장 WTO 분쟁해결절차 상세

앞에서 대략적으로 살펴보았지만 본 장에서는 WTO 분쟁해결제도의 구체적인 분쟁해결절차에 대해 좀 더 상세히 논의해보고자 한다. 일단 WTO에 공식적으로 분쟁이 제기되면 분쟁을 해결하기 위해 두 가지의 방법이 주로 활용된다. 첫째는 양 당사국이 양자간 협의 단계에서 상호간 합의된 해결책을 찾는 것이고, 두 번째는 사법적 절차인 패널과 상소기구의 판결과 후속 조치를 포함하는 것으로 패널보고서 및 상소보고서가 DSB에 의해 채택됨으로써 피소국(패소국)을 구속하는 방법이다. 그리고 WTO 분쟁해결절차의 주요 단계는 크게 세 가지 절차로 나뉘는데 첫째 당사국간의 협의, 둘째 패널 및 상소기구에 의한 판결, 그리고 셋째 패소국이 패널 또는 상소기구의 권고 및 판결 사항을 이행하는 절차인데 이는 권고 및 판결의 미이행 시 허용되는 양허정지 등의 보복 조치를 포함한다.

1. 협의(consultation)

WTO 분쟁해결제도의 우선적인 목표는 분쟁당사국들이 WTO 협정에 부합하는 방식으로 분쟁을 자체적으로 해결하는 것이다(DSU 제3.7조[77]). 따라서 양 당사국간의 협상은 공식적인 분쟁해결의 첫 단계이다(DSU 제4조[78]). DSU는 분쟁당사국들이 패

77) 제소하기 전에 회원국은 이 절차에 따른 제소가 유익할 것인지에 대하여 스스로 판단한다. 분쟁해결제도의 목표는 분쟁에 대한 긍정적인 해결책을 확보하는 것이다. 분쟁당사자가 상호 수락할 수 있으며 대상협정과 합치하는 해결책이 명백히 선호되어야 한다. 상호 합의된 해결책이 없을 때에는 분쟁해결제도의 첫 번째 목표는 통상 그 조치가 대상협정에 대한 위반으로 판결이 내려진 경우 동 조치의 철회를 확보하는 것이다. 그러한 조치의 즉각적인 철회가 비현실적일 경우에만 대상협정에 대한 위반조치의 철회 시까지 잠정조치로서 보상의 제공에 의지할 수 있다. 이 양해가 분쟁해결절차에 호소하는 회원국에게 부여하는 최후의 구제수단은 분쟁해결기구의 승인에 따르는 것을 조건으로 다른 회원국에 대하여 차별적으로 대상협정 상의 양허 또는 그 밖의 의무의 적용을 정지할 수 있다는 것이다.

78) 협의 관련 조항임. 부록 1 참조.

널절차 등의 사법적 절차에 의존하지 않고 관련 분쟁사안에 대해 논의하고 이를 통해 만족스러운 해결책을 찾을 수 있는 기회를 제공하고 있다.(DSU 제4.5조[79])

이러한 의무적인 협의과정을 통해서도 60일 이내에 만족스러운 해결책을 찾아내지 못한 경우에 제소국은 패널절차를 신청할 수 있다(DSU 제4.7조[80]). 물론 동 분쟁사안이 협의 단계에서 해결되지 않은 경우에도 분쟁당사국들은 분쟁절차의 진행의 모든 단계에서 협의를 통한 상호 합의된 해결책을 찾을 수 있다.

WTO 분쟁의 많은 경우는 협의 절차 과정에서 만족스러운 합의가 이루어지거나 또는, 제소국이 다른 이유로 더 이상의 분쟁해결절차를 진행하지 않기로 결정하였기 때문에 패널절차로까지 진행되지는 않았다. 이는 협의가 WTO의 효과적인 분쟁해결방안 중 하나이고 모든 분쟁사안에 대해서 사법적 판결 및 구속을 위한 절차가 반드시 필요한 것은 아니라는 것을 보여준다.

이와 함께 주선, 조정 및 중개도 협의와 함께 WTO 분쟁해결제도의 중요한 비(非)사법적이고 외교적 협상의 특성을 가진 분쟁해결의 방안이다. 이러한 비사법적 또는 외교적 협상의 방법을 통해 분쟁당사국들은 문제의 사실관계와 제소국의 이의가 무엇인지를 분명히 확인할 수 있고 이를 바탕으로 분쟁의 실제적 본질에 대해 상호간 오해를 해결할 수 있다. 이러한 의미에서 협의는 분쟁해결을 위한 협상의 장을 마련해 주는 역할과 함께 분쟁해결의 진전을 위한 역할을 동시에 한다고 할 수 있다.

1) 협의의 법적 기초 및 조건

무역분쟁과 관련하여 해당 회원국(제소국)의 분쟁상대국(피소국)에 대한 협의 요청은 WTO에서 공식적 차원의 분쟁해결절차가 개시됨을 의미하는 동시에 DSU의 적용이 시작됨을 의미한다. 물론 일반적으로는 WTO 차원의 공식적 협의가 시작되기 이전에 이미 관련 분쟁사안에 대해 분쟁당사국들의 당국자(제네바 대표단 등) 간의 비공식적인 논의가 선행된다고 할 수 있다. 그러나 이렇게 협의 이전에 분쟁당사국간 사전 논의가 이루어진 경우라도 제소국은 협의 절차 이후의 WTO 분쟁해결절차를 밟아가기 위해서는 DSU에 명시된 동 협의 절차를 우선 반드시 진행해야 한다.

이를 위해 제소국은 분쟁상대국에 대해 협의 요청을 신청하는 것과 함께 DSB 및

79) 대상협정의 규정에 따른 협의 과정에서 이 양해에 의거하여 다음 단계의 조치를 취하기 전에 회원국은 사안의 만족할 만한 조정을 시도하여야 한다.

80) 협의 요청 접수일로부터 60일 이내에 협의를 통한 분쟁해결에 실패하는 경우, 제소국은 패널설치를 요청할 수 있다. 협의 당사자가 협의를 통한 분쟁해결에 실패했다고 공동으로 간주하는 경우, 제소국은 위의 60일 기간 중에 패널설치를 요청할 수 있다.

해당 협정 관련 이사회 및 위원회에 그 협의 요청을 통보해야 한다(DSU 제4.4조[81]). WTO 사무국은 제소국의 통지문 접수 후 이와 관련된 이사회 및 위원회 등에 이를 회람한다. 또한, WTO 사무국은 통보를 받은 후 회원국들에게 관련 제소에 대한 요약본과 분쟁사안과 관련된 여타 이사회 및 위원회를 지정하는 내용의 통지문을 송부하도록 하고 있다.

이러한 제소국의 협의 요청은 회원국 전체에게 관련 분쟁해결절차가 개시되었음을 공식적으로 알리는 것과 같다. 제소국은 DSU 제1.1조[82] 및 제4.3조[83]에 따라 분쟁해결절차가 적용되는 한 개 이상의 협정(들), 세부적으로는 문제가 되는 각 조항들에 대한 협의를 요청하게 된다. 따라서 협의는 DSU 제4조의 조항들 및 각 개별 WTO 협정들의 규정에 따른다.

분쟁해결절차 중 협의를 요청할 수 있는 법적 토대는 두 가지로 구성되어 있는데 GATT 제22.1조,[84] 제23.1조[85] 및 GATS 제22.1조[86]와 제23.1조[87] 등이 그 근거 조항

81) 이러한 모든 협의 요청은 협의 요청 회원국에 의하여 분쟁해결기구 및 관련 이사회와 위원회에 통보된다. 모든 협의 요청은 서면으로 제출되며, 협의 요청 시 문제가 되고 있는 조치의 명시 및 제소에 대한 법적 근거의 제시를 포함한 협의 요청 사유를 제시한다.

82) 이 양해의 규칙 및 절차는 이 양해의 부록 1에 연결된 협정(이하 '대상협정'이라 한다)의 협의 및 분쟁해결규정에 따라 제기된 분쟁에 적용된다. 또한 이 양해의 규칙 및 절차는 WTO 설립을 위한 협정 및 이 양해만을 고려하거나 동 협정 및 양해를 다른 대상협정과 함께 고려하여 WTO 협정 및 이 양해의 규정에 따른 회원국의 권리 및 의무에 관한 회원국간의 협의 및 분쟁해결에 적용된다.

83) 협의 요청이 대상협정에 따라 이루어지는 경우 그 요청을 접수한 회원국은 달리 상호합의하지 아니하는 한 요청접수일로부터 10일 이내에 답변하며, 요청접수일로부터 30일 이내의 기간 내에 상호 만족할 만한 해결책에 도달하기 위하여 성실하게 협의에 응한다. 회원국이 요청접수일로부터 10일 이내에 답변하지 아니하거나 30일 이내의 기간 내에 또는 달리 상호 합의한 기간 내에 협의에 응하지 아니하는 경우, 협의 개최를 요청한 회원국은 직접 패널의 설치를 요구할 수 있다.

84) 각 회원국은 이 협정의 운영에 영향을 주는 문제에 관하여 다른 회원국이 제시할 수도 있는 의견에 대하여 호의적인 고려를 하며, 동 의견에 관한 협의를 위하여 충분한 기회를 부여한다.

85) 회원국이 다음의 결과로 이 협정 하에서 직접적 또는 간접적으로 자신에게 발생되는 이익이 무효화되거나 침해되고 있거나 이 협정의 목적 달성이 방해되고 있다고 인정하는 경우
a. 다른 회원국의 이 협정 하의 자신의 의무의 불이행 또는
b. 이 협정 규정과의 저촉 여부를 불문하고 다른 회원국에 의한 조치의 적용 또는
c. 그 밖의 상황의 존재
동 회원국은 동 문제의 만족스러운 조정을 목적으로 관련이 있다고 동 회원국이 간주하는 다른 회원국 또는 회원국들에게 서면으로 의견을 제시하거나 제의를 할 수 있다. 이렇게 의견을 제시받거나 제의를 받은 회원국은 자신에게 행하여진 동 의견 또는 제의에 대하여 호의적인 고려를 한다.

86) 각 회원국은 이 협정의 운영에 영향을 미치는 모든 사항과 관련하여 그 밖의 회원국이 제기할 수 있는 주장과 관련한 협의에 대해 호의적인 고려를 하며, 협의를 위한 적절한 기회를 제공한

이라고 할 수 있다. 각 협정의 제22.1조와 제23.1조의 차이점은 다른 회원국들이 제3자 자격으로 분쟁에 참여할 수 있는지의 여부와 관련되어 있다. GATT 제22.1조, GATS 제22.1조에 근거하면 다른 회원국들의 제3자 참여가 가능한 것으로 볼 수 있다.

이에 반해 GATT 제23.1조, GATS 제23.1조의 경우는 직접적인 분쟁당사국의 자격 외에 제3자로서의 참여 여부가 불명확하다는 측면에서 제3자 참여를 배제할 수 있다고 해석될 수 있다. 하지만 GATT 제22.1조 및 GATS 제22.1조에서 제3자 참여에 대해 명시적으로 언급하고 있다는 점에서 제3자 참여는 일반적인 차원에서 법리적으로 수용가능하다고 평가된다. 또한, 다른 협정의 경우는 제3자 참여 여부는 해당 협정의 분쟁 관련 조항에 근거하고 있다.(DSU 제4.11조[88])

제3자 참여가 일반적으로는 가능한 것으로 해석된다 하더라도 원론적으로 보면 제소 시 GATT 제22.1조와 제23.1조 사이의 선택은 다른 회원국이 분쟁에 참여할 수 있는지 여부에 따라 제소국이 전략적으로 결정할 수 있다. 만약 제소국이 GATT 제22.1조를 근거로 분쟁해결절차를 시작하는 경우 이에 다른 회원국들의 제3자 자격으로 참여가 가능하다. 왜냐하면, 동 규정에 의거 특정되지 않은 '그 밖의 회원국'이 제기할 수 있는 주장에 대해 협의해야 하기 때문이다.

만약 피소국이 이를 거부하게 되면 제3자 참여 의사가 있는 회원국은 동 사안에 대해 새로운 분쟁제소를 할 수 있기 때문에 피소국은 현실적인 측면에서 다른 회원국들의 제3자 참여를 거부할 이유가 없다고 할 수 있다.

하지만 제소국이 제22.1조 대신 제23.1조를 선택하게 되면 동 분쟁은 제소국과 피소국 간의 문제로 남기 때문에 다른 회원국들의 제3자 참여를 원론적으로 막을 수 있는 여지가 생긴다. 이 옵션은 다른 회원국들의 간섭 없이 피소국과의 상호 합의된 해결책을 찾는 것을 원하는 경우에 선택될 수 있다고 할 수 있다.

협의 요청은 반드시 서면으로 제출해야 하며 협의 요청에 대한 사유를 제시해야한다. 여기에는 문제가 되는 상대국의 무역관련 조치를 명기하고 협의 요청에 있어 협정과 관련된 WTO 협정에 근거한 법적 논거를 표시하는 것이 포함된다(DSU 제4.4

다. 분쟁해결양해가 이러한 협의에 적용된다.

87) 다른 회원국이 이 협정에 따른 자신의 의무나 구체적 약속을 수행하지 아니하고 있다고 회원국이 간주하는 경우, 동 회원국은 상호 만족스러운 해결책에 이르기 위하여 분쟁해결양해를 이용할 수 있다.

88) 이 양해는 대상협정의 협의규정에 따라 WTO 협정의 발효일 또는 그 이후에 이루어진 새로운 협의 요청에 대해서만 적용된다. WTO 협정의 발효일 이전에 1947년도 GATT나 대상협정의 선행협정에 따라 협의 요청이 이루어진 분쟁의 경우 WTO 협정의 발효일 직전에 유효한 관련 분쟁해결규칙 및 절차가 계속 적용된다. 이 항은 그 분쟁에 대한 패널보고서가 채택되지 못하거나 완전히 집행되지 못한 분쟁에도 적용된다.

조[89]). 실제로 이러한 협의 요청의 내용은 한두 페이지에 불과할 정도로 간결하지만, 그 내용은 명확해야 한다. 협의 절차 이후 진행되는 패널 및 상소절차는 동 협의 요청에 기재된 사안에 대해서만 논의되고 판결이 이루어지기 때문이다. 협의 요청서는 항상 특정 분쟁이 발생할 때 최초로 인정되는 WTO의 공식 문서이며 각 분쟁에는 WT/DS로 시작하는 고유번호가 부여된다. 따라서 분쟁의 첫 공식 문서가 되는 협의 요청서는 WT/DS ###/1과 같은 문서 번호를 부여받게 된다.

2) 분쟁해결절차에서의 협의의 필요

제소국은 협의를 개시하기 전에 우선적으로 다른 방안 외에 공식적인 분쟁해결절차 하에서의 분쟁해결이 보다 더 효과적일 것인가의 여부에 대해 관한 판단을 내릴 의무가 있다. 왜냐하면, 분쟁해결제도의 최종적인 목적은 그 해결방식과는 무관하게 분쟁해결을 위한 상호 합의할 수 있는 긍정적인 해결책을 제공하는 데에 있기 때문이다 (DSU 제3.7조[90]). 이와 관련하여 DSU 제3.7조에서 WTO 회원국은 자율적인 책임 하에 분쟁절차를 개시하는 것이 유익한 것인지의 여부를 먼저 결정하도록 명시하고 있다.

3) 협의 절차

공식적인 협의 요청이 있게 되면 피소국은 제소국의 협의 요청에 호의적으로 응할 의무가 있고 협의를 위한 적절한 기회를 제공해야 한다(DSU 제4.2조[91]). 협의는 일반적으로 WTO가 소재한 제네바에서 이루어지고 협의에서 다루어지는 내용들은 기밀로 유지된다(DSU 제4.6조[92]). WTO 사무국은 분쟁당사국간의 협의 과정에 개입하

---

89) 이러한 모든 협의 요청은 협의 요청 회원국에 의하여 분쟁해결기구 및 관련 이사회와 위원회에 통보된다. 모든 협의 요청은 서면으로 제출되며, 협의 요청 시 문제가 되고 있는 조치의 명시 및 제소에 대한 법적 근거의 제시를 포함한 협의 요청 사유를 제시한다.

90) 제소하기 전에 회원국은 이 절차에 따른 제소가 유익할 것인 지에 대하여 스스로 판단한다. 분쟁해결제도의 목표는 분쟁에 대한 긍정적인 해결책을 확보하는 것이다. 분쟁당사자가 상호 수락할 수 있으며 대상협정과 합치하는 해결책이 명백히 선호되어야 한다. 상호 합의된 해결책이 없을 때에는 분쟁해결제도의 첫 번째 목표는 통상 그 조치가 대상협정에 대한 위반으로 판결이 내려진 경우 동 조치의 철회를 확보하는 것이다. 그러한 조치의 즉각적인 철회가 비현실적일 경우에만 대상협정에 대한 위반조치의 철회 시까지 잠정조치로서 보상의 제공에 의지할 수 있다. 이 양해가 분쟁해결절차에 호소하는 회원국에게 부여하는 최후의 구제수단은 분쟁해결기구의 승인에 따르는 것을 조건으로 다른 회원국에 대하여 차별적으로 대상협정상의 양허 또는 그 밖의 의무의 적용을 정지할 수 있다는 것이다.

91) 각 회원국은 자국 영토 안에서 취하여진 조치로서 대상협정의 운영에 영향을 미치는 조치에 관하여 다른 회원국이 표명한 입장에 대하여 호의적인 고려를 할 것과 적절한 협의 기회를 부여할 것을 약속한다.

지 않는다. 분쟁당사국들의 협의 과정에서 오고간 회의내용들은 공개되지 않으며, 그 내용은 이후에 해당 분쟁을 위해 설치된 패널 또는 상소기구에 대해서도 비공개로 유지된다.

분쟁당사국간의 사전 동의가 없는 한 피소국은 10일 이내에 협의 요청에 응답해야 하며 협의 요청을 받은 날로부터 30일 이내에 선의(good faith)를 가지고 협의에 임해야 한다. 피소국이 정해진 기한을 지키지 못하면 제소국은 즉시 분쟁해결절차의 다음 단계인 사법적 판결 단계로 진행하여 패널설치를 요청할 수 있다(DSU 제4.3조[93]). 피소국이 협의에 참여하는 경우라도 제소국은 협의 요청이 접수된 이후 60일 이내에 패널설치 요청을 진행할 수 있다. 단, 이는 협의를 통해 만족할만한 해결책을 찾지 못했을 경우로만 제한된다.

협의 절차는 두 분쟁당사국 모두가 협의를 통한 분쟁해결이 어렵다고 동의하는 경우 조기에 종결될 수 있다(DSU 제4.7조[94]). 하지만 많은 경우 분쟁당사국들은 최소 60일보다 훨씬 더 많은 시간을 협의 절차를 위해 사용하고 있다. 예외적으로 부패성 상품 등과 같은 긴급한 사안의 경우에는 피소국은 협의를 요청받은 일로부터 10일 이내에 협의 절차에 들어가야 한다. 그리고 이러한 경우는 협의를 통한 분쟁해결이 요청일로부터 20일 이내에 이루어지지 않으면 제소국은 패널설치를 요청할 수 있다. (DSU 제4.8조[95])

4) 제3자

제소국 및 피소국 등 분쟁당사국이 아니라 하더라도 WTO 회원국은 분쟁당사국들이 협의하는 문제에 관심을 가질 수 있다. 그러한 관심을 갖는 데에는 여러 가지 이유가 있을 것이다. 예를 들어 분쟁당사국들뿐만 아니라 다른 회원국(들)도 분쟁의 소

---

92) 협의는 비공개이며 다음 단계에서의 당사국의 권리를 저해하지 아니한다.

93) 협의 요청이 대상협정에 따라 이루어지는 경우 그 요청을 접수한 회원국은 달리 상호합의하지 아니하는 한 요청접수일로부터 10일 이내에 답변하며, 요청접수일로부터 30일 이내의 기간 내에 상호 만족할 만한 해결책에 도달하기 위하여 성실하게 협의에 응한다. 회원국이 요청접수일로부터 10일 이내에 답변하지 아니하거나 30일 이내의 기간 내에 또는 달리 상호 합의한 기간 내에 협의에 응하지 아니하는 경우, 협의 개최를 요청한 회원국은 직접 패널의 설치를 요구할 수 있다.

94) 협의 요청 접수일로부터 60일 이내에 협의를 통한 분쟁해결에 실패하는 경우, 제소국은 패널의 설치를 요청할 수 있다. 협의당사자가 협의를 통한 분쟁해결에 실패했다고 공동으로 간주하는 경우, 제소국은 위의 60일 기간 중에 패널의 설치를 요청할 수 있다.

95) 부패성 상품에 관한 분쟁을 포함하여 긴급한 경우, 회원국은 요청접수일로부터 10일 이내에 협의를 개시한다. 협의 요청 접수일로부터 20일 이내에 협의를 통하여 분쟁이 해결되지 아니하는 경우 제소국은 패널의 설치를 요청할 수 있다.

지가 되는 무역관련 조치로 인해 자국의 무역의 이익에 유리할 수도 있고 불리할 수도 있을 것이다. 또한, 제소국 내지는 피소국과 유사한 무역관련 조치 및 그 대응 조치를 시행하거나 유지하고 있는 회원국들은 해당 분쟁에 대한 관심을 가질 수 있다. 이렇게 해당 분쟁과 이해관계가 있는 회원국(들)은 협의를 통한 분쟁해결이 자국의 이익 또는 자국의 무역조치에 영향을 줄 수 있기 때문에 동 분쟁해결절차에 참여해야 할 필요를 느끼거나 관심을 가질 수 있다.

따라서 논의되고 있는 분쟁과 상당한 이해관계가 있는 회원국(들)은 GATT 제22.1조 및 GATS 제22.1조, 또는 기타 적용 협정의 해당 규정에 따라 제3자의 자격으로 협의에 참여하기 위한 요청을 할 수 있다. 협의 참여 요청은 제소국의 협의 요청일로부터 10일 이내에 분쟁당사국들과 DSB에 통보되어야 한다. 또한, 분쟁당사국들은 협의 참여를 요청한 회원국의 실질적인 무역의 이익에 대한 주장을 확인하고 동의해야 한다.

만약 분쟁당사국들이 이에 동의하지 않는 경우 실질적인 무역의 이익이 얼마나 큰지와 관계없이 규정의 해석상 원론적으로 동 회원국(들)은 협의 과정에 참여할 수 없다. 특히, 동 분쟁과 관련된 이해관계가 있는 회원국(들)은 언제든 피소국에 대해 직접적으로 협의를 요청할 수 있는데, 이는 별개의 분쟁해결절차가 시작됨을 의미한다고 할 수 있다(DSU 제4.11조[96]). 이러한 이유로 피소국은 일반적으로 다른 회원국들의 제3자 참여를 대부분 허용하고 있는 것이 현실이다. 제소국 또한 특별한 사유가 없는 한 제3자 참여를 허용하고 있다.

실제로 제소국과 이해를 같이 하는 회원국들이 제3자로서 참여하는 것이 대부분이다. 왜냐하면 동 분쟁에서 제소국에 유리한 판결이 나올 경우 이를 근거로 피소국과의 개별 협상 내지는 동일 분쟁사안에 대한 개별적 분쟁절차의 시작이 가능하기 때문이다. 반대로 피소국과 이해를 같이 하는 회원국들의 제3자 참여는 거의 없다고 할 수 있는데 이는 피소국의 승소여부와 상관없이 분쟁에 참여하지 않는 것이 자국에게 유리하기 때문이다.

96) 협의회원국이 아닌 회원국이 1994년 GATT 제22.1조, 서비스무역에 관한 일반협정 제22.1조 또는 그 밖의 대상협정의 상응하는 규정에 따라 개최되는 협의에 대하여 실질적인 무역상의 이해관계를 갖고 있다고 간주하는 경우, 그러한 회원국은 위의 조항에 따른 협의요청 문서가 배포된 날로부터 10일 이내에 협의회원국 및 분쟁해결기구에 협의에 참여할 의사를 통보할 수 있다. 이러한 회원국은, 협의요청을 받은 회원국이 실질적인 이해관계에 대한 주장에 충분한 근거가 있다고 동의하는 경우, 협의에 동참한다. 이 경우 이들은 동 사실을 분쟁해결기구에 통보한다. 협의에 동참하기 위한 요청이 수락되지 아니하는 경우, 협의 참여를 요청한 회원국은 1994년도 GATT 제22.1 또는 제23.1조, 서비스무역에 관한 일반협정 제22.1조, 제23.1조, 또는 그 밖의 대상협정의 상응하는 규정에 따라 협의를 요청할 수 있다.

2. 패널절차

협의를 통한 분쟁해결에 실패할 경우 제소국은 분쟁해결을 위한 패널설치를 요청할 수 있다. 앞에서 언급한 바와 같이 제소국은 피소국이 협의 요청을 받은 날로부터 60일 이후에는 언제든지 패널설치를 요청할 수 있다. 또한, 피소국이 협의 요청에 대한 응답 기한을 지키지 않았거나 분쟁당사국 모두가 협의를 통한 분쟁해결이 어렵다고 판단할 경우 그 이전이라도 패널설치 요청이 가능하다.(DSU 제4.7조)

제소국은 협의를 통해 만족할만한 해결이 어려울 경우라도 패널절차를 통해 WTO 협정에 따른 회원국의 권리를 유지하고 무역의 이익을 보호할 수 있는 기회를 제공받는다. 또한, 패널절차는 피소국의 입장에서는 제소국이 제기한 분쟁과 관련하여 WTO 협정상의 의무 또는 혜택에 대한 사실 또는 해석의 정확성에 대한 이의를 제기할 수 있는 기회를 제공한다. 이를 통해 피소국의 경우에도 자신을 방어할 수 있는 기회가 주어진다는 점에서 패널절차는 분쟁당사국들에게 동등하게 중요하다. 패널절차는 사법적 구속력을 갖는 분쟁해결절차로서 분쟁당사국은 그 판단의 결과가 사법적 구속력을 갖는 것으로 이해해야 한다.

1) 패널설치

협의를 통한 분쟁해결이 어려울 경우 제소국은 패널절차를 개시할 수 있다. 분쟁당사국의 패널설치 요청으로 WTO의 공식적인 사법적 판결 절차가 시작된다고 할 수 있다. 패널설치 요청은 반드시 서면으로 작성해야 하고, 그 수신자는 DSB 의장이 된다. 이 요청은 문제가 되는 분쟁과 관련한 공식 문서가 되며 전체 WTO 회원국들에게 회람된다.

패널설치 요청이 DSB 회의의 의제에 포함되기 위해서는 회의일 최소 근무일 기준 11일 이전에 패널설치 요청이 통보되어야 한다(절차규칙 제3조). 요청서에는 협의를 위한 회의가 개최되었는지 여부를 표시하고 문제가 되는 상대국의 특정 조치를 명기한다. 또한, 분쟁 제소의 타당성을 나타내기 위해 제소의 WTO 협정상의 법적 근거에 대해 간략하지만 충분하고 명확한 요약을 제공해야 한다.(DSU 제6.2조[97])

패널설치 요청서의 내용은 절대적으로 중요하다. DSU 제7.1조[98] 및 제7.2조[99]에

97) 패널설치는 서면으로 요청된다. 이러한 요청은 협의가 개최되었는지 여부를 명시하고, 문제가 된 특정 조치를 명시하며, 문제를 분명하게 제시하는 데 충분한 제소의 법적 근거에 대한 간략한 요약문을 제시한다. 제소국이 표준위임사항과 상이한 위임사항을 갖는 패널의 설치를 요청하는 경우, 서면 요청서에는 제안하고자 하는 특별위임사항의 문안이 포함한다.

따라 패널은 패널설치 요청서의 내용을 근거로 이후 동 분쟁의 쟁점이 되는 문제를 심사하기 위한 조건 및 기준을 결정하기 때문이다. 이렇듯 패널설치 요청은 분쟁의 범위와 이에 대한 패널의 관할권의 범위를 규정하고 제한하게 된다. 요청서에 명기된 조치(들)만이 패널의 검토 대상이 되며 패널은 제소국이 제출한 요청서에 언급된 WTO 협정의 조항에 관련해서만 분쟁 사안을 검토해야 한다. 또한, 패널설치 요청은 패널의 위임 사항을 결정하는 것 외에도 피소국 및 제3자에게 동 분쟁의 법적 근거를 알리는 기능도 있다.

따라서 제소국은 패널설치 요청서를 작성하기 위해서 피소국이 개별 분쟁 사안에 대해 사전적인 이의를 제기하거나 패널이 제소 사안에 대해 심사를 거부할 수 있는 경우를 대비해 최대한 면밀하게 패널설치 요청서를 작성할 필요가 있다. '문제를 명확히 제시할 수 있을 만큼의 충분한 제소 사항의 법적 근거에 대한 간략한 요약'을 제공해야 한다는 것은 제소국의 주장이 충분한 법적 토대를 가지고 패널설치 요청서에 명시되어야 함을 의미한다고 할 수 있다.

최초 패널설치 요청서에 특정한 분쟁 사안에 대한 내용이 명시되어 있지 않은 경우 이후 패널절차에서 이를 보완하는 서면 제출 또는 구두 진술이 있다 하더라도 그 효력을 인정받기 어렵다. 피소국이 위반했다고 여겨지는 협정 및 조항의 목록은 위 DSU 제6.2조에서 제시하는 최소 요구사항이며 이는 사례별로 개별적으로 검토되어야 한다. 또한, 패널설치 요청서의 내용은 피소국의 입장에서 자신을 충분히 방어할 수 있도록 명확하게 제시되어야 한다. DSB는 패널설치 후 20일 이내에 분쟁당사국들이 달리 합의하지 않는 한 기준이 되는 위임사항을 결정한다(DSU 제7.1조). 다만 이러한 위임사항 이외의 합의가 이루어지면 회원국은 DSB에서 이와 관련된 문제제기를 할 수 있다.(DSU 제7.3조[100])

패널설치는 DSB의 중요한 권한 중 하나이며 이는 회원국들의 총의를 필요로 하지 않는 세 가지 상황 중 하나이다. 패널설치 요청 이후의 첫 번째 DSB 회의에서는 제

---

98) 패널은 분쟁당사자가 패널설치로부터 20일 이내에 달리 합의하지 아니하는 한, 다음의 위임사항을 부여받는다. "(분쟁당사자가 인용하는 대상협정명)의 관련 규정에 따라 (당사자 국명)이 문서번호 …… 으로 분쟁해결기구에 제기한 문제를 조사하고, 분쟁해결기구가 동 협정에 규정된 권고 및 판결을 내리는 데 도움이 되는 조사결과를 작성한다."

99) 패널은 분쟁당사자가 인용하는 모든 대상협정의 관련 규정을 검토한다.

100) 패널설치 시 분쟁해결기구는 분쟁해결기구 의장에게 제1항의 규정에 따를 것을 조건으로 분쟁당사자와의 협의를 거쳐 패널의 위임사항을 작성하는 권한을 부여할 수 있다. 이와 같이 작성된 패널의 위임사항은 모든 회원국에게 배포된다. 표준위임사항이 아닌 다른 위임사항에 대한 합의가 이루어지는 경우, 회원국은 분쟁해결기구에서 이와 관련된 모든 문제를 제기할 수 있다.

소국이 GATT의 분쟁해결제도의 경우처럼 패널설치에 비토권을 사용할 수 있다. 그러나 두 번째 DSB 회의에서 DSB가 역총의를 통해 패널설치에 반대하지 않는 한 (DSU 제6.1조[101]) 패널은 자동적으로 설치된다. 두 번째 DSB 회의는 보통 약 1개월 후에 열리지만 제소국은 패널설치 요청 후 15일 이내에 DSB 특별회의 소집을 요청할 수 있다. 단, 이 경우 10일 이전에 통보되어야 한다.(DSU 제6.1조, 주석 5)

패널설치 시 역총의 원칙을 적용하는 것은 실질적으로 패널설치를 보장하고자 하는 것을 의미하고, 이는 궁극적으로 WTO가 회원국간 무역분쟁의 해결의 필요와 그 중요성을 인지하고 있음을 의미한다고 할 수 있다. 패널설치를 막을 수 있는 유일한 방법은 DSB에서 패널설치에 반대하는 총의가 이루어지는 것이지만 제소국만이라도 이에 동의하지 않는 한 그렇게 될 수 없다. 다시 말해, 제소국 이외의 다른 모든 WTO 회원국이 패널설치에 반대하더라도 제소국이 이에 동의하지 않는다면 패널은 설치되어야 한다. 따라서 DSB의 패널설치 결정은 시간문제일 뿐 사실상 자동적으로 이루어진다고 할 수 있다.

2) 패널절차의 제3자

패널절차의 당사국들은 제소국과 피소국이다. 하지만 다른 회원국(들)도 협의절차에 참여하지 않았더라도 제3자의 자격으로 패널에 의견을 개진하거나 서면으로 입장을 제시할 수 있는 기회를 갖는다. 패널절차에 참여하기 위해서는 해당 분쟁과 관련하여 상당한 관심을 가져야하며 DSB에 참여 의사를 공식적으로 통보하여야 한다.(DSU 제10.2조[102])

실제로 DSB는 회원국(들)이 제3자로서 분쟁절차에 참여하는데 패널설치 이후 10일의 기한을 두고 있다. 패널설치가 결정되는 회의에서 참여의사가 있는 회원국이 구두로 의사를 표현하는 것만으로도 제3자 참여가 가능하다. 하지만 이후에는 10일 이내에 참여의사를 WTO 사무국을 통해 서면으로 DSB에 통보해야 한다.

---

101) 제소국이 요청하는 경우, 패널설치 요청이 의제로 상정되는 첫 번째 분쟁해결기구 회의에서 컨센서스로 패널을 설치하지 아니하기로 결정하지 아니하는 한, 늦어도 그 분쟁해결기구 회의의 다음번에 개최되는 분쟁해결기구 회의에서 패널이 설치된다. 제소국이 요청 시, 최소한 10일의 사전공고 후, 요청으로부터 15일 이내에 분쟁해결기구 회의가 동 목적을 위하여 개최된다.

102) 패널에 회부된 사안에 실질적인 이해관계를 갖고 있으며 자국의 이해관계를 분쟁해결기구에 통보한 회원국(이하 '제3자'라 한다)은 패널에 대하여 자신의 입장을 개진하고 서면입장을 패널에 제출할 기회를 갖는다. 이러한 서면입장은 분쟁당사자에게 전달되며 패널보고서에 반영된다.

여기서 협의 과정에서의 제3자가 되기 위해 필요한 '실질적인 무역의 이익'(substantial trade interest, DSU 제4.11조)[103]과 패널절차에서의 제3자 요구조건인 '실질적인 이익'(substantial interest, DSU 제10.2조) 사이에는 차이가 존재한다. 이러한 차이는 패널절차에 비해 협의 과정에서의 제3자가 되기 위한 조건을 좀 더 협소하게 규정함으로써 협의 과정에 있어서는 분쟁당사국들이 상호간 분쟁해결에 집중함으로써 분쟁해결을 보다 원활하게 하기 위한 것이라고 할 수 있다. 반면 사법적 절차인 패널이 설치되는 경우는 회원국들의 이해가 보다 더 많이 반영되도록 하는데 그 주안점을 두고 있다고 할 수 있다.

또한, 여기서의 중요한 차이점은 협의 과정에서는 피소국의 수락이 있어야만 다른 회원국이 제3자로서 협의 절차에 참여할 수 있는 반면(수락하지 않는 경우 참여수락을 강요할 수 있는 방안은 없다.) 패널절차에서는 실질적으로 체계적인 이해관계를 주장하는 회원국들에 대해 그 이해관계가 '실질적'인지의 여부를 면밀히 조사하지 않고도 패널절차에 참여할 수 있는 제3자로 승인해야 한다. 이러한 이유는 위에서 언급한 이유와 동일하다.

제3자는 분쟁당사국들이 패널에 제출한 첫 번째 문서를 접수한 이후 열리는 패널회의에서 패널을 상대로 구두로서 자신의 의견을 제시할 수 있다(DSU 제10.3조[104]). 패널이 종종 개별 사안에 대해 제3자의 참여권을 확대할 수는 있는 여지는 있지만 기본적으로 제3자는 위에서 언급한 이러한 기회를 넘어서는 권리를 가지고 있지는 않다고 볼 수 있다.

3) 패널의 구성

DSB에 의해 패널설치가 결정된 이후에도 WTO 내에는 상설적으로 활동하는 패널이나 패널위원이 없기 때문에 해당 분쟁을 담당할 패널을 따로 구성해야 한다. DSU

---

103) 협의회원국이 아닌 회원국이 1994년 GATT 제22.1조, GATS 제22.1조, 또는 그 밖의 대상협정의 상응하는 규정에 따라 개최되는 협의에 대하여 실질적인 무역상의 이해관계(substantial trade interest)를 갖고 있다고 간주하는 경우, 그러한 회원국은 위의 조항에 따른 협의요청 문서가 배포된 날로부터 10일 이내에 협의회원국 및 분쟁해결기구에 협의에 참여할 의사를 통보할 수 있다. 이러한 회원국은, 협의요청을 받은 회원국이 실질적인 이해관계(substantial interest)에 대한 주장에 충분한 근거가 있다고 동의하는 경우, 협의에 동참한다. 이 경우 이들은 동 사실을 분쟁해결기구에 통보한다. 협의에 동참하기 위한 요청이 수락되지 아니하는 경우, 협의 참여를 요청한 회원국은 1994년도 GATT 제22.1조 또는 제23.1조, GATS 제22.1조, 제23.1조, 또는 그 밖의 대상협정의 상응하는 규정에 따라 협의를 요청할 수 있다.

104) 제3자는 제1차 패널회의에 제출되는 분쟁당사자의 서면입장을 입수한다.

제8조에 규정된 절차에 따라 패널은 각 개별 분쟁을 담당하기 위해 임시적으로 구성되며 3인 또는 5인(일반적으로는 3인)으로 패널위원들로 구성된다.

패널은 분쟁당사국들이 패널설치 결정 이후 10일 이내에 패널위원 5명으로 구성된 패널에 동의하지 않는 한 3인으로 구성된다(DSU 제8.5조[105]). 사무국은 분쟁당사국들에게 패널위원의 지명을 제안한다(DSU 제8.6조[106]). 패널위원으로 선정될 수 있는 후보자는 통상 분야의 전문성을 가진 자 등으로 그 전문성 및 독립성 측면에서 특정 요구사항을 충족해야만 한다(DSU 제8.1조[107] 및 제8.2조[108]). 패널위원은 특별한 사정이 없는 한 일반적으로 WTO 회원국들이 기 제출한 정부 및 비정부 인사 목록에서 선정된다.

WTO 사무국은 패널위원 후보자 목록을 관리하고 WTO 회원국이 제출한 수정 또는 추가 사항에 따라 주기적으로 이를 보완한다(DSU 제8.4조[109]). 하지만 위에서 언급한 바와 같이 특정 분쟁에서 패널위원으로 선임되기 위해서는 반드시 해당 목록에 등재될 필요는 없다. 또한, 패널의 독립성을 확보하기 위해 분쟁당사국 또는 제3자 회원국의 국적자는 분쟁당사국간 합의 없이는 패널위원으로 선임될 수 없다.(DSU 제8.3조[110])

---

105) 패널은 분쟁당사자가 패널설치로부터 10일 이내에 5인의 패널위원으로 패널을 구성하는 데 합의하지 아니하는 한 3인의 패널위원으로 구성된다. 패널구성은 회원국에게 신속히 통보된다.

106) 사무국은 분쟁당사자에게 패널위원 후보자를 제의한다. 분쟁당사자는 불가피한 사유를 제외하고는 동 패널위원 후보자를 거부하지 아니하다.

107) 패널은 패널에서 일한 경력이 있거나 패널에 자국의 입장을 개진한 경력이 있는 자, WTO 회원국의 대표나 1947년도 GATT 체약당사자의 대표로 근무한 경력이 있는 자, 또는 대상협정이나 그 협정의 선행 협정의 이사회나 위원회에서 대표로 근무한 경력이 있는 자, 사무국에서 근무한 경력이 있는 자, 국제무역법이나 국제무역정책에 대하여 가르치거나 저술한 경력이 있는 자, 또는 회원국의 고위급 무역정책 관리로서 근무한 경력이 있는 자 등 충분한 자격을 갖춘 정부 및/또는 비정부인사로 구성된다.

108) 패널위원은 패널위원의 독립성과 충분히 다양한 배경 및 광범위한 경험이 확보될 수 있도록 선정되어야 한다.

109) 패널위원의 선정을 돕기 위하여 사무국은 제1항에 기술된 자격요건을 갖춘 정부 및 비정부인사의 명부를 유지하며, 동 명부로부터 적절히 패널위원이 선정될 수 있다. 명부는 1984년 11월 30일 작성된 비정부패널위원명부(BISD 31S/9) 및 대상협정에 따라 작성된 그 밖의 명부 및 목록을 포함하며, WTO 협정의 발효 시의 명부 및 목록에 등재된 인사들의 이름을 유지한다. 회원국은 명부에 포함시킬 정부 및 비정부인사의 이름을 이들의 국제무역에 대한 지식 및 대상협정의 분야 또는 주제에 대한 지식에 관한 정보와 함께 정기적으로 제시할 수 있으며, 이들의 이름은 분쟁해결기구의 승인을 얻은 후 명부에 추가로 등재된다. 명부에는 등재된 각 인사별로 구체적인 경험분야 또는 대상협정의 분야나 주제에 관한 전문지식이 명시된다.

110) 자국 정부가 분쟁당사자인 회원국의 국민 또는 제10.2조에 규정된 제3자의 국민은 분쟁당사자가 달리 합의하지 아니하는 한 그 분쟁을 담당하는 패널의 위원이 되지 아니한다. 관세동맹이나 공동시장이 분쟁의 일방당사자인 경우, 이 조항은 관세동맹이나 공동시장의 모든 회

개발도상회원국과 선진회원국간 분쟁이 있는 경우 패널은 개발도상회원국의 요청이 있을 경우 패널위원 중 적어도 한 명은 개도국 출신을 포함해야 한다(DSU 제8.10조[111]). 일반적으로 패널위원의 다수를 차지하는 사람들은 WTO 회원국의 제네바 대표부의 인사 또는 통상 분야 부서의 관료이지만 전 WTO 사무국 직원, 퇴임 정부 관료 및 학자들도 정기적 또는 부정기적으로 패널위원으로 활동하는 경우가 적지 않다. 패널위원으로 선정된 인사들은 자신의 일상적인 전문 활동 이외에 시간제(part-time base)로 패널위원의 업무를 수행한다.

사무국이 해당 분쟁과 관련하여 자격이 있다고 판단되는 사람을 패널위원으로 제안하면 분쟁당사국들은 특별한 사유가 없는 한 반대할 수 없다(DSU 제8.6조[112]). 하지만 실제로는 다수의 회원국들이 이 조항의 '불가피한 사유'가 명확히 규정되어 있지 않다는 점을 이용하여 이 조항을 상당히 광범위하게 해석하고 사무국의 패널위원 후보 추천에 대해 반대하는 경우도 적지 않다. 이러한 경우 DSB에서는 논란의 여지를 피하기 위해 분쟁당사국들의 '불가피한' 반대의 사유가 타당한지에 대한 검토가 이루어지는 경우는 없다. 그 대신 사무국은 다른 패널위원을 제안하는 경우가 일반적이다.

패널설치가 결정된 날로부터 20일 이내에 분쟁당사국간 패널구성에 관한 합의가 없는 경우 분쟁당사국 중 일방(일반적으로는 제소국)은 WTO 사무총장에게 패널구성을 위한 요청을 하게 된다. 동 요청서를 보낸 후 10일 이내에 사무총장은 분쟁당사국들과의 합의를 거쳐 DSB 의장 및 관련 이사회 및 위원회 의장들과의 협의를 통해 패널위원을 선임한다(DSU 제8.7조[113]). 이 절차는 다른 국제분쟁해결 시스템에서 종종 발생하고 있는 피소국이 고의적으로 패널구성을 지속적으로 지연시킴으로써 전체 패널절차의 정상적인 진행을 막거나 분쟁해결이 불가능하게 만들 수 있는 가능성을 차단하였다는 점에서 중요한 의미를 갖는다. 물론 분쟁당사국이 사무총장에게 패널구

원국의 국민에게 적용된다.

111) 선진회원국과 개발도상회원국간의 분쟁 시 개발도상회원국이 요청하는 경우, 패널위원 중 적어도 1인은 개발도상회원국의 인사를 포함하여야 한다.

112) 사무국은 분쟁당사자에게 패널위원 후보자를 제의한다. 분쟁당사자는 불가피한 사유를 제외하고는 동 패널위원 후보자를 거부하지 아니하다.

113) 패널설치일로부터 20일 이내에 패널위원 구성에 대한 합의가 이루어지지 아니하는 경우, 사무총장은 일방 분쟁당사자의 요청에 따라 분쟁해결기구 의장 및 관련 위원회 또는 이사회의 의장과의 협의를 거쳐 분쟁에서 문제가 되고 있는 대상협정의 특별 또는 추가적인 규칙이나 절차에 따라 분쟁당사국과 협의 후 가장 적합하다고 생각되는 패널위원을 임명함으로써 패널의 구성을 확정한다. 분쟁해결기구 의장은 이러한 요청을 받은 날로부터 10일 이내에 회원국에게 이와 같이 이루어진 패널의 구성을 통보한다.

성에 대한 개입을 요청하지 않는 한 패널구성에 합의하기 위해 20일 이상을 허용할 수도 있다.

선정된 패널위원은 출신국을 포함한 특정한 정부 또는 기타 단체의 대표자로서가 아닌 완전히 독립적인 자격으로 자신에 부여된 분쟁심사 업무를 수행해야 한다. 분쟁당사국들을 포함한 모든 회원국은 패널절차의 진행과정에서 패널위원들에게 지침을 주거나 영향을 주어서는 안 된다.(DSU 제8.9조[114])

다만, 패널구성에 관한 특별 규정이 존재하는데 금융서비스와 관련한 분쟁해결에 대해서는 1994년 마라케쉬 각료회의에서 결정된 GATS의 특정 분쟁해결절차에 관한 각료회의 결정과 GATS 부속서 제4항의 규정[115]에 따라 패널위원은 해당 분야에 대한 전문성을 가져야 함을 명시적으로 요구하고 있다.

4) 복수(複數)의 제소국

무역을 규제하는 정부의 조치는 종종 개별 국가의 차원을 넘어 다수의 WTO 회원국들에게도 적지 않은 영향을 미치게 된다. 이러한 점을 고려할 때 둘 이상의 복수의 회원국들이 상대국의 조치가 WTO 협정에 위배되거나 WTO 협정상의 이익과 권리를 손상시킬 수 있는 것으로 추정, 이에 대해 문제를 제기하고 더 나아가 WTO에 제소하는 것은 크게 이상하지 않다고 할 수 있다. 과거 사례를 통해 보면 회원국들은 분쟁해결절차를 토대로 자국의 무역의 이익을 보호하기 위해 다양한 전략을 사용하고 있음을 알 수 있다. 복수의 회원국들의 제소는 협상전략 및 협상력에서 개별국 차원의 제소에 비해 유리할 수 있다.

물론 동 분쟁과 관련하여 회원국은 제소에 동참하기보다는 수동적으로 무임승차 전략을 선택하는 경우도 있을 수 있다. 이는 문제가 되는 상대국의 조치에 대한 공식적인 분쟁절차에서는 빠지지만 다른 회원국이 동일한 또는 유사한 문제를 제기하고 분쟁해결절차를 진행하여 동 조치가 WTO 협정을 위반하는 것으로 판명되는 경우 궁극적으로 상대국으로부터 동 조치의 철회를 인정받는 것이다.

이 경우 동 분쟁과 관련된 WTO 회원국들은 문제가 된 무역조치의 철회로부터 이익을 얻을 수 있다. 하지만 정작 분쟁당사국이 된 제소국이 이렇게 수동적인 전략을

---

114) 패널위원은 정부대표나 기구대표가 아닌 개인자격으로 임무를 수행한다. 따라서 회원국은 패널에 계류 중인 사안과 관련하여 패널위원에게 지시를 내리지 아니하며, 개인자격인 패널위원에 대하여 영향력을 행사하지 아니한다.

115) 합리적 조치 관련 사안과 다른 금융 사안에 대한 분쟁을 다루는 패널은 분쟁의 대상이 되는 구체적 금융서비스와 관련된 필요한 전문지식을 구비한다.

취하는 회원국들에 비해 더 큰 무역의 이익을 보장받는지의 여부는 확실하지 않다. 왜냐하면 문제가 된 무역조치의 철회 효과는 관련된 각 개별국가들의 해당 상품 또는 서비스 무역의 흐름과 특성에 따라 크게 좌우된다고 할 수 있기 때문이다.

만약 그것의 차이가 크지 않다면 위에서 언급한 무임승차 문제(free rider problem)가 발생할 소지가 있다. 제소에 들어가는 시간과 비용을 무릅쓰고 선뜻 나서서 제소를 하는 것이 어려울 수 있다. 이 경우 다른 국가의 제소 및 이에 따른 판결의 이익에만 편승하고자 하는 유인이 생기게 된다. 물론 반대로 분쟁에 직접적으로 참여하지 않는 경우 상대국의 무역조치의 해제가 분쟁당사국에게만 적용되어 참여하지 않은 국가들에게는 그 효과가 거의 없을 수 있는 가능성도 배제할 수는 없다.

따라서 분쟁과 관련된 회원국은 이보다 좀 더 적극적인 전략을 고려해 볼 수 있는데 이는 위에서 살펴본 제3자의 자격으로 참여하는 것이다. 위에서 본 수동적인 전략과 비교할 때 제3자 전략의 경우 분쟁에 관한 정보, 즉 분쟁당사국들이 제출한 자료 등에 대한 접근이 가능하고 패널회의에 참석하여 패널과 분쟁당사국들을 대상으로 의견을 개진할 수 있다. 그러나 패널보고서에는 직접적으로 제3자를 고려한 권고 및 판결 사항이 포함되어 있지 않는다는 한계가 있다. 이 경우 제3자는 언제든지 사후적으로 보다 적극적으로 관련 분쟁사안에 대해 자체적인 분쟁해결절차를 개시할 수 있다.(DSU 제10.4조[116])

마지막으로 가장 적극적인 전략은 동일한 문제에 대해 다른 제소국과 함께 동일한 자격으로 복수로 분쟁해결절차를 개시하고 분쟁상대국과의 협의와 패널절차 등을 진행하는 것이다. 이 경우 동 분쟁과 관련되어 있는 다른 제소국과 동시에 분쟁해결절차를 진행할 수 있다. 또한, 공동 제소국으로 함께 분쟁해결절차에 참여함으로써 자국의 권리를 보다 더 확고하게 주장하는 것도 가능하다. 과거 사례에서 볼 때 위의 제3자 참여, 복수의 제소 두 가지 경우가 모두 활용되어져 왔다고 할 수 있다.

5) 복수의 제소국 패널설치 및 구성

동일한 분쟁사안과 관련하여 복수의 제소국들이 패널설치를 요청하는 경우 DSB는 가능한 동 분쟁사안에 대해 단일 패널을 구성하고 관련 제소국들의 권리를 고려하여 분쟁에 대해 조사하도록 규정하고 있다(DSU 제9.1조[117]). 예를 들어, 미국-새우 분쟁

116) 만일 제3자가 이미 패널과정의 대상이 되는 조치로 인하여 대상협정에 따라 자국에 발생하는 이익이 무효화 또는 침해되었다고 간주하는 경우, 그 회원국은 이 양해에 따른 정상적인 분쟁해결절차에 호소할 수 있다. 이러한 분쟁은 가능할 경우에는 언제나 원패널에 회부된다.

117) 2개 이상의 회원국이 동일한 사안과 관련된 패널의 설치를 요청하는 경우, 이러한 복수의 제

(WT/DS58)에서 DSB는 말레이시아와 태국의 공동 요청에 따라 패널을 설치하였다. 패널설치 후 파키스탄과 인도가 별도로 동일한 사안에 대한 패널설치를 요청한 것에 대해 동일한 사안으로 간주하여 단일 패널을 설치하기로 결정하였다.[118)]

단일 패널설치 여부는 분쟁의 시기와 사안이 다소간 유사해야하는 등 여러 요인에 따라 달라진다. 서로 다른 패널설치 요청 사이에 긴 시간의 공백이 있는 경우, 예를 들어 최초로 설치된 패널이 이미 실질적인 회의를 진행하고 있는 등 분쟁해결절차의 일정 수준이 경과한 경우 단일 패널을 설치하기는 사실상 어려울 것이다. 만일 두 분쟁 간의 시간 간극이 크지 않고 두 분쟁의 당사국들이 협의를 위한 기간을 가능한 빨리 단축하는데 동의한다면 단일 패널을 설치할 수 있는 여지는 커질 것이다.

만일 단일 패널을 설치하는 것이 타당하지 않은 상황에서 두 개 이상의 패널이 설치된 경우에는 가능한 동일한 패널위원들이 각 패널의 절차를 진행해야 하며 가능한 각 패널절차에 필요한 시간표를 조화시켜야 한다(DSU 제9.3조[119)]). 예를 들어 EC-호르몬 분쟁에서는 캐나다(WT/DS48)와 미국(WT/DS26)이 제기한 제소에 대해서 동일한 패널위원들로 구성된 별도의 두 개의 패널이 설치되어 동 분쟁사안이 검토되었다.

이러한 두 가지 방법은 동일한 사안에 대해 제기된 서로 다른 제소 사건들에 대해 일관된 법적 접근과 판결을 보장하는 역할을 한다. 동일하거나 유사한 분쟁사안에 대해 서로 다른 패널위원들로 구성된 패널절차가 진행되는 경우 패널위원들은 개별적으로 독립적으로 업무를 진행하기 때문에 서로의 법적인 추론 및 판결의 내용을 알지 못하게 된다(패널절차는 패널보고서의 회람 전까지는 기밀로 유지됨). 이렇게 되면 동일한 분쟁사안에 대해 서로 다르거나 모순되는 판결 내용의 패널보고서가 채택될 가능성이 있다. 또한, 이는 사법적 결과의 일관성을 훼손하고 동일한 사안에 대한 다른 법적 해석과 판결은 적지 않은 혼란을 가져올 수 있다는 점에서 이러한 문제점을 사전적으로 방지하기 위한 것이라고 할 수 있다.

6) 패널절차

일단 패널위원들이 선정되어 패널이 구성되면 이제 패널은 공식적으로 존재하며

소내용을 조사하기 위하여 모든 관련 회원국의 권리를 고려하여 단일 패널을 설치할 수 있다. 이러한 복수의 제소내용을 조사하기 위하여 가능할 경우에는 언제나 단일 패널이 설치되어야 한다.

118) US—Shrimp, WT/DS58/9, 17 April 1997.

119) 동일한 사안과 관련된 복수의 제소내용을 조사하기 위하여 2개 이상의 패널이 구성되는 경우, 가능한 한 최대한도로 동일한 패널위원이 각각의 패널에서 패널위원이 되며 이러한 분쟁에서의 패널과정을 위한 일정은 조화된다.

분쟁해결을 위한 업무를 개시할 수 있다. 패널의 첫 번째 과제 중 하나는 패널절차를 위한 업무 일정을 작성하는 것이다(DSU 제12.3조[120]). 관련 내용은 주로 DSU 제12조와 부록 3에 명시되어 있지만, 어느 정도의 유연성을 허용한다고 있다. 패널은 분쟁당사국들과 협의를 통해 다른 절차를 따를 수도 있다.(DSU 제12.1조[121], 부록 3의 11항[122])

실제로 패널은 일반적으로는 DSU 부록 3의 업무 절차를 따르지만 특정 분쟁에서는 추가적으로 필요한 규칙을 채택하는 경우가 많다.[123] 이것은 일반적으로 패널절차의 진행과정을 논의하기 위한 회의에서 분쟁당사국들과의 협의를 통해 결정된다. 이것이 가능하지 않은 경우, 패널은 업무 일정에 대한 결정을 내리고 분쟁당사국들에게 이를 통보한다. DSU 부록 3의 제안된 시간표에 따라 채택된 업무 일정표에는 분쟁당사국들의 패널의 질의에 대한 답변서 제출기한, 구두 청문회 일정 및 기한, 중간 및 최종 패널보고서의 제출 일정 및 기한 등 패널절차에 있어 중요한 일정과 기한이 설정되게 된다.

3. 패널보고서 채택

패널보고서에는 분쟁에 대한 패널의 최종 판결의 내용과 결론이 포함되어 있다. 패널보고서는 DSB에서 역총의 방식으로 채택되면 비로소 사법적 구속력을 갖는다.

120) 분쟁당사자와의 협의 후 패널위원은 현실적으로 가장 빠른 시일 내에, 그리고 가능한 언제나 패널의 구성 및 위임사항에 대하여 합의가 이루어진 후로부터 일주일 이내에 관련이 있는 경우 제4.9조의 규정을 고려하여 패널 과정에 관한 일정을 확정한다.

121) 패널은 분쟁당사자와의 협의 후 달리 결정하지 아니하는 한 부록 3의 작업절차를 따른다.

122) 패널에 특정된 추가적인 절차

123) 패널의 작업을 위한 제안된 일정표

a. 당사자의 제1차 서면입장의 접수
(1) 제소국 3-6주
(2) 피소국 2-3주

b. 당사자와의 최초의 실질 회의 일자, 시간 및 장소, 그리고 제3자를 위한 회의 1-2주

c. 당사자의 서면반박서 접수 2-3주

d. 당사자와의 제2차 실질회의 일자, 시간 및 장소 1-2주

e. 보고서 서술부분의 당사자에 대한 제시 2-4주

f. 보고서 서술부분에 대한 당사자의 논평 접수 2주

g. 조사결과와 결론을 포함하는 잠정보고서의 당사자에 대한 제시 2-4주

h. 보고서 일부에 대한 당사자의 검토요청 마감시한 1주

i. 분쟁당사국들과의 추가적인 회의 가능성을 포함한 패널의 재검토기간 2주

j. 분쟁당사국들에 대한 최종보고서 제시 2주

k. 회원국에 대한 최종보고서의 배포 3주

위에 제시된 일정은 예측하지 못한 상황에 비추어 변경될 수 있다. 분쟁당사국들과의 추가회의는 필요시 소집된다.

DSU는 패널의 기능을 DSB가 권고 사항이나 결정을 내리는 데 필요한 사실관계를 발견하는 것 등과 같이 DSB가 DSU 및 WTO 해당 협정에 따라 그 책임을 이행하는 것을 지원하는 것으로 규정하고 있다(DSU 제11조[124]). 또한, DSB는 분쟁당사국이 패널 판결에 대해 상소 결정을 DSB에 정식으로 통보하지 않는 한, 또는 DSB가 총의로서 동 패널보고서를 채택하지 않기로 결정하지 않는 한 패널보고서가 회람된 날로부터 20일 이후 60일 이내에 패널보고서를 채택해야 한다.(DSU 제16.4조[125])

다만, 분쟁당사국 중 일방 또는 쌍방이 상소 결정을 통보하는 경우 상소기구가 패널보고서를 수정하거나 기각할 수 있기 때문에 상소보고서가 채택되기 전에는 패널보고서를 채택할 수 없다. 이 경우 패널보고서는 상소절차가 완료된 후에 DSB가 그 채택을 결정한다.(DSU 제16.4조)

만약 양 분쟁당사국 모두 상소가 없는 경우 DSB는 소위 역총의 방식, 즉 채택에 대해 DSB가 총의로서 부결시키지 않는 한 동 패널보고서를 채택해야 한다. 이것은 WTO 분쟁해결절차 과정에서 패널설치 이후 역총의 방식을 통한 의사결정이 적용되는 두 번째 사례이다. GATT 체제하에서는 이와는 반대로 패널보고서가 채택되기 위해서는 총의가 이루어져야 했다. 앞에서 논의한 바와 같이 이것은 패소국이 패널보고서의 채택을 막거나 비토권을 행사하는 주요 요인으로 작용했다.

분쟁당사국은 패널의 최종 보고서 작성을 위해 필요한 사전 절차에 온전히 참여할 권한이 있지만 패널보고서의 채택은 WTO 분쟁해결제도하에서는 더 이상 총의를 필요로 하지 않는다(DSU 제16.3조[126]). 패널 단계에서 패소국은 패널보고서 채택을 막기 위해서 실제로 할 수 있는 것은 거의 없다고 할 수 있다. 일반적으로 패널보고서 채택에 반대하는 회원국은 충분하지 않으며 다수도 아니다. 대신 패널보고서를 거부

---

124) 패널의 기능은 분쟁해결기구가 이 양해 및 대상협정에 따른 책임을 수행하는 것을 지원하는 것이다. 따라서 패널은 분쟁의 사실부분에 대한 객관적인 평가, 관련 대상협정의 적용가능성 및 그 협정과의 합치성을 포함하여 자신에게 회부된 사안에 대하여 객관적인 평가를 내려야 하며, 분쟁해결기구가 대상협정에 규정되어 있는 권고를 이행하거나 판결을 내리는 데 도움이 되는 그 밖의 조사결과를 작성한다. 패널은 분쟁당사자와 정기적으로 협의하고 분쟁당사자에게 상호 만족할 만한 해결책을 찾기 위한 적절한 기회를 제공하여야 한다.

125) 일방 분쟁당사자가 정식으로 분쟁해결기구에 자국의 상소결정을 통지하지 아니하거나, 분쟁해결기구가 컨센서스로 패널보고서를 채택하지 아니하기로 결정하지 아니하는 한, 패널보고서는 회원국에게 배포된 날로부터 60일 이내에 분쟁해결기구 회의에서 채택된다. 일방 분쟁당사자가 자국의 상소결정을 통지하는 경우, 패널보고서는 상소절차 종료 후까지 분쟁해결기구에서 채택을 위한 논의의 대상이 되지 아니한다. 이러한 채택절차는 회원국이 패널보고서에 대하여 자국의 견해를 표명할 수 있는 권리에 아무런 영향을 미치지 아니한다.

126) 분쟁당사자는 분쟁해결기구의 패널보고서에 대한 심의과정에 충분히 참여할 권리를 가지며 그들의 견해는 충실히 기록된다.

또는 채택하지 않기 위해 필요한 것은 관련 DSB 회의에 참석한 모든 회원국들의 동 보고서를 채택하지 않겠다는 총의이다. 다시 말해 패널보고서 채택을 주장하는 한 개의 회원국만 있더라도 패널보고서는 자동적으로 채택된다.

일반적으로 제소국이든 피소국이든 적어도 승소한 회원국 당사자만큼은 당연히 패널보고서의 채택을 주장할 것이다. 제소국의 경우를 생각해 보면 비록 WTO 협정 위반에 대한 모든 주장이 받아들여지지 않는다 하더라도 적어도 하나의 제소 사안만이라도 받아들여지게 되면(다른 제소 사안에 대해 상소하지 않는 한) 그 사안에 대해서는 구속력이 인정되기 때문에 제소국은 패널보고서의 채택에 긍정적일 것이다.

피소국의 경우에도 만약 모든 피소 사안에 대해 승소하게 되면 마찬가지로 패널보고서의 채택에 긍정적일 것이다. 이러한 의미에서 패널의 결정이 제소국의 제소 사안을 완전히 인정하던지, 하나도 인정하지 않던지, 혹은 그 결정이 혼합되던지, 패널보고서의 채택은 상소절차로 진행되지 않는 한 '준(準)자동적(quasi-automatic)'이라고 할 수 있다. 따라서 역총의에 의한 패널보고서 채택의 거부는 이론적으로는 가능하나 현실적으로는 발생하기 어렵다고 할 수 있고 현재까지도 그러한 사례는 단 한 차례도 없었다.

하지만 위에서 언급하였듯이 패널보고서가 DSB 회의에서 채택되기 위해서는 분쟁당사국들이 상소하지 않는 경우에만 DSB 회의의 의제로 상정될 수 있다. 일반적으로 DSB 회의의 의제는 WTO 사무국이 제출하는 것이 아니라 WTO 회원국만이 의제를 제출하도록 하는 것이 관행이다. 따라서 회원국이 패널보고서의 채택을 위해 DSB 의제에 관련 내용을 제출하지 않으면 동 패널보고서는 채택되지 않는다.

WTO의 역사에서 분쟁당사국간의 합의가 이루어지지 않은 채 이러한 이유로 패널보고서가 채택되지 않은 사례는 단 한 번 있었다.[127] 이는 EC의 바나나 수입규제에 대해 제소한 에쿠아도르가 패널심에서 실제적으로 승소하였음에도 불구하고 EC와의 통상관계를 의식해 패널보고서를 DSB 회의에 의제로 상정하지 않았던 사례로서 이는 상당히 이례적이라고 할 수 있다.

패널보고서 채택 절차는 패널보고서에 대한 회원국들의 의견을 제시할 수 있는 권리를 침해하지 않는다(위 DSU 제16.4조). 특히 분쟁당사국들은 패널보고서가 채택되는 DSB 회의에 참석하여 패널보고서에 포함된 권고 및 판결에 대해 자신들의 의견을 발표하는 것이 일반적이다. 분쟁당사국들을 포함한 회원국들은 패널보고서의 내용이 예상치 못한 결론이나 사실 관계를 포함할 경우 이에 대한 반대 의견을 발표하고 이

127) DS27, 1997년, Panel Report, Bananas III(Article 21.5—EC)

는 DSB 회의록에 기록되게 된다.

WTO 분쟁해결제도 시행 초기에는 DSB 의장은 문제의 패널보고서 채택에 대한 분쟁당사국간 합의가 있었는지 여부를 물었다. 하지만 최근에는 의장은 분쟁당사국들에게 우선 발표할 수 있는 기회를 주고 이후 다른 회원국들에게도 그 의견을 표명하도록 하고 있다. 패소국은 다른 회원국들이 보고서에 반대하도록 촉구하는 경우가 있기는 하지만 보고서의 채택은 역총의 방식으로 이루어지기 때문에 실제적으로는 효과가 없다. DSB 의장은 DSB 회의에서 제기된 모든 진술과 의견들을 기록하고 최종적으로 패널보고서를 채택한다.

상소가 없는 경우에는 DSB의 패널보고서 채택 후 해당 분쟁은 즉시 판결에 따른 이행 단계로 진행된다. 다만 SCM(보조금 및 상계관세) 협정의 패널보고서 채택에 관해서는 특별하고 추가적인 규정이 있다. 금지보조금과 조치가능보조금 관련 분쟁에서는 양 분쟁당사국 모두가 상소 결정을 DSB에 통보하지 않거나 역총의를 통해 패널보고서를 채택하지 않기로 결정하지 않는 한 패널보고서가 회람된 후 통상적인 60일이 아닌 30일 이내에 패널보고서를 채택해야 한다(SCM 제4.8조[128] 및 제7.6조[129]). 이는 불공정무역조치 중 하나인 금지보조금과 관련된 분쟁의 경우 좀 더 신속하게 분쟁해결절차가 진행되어 그로 인한 상대국의 무역의 이익의 피해 및 경제적 왜곡을 최소화하기 위한 조치라고 할 수 있다.

4. 상소절차

1) 상소절차 규정

DSU는 패널절차와 중복된다는 차원에서 상소절차에 대해 많은 규정을 두고 있지 않다. DSU 제16.4조는 상소를 제기하기 위한 통보절차를, 제17조는 상소기구의 구조, 기능 및 절차를 규정하고 있다. 하지만 DSU의 제1조, 제3조, 제18조 및 제19조 등과 같은 일반적으로 적용되는 규정은 패널과 상소절차 모두에 적용될 수 있다. 또한, 상소기구는 DSU 제17.9조의 규정과 절차를 근거로 상소기구 자체의 업무절차를 채택하고 있다.[130]

128) 일방 분쟁당사국이 분쟁해결기구에 자신의 상소결정을 공식적으로 통보하거나 분쟁해결기구가 컨센서스로 패널보고서를 채택하지 아니하기로 결정하는 경우를 제외하고, 패널보고서는 모든 회원국에게 배포된 날로부터 30일 이내에 분쟁해결기구에 의하여 채택된다.

129) 일방 분쟁당사국이 분쟁해결기구에 자신의 상소결정을 공식적으로 통보하거나 분쟁 해결기구가 컨센서스로 패널보고서를 채택하지 아니하기로 결정하는 경우를 제외하고, 패널보고서는 모든 회원국에게 배포된 날로부터 30일 이내에 분쟁해결기구에 의하여 채택된다.

상소기구는 1996년 처음으로 업무절차를 작성했으며 2003년 5월 개정까지 수차례 개정되었다.[131] 이 업무절차는 상소위원의 의무와 책임에 대한 내용부터 상소절차에 필요한 서류를 제출하는 구체적인 기한까지 자세히 규정하고 있다. 한 가지 특이한 점은 '격차 해소(gap-filling)' 관련 업무절차 규칙 16(1)에서는 추가적인 절차의 채택이 필요하거나 그렇게 할 필요가 있는 특수한 상황이 발생할 경우, 상소기구를 위한 독립적 부서의 설치도 허용하도록 하고 있다는 것이다.

2) 상소 제기

분쟁당사국이 패널판결에 불복하고 상소할 경우 동 분쟁은 상소기구에 회부되며 상소절차가 진행되는 동안 DSB가 패널보고서를 채택할 수 없다. DSU 제16.4조에서는 상소하는 경우 DSB의 패널보고서 채택을 위해서는 우선 상소절차가 필요함을 규정하고 있다. 동 규정에서는 상소제기에 대한 기한을 명시하고 있지는 않지만 상소를 원하는 분쟁당사국은 DBS가 패널보고서를 채택하기 전에 상소 의사를 DSB에 통보해야한다. 패널보고서 채택은 상소 또는 역총의를 통해 패널보고서를 채택하지 않을 경우를 제외하면 패널보고서 회람 후 20일 이후 60일 이내에 이루어져야한다.

또한, DSU 제16.4조에 따라 패널보고서의 채택을 위해서는 DSB 회의의 의제로 상정되어야 하는데 의제로 상정하기 위해서는 적어도 회의 10일 이전에 통보되어야 한다. 상소는 패널보고서가 채택되기 이전에 이루어져야 하기 때문에 상소의 제기는 패널보고서 채택 기한과 같이 20일 이후 60일 이내에서 자유롭게 이루어질 수 있다.

따라서 상소를 원하지 않는 분쟁당사국(일반적으로 승소국)은 가능한 패널보고서 채택과 상대국의 상소를 위한 시한을 단축하기 위해서 패널보고서 회람 이후 20일째 되는 날(아니면 가장 빠른 기간 내에 돌아오는) DSB 회의에 패널보고서 채택을 의제로 상정하고자 할 것이다. 패소국의 경우 이에 대응하는 차원에서 상소 여부의 결정은 대부분 신속히 이루어진다. 심지어는 패널보고서가 회람된 직후에 상소 결정이 발표되기도 한다.

3) 상소의 권리

DSU 제16.4조는 분쟁당사국들만이 패널보고서에 대해 상소를 제기할 수 있다고

130) 상소기구는 분쟁해결기구 의장 및 사무총장과의 협의를 거쳐 작업절차를 작성하며, 동 작업절차는 회원국들이 알 수 있도록 통보된다.

131) Working Procedures for Appellate Review, WT/AB/WP/6, consolidated and revised version

규정하고 있다. 따라서 제3자 자격의 회원국은 상소를 제기할 수 없다. 분쟁당사국 일방이 상소할 수도 있고, 분쟁당사국 쌍방이 모두 상소할 수도 있다. 그 이유는 분쟁당사국 중 일방 또는, 쌍방 모두가 패널판결에 동의하지 않을 수 있기 때문이다.

즉, 피소국은 자국의 무역조치가 WTO 협정과 일치하지 않거나 위반 또는 이익을 무효화 또는 침해하였다는 판결의 경우에 이에 불복하고 상소할 수 있다. 반면에 제소국은 자신의 주장이 패널에서 기각되었을 경우에 상소할 것이다. 또한, 제소국은 패널 단계에서 자신이 주장한 모든 제소사안에 대해 승소하지 못한 경우, 예를 들어 6건의 제소 사안 중 2건만이 패널에 의해 지지된다면 다른 4건에 대해서 선택적으로 상소할 수 있다. 이는 피소국의 경우에도 동일하다.

분쟁당사국은 궁극적으로는 당사국의 입장을 지지하는 패널판결이라 하더라도 동 판결에 이르기 위해 패널이 개발한 법률적 해석에 대해 의견을 달리하는 경우 이에 대해서도 상소가 가능하다. 예를 들어 미국은 1995년 일본-알코올 음료 Ⅱ 분쟁(DS/11)에서 사실상 승소하였지만, 패널보고서의 GATT 제3.2조(내국민대우원칙)에 대한 해석에 대해 동의하지 않고 상소하였다.[132) 즉, 미국은 승소결정인 패널의 판결에 대해서는 그다지 불만을 표시하지 않았지만 GATT 제3.2조를 어떻게 해석해야 하는지에 관해서는 개별 분쟁의 승소 여부를 넘어서 법리적 해석문제에 관심을 보였다. 이러한 경우 패널 단계에서 패소한 분쟁당사국과 함께 패널의 법리적 추론에 동의하지 않는 승소국이 동시에 상소할 수도 있다.

상소기구의 업무절차에서는 상소를 제기할 수 있는 두 가지 경우를 소개하고 있다. 첫 번째 경우는 DSU 제16.4조에 따라 상소를 결정한 분쟁당사국이 상소를 DSB에 통지함으로써 상소절차는 시작된다. 다른 분쟁당사국은 상대국이 제기한 상소의 내용과 사유에 대해 인지하고 자신의 상소여부를 결정한다. 상소를 통해 패널보고서의 법률적 오류에 대한 전반적 재검토가 가능하다(업무절차 규칙 23(1)[133)]). 업무절차

132) 미국은 소주와 위스키 등 양주가 동종상품인지의 여부를 판단함에 있어서 상품 간의 물리적 특성, 사용 목적, 소비자의 취향과 기호, 상품에 대한 관세 분류 외에 문제가 된 과세차별이 '국내 생산을 보호하기 위한 방향으로 적용'되었는지와 그러한 차별의 목적과 효과가 전체적으로 보아 국내 상품을 보호하기 위한 것이었는지를 검토해 보아야 한다고 함으로써 통합분석법을 적용할 것을 주장하였다. 한편, 일본은 자국의 주세법이 GATT 제3.2조를 위반하지 않았다고 주장하며 문제된 법률의 목적과 효과에 비추어 위반 여부를 판단해야 한다는 목적-효과 분석법을 주장하였다.

133) 23.(1) Within 5 days after the date of the filing of the Notice of Appeal, a party to the dispute other than the original appellant may join in that appeal or appeal on the basis of other alleged errors in the issues of law covered in the panel report and legal interpretations developed by the panel. That party shall notify the DSB in writing of its appeal and shall simultaneously file a Notice of Other Appeal with the Secretariat.

와 상소보고서에서는 이러한 상소형태를 '교차 상소'(cross appeal)라고 한다.

두 번째 경우는 DSU 제16.4조에 따라 두 분쟁당사국 모두가 상소하는 경우이다. 이 경우 상소기구는 관련 상소 사안들을 함께 처리하게 된다(업무절차 규칙 23(4) 및 (5)[134]). 두 분쟁당사국 모두 패널보고서에 대한 이의를 제기하는 경우 그 상소 내용은 패널보고서의 법적 해석과 관련된 문제이기 때문에 두 분쟁당사국은 제소자, 피소자라기보다는 상소절차의 참여자로 간주된다고 할 수 있다.

5. DSB의 상소보고서 채택 및 판결의 이행

DSB는 상소보고서가 회원국에 회람된 후 30일 이내에 역총의 방식을 통해 상소보고서를 채택하지 않기로 합의하지 않는 한 상소보고서를 채택해야 하며 양 분쟁당사국들 또한 이를 수용해야 한다. 물론 패널보고서 채택 절차와 마찬가지로 분쟁당사국들을 포함한 회원국들은 상소보고서 채택에 대한 자신들의 의견을 표명할 수 있는 권리를 가진다.(DSU 제17.14조[135])

상소보고서 채택의 경우 채택의 자동적 성격('반대'의 총의가 있는 경우를 제외하고) 및 회원국들의 의견 표명과 상소보고서가 DSB에 의제로 상정되기 위한 요건 등의 절차에 있어 패널보고서의 경우와 동일하다. 다만, 위에서 설명한 대로 상소판결에 대한 더 이상의 상소절차는 없기 때문에 상소보고서의 채택 기한은 30일로 제한된다. 또한, DSU 제17.14조는 분쟁당사국들은 상소보고서를 '무조건' 수용해야 한다고 규정하고 있다. 즉, 상소기구의 결정으로 분쟁의 판결은 종결되며 더 이상의 판결절차는 없다.

DSU 제17.14조에는 패널보고서 채택에 대한 이야기는 언급되어 있지 않지만 패널보고서 및 상소보고서를 함께 통합적으로 이해해야만 전반적인 동 분쟁에 대한 판결

---

134) 23.(4) The appellant, any appellee and any other party to the dispute that wishes to respond to a submission filed pursuant to paragraph 3 may file a written submission within 18 days after the date of the filing of the Notice of Appeal, and any such submission shall be in the format required by paragraph 2 of Rule 22.

23.(5) This Rule does not preclude a party to the dispute which has not filed a submission under Rule 21 or a Notice of Other Appeal under paragraph 1 of this Rule from exercising its right of appeal pursuant to paragraph 4 of Article 16 of the DSU.

135) 상소보고서가 회원국에게 배포된 후 30일 이내에 분쟁해결기구가 컨센서스로 동 보고서를 채택하지 아니하기로 결정하지 아니하는 한, 분쟁해결기구는 이를 채택하며 분쟁당사자는 동 보고서를 무조건 수락한다. 동 채택절차는 회원국이 상소보고서에 대하여 자국의 견해를 표명할 수 있는 권리를 저해하지 아니한다.

을 이해할 수 있기 때문에 상소보고서 채택 시 패널보고서도 함께 채택되어야 한다. 또한, DSU 제16.4조에서 DSB는 상소절차가 완료된 후 패널보고서 채택을 고려해야 한다고 규정하고 있다.

따라서 양 보고서는 채택을 위해 DSB 안건에 상정되며 DSB는 패널보고서와 함께 패널보고서의 지지, 수정, 기각 등의 내용을 담은 상소보고서를 채택한다. 물론 기존에 패널보고서가 채택되지 않았다고 해서 패널보고서의 내용(패널판결)이 공개되지 않는 것은 아니다. 이는 패널보고서의 내용은 이미 분쟁당사국들에게 공개되고 단지 패널보고서가 DSB 회의에서 공식적으로 채택되지 않았다는 것을 의미한다.

DSB가 패널보고서 및 상소보고서를 채택하게 되면 DSB는 피소국이 패소했을 경우 피소국에게 WTO 협정에 합치되도록 '이행'(compliance)할 것과 일반적인 (위반)제소가 아닌 비위반제소인 경우 양 분쟁당사국이 상호 만족할만한 정도로 조정할 것에 대해 '권고 및 판결'을 부여한다. DSU 제3.7조에서 보듯이 상호 합의한 해결책이 없는 경우 분쟁해결제도의 첫 번째 목표는 대개 WTO 협정과 합치하지 않는 조치가 철회되도록 하는 것이다.

DSU 제21.1조는 분쟁의 효과적인 해결을 보장하기 위해서는 DSB의 '권고 및 판결'이 즉각적으로 준수되는 것이 필수적이라고 덧붙이고 있다.[136] 또한, DSB는 패널보고서 및 상소보고서의 이행을 감독하는 책임을 갖고 있는 WTO의 공식적인 기구이다(DSU 제2조). 여기서 기억해야 할 것은 DSB 회의의 의제로 안건을 상정하는 역할을 하는 것은 개별 회원국이라는 점이다.

1) 이행절차

우선 패소국의 의무는 패널보고서 및 상소보고서 채택 후 30일 이내에 DSB 회의에서 DSB의 권고 및 판결을 이행하겠다는 의사를 통보하는 것이다(DSU 제21.3조[137]).

---

136) 분쟁해결기구의 권고 또는 판결을 신속하게 이행하는 것이 모든 회원국에게 이익이 되도록 분쟁의 효과적인 해결을 확보하는 데 필수적이다.

137) 패널 또는 상소보고서가 채택된 날로부터 30일 이내에 개최되는 분쟁해결기구 회의에서 관련 회원국은 분쟁해결기구의 권고 및 판결의 이행에 대한 자국의 입장을 분쟁해결기구에 통보한다. 권고 및 판결의 즉각적인 준수가 실현 불가능한 경우, 관련 회원국은 준수를 위한 합리적인 기간을 부여받는다. 합리적인 기간은 다음과 같다.

a. 분쟁해결기구의 승인을 받는 것을 조건으로, 관련 회원국이 제의하는 기간. 또는 이러한 승인이 없는 경우에는,

b. 권고 및 판결이 채택된 날로부터 45일 이내에 분쟁당사자가 상호 합의하는 기간. 또는 이러한 합의가 없을 때에는,

c. 권고 및 판결이 채택된 날로부터 90일 이내에 기속적인 중재를 통하여 확정되는 기간. 이

통상적으로 동 회의에서 관련 회원국은 권고 및 판결을 즉각적으로 이행할 수 있는지의 여부를 언급한다. 즉각적인 준수가 불가능한 경우 WTO 협정에 합치되기 위한 합리적인 이행 기간을 요청, 부여받을 수 있다.(DSU 제21.3조)

권고 및 판결을 준수하기 위한 합리적인 이행 기간은 모든 경우에 해당되는 것이 아니라 즉각적인 준수가 현실적이지 않은 경우에만 가능하다. 하지만 실제로 이행당사국은 DSB의 권고 및 판결을 즉각적으로 준수할 수 없다고 주장하는 경우가 대다수이다. 또한, 이행당사국은 패널 또는 상소기구의 판결에 부합하도록 하기 위해 국내의 법령 등을 제·개정해야하는 경우도 적지 않다. 행정부, 입법부의 법률 제·개정 등의 입법을 통한 변경 내지는 이행이 필요한 경우에는 그만큼 오랜 기간을 필요로 할 수밖에 없다.

하지만 이러한 경우라도 합리적인 기간은 이행당사국이 WTO 협정상의 의무를 이행하기 위해 임의적으로 설정한 시간으로 이해되어서는 안 된다. 이는 분쟁당사국을 포함한 DSB와의 사전적 합의를 전제로 한다. 기존 패널보고서 및 상소보고서를 통해 이러한 해석이 이미 확립되어 있다. 오히려 합리적인 기간의 의미는 해당 회원국이 동 기간 동안만 예외적으로 WTO와 일치하지 않는 조치를 지속적으로 적용할 수 있도록 하는 일종의 유예기간이라고 할 수 있다. 이 기간 동안 동 조치가 WTO 협정에 합치되도록 이행을 완료해야 한다. 또한, 이 기간 동안 만큼은 이행당사국은 WTO 협정과 불합치되는 조치의 시행에도 DSU가 규정하고 있는 불이행에 따른 보상 또는 보복 등의 조치가 적용되지 않는다.

물론 DSU 제21.3조의 합리적인 기간은 모든 경우에 적용되지 않는다는 것에 주목해야 한다. 금지보조금과 관련된 분쟁의 경우 패널은 SCM 협정 제4.7조에 따라 보조금을 지급하는 회원국에게 지체 없이 보조금을 철회할 것을 권고해야 하고 또한, 그 철회를 위한 시한도 명시해야 한다. DSU 제21.3조는 보고서 채택일로부터 산출되는 합리적인 기간을 결정하는 데 있어 세 가지 방법을 제시한다. 이 기간은 (i) DSB가 관련 회원국에게 제안하고 총의에 의해 승인되는 경우, (ii) 보고서 채택 후 45일 이내에 분쟁당사국들이 상호 합의한 경우, 또는 (iii) 중재인에 의해 결정되는 경우 등을 통해 결정된다.

DSB의 결정에 따른 첫 번째 옵션은 아직까지는 사례가 없다. 하지만 분쟁당사국이 중재를 통해 이전에 부여된 합리적인 기간을 연장하기 위한 요청을 하는 경우 DSB가

러한 중재에 있어서 중재인을 위한 지침은 패널 또는 상소기구 권고 이행을 위한 합리적인 기간이 패널 또는 상소보고서가 채택된 날로부터 15개월을 초과하지 아니하여야 한다는 것이다. 그러나 특별한 사정에 따라 동 기간은 단축되거나 연장될 수 있다.

이를 승인한 사례는 있다. DSB가 분쟁당사국의 제안을 승인하지 않고 또한, 양 분쟁당사국이 합리적인 기간에 합의하지 않은 경우 분쟁당사국은 위 DSU 제21.3(c)조에 따라 중재를 신청할 수 있다. 이 절차는 일방 당사국의 중재 요청에 의해 시작되며 DSB 의장에게 통보된다. 중재인은 DSU 제21.3(c)조에 따라 개인이나 기관이 될 수 있지만 지금까지는 모두 상소위원들로 구성되었다. 분쟁당사국들이 중재에 회부한 날로부터 10일 이내에 중재인을 합의하지 못한 경우 WTO 사무총장은 분쟁당사국들과의 협의 후 10일 이내에 중재인을 임명하도록 하고 있다.(DSU 제21조 각주 12)

중재의 경우라도 패널 또는 상소기구의 일반적 권고는 이행을 위한 합리적인 기간은 보고서 채택일로부터 15개월을 초과하지 않아야 한다는 것이다. 그러나 그 기간은 특정 상황에 따라 단축되거나 연장될 수 있다(DSU 제21.3(c)조). 15개월의 기간은 '지침'일 뿐 평균 또는 표준적으로 정해진 기간은 아니다. 이 지침은 DSU에서도 '특정 상황'에 따른 최대 기간으로 표현된다.

신속한 이행을 위해 원칙을 고수하는 중재인들의 경우 DSU 제21.3(c)조에 따라 결정되는 합리적인 기간은 분쟁당사국의 법령체제하에서 DSB의 권고 및 판결을 이행할 수 있는 최단기간이어야 한다고 주장한다. 이것은 일반적으로 지난(至難)한 국내적 차원의 법률 및 의사결정 절차가 있는 이행당사국에게 유리하도록 하자는 의도가 아니라 이행당사국에게 특별한 또는 예외적인 입법 절차를 활용할 필요 없이 정상적이고 일반적인 절차에서 실질적으로 필요한 시간을 제공하고 가능한 모든 유연성을 활용할 수 있도록 배려하는 것이라고 할 수 있다.

이행당사국은 제안하는 기간이 이행을 위한 '합리적인 기간'임을 증명해야 할 부담을 가지며 이 기간이 길수록 그 이행 부담도 커진다. 이행의 방법 및 수단 또는 이행당사국이 제안한 조치가 WTO 협정과의 합치를 위해 필요한 것인지의 여부의 평가는 DSU 제21.3(c)조에 의거한 중재인에게 위임된 권한은 아니다.

WTO 협정과의 합치 여부를 확인하기 위한 적절한 방법 중에서 어떤 것을 선택할지는 이행당사국이 선택할 수 있는 재량권을 갖는다. 선별된 옵션이 진정으로 완전한 합치를 달성하는지 여부는 DSU 제21.5조[138]의 절차에 따라 결정되어야 한다. 이러한 이유로 중재인은 이행당사국의 제안을 토대로 '합리적인 기간'을 결정한다. 중재

---

138) 권고 및 판결의 준수를 위한 조치가 취해지고 있는지 여부 또는 동 조치가 대상협정에 합치하는지 여부에 대하여 의견이 일치하지 아니하는 경우, 이러한 분쟁은 가능한 한 원패널에 회부하는 것을 포함하여 이러한 분쟁해결절차의 이용을 통하여 결정된다. 패널은 사안이 회부된 날로부터 90일 이내에 보고서를 배포한다. 패널이 동 시한 내에 보고서를 제출할 수 없다고 판단하는 경우, 지연사유를 패널보고서 제출에 필요하다고 예상되는 기간과 함께 서면으로 분쟁해결기구에 통보한다.

인에 의해 결정되는 합리적인 기간은 6개월에서 15개월 사이이지만 실제로 분쟁당사국간 합의된 경우는 좀 더 완화된 4개월에서 18개월 사이의 범위에 있다고 할 수 있다.

비위반제소의 경우 DSU 제21조의 규정에도 불구하고 DSU 제26.1(c)조[139]에 의거하여 중재인은 어느 분쟁당사국의 요청에 따라 무효화되거나 침해된 이익의 수준의 결정을 포함하여 상호 만족스러운 조정에 이르는 방법과 수단을 제안할 수 있다고 규정하고 있다. 하지만 그러한 제안은 분쟁당사국을 구속하지 아니한다.

DSU 제21.3(c)조는 패널보고서 및 상소보고서 채택 후 90일 이내에 중재판결을 내리도록 하고 있으나 이 기간은 현실적으로 너무 짧다고 할 수 있고 이로 인해 중재는 대부분 이행절차의 최종 단계에서 이루어졌다. 그러므로 분쟁당사국들은 대부분 마감일을 연장하기로 합의하는 경우가 많다. 또한, 분쟁당사국은 중재 요청을 함에 있어 이행과 관련된 상호 합의된 해결책을 고려하여 중재 요청을 철회하거나 동 절차를 중지할 것을 중재인에게 요청할 수 있다.

기한의 경우 DSU는 개별 절차 단계의 구체적 마감일 외에도 분쟁당사국이 달리 합의하지 않는 한 패널설치부터 합리적인 기간의 결정까지 총 15개월을 초과하지 않도록 규정하고 있다. 패널 또는 상소기구가 마감 기한을 연장한 경우 분쟁당사국들이 예외적인 상황임에 동의하지 않는 한 추가적인 시간이 허용되지만 이 경우라도 총 18개월을 넘지 않아야 한다.(DSU 제21.4조[140])

2) DSB의 이행 감시

DSB는 이행당사국의 패널보고서 및 상소보고서의 권고 및 판결의 이행 여부를 감시한다. 모든 회원국은 DSB에서 언제든지 그 이행에 관련된 문제를 제기할 수 있다. DSB가 달리 결정하지 않는 한 이행 관련 안건은 합리적인 기간의 설정일로부터 6개월 후에 DSB에 상정된다. 이행 사안은 분쟁이 완전히 해결될 때까지 DSB의 의제로

---

139) 제21조의 규정에도 불구하고 제21.3조에 규정된 중재는 일방 당사자의 요청이 있는 경우 무효화 또는 침해된 이익의 수준에 대한 결정을 포함할 수 있으며, 또한 상호 만족할 만한 조정에 이르기 위한 수단 및 방법을 제의할 수 있다. 이러한 제의는 분쟁당사자에 대하여 구속력을 갖지 아니한다.

140) 패널 또는 상소기구가 제12.9조 또는 제17.5조에 따라 보고서의 제출기간을 연장한 경우를 제외하고는, 분쟁해결기구가 패널을 설치한 날로부터 합리적인 기간 확정일까지 기간은 분쟁당사자가 달리 합의하지 아니하는 한 15개월을 초과하지 아니한다. 패널 또는 상소기구가 보고서 제출기간을 연장하기로 한 경우, 추가적으로 소요된 기간은 동 15개월의 기간에 합산된다. 다만, 분쟁당사자가 예외적인 사정이 존재한다고 합의하지 아니하는 한 총 기간은 18개월을 초과하지 아니한다.

남아있게 된다. 적어도 해당 DSB 회의가 시작되기 10일 전까지는 이행당사국은 DSB에 이행 상황에 대한 서면 보고서를 제공해야 한다.(DSU 제21.6조[141])

이러한 이행 상황 보고서는 투명성이 보장되어야 하고 보다 진전된 이행을 촉진하기 위한 절차 및 계획 등의 내용을 제공할 수 있어야 한다. 이행당사국이 DSB에서 이러한 이행 상황 보고서를 전달할 때, 다른 회원국들, 특히 제소국은 완전하고 신속한 이행을 촉구할 기회를 가지며 추후에도 이행 상황을 주의 깊게 관찰하고 있을 것임을 언급하는 것이 일반적이다. DSB는 채택한 권고 및 판결의 이행을 계속 감시해야 한다. 여기에는 보상의 제공과 WTO 협정과의 합치를 위한 권고안이 아직까지 이행되지 않은 의무의 유예 상황도 포함된다.(DSU 제22.8조[142])

또한, DSB는 분쟁당사국들이 패소국이 권고 및 판결을 이행했는지 여부에 대해 동의하지 않을 경우 DSU 제21.5조에 따라 이행관련 패널설치를 요청할 수 있다.[143] 이행당사국이 이행을 위한 조치를 전혀 하지 않은 경우는 명확하지만 이행당사국이 이행을 위한 새로운 규정이나 법률이 통과된 것으로 이행이 완료되었다고 주장하는 반면 이에 대해 분쟁상대국이 동의하지 않는 경우가 일반적이라고 할 수 있다. 이 경우 이행 여부에 대한 분쟁해결을 위한 패널이 설치되는데 이를 '이행 패널'(compliance panel)이라고 한다.

가능한 경우 DSB는 동 분쟁의 원패널에게 이행과 관련된 문제를 회부하게 되고 이에 대한 이행 패널의 판결은 보통 90일 이내로 신속하게 결정되어야 한다(DSU 제

---

141) 분쟁해결기구는 채택된 권고 또는 판결의 이행상황을 지속적으로 감시한다. 모든 회원국은 권고 또는 판결이 채택된 후 언제라도 그 이행문제를 분쟁해결기구에 제기할 수 있다. 분쟁해결기구가 달리 결정하지 아니하는 한, 권고 및 판결의 이행문제는 제21.3조에 따라 합리적 이행기간이 확정된 날로부터 6개월 이후에 분쟁해결기구 회의의 의제에 상정되며, 동 문제가 해결될 때까지 계속 분쟁해결기구의 의제에 남는다. 이러한 분쟁해결기구 회의가 개최되기 최소한 10일전까지 관련 회원국은 권고 또는 판결의 이행에 있어서의 진전 상황에 관한 서면 보고서를 분쟁해결기구에 제출한다.

142) 양허 또는 그 밖의 의무의 정지는 잠정적이며, 대상협정 위반 판결을 받은 조치가 철폐되거나 권고 또는 판결을 이행하여야 하는 회원국이 이익의 무효화 또는 침해에 대한 해결책을 제시하거나 상호 만족할 만한 해결에 도달하는 등의 시점까지만 적용된다. 제21.6조에 따라 분쟁해결기구는 보상이 제공되었거나 양허 또는 그 밖의 의무가 정지되었으나 조치를 대상협정에 합치시키도록 한 권고가 이행되지 아니한 경우를 포함하여 채택된 권고 또는 판결의 이행을 계속해서 감독한다.

143) 권고 및 판결의 준수를 위한 조치가 취해지고 있는지 여부 또는 동 조치가 대상협정에 합치하는 지 여부에 대하여 의견이 일치하지 아니하는 경우, 이러한 분쟁은 가능한 한 원패널에 회부하는 것을 포함하여 이러한 분쟁해결절차의 이용을 통하여 결정된다. 패널은 사안이 회부된 날로부터 90일 이내에 보고서를 배포한다. 패널이 동 시한 내에 보고서를 제출할 수 없다고 판단하는 경우, 지연사유를 패널보고서 제출에 필요하다고 예상되는 기간과 함께 서면으로 분쟁해결기구에 통보한다.

21.5조). 이행 패널절차 이전에 분쟁당사국간 협의가 필요한지 여부는 아직 규정으로 확정되지 않았다. DSU 제21.5조에 구체적으로 언급되어 있지는 않지만 이행 패널의 판결에 대해서도 상소가 가능하다고 할 수 있다.

상소기구는 제21.5조에서 규정하고 있는 패널의 위임사항과 관련하여 패널의 업무가 DSB가 채택한 권고 및 판결을 이행당사국이 완전히 준수하는지의 여부만 검토하는 것이 아니라는 점을 명확히 했다. 다시 말해 패널은 이행을 위한 조치가 원패널이 발견한 협정의 위반 또는 이익의 무효화 또는 침해를 시정하는지 여부를 면밀히 조사하는 것뿐만 아니라, 그 조치에 대해 관련 협정과의 합치 등을 포함하여 협정의 전체적 차원에서 고려해야 한다는 것이다. 또한, 여기에는 패소국의 이행 조치와 WTO 협정과의 합치 여부 등의 문제도 포함한다. 왜냐하면 이러한 이행 조치가 최초 패널 및 상소 과정에서 제기되었던 원래의 조치와 다른 새로운 성격을 가질 수 있기 때문이다.

6. 미이행 및 보상

이행당사국이 합리적인 기간 내에 이행조치를 WTO 협정에 합치시키는 데 실패할 경우 제소국은 보상이나 WTO 협정상 의무의 일시 중지와 같은 임시조치의 시행을 주장할 권리가 있다. 물론 이러한 임시조치는 DSB의 권고 및 판결을 완전히 이행하는 것에 비해서는 바람직하지 않다고 평가된다.(DSU 제3.7조[144] 및 제22.1조[145])

이행당사국이 합리적인 기간이 끝날 때까지 완전한 또는 만족할만한 이행을 달성하지 못하면 두 분쟁당사국은 상호 인정되는 보상을 위한 협상을 시작해야 한다(DSU 제22.2조[146]). 이 보상은 반드시 금전적 지불만을 의미하지는 않는다. 대신 이행당사

144) 제소하기 전에 회원국은 이 절차에 따른 제소가 유익할 것인 지에 대하여 스스로 판단한다. 분쟁해결제도의 목표는 분쟁에 대한 긍정적인 해결책을 확보하는 것이다. 분쟁당사자가 상호 수락할 수 있으며 대상협정과 합치하는 해결책이 명백히 선호되어야 한다. 상호 합의된 해결책이 없을 때에는 분쟁해결제도의 첫 번째 목표는 통상 그 조치가 대상협정에 대한 위반으로 판결이 내려진 경우 동 조치의 철회를 확보하는 것이다. 그러한 조치의 즉각적인 철회가 비현실적일 경우에만 대상협정에 대한 위반조치의 철회 시까지 잠정조치로서 보상의 제공에 의지할 수 있다. 이 양해가 분쟁해결절차에 호소하는 회원국에게 부여하는 최후의 구제수단은 분쟁해결기구의 승인에 따르는 것을 조건으로 다른 회원국에 대하여 차별적으로 대상협정상의 양허 또는 그 밖의 의무의 적용을 정지할 수 있다는 것이다.

145) 보상 및 양허 또는 그 밖의 의무의 정지는 권고 및 판결이 합리적인 기간 내에 이행되지 아니하는 경우 취할 수 있는 잠정적인 조치이다. 그러나 보상이나 양허 또는 그 밖의 의무의 정지는 관련 조치를 대상협정에 합치시키도록 하는 권고의 완전한 이행에 우선하지 아니한다. 보상은 자발적인 성격을 띠며, 이를 행하는 경우 대상협정과 합치하여야 한다.

국은 상대국에게 추가적인 관세 인하와 같은 무역에 있어서의 혜택을 제공함으로써 무효화되거나 침해된 상대국의 무역의 이익을 보상하는 효과를 제공하는 것 등이 이에 해당된다. 분쟁당사국들은 보상에 합의해야 하며, 또한 이는 관련 협정과도 합치되는 것이어야 한다.(DSU 제22.1조[147])

하지만 실제로는 WTO 협정과의 합치라는 후자의 요구사항은 보상을 통한 이행해결이 어려웠던 이유 중 하나로 작동하였다. 예를 들어 WTO 협정과의 합치와 관련해서 대표적인 예로 최혜국대우원칙의 일관된 준수 등을 들 수 있다(GATT 제1조 등). 만약 이러한 방식으로 상대국에게 보상이 제공된다면 분쟁상대국 외의 다른 WTO 회원국들에게도 동일한 최혜국대우를 제공해야 한다. 이는 소위 무임승차 문제를 야기하게 되고 이행당사국으로서는 받아들이기 어렵게 될 수밖에 없을 것이다.

따라서 최혜국대우를 전제로 하는 관세율 인하 형태의 보상은 수입가격을 인상하고자 하는 이행당사국과 이 분쟁의 승소에도 불구하고 독점적 이익을 얻지 못하게 되는 상대국 모두에게 매력적인 보상 방안이 되지 못한다. 다만 분쟁당사국들이 다른 회원국들과 분쟁과 관련된 특정 상품의 수출입에 이해관계가 없는 경우는 무임승차 문제가 크지 않을 수 있다. 이 경우 보상을 위해 동 부문의 상품수입에 대한관세 인하를 통해 제소국이 무역이익의 혜택을 받을 수 있다면 이러한 어려움은 어느 정도 극복될 수 있을 것이다.

7. 대응조치(의무의 정지)

1) 의무의 정지 조건 및 목적

보상 관련 협의를 위한 합리적인 기간이 끝난 후 20일 이내에 양 분쟁당사국이 더 이상 만족스러운 보상에 합의하지 못한 경우 제소국은 DSB에 이행조치를 하지 않은

146) 관련 회원국이 제21.3조에 의거하여 확정된 합리적인 기간 내에 대상협정 위반으로 판결이 난 조치를 동 협정에 합치시키지 아니하거나 달리 권고 및 판결을 이행하지 아니하는 경우, 동 회원국은 요청을 받는 경우 합리적인 기간이 종료되기 전에 분쟁해결절차에 호소한 분쟁당사자와 상호 수락할 수 있는 보상의 마련을 위하여 협상을 개시한다. 합리적인 기간이 종료된 날로부터 20일 이내에 만족할 만한 보상에 대하여 합의가 이루어지지 아니하는 경우, 분쟁해결절차에 호소한 분쟁당사자는 대상협정에 따른 양허 또는 그 밖의 의무를 관련 회원국에 대해 적용을 정지하기 위한 승인을 분쟁해결기구에 요청할 수 있다.

147) 보상 및 양허 또는 그 밖의 의무의 정지는 권고 및 판결이 합리적인 기간 내에 이행되지 아니하는 경우 취할 수 있는 잠정적인 조치이다. 그러나 보상이나 양허 또는 그 밖의 의무의 정지는 관련 조치를 대상협정에 합치시키도록 하는 권고의 완전한 이행에 우선하지 아니한다. 보상은 자발적인 성격을 띠며, 이를 행하는 경우 대상협정과 합치하여야 한다.

상대국에 대해 무역 관련 제재조치를 부과할 수 있도록 승인을 요청할 수 있다. 기술적으로 이것은 '분쟁의 대상이 되고 있는 동일한 협정상의 양허 또는 기타 의무의 정지'라고 한다.(위 DSU 제22.2조)

양허(concession)는 WTO 회원국이 GATT 제2조에 기초하여 관세율 인하 및 관세율의 상한성 등을 약속한 것이다. 이러한 양허는 WTO 협정의 여러 가지 의무 중 하나일 뿐이다. '의무'란 일반적으로 DSU 제22조의 '양허 또는 기타 의무'를 나타내는 용어로 쓰인다. 지금까지 실행된 가장 일반적인 의무의 정지는 추가적 관세 부과를 통한 양허의 정지이다.

분쟁상대국에 대해 WTO 협정상의 의무를 정지시키기 위해서는 DSB의 사전 승인이 필요하다. 제소국은 상대국의 WTO 협정 위반 또는 비위반 조치로 인해 무역의 이익의 무효화 또는 침해를 당할 경우, 이에 대응하기 위해 상응조치를 취할 수 있다. 이것은 비공식적으로는 '보복' 또는 '제재'라고 한다. 여기서 기억해야 하는 것은 이러한 의무정지는 의도적이든 그렇지 않든 이행에 실패한 상대국에게만 차별적으로 시행되어야 한다는 것이다.

보복은 WTO 분쟁해결제도에서 패널 또는 상소기구의 권고 및 판결의 이행을 하지 않는 상대국에 대한 최종적이면서 가장 엄중한 조치이다(DSU 제3.7조[148]). 보복은 DSB의 사전 승인을 필요로 하고 해당 상대국에 대해서만 선택적으로 적용된다. 의무정지의 목적이 권고 및 판결을 이행하도록 하게 하는 것인지, 혹은 단지 상호간 무역의 이익을 재조정(물론 그 수준은 상호합의를 통한 것보다는 낮아지겠지만)하는 데에 있는지에 대한 논쟁이 존재한다. 그 답이 무엇이든 의무의 중지는 상호간의 무역이익을 재조정하는 효과가 있음이 분명하다. 또한, 제소국은 의무를 중지시킴으로써 상대국이 문제가 되는 조치를 WTO 협정과의 합치시키도록 유도하려는 의도도 있다고 할 수 있다.

의무의 정지는 이행당사국의 이행을 유도하는 효과를 가질 수 있다. DSU는 의무의 정지가 영구적이지 않음을 확인하고 이행이 완료될 때까지는 동 상황을 유지하고 관

148) 제소하기 전에 회원국은 이 절차에 따른 제소가 유익할 것인 지에 대하여 스스로 판단한다. 분쟁해결제도의 목표는 분쟁에 대한 긍정적인 해결책을 확보하는 것이다. 분쟁당사자가 상호 수락할 수 있으며 대상협정과 합치하는 해결책이 명백히 선호되어야 한다. 상호 합의된 해결책이 없을 때에는 분쟁해결제도의 첫 번째 목표는 통상 그 조치가 대상협정에 대한 위반으로 판결이 내려진 경우 동 조치의 철회를 확보하는 것이다. 그러한 조치의 즉각적인 철회가 비현실적일 경우에만 대상협정에 대한 위반조치의 철회 시까지 잠정조치로서 보상의 제공에 의지할 수 있다. 이 양해가 분쟁해결절차에 호소하는 회원국에게 부여하는 최후의 구제수단은 분쟁해결기구의 승인에 따르는 것을 조건으로 다른 회원국에 대하여 차별적으로 대상협정상의 양허 또는 그 밖의 의무의 적용을 정지할 수 있다는 것이다.

리한다. 관련 이행의 문제는 완전히 해결될 때까지는 제소국의 요청에 따라 DSB의 의제로 계속 남아 있게 된다. 물론 이행당사국이 DSB의 권고 및 판결을 완전히 준수하면 이러한 의무의 정지는 철회되어야 한다.

하지만 의무의 정지의 경우 기한 내에 이행에 실패하였다고 하더라도 이를 이유로 상대국에 대해 WTO가 목표로 하는 무역자유화와 상반되는 또 다른 무역관련 조치를 실시하는 것은 문제가 있다는 비판이 존재한다. 또한, 보복을 위한 무역관련 조치는 상대국에게 뿐만 아니라 동 조치를 시행하는 자국에게도 경제적으로 손해를 가져오는 결과를 가져올 가능성이 크다.

이러한 의미에서 상대국에 대한 의무의 정지는 WTO 분쟁해결제도의 최후의 수단이며 대부분의 분쟁사례에서 실제로는 많이 사용되지는 않는다는 점은 유의해야 할 것이다. 분명한 것은 좀 더 건설적이고 상호 합의에 바탕을 둔 해결방식을 통해 분쟁이 해결되지 않고 이렇게 마지막 단계에까지 오게 되는 것은 일반적이지 않고 예외적이라는 것이다.

2) 의무의 정지 관련 규정

DSB가 승인한 의무정지의 수준은 무역의 이익의 무효화 또는 침해의 수준과 동등해야 한다(DSU 제22.4조[149]). 이는 제소국의 보복조치가 피소국이 초래한 피해 수준을 초과하지 않아야 함을 의미한다. 동시에 의무의 정지는 소급해서 적용되는 것이 아니라 이행의 완료 시점을 시한으로 장래에 한정적으로만 적용된다. 이는 의무의 정지가 DSB가 승인을 부여한 이후에만 적용됨을 의미하며 상대국의 해당 조치가 시행된 전체 기간이나 분쟁절차가 진행되는 기간에 대해 소급 적용됨을 의미하지는 않는다.

의무정지의 유형과 관련하여서는 DSU는 특정한 조건을 부여하고 있다. 원칙적으로 제재는 협정의 위반 또는 기타 무효화 또는 침해가 발생한 부문과 동일한 부문에서 부과되어야 한다(DSU 제22.3(a)조[150]). 이를 위해 DSU는 WTO 협정 부속서 1(Annex I)를 GATT 1994 및 기타 상품 무역에 관한 다자간무역협정(부속서 1A), GATS(부속서 1B), 그리고 TRIPS 협정(부속서 1C) 등의 세 부분으로 나누고 있다

149) 분쟁해결기구가 승인하는 양허 또는 그 밖의 의무의 정지의 수준은 무효화 또는 침해의 수준에 상응한다.

150) 일반적인 원칙은 제소국은 패널 또는 상소기구가 위반 또는 그 밖의 무효화 또는 침해가 있었다고 판결을 내린 분야와 동일한 분야에서의 양허 또는 그 밖의 의무의 정지를 우선 추구하여야 한다는 것이다.

(DSU 제22.3(g)조). 따라서 일반적으로는 이러한 협정 내에서 의무정지와 관련된 부문이 정해지게 된다.

보다 세부적으로 보면 GATT의 경우 재화와 관련하여 모든 재화는 동일한 부문에 속한다(DSU 제22.3(f)조[151]). GATS에서는 현재의 '서비스 분야별 분류 목록'에서 확인할 수 있는 각 주요 부문이 적용된다. 다만, 지식재산권의 범주에서 규정하고 있는 의무는 각각 별도의 부문으로 구성될 수 있다. 이는 지식재산권 분야의 보편적 적용이 아직은 회원국들에 따라 상이하기 때문인 것으로 보인다.

따라서 의무정지의 일반적인 원칙은 제소국은 협정의 위반 또는 기타 무효화 또는 침해가 발생한 부문과 동일한 부문의 의무를 정지해야 한다는 것이다. 예를 들어 특허 부문에서의 위반에 대한 대응은 특허와 관련되어야 한다. 배송 서비스 부문에서 위반이 발생한 경우 그 대응도 같은 부문에서 이루어져야 한다.

그러나 제소국이 동일 부문을 통한 대응이 비현실적이거나 비효율적이라고 간주하는 경우, 동일한 협정 내의 다른 부문에 대해 의무정지 등의 제재를 가할 수 있다 (DSU 제22.3(b)조[152]). 예를 들어 재화의 경우는 자동차 관세에 대한 협정 위반에 대한 대응으로 치즈, 가구 또는 잠옷 등과 같은 동종 상품이 아닌 이종 상품 분야에 대한 추가적 관세부과 등의 양허 정지가 가능하다.

이 경우는 상대적으로 선택의 폭이 큰 일반 상품 영역은 크게 관련이 없고 주로 서비스 또는 지식재산권 관련 분쟁에 적용된다고 할 수 있다. 예를 들어 특허권에 대한 위반에 대해 동일한 특허권 분야를 통한 대응이 어려울 수 있다. 이 경우 다른 지식재산권 분야 예를 들어 상표권에 대한 보복으로 대체될 수 있다. 마찬가지로 서비스 분야의 경우 유통 서비스 분야의 위반은 의료 서비스 분야에서의 보복으로 대체될 수 있다.

더 나아가 제소국이 동일 협정 내의 보복이 비현실적이거나 비효율적이라고 판단할 만큼 현실적 상황이 불리하다면 보복은 해당 협정을 넘어 다른 협정에도 적용될

---

151) f. 이 항의 목적상 '분야'란 다음을 의미한다.

(1) 상품과 관련, 모든 상품

(2) 서비스와 관련, 주요 분야를 명시하고 있는 현행 '서비스분야별분류표'에 명시된 이러한 분야 MTN.GNS/W/120 문서상의 목록은 11개 분야를 명시하고 있다.

(3) 무역관련 지식재산권과 관련, 무역관련 지식재산권에 관한 협정 제2부 제1절, 또는 제2절, 또는 제3절, 또는 제4절, 또는 제5절, 또는 제6절, 또는 제7절에 규정된 각 지식재산권의 범주, 또는 제3부 또는 제4부 상의 의무

152) 동 제소국이 동일 분야에서 양허 또는 그 밖의 의무를 정지하는 것이 비현실적 또는 비효과적이라고 간주하는 경우, 동일 협정상의 다른 분야에서의 양허 또는 그 밖의 의무의 정지를 추구할 수 있다.

수 있다(DSU 제22.3(c)조[153]). 이렇게 보복의 단계를 설정해 놓고 있는 이유는 보복조치의 효과가 관련 없는 다른 분야에 영향을 미치는 것을 최소화하는 동시에 그 조치가 최대한 효과적일 수 있게 하려는 것이다. 이렇게 다른 분야나 협정을 보복조치에 적용하는 것을 교차보복(cross-retaliation)이라고 한다.

특히 교차보복과 관련해서는 경제규모가 작은 회원국 및 개발도상국의 경우가 다른 부문 또는 협정에 대한 의무의 정지를 시행할 가능성이 크다고 할 수 있다. 그 이유는 첫째, 경제규모가 작은 회원국 및 개발도상회원국은 협정 위반 또는 기타 무효화 또는 침해가 발생한 부문과 동일한 부문에서 상대국으로부터 상품, 서비스 또는 지식재산권을 보복이 충분하게 이루어질 수 있을 만큼 수입하지 않을 수 있기 때문이다. 이로 인해 제소국이 다른 분야 또는 협정에 대한 의무의 정지를 하지 않는다면 충분한 제재의 효과를 누릴 수 없게 될 수 있다.

둘째로, 동일한 협정 또는 동일한 분야에 대한 보복이 제소국의 입장에서 비효율적일 수 있다. 특히 양국 간의 무역구조가 불균형적일 경우가 그렇다. 예를 들어 피소국의 입장에서 동 분야에 대한 제재로 인한 영향이 크지 않은 경우 제재의 의미는 효과가 미미할 것이다. 상대국이 경제규모가 크거나 무역규모가 큰 국가인 경우 이러한 사례가 될 수 있다. 일부 분야 및 협정에 대한 의무정지가 피소국의 입장에서는 그 영향이 그렇게 크지 않을 수 있기 때문이다.

셋째, GATT 1994 또는 GATS에 따른 관세 인상 또는 서비스상품의 수입 제한 등의 의무의 정지 이후에 개발도상회원국의 수입상품 및 서비스의 가격이 상승하여 오히려 제소국 경제에 부정적인 영향을 줄 수 있다. 특히 수입국이 특정 수출국에게 의존하는 구조를 갖고 있을 경우 더욱 그렇다고 할 수 있다. 이러한 이유로 개발도상국은 상대국이 이행 조치를 미이행할 경우 직접적인 무역장벽조치를 통한 제제보다는 다른 방안을 활용할 수 있는데 그 예로는 개발도상회원국 관련 TRIPS 협정상의 의무를 정지하는 것 등을 들 수 있다.

3) 의무의 정지 승인 및 중재

DSB는 총의를 통해 제소국의 요청을 거부하기로 결정하지 않는 한 합리적인 기간의 만료 후 30일 이내에 의무의 정지 권한을 부여해야 한다. 이것은 DSB가 역총의에

153) 동 제소국이 동일 협정상의 다른 분야에서의 양허 또는 그 밖의 의무를 정지하는 것이 비현실적 또는 비효과적이며 상황이 충분히 심각하다고 간주하는 경우, 다른 대상협정상의 양허 또는 그 밖의 의무의 정지를 추구할 수 있다.

따라 의사결정을 하는 세 번째의 사례이다. 다시 말해 의무의 정지를 요청한 회원국만이라도 의무의 정지 권한 부여에 찬성하게 되면 승인 부여에 대한 결정을 막을 수 없기 때문에 사실상 승인은 자동적으로 이루어진다. 이 경우에도 양 분쟁당사국이 제소국이 제안한 보복 조치에 대해 합의하지 않는 경우 중재가 요청될 수 있다.(DSU 제22.6조[154] 및 제22.7조[155])

이러한 의견의 불일치는 보복의 수준이 무효화 또는 침해의 수준과 동일한지의 여부가 될 수도 있고, 또는 허용된 의무의 정지가 원칙과 절차를 준수하였는지의 여부에 관한 문제와 관련될 수도 있다. 가능하다면 동 분쟁의 원패널이 중재업무를 수행한다. 그렇지 않으면 WTO 사무총장이 중재인을 지명한다. DSU 제22.6조는 중재는 합리적 이행기간이 만료된 후 60일 이내에 완료되어야 하고, 제소국은 중재가 진행되는 과정에서는 의무의 정지를 적용해서는 안 된다고 규정하고 있다.

중재인은 제안된 양허의 정지 수준이 무효화 또는 침해 수준과 동일한지 여부를 결정한다. 이는 중재인이 WTO 협정에 합치하지 않은 조치로 인해 손실을 입은 무역의 대략적인 가치를 계산하여 이와 비교한다는 것을 의미한다. 또한, 교차보복을 위한 원칙과 절차가 준수되지 않았다는 주장이 있는 경우 중재인은 그 청구를 검토한다.(위 DSU 제22.3조, 제22.7조)

분쟁당사국들은 중재인의 결정을 최종적인 것으로 받아들여야 하며 다시 중재를 요구할 수 없다. DSB는 중재의 결과를 즉시 통보받고 역총의를 통한 반대가 없는 한

154) 제2항에 규정된 상황이 발생할 때에 분쟁해결기구는 요청이 있는 경우, 분쟁해결기구가 컨센서스로 동 요청을 거부하기로 결정하지 아니하는 한, 합리적 기간의 종료로부터 30일 이내에 양허 또는 그 밖의 의무의 정지를 승인한다. 그러나 관련 당사국이 제안된 정지의 수준에 대하여 이의를 제기하거나, 제소국이 제3항 (b)호 또는 (c)호에 따라 양허 또는 그 밖의 의무의 정지에 대한 승인을 요청했을 때 제3항에 명시된 원칙 및 절차가 준수되지 아니하였다고 주장하는 경우, 동 사안은 중재에 회부된다. 이러한 중재는 원패널위원의 소집이 가능한 경우 원패널, 또는 사무총장이 임명하는 중재인에 의하여 수행되며 합리적인 기간의 만료일로부터 60일 이내에 완결된다. 양허 또는 그 밖의 의무는 중재의 진행 중에는 정지되지 아니한다.

155) 제6항에 따라 행동하는 중재인은 정지의 대상인 양허 또는 그 밖의 의무의 성격을 검토하지 아니하며, 이러한 정지의 수준이 무효화 또는 침해의 수준에 상응하는지를 판결한다. 중재인은 또한 제안된 양허 또는 그 밖의 의무의 정지가 대상협정에 따라 허용되는지 여부를 판결할 수 있다. 그러나 중재에 회부된 사안이 제3항에 명시된 원칙 및 절차가 준수되지 아니하였다는 주장을 포함하는 경우, 중재인은 동 주장을 검토한다. 중재인이 동 원칙 및 절차가 준수되지 아니하였다고 판결하는 경우, 제소국은 제3항에 합치하도록 동 원칙 및 절차를 적용한다. 당사국은 중재인의 판결을 최종적인 것으로 수락하며, 관련 당사자는 제2차 중재를 추구하지 아니한다. 분쟁해결기구는 중재인의 판결을 조속히 통보받으며, 요청이 있는 경우 그 요청이 중재인의 판결에 합치하면 분쟁해결기구가 컨센서스로 동 요청을 거부하기로 결정하기 아니하는 한 양허 또는 그 밖의 의무의 정지를 승인한다.

제소국의 요청이 있으면 요청이 중재인의 결정과 일치한다는 조건하에 양허의 의무를 정지할 권한을 승인하게 된다(위 DSU 제22.7조). 다만, DSB로부터 의무의 정지 승인을 받았음에도 불구하고 제소국은 의무의 정지를 진행하지 않고 대신 이를 상대국과의 협상의 도구로 활용할 수도 있다.

4) SCM 협정상의 보복 관련 특별 규정

한편 SCM(보조금 및 상계관세) 협정에는 보복과 관련해서 특별한 규정이 있다. 금지보조금 분야와 관련해서 이행패널이 지정한 기간 내에 이행당사국이 DSB의 권고 및 판결을 따르지 않는 경우 DSB는 총의를 통한 반대의 경우가 아닌 한 제소국에게 '적절한 보복조치'를 취할 수 있는 권한을 부여한다(SCM 협정 제4.10조[156]). DSU 제22.6조에 따라 중재인은 제안된 보복조치가 적절한지 여부를 결정해야 한다.(SCM 협정 제4.11조[157])

실제로 여기서 대응조치의 '적절성(appropriateness)'의 기준은 금지보조금에 의해 야기된 이익의 무효화 또는 침해 수준과 정확히 동일하지 않고 오히려 보다 높은 것을 허용하는 것으로 보인다. 이것은 DSU의 일반적인 규정에 의한 것보다 SCM 협정에 합치되도록 보다 강력하게 유도하는 것을 허용하는 것으로 보인다.

조치가능보조금에 대해서는 보조금이 철회되지 않거나 보고서 채택 후 6개월 이내에 그로 인한 부작용이 해소되지 않는 경우 DSB가 총의에 의한 반대가 없는 한 제소국에게 보복조치를 승인해야 한다(SCM 협정 제7.9조[158]). 이러한 보복조치는 현존하고 있는 부작용의 정도와 성격에 비례해야 한다. DSU 제22.6조에 따라 중재인은 그 조치가 부작용의 정도와 성격에 비례하는지 여부를 결정한다.(SCM 협정 제7.10조[159])

---

156) 분쟁해결기구의 권고가 패널보고서 또는 상소보고서가 채택된 날부터 기산되는 패널이 정한 기간 내에 이행되지 아니한 경우, 분쟁해결기구가 컨센서스로 제소국의 대응조치 요청을 거절하는 경우를 제외하고는 제소국에게 적절한 대응조치를 취하는 것을 승인한다.

157) 분쟁당사국이 분쟁해결양해 제22.6조에 따라 중재를 요구하는 경우, 중재인은 대응조치가 적절한지의 여부를 결정한다.

158) 분쟁해결기구가 패널보고서 또는 상소보고서를 채택한 날부터 6개월 이내에 회원국이 부정적 효과를 제거하기 위한 적절한 조치를 취하지 아니하거나 보조금을 철폐하지 아니하고 또한 보상에 관한 합의가 없는 경우 분쟁해결기구는 컨센서스에 의하여 대응조치 요청을 거절하기로 결정하지 아니하는 한 제소회원국이 존재한다고 판결된 부정적 효과의 정도와 성격에 상응하는 대응조치를 취하도록 승인한다.

159) 분쟁당사자가 분쟁해결양해 제22.6조에 따라 중재를 요청하는 경우, 중재인은 대응조치가 존재한다고 판결된 부정적 효과의 정도와 성격에 상응하는지의 여부를 결정한다.

5) 우선순위의 문제

분쟁해결의 이행 단계에서 발생하는 논쟁거리 중 하나는 DSU 제21.5조(이행패널)[160]와 제22조(보상 및 양허의 정지) 사이의 관계이다. 다시 말해 이행의 진행과 양허(의무)의 정지를 규정하고 있는 두 개의 조항 중 어떤 것이 우선순위가 있는 것인지에 대한 문제이다. 이는 패널(또는 상소기구)이 DSU 제21.5조에 의거하여 이행당사국이 패널(또는 상소기구)의 권고 및 판결을 이행하지 않았다고 판결하기 이전에 제소국이 의무의 정지를 요청할 수 있는지에 대한 문제라고 할 수 있다.

DSU 제22조는 합리적인 기간의 만료 후 30일 이내에 총의를 통한 반대가 없는 한 DSB가 의무의 정지 권한을 부여하도록 하고 있다. 또한, 보복의 수준이나 형태에 대한 중재는 합리적인 기간의 만료 후 60일 이내에 종료되어야 한다. 하지만 이 시간은 DSB의 권고 및 판결의 완전한 이행 여부를 확인하기 위해 DSU 제21.5조(패널 및 상소절차 포함 90일)에 따라 WTO 협정의 준수 여부 또는 비위반제소와 관련된 만족스러운 조정이 이루어졌는지의 심의 등과 같이 이행의 적절성 검토를 완료하기에 충분하지 않을 수 있다. 관련하여 DSU 제23조는 WTO 회원국이 상대국의 조치가 WTO 협정 위반인지의 여부와 또한 그 조치로 인해 이익의 무효화 또는 침해가 발생했는지 여부의 판단을 일방적으로 결정하는 것을 금지하고 있기도 하다.[161]

이러한 논쟁은 위에서 언급한 EC-바나나 III 분쟁의 예에서 찾아볼 수 있다. 순서에 따른 경우 분쟁당사국들은 제21.5조 및 제22조에 따른 절차의 순서에 관해 잠정적으로 합의하였다. 하지만 경우에 따라 분쟁당사국들은 제21.5조 및 제22조의 절차를 동시에 개시하고 제22조(DSB의 승인 및 제22.6조의 중재)에 따라 제21.5조의 절차가 완료되기까지 보복을 중지하기로 합의하는 경우도 있다.

또한, 제22조에 따른 보복 절차에 의거하기 전에 제21.5조에 따른 절차를 개시하기로 합의하는 경우도 있다. 하지만 이 경우에도 이행당사국은 DSB가 30일 내로 의무의 정지 권한을 허용한다는 제22.6조를 수용하여 제소국의 의무의 정지 신청을 반대

---

160) 권고 및 판결의 준수를 위한 조치가 취해지고 있는지 여부 또는 동 조치가 대상협정에 합치하는지 여부에 대하여 의견이 일치하지 아니하는 경우, 이러한 분쟁은 가능한 원패널에 회부하는 것을 포함하여 이러한 분쟁해결절차의 이용을 통하여 결정된다. 패널은 사안이 회부된 날로부터 90일 이내에 보고서를 배포한다. 패널이 동 시한 내에 보고서를 제출할 수 없다고 판단하는 경우, 지연사유를 패널보고서 제출에 필요하다고 예상되는 기간과 함께 서면으로 분쟁해결기구에 통보한다.

161) 제23.1조 회원국은 대상협정상의 의무위반, 이익의 무효화 또는 침해, 또는 대상협정의 목적 달성에 대한 장애의 시정을 추구하는 경우 이 양해의 규칙 및 절차에 호소하고 또한 이를 준수한다.

하지 않는다. 이처럼 무엇을 우선해야 하는지에 대해 불명확한 상황에서 DSU의 권위 있는 해석이나 개정을 통한 우선순위의 문제에 대한 해결책을 찾으려는 시도가 있어 왔지만 아직까지는 성공적이지 못한 것으로 보인다. 한 가지 확실한 것은 DSB의 감시는 분쟁당사국간 보상 합의가 있거나 의무가 정지된 경우에도 해당 권고 및 판결이 아직 이행되지 않은 한 계속된다는 것이다.(DSU 제22.8조[162])

8. 비위반제소 및 상황제소 관련 특별 절차

1) 비위반제소

위에서 설명한 절차를 포함한 이행과 관련한 사항들은 비위반제소의 경우에도 동일하게 적용되지만 비위반제소의 경우에는 몇 가지 차이점이 있다. DSU 제26.1조에는 정상적인 절차에서 벗어나는 비위반제소의 경우에만 적용되는 몇 가지 특별 조항이 포함되어 있다.[163] 이에 대한 내용에 대해 중요한 절차 측면을 중심으로 간략하게

---

162) 양허 또는 그 밖의 의무의 정지는 잠정적이며, 대상협정 위반 판결을 받은 조치가 철폐되거나 권고 또는 판결을 이행하여야 하는 회원국이 이익의 무효화 또는 침해에 대한 해결책을 제시하거나 상호 만족할 만한 해결에 도달하는 등의 시점까지만 적용된다. 제21.6조에 따라 분쟁해결기구는 보상이 제공되었거나 양허 또는 그 밖의 의무가 정지되었으나 조치를 대상협정에 합치시키도록 한 권고가 이행되지 아니한 경우를 포함하여 채택된 권고 또는 판결의 이행을 계속해서 감독한다.

163) 1994년도 GATT 제23.1(b)조의 규정이 특정 대상협정에 적용될 수 있는 경우, 패널 또는 상소기구는 일방 분쟁당사자가 특정 회원국의 조치의 결과로 인하여 동 조치의 특정 대상협정의 규정에 대한 위반여부에 관계없이, 특정 대상협정에 따라 직접적 또는 간접적으로 자국에 발생하는 이익이 무효화 또는 침해되고 있다고 간주하거나 동 대상협정의 목적달성이 저해되고 있다고 간주하는 경우에만 권고 및 판결을 내릴 수 있다. 이러한 당사자가 특정 사안이 1994년도 GATT 제23.1(b)조의 규정이 적용될 수 있는 대상협정의 규정과 상충하지 아니하는 조치에 관한 것이라고 간주하고, 또한 패널이나 상소기구가 그렇게 판결하는 경우에 이 양해의 절차가 다음에 따를 것을 조건으로 적용된다.

a. 제소국은 관련 대상협정과 상충하지 아니하는 조치에 관한 제소를 변호하는 상세한 정당한 사유를 제시한다.

b. 특정 조치가 관련 대상협정을 위반하지 아니하면서 동 협정에 따른 이익을 무효화 또는 침해하거나 동 협정의 목적달성을 저해한다고 판결이 내려지는 경우, 동 조치를 철회할 의무는 없다. 그러나 이러한 경우 패널 또는 상소기구는 관련 회원국에게 상호 만족할 만한 조정을 행하도록 권고한다.

c. 제21조의 규정에도 불구하고 제21.3조에 규정된 중재는 일방 당사자의 요청이 있는 경우 무효화 또는 침해된 이익의 수준에 대한 결정을 포함할 수 있으며, 또한 상호 만족할 만한 조정에 이르기 위한 수단 및 방법을 제의할 수 있다. 이러한 제의는 분쟁당사자에 대하여 구속력을 갖지 아니한다.

d. 제22.1조의 규정에도 불구하고 보상은 분쟁의 최종적인 해결로서의 상호 만족할만한 조정

요약하면 다음과 같다.

우선 비위반제소의 경우 그 조치가 무역의 이익을 무력화 또는 손상시키거나 동 협정상의 목적을 달성하는데 방해하는 것으로 발견된다 하더라도 상대국이 WTO 협정과 합치하는 동 조치를 철회할 의무는 없다. 따라서 패널과 상소기구는 관련 분쟁당사국들이 상호 합의를 통해 만족할만한 해결책을 찾도록 권고한다.

합리적인 기간에 관하여서는 DSU 제21.3(c)조에 의거 중재인은 각 분쟁당사국의 요청에 따라 무효화되거나 손상된 이익의 수준을 결정할 수 있고, 상호 만족할만한 해결책을 찾는 것을 제안할 수 있다. 보상은 분쟁의 최종 해결로서 상호 만족스러운 조정의 일부일 수 있다. 일반적으로는 보상은 최종 이행을 위한 유보조치의 일종이다. 하지만 비위반제소의 경우 이행의 의무는 조치를 철회하는 것이 아닌 상호간 합의를 통한 조정을 의미하며 이는 보상의 형태를 취할 수도 있다.

2) 상황제소[164)]

상황제소의 경우는 DSU의 일반적인 절차가 패널보고서의 회람 시점까지만 적용된다는 점에서 상당히 다르다(DSU 제26.2조[165)]). 상황제소에 대한 패널보고서는 동시

의 일부가 될 수 있다.

164) GATT 제23.1(c)조의 경우를 의미.
GATT 제23조: 무효화 또는 침해
1. 체약당사자가 다음의 결과로 이 협정 하에서 직접적 또는 간접적으로 자신에게 발생되는 이익이 무효화되거나 침해되고 있거나 이 협정의 목적 달성이 방해되고 있다고 인정하는 경우
a. 다른 체약당사자의 이 협정 하의 자신의 의무의 불이행 또는
b. 이 협정 규정과의 저촉 여부를 불문하고 다른 체약당사자에 의한 조치의 적용 또는
c. 그 밖의 상황의 존재

165) 1994년도 GATT 제23.1(c)조의 규정이 대상협정에 적용될 수 있는 경우, 패널은 1994년도 GATT 제23.1(a)조 및 (b)가 적용될 수 있는 상황과 상이한 상황이 존재하는 결과로 인하여 일방 분쟁당사국이 대상협정에 따라 직접적 또는 간접적으로 자국에 발생하는 이익이 무효화 또는 침해되고 있다고 간주하거나 동 협정의 목적 달성이 저해되고 있다고 간주하는 경우에만 권고 및 판결을 내릴 수 있다. 이러한 일방 분쟁당사자가 그 사안이 이 항의 적용을 받는다고 간주하고 패널이 그렇게 판결을 내리는 경우에 한하여 이 양해의 절차는 패널보고서가 회원국에게 배포되는 시점을 포함하여 배포된 시점까지 적용된다. 1989년 4월 12일자 결정(BISD 36S/61-67)에 포함된 분쟁해결규칙 및 절차는 보고서의 채택을 위한 논의와 권고 및 판결의 감독 및 이행에 적용된다. 아울러 다음 사항이 적용된다.
a. 제소국은 이 항의 적용대상이 되는 사안에 관하여 행하여진 논거를 변호하는 상세한 정당한 사유를 제시한다.
b. 이 항의 적용대상이 되는 사안이 관련된 분쟁에 있어서, 패널이 그 분쟁에 이 항의 적용대상이 되는 분쟁해결사항 이외의 사항이 포함되어 있다고 판결을 내리는 경우, 패널은 이러

적으로 제기될 수 있는 위반제소 또는 비위반제소의 사안과 결합된다 하더라도 상황제소 사안에 대해서 별도로 만들어져야 한다(DSU 第26.2(b)조). 상황제소에 대한 권고 및 판결의 채택, 감독 및 이행과 관련하여 1989년 4월 12일의 결정에 포함된 GATT 분쟁해결 규칙 및 절차가 계속 적용된다.

이는 상황제소의 경우 다른 분쟁과 달리 해당 패널보고서의 채택 및 권고 및 판결의 미이행 시 의무정지의 승인을 위해 역총의 방식이 적용되지 않는다는 것을 의미한다. 다시 말해 패소국은 총의를 통한 결정에 반대함으로써 DSB에서의 결정을 막을 수 있다. 또한, DSU 第26.2조는 상황제소에 근거한 패널판결에 대해서는 상소 제기의 가능성을 암묵적으로 배제하고 있다. 마찬가지로 DSU 第21.5조의 이행 검토에 대한 DSU 절차, 권고 및 판결(따라서 합리적인 기간에 대한 중재)을 준수하기 위한 합리적인 기간, 그리고 의무의 정지의 수준에 대한 중재 등도 상황제소의 경우에는 자동적으로 적용되지 않는다고 할 수 있다.

한 사항을 다루는 보고서와 이 항의 적용대상이 되는 사항에 관한 별도의 보고서를 분쟁해결기구에 배포한다.

제 8 장 WTO 분쟁해결제도와 개발도상회원국

앞의 일부 내용 중에서 개발도상회원국을 특별히 언급하는 DSU와 개발도상회원국과 관련된 분쟁에 적용되는 특별 규정에 대해 부분적으로나마 살펴보았다. 본 장에서는 개발도상회원국에 특별하고 차별적인 대우를 제공하는 이러한 규정에 대해 보다 자세히 살펴보고 WTO 분쟁해결제도에서 제시하고 있는 개발도상회원국의 역할에 대해 분석해 보고자 한다.

1. WTO 분쟁해결제도와 개발도상회원국: 이론 및 실제

WTO를 중심으로 한 다자적 무역질서 속에서 의무적인 분쟁해결제도는 그 존재 자체가 개발도상회원국 및 소규모 개방경제의 성격을 갖는 회원국에게 유리하다고 할 수 있다. 왜냐하면, 이러한 다자적 차원의 분쟁해결제도는 모든 회원국이 분쟁해결을 위해 제도적 자원 및 절차적 정당성에 동등하게 접근할 수 있고 개별국가의 경제적 또는 국제정치적 권력에 기초하기보다 다자적 합의를 통해 만들어진 협정 등 무역규범에 근거하여 판결이 내려지는 토대를 제공하기 때문이다.

WTO 분쟁해결제도는 적어도 법(무역규범) 앞에 있어서는 '약자'를 '강자'와 동등한 위치에 있게 함으로써 개발도상회원국 및 소규모 개방경제 회원국에게 냉혹한 국제질서 속에서 자칫 악용되기 쉬운 '힘의 논리'를 벗어날 수 있는 기회를 제공한다. 이러한 의미에서 WTO 분쟁해결제도가 갖고 있는 사법적 판결 및 이행 제도는 현실적인 측면에서 강자보다는 약자에게 유리하다고 할 수 있다. 강자의 경우 법에 근거하지 않아도 자신에게 유리한 다른 수단과 방법을 통해 자신의 이익이나 주장을 보호하고 관철시킬 수 있는 가능성이 크기 때문이다.

물론 이러한 견해는 현실에 비해 지나치게 이상적이고 이론적인 것이라고 비판되어져 온 것도 사실이다. 하지만 그동안 진행되어 온 WTO 분쟁해결 사례를 통해 볼 때 개발도상회원국이 분쟁해결절차를 통해 강대국의 WTO 협정과 합치하지 않는 조치의 철회를 이끌어 내는 등 실제적으로 이를 뒷받침하는 사례가 적지 않다. 소규모 개방경제라고 평가받는 우리나라의 경우만 보더라도 앞의 제3장에서 살펴본 바와 같이 미국, EU 등과의 무역분쟁에서 이들 국가들의 협정 위반 조치를 철회시키거나 무력화시킨 사례가 다수 존재한다.

하지만 이와 동시에 분쟁해결제도의 이점을 이용하고자 하는 개발도상회원국은 상당한 부담에 직면해 있음도 분명한 현실이다. 예를 들어 개발도상회원국, 특히 소규모 개발도상회원국 또는 최빈개발도상회원국은 WTO 협정의 내용이나 분쟁해결절차의 복잡성에 대해 이해하고 실무에 이를 활용할 수 있는 충분한 경험과 자질을 가진 인적 자원이나 인프라를 보유하지 못하는 경우가 많다. 시간이 지날수록 분쟁사례가 많아지고 또 이에 따른 패널과 상소기구가 개발한 법리가 복잡, 다양해지고 동시에 이러한 법리들이 축적되면서 WTO 협정의 내용과 절차 측면을 모두 숙달하기가 점점 더 어려워지고 있다. 이러한 측면에서 보면 무역의 규모가 커지고 그 분야가 다양화될수록 개발도상회원국에게 이러한 문제는 더욱 무겁고 크게 부각될 것이다.

개발도상회원국들은 일반적으로 무역, 통상 분야를 전문적으로 취급하는 전담부서가 부재한 경우가 많고 전문 인력도 빈약하기 때문에 WTO 분쟁 관련 이슈의 모든 범위를 따라 잡는 것은 한계가 있을 수밖에 없다. 또한, 관련 부서나 공무원이 여러 여타 업무를 하는 과정에서 분쟁관련 업무를 추가적으로 배정받게 되는 경우가 대부분이다. WTO 무역분쟁은 길게는 협정에서 설정한 기한보다 오랜 기간, 심지어는 3년 이상까지도 진행될 수 있기 때문에 해당 분쟁 관련 업무에만 집중하기는 어려울 수밖에 없다.

이러한 행정적, 인적 자원의 한계뿐만 아니라 개발도상회원국은 다른 회원국의 무역장벽으로 인해 분쟁해결절차 전반에 걸쳐 발생하는 경제적 피해에 장기간 노출될 수밖에 없다. 비록 상대국의 무역조치가 개발도상회원국의 수출 기회를 침해하고 WTO 협정을 위반하는 것으로 판결이 나더라도 WTO 분쟁해결절차가 개시된 후 일반적으로 2~3년이 지나야 문제가 된 무역조치의 철회 내지는 협상을 통한 보상이 이루어질 수 있기 때문이다.

하지만 이러한 한계와 어려움에도 불구하고 개발도상회원국은 WTO 출범 이후 분쟁해결제도를 적극적으로 활용해 온 것으로 보인다. 1995년 이후 개발도상회원국들은 WTO에 제기된 무역분쟁 중 약 1/3 이상에서 제소국 자격으로 분쟁에 참여했고, 피소국의 경우는 전체의 약 2/5 가량이었다. 특히 2018년은 미국 트럼프 정부의 보호무역정책의 본격화로 인해 미중 무역분쟁을 비롯한 미국과 무역상대국들의 분쟁이 본격적으로 제기되었던 시기임을 고려한다 하더라도 그 직전해인 2017년의 경우 개발도상회원국이 제기한 제소 건수는 당해 연도 전체 분쟁건수의 약 70%를 차지할 정도로 비중이 증가했다.

하지만 이에 비해 최빈개발도상회원국의 경우에는 지금까지 WTO 분쟁에 참여한 사례가 거의 없다는 점은 WTO 분쟁해결제도의 한계로 남아있다고 볼 수 있다. 다만 개발도상회원국 및 최빈개발도상회권국이 제3자로서 분쟁에 참여하는 경우는 상대적으로 빈번하게 이루어지고 있다. 이는 분쟁해결절차에 직접적으로 참여할 수 있는 충분한 여력이 부족한 개발도상회원국 및 최빈개발도상회원국에게 제3자 참여의 형식으로 분쟁과 관련해 직·간접적으로 유익한 정보와 경험을 제공한다는 측면에서 의미가 있다.

아직까지도 개발도상회원국보다는 미국, EU 등 서구 선진국들이 WTO 분쟁해결제도를 적극 활용하고 있는 것은 주지의 사실이며 개발도상회원국들 중에서도 소위 BRICs로 일컫는 중국, 인도, 브라질 등의 소수의 거대 개발도상회원국을 중심으로 분쟁해결절차에 적극적으로 참여하고 있는 것도 현실적인 한계라고 할 수 있다. WTO 회원국의 2/3 이상의 대다수가 개발도상회원국이라는 사실을 고려할 때 선진회원국 또는 소수의 거대 개발도상회원국이 분쟁해결제도를 불균형적으로, 독과점적으로 활용해왔다는 점은 앞으로 극복해야 할 과제이다.

현실적인 측면에서 보면 WTO 분쟁에 참여하는 선진회원국들과 중국, 인도, 브라질 등 일부 개발도상회원국들이 숫자상으로는 전체 회원국에 비해 제한되어 있지만, 이들 회원국들이 실제로는 세계 무역의 대부분을 차지한다는 사실은 무시할 수 없다. 또한, 이들 회원국들은 상품과 서비스 등의 대부분의 무역 분야에서 매우 다양하고 광범위한 무역 관계를 가지고 있다. 이러한 무역 관계는 관세인상, 덤핑, 보조금 등 무역장벽 등의 무역조치로 인한 결과로 발생하는 회원국간 무역분쟁의 가능성을 상당히 증가시킬 수밖에 없다. 이로 인해 이들 회원국들은 자국의 이익을 위해 WTO 분쟁해결제도를 기꺼이 활용할 의사가 있다고 할 수 있다.

이러한 상황은 다른 대부분의 개발도상회원국의 관점에서 볼 때 한계로 작용할 수 있다. 개발도상회원국들에게는 정치, 경제, 외교적인 역량 부족이라는 제약으로 인해 다른 회원국이 유지하고 있는 WTO 협정에 합치되지 않는 무역장벽에 대해 분쟁을 제기할 만큼 시간과 돈을 투자하는 것이 어려울 수 있다. 개발도상회원국이 현재의 분쟁해결제도에서 어느 정도 영향을 미치고 있고, 또한 그 수혜를 누리고 있기는 하지만 그렇다 하더라도 이러한 개발도상회원국의 열악한 대내외적 상황으로 인한 한계를 가지고 있다는 데는 의문의 여지가 없다.

따라서 개발도상회원국이 WTO 분쟁해결제도를 효과적으로 활용할 수 있는 능력을 갖추도록 하는 것이 WTO 협정에 따라 부여되는 모든 무역의 이익을 얻을 수 있도록 하는 데 필수적이라는 데에도 의문의 여지가 없다. 개발도상회원국의 특수한 상황에 대해 고려하고 있는 방안들과 관련하여서는 '특별하고 차별화된 대우' 및 '기술적, 법률적 지원' 등을 생각해 볼 수 있는데 이에 대해서는 아래에서 살펴보고자 한다.

2. 특별하고 차별화된 대우

개발도상회원국에 대한 DSU의 특별하고(special) 차별화된(differential) 대우는 국제무역에 적용되는 실질적인 무역규칙을 포함하고 있는 다른 WTO 세부 협정들과는 다른 특성 및 형태를 취하고 있다. DSU는 개발도상회원국 및 최빈개발도상회원국이 처한 특별한 상황을 인정하고 WTO 분쟁해결과 관련하여 추가적 또는 특혜 절차 및 법률적 지원 등을 제공하고 있다.

예를 들면 개발도상회원국은 분쟁해결을 위한 신속절차를 선택할 수 있고 분쟁해결절차 기한의 연장 및 법률적 도움을 요청할 수 있다. WTO 회원국은 개발도상회원국의 상황을 특별히 고려해야 한다. 아래에서는 이러한 규칙에 대해 좀 더 상세히 살펴보고자 한다. 이 중 일부는 비교적 자주 적용되지만 다른 것은 아직 그렇지 않는 경우도 있다. 또한, 이러한 규칙 중 일부는 구체적이지 않은 문제가 있다는 비판도 존재한다.

1) 협의 절차에서의 특별하고 차별화된 대우

우선 개발도상회원국이 관련된 무역분쟁 발생 시 당사국간 협의 중에 회원국은 해당 개발도상회원국의 특정 문제와 이해관계에 특별한 주의를 기울여야 한다(DSU 제4.10조[166]). 분쟁의 원인이 된 사안이 개발도상회원국에 의해 취해진 조치인 경우 당사국들은 협의 기간을 연장하는 데 동의할 수 있다. 또한, 협의 기간이 종료될 때까지도 당사국들이 협의가 완료되었다는 데에 동의하지 못하는 경우 DSB 의장은 협의 기간을 연장할 수도 있다.(DSU 제12.10조[167])

---

166) 협의 과정에서 회원국은 개발도상회원국의 특별한 문제점과 이익에 대하여 특별한 고려를 하여야 한다.

167) 개발도상회원국이 취한 조치와 관련된 협의의 경우 분쟁당사자는 제4.7조 및 제4.8조에 설정된 기간을 연장하는 데 합의할 수 있다. 만일 관련 기간이 경과한 후에도 협의 당사자가 협의 종료에 대하여 합의할 수 없는 경우, 분쟁해결기구 의장은 분쟁당사자와의 협의 후 관련 기간을 연장할 것인지의 여부 및 연장할 경우 얼마만큼 연장할 것인지를 결정한다. 또한, 개발도상회원국에 대한 제소를 검토하는 데 있어서, 패널은 동 개발도상회원국이 자국의 논거를 준

2) 패널절차에서의 특별하고 차별화된 대우

개발도상회원국에 대한 특별하고 차별화된 대우는 패널절차에서도 활용가능하다. 예를 들어 개발도상회원국과 선진회원국간의 분쟁이 있는 경우 패널위원의 선정에 있어서 개발도상회원국의 요청 시 개발도상회원국 출신 패널위원이 적어도 한 명 포함할 수 있다.(DSU 제8.10조[168])

또한, 개발도상회원국이 피소국인 경우 패널은 충분한 시간을 제공하여 개발도상회원국 자신의 입장을 준비하고 방어할 수 있도록 해야 한다. 그러나 이는 패널이 분쟁해결절차를 완료하는 데 소요되는 전체 기간에는 영향을 미치지 않아야 한다(위 DSU 제12.10조). 사례를 보면 패널은 제소국의 이의 제기에도 불구하고 피소국인 개발도상회원국의 요청이 있을 경우 패널에 대한 첫 번째 서면 제출을 준비하는 데 추가적으로 10일의 기간을 더 부여함으로써 이 조항을 이미 적용한 바가 있다.[169]

개발도상회원국이 분쟁당사국이고 DSU 또는 기타 WTO 협정에서 특별하고 차별화된 대우에 관한 규칙이 존재하는 경우 패널보고서는 이러한 규정이 어떻게 고려되었는지를 명시해야 한다(DSU 제12.11조[170]). 이것은 주어진 규정이 해당 분쟁에서 얼마나 효과적이었는지 또한 실제로 어떻게 적용되었는지를 투명하게 보여주기 위한 것이다.

비하고 제시하는 데 충분한 시간을 부여한다. 제20.1조 및 제21.4조의 규정은 이항에 따른 어떠한 조치에 의해서도 영향을 받지 아니한다.

168) 선진회원국과 개발도상회원국간의 분쟁 시 개발도상회원국이 요청하는 경우, 패널위원 중 적어도 1인은 개발도상회원국의 인사를 포함하여야 한다.

169) 인도의 미국산 농산물, 섬유류, 공산품에 대한 수입제한 관련 패널보고서 para. 5.10(WT/DS90/R, 1999.10.22.일 채택)

5.10 On 15 April 1998 we ruled as follows: "The Panel has carefully reviewed the arguments of the parties. The Panel notes that India could have raised several of the reasons mentioned in its letter during the organizational meeting held on 27 February 1998. However, pursuant to Article 12.10 of the DSU, 'in examining a complaint against a developing country Member, the panel shall accord sufficient time for the developing country Member to prepare and present its argumentation.' In light of this provision, and considering the administrative re-organization taking place in India as a result of the recent change in government, the Panel has decided to grant an additional period of time to India to prepare its submission. However, bearing in mind also the need to respect the time frames of the DSU and in light of the difficulties of rescheduling the meeting of 7 and 8 May, the Panel considers that an additional period of ten days would represent 'sufficient time' within the meaning of Article 12.10 of the DSU. India is therefore granted until 1 May 1998(5p.m.) to submit its first written submission to the Panel. The original date of the first meeting remains unchanged as 7 and 8 May."

170) 하나 또는 둘 이상의 당사자가 개발도상회원국인 경우, 패널보고서는 분쟁해결절차의 과정에서 개발도상회원국이 제기한 대상협정의 일부를 구성하는 개발도상회원국을 위한 차등적이고 보다 유리한 대우에 관한 관련 규정을 어떤 형태로 고려하였는지를 명시적으로 적시한다.

3) 이행절차 시 특별하고 차별화된 대우

이행절차에서도 DSU는 개발도상회원국의 이익에 영향을 미치는 사항에 특별한 주의를 기울이도록 요구하고 있다(DSU 제21.2조[171]). 이 조항은 DSU 제21.3(c)조[172]에 의거한 중재절차의 경우 합리적인 기간을 결정할 때 반복적으로 적용된다. 사례를 보면 중재인은 DSU 제21.2조에 의거하여 특정 상황에서 이행을 위해 6개월의 추가적인 기간을 허용하였다.[173]

이행을 감독하는 차원에서 DSB는 개발도상회원국이 문제를 제기한 경우 동 분쟁의 이행에 대한 감시 및 현황 보고서 이외에도 취할 수 있는 추가적이고 적절한 조치를 고려해야 한다(DSU 제21.7조[174]). 개발도상회원국이 제기한 문제에 대해 취할 수 있는 적절한 조치를 고려할 때 DSB는 문제의 조치가 무역에 미치는 범위뿐만 아니라 개발도상회원국의 경제에 미치는 전반적인 영향을 고려해야 한다.(DSU 제21.8조[175])

---

171) 분쟁해결의 대상이 된 조치와 관련하여 개발도상회원국의 이해관계에 영향을 미치는 문제에 대하여 특별한 주의를 기울여야 한다.

172) 권고 및 판결이 채택된 날로부터 90일 이내에 기속적인 중재를 통하여 확정되는 기간. 이러한 중재에 있어서 중재인을 위한 지침은 패널 또는 상소기구의 권고 이행을 위한 합리적인 기간이 패널 또는 상소보고서가 채택된 날로부터 15개월을 초과하지 아니하여야 한다는 것이다. 그러나 특별한 사정에 따라 동 기간은 단축되거나 연장될 수 있다.

173) EC의 인도네시아 자동차산업정책에 대한 DSB 중재기구의 중재보고서 para. 24(WT/DS54/15, WT/DS55/14, WT/DS59/13, WT/DS64/12, 1998.12.7일 채택)

24. On the other hand, Indonesia is a developing country. In that context, I note that Article 21.2 of the DSU requires that: Particular attention should be paid to matters affecting the interests of developing country Members with respect to measures which have been subject to dispute settlement. Although the language of this provision is rather general and does not provide a great deal of guidance, it is a provision that forms part of the context for Article 21.3(c) of the DSU and which I believe is important to take into account. Indonesia has indicated that in a 'normal situation', a measure such as the one required to implement the recommendations and rulings of the DSB in this case would become effective on the date of issuance. However, this is not a 'normal situation'. Indonesia is not only a developing country; it is a developing country that is currently in a dire economic and financial situation. Indonesia itself states that its economy is 'near collapse'. In these very particular circumstances, I consider it appropriate to give full weight to matters affecting the interests of Indonesia as a developing country pursuant to the provisions of Article 21.2 of the DSU. I, therefore, conclude that an additional period of six months over and above the six-month period required for the completion of Indonesia's domestic rule-making process constitutes a reasonable period of time for implementation of the recommendations and rulings of the DSB in this case.

174) 개발도상회원국이 제소국인 경우, 분쟁해결기구는 상황에 비추어 적절한 어떠한 추가적인 조치를 취할 것인지를 검토한다.

175) 개발도상회원국이 제소국인 경우, 분쟁해결기구는 어떠한 적절한 조치를 취할 것인지를 고려

4) 개발도상회원국 요청에 의한 신속 절차: 1966년 4월 5일 결정

개발도상회원국이 선진회원국에 대해 분쟁을 제기한 경우 제소국(개발도상회원국)은 DSU 제4조, 제5조, 제6조 및 제12조의 규정 대신에 1966년 4월 5일 결정된 규정을 근거로 신속한 절차를 요청할 수 있는 재량권을 갖는다. 1966년 결정의 규칙과 절차는 차이점이 있는 범위 내에서 DSU 제4조, 제5조, 제6조 및 제12조의 해당 규칙과 절차에 우선한다.(DSU 제3.12조[176])

이 결정은 다음의 네 가지 사항과 같다. 첫째, 당사국간 협의가 실패한 분쟁해결을 촉진하기 위해 개발도상회원국의 요청에 따라 WTO 사무총장이 주선 절차를 진행할 수 있다. 둘째, 사무총장이 진행한 이러한 협의가 2개월 이내에 상호 만족할만한 해결책을 제시하지 못하면 사무총장은 당사국 중 일방의 요청에 따라 관련 보고서를 DSB에 제출한다. 이후 DSB는 당사국의 승인을 얻어 패널을 구성한다. 셋째, 패널은 문제가 되는 조치의 적용 및 영향을 받는 회원국의 무역 및 경제 개발에 미치는 영향에 관한 모든 상황을 적절하게 고려해야 한다. 넷째, 동 결정은 패널이 해당 사실관계에 대한 결과를 제출하는 데 60일을 제공한다. 패널은 이 기간이 불충분하다고 판단되면 제소국과의 합의로 이를 연장할 수 있다.

하지만 이러한 규정들은 실제에서 잘 적용되지 않고 있는 것이 현실이다. 왜냐하면, 실제로 개발도상회원국은 제출해야 할 자료를 준비하는 데 더 많은 시간을 보내는 경향이 있기 때문이다. 또한, 이들 개발도상회원국들은 패널이 분쟁해결절차를 완료하는 데 필요한 기한을 전반적으로 존중해야한다는 기본적인 입장을 취하고 있다는 것도 그 이유로 들 수 있다.

5) 분쟁에 연루된 최빈개발도상회원국

위의 모든 특별하고 차별화된 대우 규정은 개발도상회원국 그룹에 포함된 최빈개발도상회원국에게도 적용된다. 또한, DSU는 최빈개발도상회원국에게만 적용 가능한 몇 가지 특정 규칙을 설정하고 있다. 최빈개발도상회원국이 분쟁에 연루된 경우 분

할 때 제소대상 조치가 무역에 있어서 차지하는 비중뿐만 아니라 동 조치가 관련 개발도상회원국의 경제에 미치는 영향도 고려한다.

176) 제11항에도 불구하고 대상협정에 기초하여 개발도상회원국이 선진국회원국에 대하여 제소하는 경우, 이러한 제소국은 이 양해의 제4조, 제5조, 제6조, 및 제12조에 포함된 규정대신 1966년 4월 5일자 결정(BISD 14S/18)의 상응하는 규정에 호소할 수 있는 권리를 갖는다. 다만, 패널이 그 결정 제7항에 규정된 시한이 보고서를 마련하는데 부족하다고 판단하고 또한 제소국과 합의된 경우 그 시한은 연장될 수 있다. 제4조, 제5조, 제6조 및 제12조의 규칙 및 절차와 동 결정의 상응하는 규칙 및 절차 간에 차이가 있는 경우 후자가 우선한다.

쟁의 모든 단계에서 회원국의 특수한 상황을 특별히 고려해야 한다. 회원국은 우선 최빈개발도상회원국에 대한 분쟁 제기를 삼가야 하며 분쟁이 발생한 경우 패소한 최빈개발도상회원국에 대해 보상 또는 의무의 정지 요청에 대해서 가급적 피하도록 해야 한다.(DSU 제24.1조[177])

최빈개발도상회원국과 관련된 분쟁의 경우 DSU는 또한 주선, 조정 및 중개를 구체적으로 고려해야 한다. 협의가 만족스러운 해결책으로 이어지지 않고 최빈개발도상회원국이 요청한 경우 WTO 사무총장 또는 DSB 의장은 주선, 조정 및 중개를 제공해야 한다. 그 목적은 당사국들이 패널설치 전에 분쟁을 해결할 수 있도록 돕는 것이다. 그러한 지원을 제공함에 있어 사무총장 또는 DSB 의장은 적절한 것으로 여겨지는 모든 자료에 대해 고려할 수 있고 그 자료제공자와의 협의도 가능하다.(DSU 제24.2조[178])

6) 법률 지원

WTO 사무국은 회원국의 요청 시 분쟁해결과 관련하여 모든 회원국을 지원하지만 개발도상회원국에 대해서는 추가적인 법률 자문과 지원을 제공한다. 이를 위해 사무국은 개발도상회원국의 요청 시 자격을 갖춘 법률 전문가의 법률 자문 및 지원을 제공해야 한다(DSU 제27.2조[179]). 또한, 이들 전문가들은 기회의 공평성을 추구하는 WTO 사무국의 역할이 지속될 수 있도록 개발도상회원국을 지원해야 한다(위 DSU 제27.2조). WTO 사무국은 또한 분쟁해결제도에 관한 특별 훈련 과정을 제공함으로

---

177) 최빈개발도상회원국이 관련된 분쟁의 원인판결 및 분쟁해결절차의 모든 단계에서 최빈개발도상회원국의 특수사정이 특별히 고려된다. 이와 관련하여 회원국은 최빈개발도상회원국이 관련되는 분쟁의 해결절차에 따라 문제를 제기함에 있어서 적절히 자제한다. 무효화 또는 침해가 최빈개발도상회원국의 조치에 의하여 초래된 것으로 판결이 내려지는 경우, 제소국은 동 절차에 따라 보상을 요청하거나 양허 또는 그 밖의 의무를 정지시키기 위한 승인을 추구함에 있어서 적절히 자제한다.

178) 최빈개발도상회원국이 관련된 분쟁의 해결에 있어서 만족할 만한 해결책이 협의과정에서 발견되지 아니하는 경우, 사무총장 또는 분쟁해결기구 의장은 최빈개발도상회원국이 요청하는 때에는 당사자가 문제를 해결하는 것을 지원하기 위하여 패널 설치 요청이 이루어지기 전에 주선, 조정 및 중재를 제의한다. 사무총장 또는 분쟁해결기구 의장은 이러한 지원을 제공함에 있어서 자신이 적절하다고 판단하는 어떠한 자료제공자와도 협의할 수 있다.

179) 사무국이 회원국의 요청에 따라 분쟁해결에 관하여 회원국을 지원하는 것과 별도로 개발도상회원국에게 분쟁해결과 관련한 추가적인 법률자문 및 지원을 제공할 필요성이 있을 수 있다. 이를 위하여 사무국은 지원을 요청하는 개발도상회원국에게 WTO의 기술협력부서의 유자격 법률전문가의 이용이 가능하도록 한다. 동 전문가는 사무국의 계속적인 불편부당성을 확보하는 방법으로 개발도상회원국을 지원한다.

써 회원국과의 기술적 협력 활동을 수행한다(DSU 제27.3조[180]). 물론 제네바에서 개최되는 이러한 훈련은 선진회원국 대표들에게도 활용 가능하다.

7) 민간 변호인과 WTO 법률자문 센터

이미 언급한 바와 같이 민간의 법률 고문인이 패널과 상소기구에 대한 분쟁당사국의 대표단의 일원으로 참여할 수 있다. 또한, 민간 법률기관은 패널이나 상소기구에 대한 당사국들의 서면 작성 및 제출에 빈번하게 참여하고 있다. 이를 통해 WTO 분쟁해결에 있어 정부차원의 전문 인력이 부족한 경우에도 분쟁해결절차에 참여할 수 있기 때문에 개발도상회원국에게 이러한 민간 변호인의 지원은 중요하다. 그러나 이러한 민간 법률 고문인이나 법률기관은 대부분 WTO 협정에 경험이 있는 워싱턴, 브뤼셀, 제네바, 파리, 런던 등의 선진국의 주요 도시 출신이기 때문에 이를 위한 비용이 많이 들 수밖에 없다. 이는 개발도상회원국들에게는 부담이 되는 것이 사실이다.

이러한 문제를 해결하기 위해 개발도상회원국은 제네바에 소재한 WTO 법률자문센터(the Advisory Center on WTO Law; ACWL)에서 분쟁 해결에 효과적인 지원을 받을 수 있다. 자문센터는 독립적인 정부 간 조직으로 일종의 '법률지원' 센터이다. 이것은 WTO와 분리되어 독립적이다. 이 기관은 1999년 12월 1일 시애틀에서 열린 WTO 29개 회원국들이 서명한 'WTO 협정에 관한 자문센터 설립 협정'에 의거해 설립되었다. 이 협정은 2001년 6월 15일에 발효되었으며 2001년 10월 5일부터 공식적으로 업무를 시작하였다. 현재 30개국의 회원이 있다. 개발도상회원국이든 아니든 WTO 회원국은 물론 WTO 가입 과정에 있는 국가들도 동 자문센터의 회원이 될 수 있다.

자문센터는 본질적으로 WTO 협정을 전문으로 하는 법률 사무소로서의 기능을 한다. 이는 개발도상회원국 또는 체제전환국뿐만 아니라 WTO 회원국 또는 가입을 준비하고 있는 최빈개발도상회원국에 대해서도 법률 서비스 및 훈련을 제공한다. 법률 서비스는 두 가지 범주로 분류되는데 첫째, 자문센터는 WTO 분쟁해결절차에 대한 법률적 지원을 제공한다. 이것은 분쟁해결절차 전반에 걸쳐 WTO 회원을 대표하는 것을 의미한다.

그 예로서 DSB, 패널 및 상소기구에 제출하는 문서의 초안을 작성하고 패널과 상소기구에 대해 그 회원국을 대신하여 출석하는 것 등을 들 수 있다. 2001년 7월부터

180) 사무국은 회원국의 전문가가 분쟁해결절차 및 관행을 보다 더 잘 알 수 있도록 하기 위하여 관심 있는 회원국을 위해 이에 관한 특별 연수과정을 실시한다.

자문센터는 정기적으로 개발도상회원국들의 WTO 분쟁을 대표해 왔다. 이러한 서비스의 경우 '고객'은 경제개발 수준 및 자문센터의 회원 여부에 따라 다양한 수준의 자문료 할인 혜택을 제공받는다.

둘째, 자문센터는 WTO 분쟁해결절차의 주제가 아니거나 아직 다루어지지 않은 문제에 대한 법률 자문을 제공한다. 이러한 서비스는 최빈개발도상회원국과 자문센터의 회원국인 개발도상회원국 및 일정 기간이 지나지 않은 체제전환국에 대해서 무료로 제공된다. 또한, 자문센터는 회원국이 아닌 개발도상회원국에 대해서도 일정액의 수수료를 받고 법률적 지원을 제공한다. 또한, 자문센터는 WTO 분쟁해결에 관한 교육을 제공하고 개발도상회원국 공무원의 WTO 관련 전문성을 향상시키기 위해 유급 인턴십을 제공하기도 한다. 자문센터의 직원은 WTO 협정 전반 및 WTO 분쟁해결에 대한 오랜 경험이 있는 법률 전문가로 구성되어 있다.

3. 개발도상회원국의 WTO 분쟁해결절차 참여 제고 방안

1) 개발도상회원국의 참여 방안 모색 필요성

WTO는 출범과 동시에 WTO 협정의 부속서 중 하나로 DSU를 채택하여 WTO 협정에 관련된 모든 분쟁을 관할할 수 있는 통합된 절차적 구조를 확립하게 되었다. WTO 분쟁해결제도는 DSU에 따라 절차상 주요 단계마다 명백한 기한을 설정하여 신속한 진행을 담보하였으며, 국제재판기구로서 유일하게 상소심의 기회를 제공하여 법률해석에 관한 엄밀성을 제고하는 등 분쟁해결제도의 사법성을 강화하였다.

특히, 선진국 중심의 '총의' 방식에 따라 패널보고서의 채택이 빈번히 저지되었던 GATT의 분쟁해결제도와는 달리 WTO 분쟁해결제도에서는 패널 및 상소기구의 설치가 자동적으로 이루어져 사실상 분쟁에 대한 '강제관할권'을 가지게 되었을 뿐만 아니라, '역총의' 방식에 따라 이들의 보고서 또한 자동적으로 채택되는 등 판결에 대한 준수 및 이행을 기대하는 개발도상회원국에게 매력적으로 다가오게 되었다.

WTO 분쟁해결제도는 규범기반(rule-based)으로 국제통상질서를 확립하려는 WTO의 목적에 부합되게 회원국 모두에게 분쟁해결절차 활용에 대한 동등한 기회를 제공하고 있다. 그러나 이러한 제도적 기반에도 불구하고, 선진국과 경제규모가 크거나 일부 선진화된 개발도상회원국들을 중심으로만 절차의 활용에 적극성을 보일 뿐, 이를 제외한 나머지 국가들은 매우 소극적인 모습을 보이고 있다. 2020년 말 기준, 총 164개의 WTO 회원국 중 그 반이 채 안 되는 80개국만 제소국으로서 WTO 분쟁해결절차에 참여하였다는 점이 이를 반증한다. 이는 다자무역체제의 법적 안전성과 예측가능성을 확립하려는 WTO 분쟁해결제도에 큰 과제가 아닐 수 없다.

따라서 WTO 분쟁해결절차 단계별로 개발도상회원국의 소극적인 참여 원인이 되는 요소들을 살피고, 이를 개선할 수 있는 방안이 있는지 검토하고자 한다. 분쟁해결절차의 단계별로 개발도상회원국 참여에 대한 문제점과 이를 개선할 수 있는 방안이 있는지 차례대로 검토하고자 한다. 다자적 무역주의가 침체되고 있는 최근의 상황하에서 WTO 분쟁해결절차에 대한 개발도상회원국의 적극적인 참여 방법에 대한 모색은 중요한 의미를 지닌다고 평가할 수 있다.

앞서 언급한 바와 같이, WTO 체제하에서는 DSU에 따라 분쟁해결절차에 대한 포괄적이고 상세한 구도를 제공하고 있다. WTO 분쟁해결제도의 목표는 분쟁에 대한 '긍정적인 해결책'(positive solution)을 확보하는 것으로 분쟁당사국이 상호 수락할 수 있으며, 대상협정과 합치하는 해결책이 선호된다. '상호 합의된 해결책'(mutually agreed solution)이 없는 경우, 통상적으로 위반 판결이 내려진 조치에 대한 철회를 확보하는 것이 우선적인 목표가 된다. 만약 조치의 즉각적인 철회가 어렵다면, 대상협정에 대한 위반조치의 철회 시까지 잠정조치로써 '보상'(compensation)을 제공하거나 DSB의 승인을 조건으로 '대상협정상의 양허 또는 그 밖의 의무의 적용'(suspending the application of concessions or other obligations under the covered agreements, 이른바 '보복조치')을 차별적으로 정지할 수 있도록 하고 있다.

2) 개발도상회원국의 참여 현황

WTO 분쟁해결절차상 개발도상회원국의 참여 수준을 분석하기에 앞서 검토대상이 되는 개발도상회원국의 범위와 이들의 참여 방법에 대한 설정이 필요할 것이다. 먼저 전자와 관련하여, WTO 공식자료에서는 회원국의 2/3 이상이 개발도상회원국이라고 명시할 뿐, 개발도상회원국에 대한 어떠한 정의도 내리고 있지 않다. 일반적으로 WTO 체제하에서 회원국 스스로 선진국인지 개발도상회원국인지 여부를 선언하도록 되어 있으며, UN에서 지정하고 있는 최빈개발도상회원국에 대해서만 그 지위를 확정하고 있다.

종합적으로 164개의 WTO 회원국 중 선진회원국 또는 중국, 인도, 브라질 등 일부 거대 개발도상회원국 등 41개국을 제외한 123개국에 대해서는 WTO 분쟁해결절차 참여에 다소 소극적이라는 평가를 내릴 수 있다. 'QUAD'로 불리는 선진국들(미국, EU, 캐나다, 호주)과 우리나라와 같은 일부 선진화된 개발도상회원국들을 제외한 여타 국가들이 WTO 분쟁해결절차를 거의 활용하지 않는다는 점은 다자무역체제의 안정성과 예측가능성을 확립하려는 WTO 분쟁해결제도에 큰 위협이 아닐 수 없다.

4. 참여에 대한 평가와 개선방안

1) '협의' 단계

WTO 규범의 적용대상이 날로 방대해지고 복잡해짐에 따라 이에 대한 전문지식이 계속 요구될 뿐만 아니라, 소송비용 또한 국내 소송에 비해 그 부담이 상당하다 할 수 있다. 이러한 관점에서 WTO 관련 전문 인력과 재원 등 무역정책 관련 기반인프라가 충분하지 않은 개발도상회원국에게는 협의 요청을 준비하는 단계에서부터 WTO 분쟁해결절차의 활용이 부담으로 느껴질 수밖에 없음을 부인할 수 없다. 2002년 WTO 분쟁해결기구 특별회의에서 아프리카 그룹(African Group) 역시 개발도상회원국의 인적 자원과 재원의 부족에 대한 우려를 표명한 바 있으며, 이와 관련된 다양한 개선방안이 논의되고 있다.

무역정책 관련 기반시설을 구축하기 위한 일환으로 위에서 언급한 WTO 법률자문센터(ACWL)를 활용하는 방안을 생각해 볼 수 있다. ACWL은 2001년 설립되었으며, WTO 협정상 개발도상회원국의 권리와 의무에 대한 법률자문을 제공하는데, WTO 분쟁해결절차의 활용과 관련하여 도움을 요청하는 경우 승소 가능성에 대해 검토해 준다.

구체적으로 ACWL은 WTO 분쟁해결절차의 전 과정에서 개발도상회원국이 제소국이나 피소국 또는 제3자의 지위로 참여하는 모든 경우에 있어 법률서비스를 제공한다. 이를 통해 협의요청서 작성 및 상호 만족할 만한 해결 도출 등 협의 단계에서의 지원뿐만 아니라 패널설치 요청서 작성, 패널 및 상소절차에서의 변론서 작성 등 소송 단계에서의 지원과 DSU 제21.3조의 판결 이행의 '합리적 기간' 산정을 위한 중재절차 참여, 제21.5조에 따른 이행점검패널 참여 등 이행단계에서의 지원도 이루어진다.

ACWL 회원인 개발도상회원국에 한에서 ACWL에서 제공하는 서비스를 이용할 수 있다. 현재 30개의 개발도상회원국이 회원국으로 있으며 이들이 차지하는 세계무역 비중과 1인당 소득에 따라 A, B, C의 범주로 회원국 지위가 분류되며, 그 범위 내에서 지원되고 있다. 이들은 제소국이나 피소국의 형태로 WTO 분쟁해결절차에 참여한 개발도상회원국 중 60% 이상 해당한다. UN에서 지정하고 있으면서 WTO의 회원국이거나 회원가입 절차가 진행 중인 최빈개발도상회원국에 대해서도 ACWL에서 제공하는 서비스를 이용할 수 있는데, WTO 분쟁해결제도에 대한 법률자문뿐만 아니라 정부관계자를 대상으로 교육을 실시하거나 인턴십을 제공하기도 한다.

2020년까지 ACWL의 지원을 받아 개발도상회원국은 40여 차례 이상 제소하였으며, 이 중 25차례의 경우 미국, EU, 호주 등의 선진국을 상대로 소가 진행되었다는 점에서 상당히 주목할 만하다. 또한, ACWL의 지원으로 남미 국가 상호간 분쟁의 경우에도 지역적 분쟁해소 방식보다 WTO 분쟁해결절차에 따른 해소를 선호한다는 점을 확인할 수 있으며, 필리핀과 태국과 같은 동남아시아 국가들도 적극적으로 참여하게 되었다는 점을 확인할 수 있다.

ACWL은 WTO 분쟁해결절차 단계별 소송비용의 상한선을 정해 그 한도 내에서 비용을 청구함으로써 개발도상회원국으로 하여금 재원의 부담을 비교적 덜게 할 수 있다. 그리고 외부 변호인단을 구성하여 지원하는 경우에도 동 상한선의 20%까지만 소송비용으로 청구하도록 하고 있다. 협의 단계나 소송 단계에서 제3자로의 참여는 개발도상회원국에게 WTO 분쟁해결절차의 실제와 법리를 경험할 수 있는 좋은 기회이다. 이에 ACWL 총회는 최빈개발도상회원국이 분쟁의 제3자로 참여함에 따라 ACWL에 지원을 요청하는 경우 무상으로 법률 서비스를 제공할 것에 대하여 결정하기도 하였다.

이 밖에도 DSU 제4.10조의 협의 과정에서 관련 회원국이 개발도상회원국의 특별한 문제점과 이익에 대하여 특별한 고려를 하는 등 DSU하의 개발도상회원국에 대한 특별하고 차별화된 대우(Special and Differential Treatment, SDT) 규정을 의무화하여 WTO 분쟁해결절차에 적극적인 참여를 유도할 수 있도록 하는 방안을 생각해 볼 수 있다. 또한, DSU 제27.2조에 따라 WTO 사무국은 개발도상회원국이 요청하는 경우, 분쟁해결과 관련한 추가적인 법률자문과 지원을 제공하는 방법도 생각해 볼 수 있다. 다만, 사무국의 계속적인 불편부당성(공평성)이 확보되는 방법으로 개발도상회원국을 지원하도록 되어 있다는 점에서 소송 대리가 어려운 것으로 해석될 수 있기에 충분한 지원이 가능한지 다소 회의적이기는 하다.

2) '소송' 단계

DSU에서는 소송단계에서의 주요 절차마다 명백한 기한을 설정하고 있어, 절차의 신속한 진행과 예측가능성을 담보할 수 있게 되었다. 그러나 앞서 언급한 바와 같이 실제 상세한 절차규정에도 불구하고 많은 경우 협의 요청 시부터 상소보고서 회람 시까지 약 15개월 이상 소요되며, 패소국은 평균적으로 10개월 이상 판결의 이행을 위한 합리적인 기간을 부여받기 때문에, 제소국의 입장에서 WTO 협정 위반으로부터 완전한 구제를 받기 위해서는 대략 2년 이상의 시간이 소요된다 할 수 있다. 재원의 부족 등 소송능력이 떨어지는 개발도상회원국이 제소하는 경우, 이러한 장기간의 절차 진행은 상당한 부담으로 작용하기 때문에 소송단계를 간소화할 수 있는 방법을 강구할 필요가 있다.

먼저 개발도상회원국이 선진국을 상대로 제소하는 경우 DSU 제3.12조에 따라 이른바 '1966년 결정'을 이행하는 방안을 생각해 볼 수 있다. 사무총장은 분쟁의 신속하고 원만한 해결을 위하여 분쟁당사국과 2개월 이내에 협의하도록 하며, 협의가 이루어지지 않는 경우 2개월 이내에 패널이 회부된 문제를 신속히 조사하고 분쟁해결기구에 권고 및 판결을 제출하도록 하고 있다. 따라서 협의요청 시부터 패널보고서 채택까지의 기한이 대략 4개월로 단축될 수 있다. 2007년 EC-Bananas 사건에서 콜롬비아는 EU와의 협의과정에서 상호 원만하게 해결되지 않는 경우 '1966년 결정'에 따른 패널설치를 고려하겠다고 밝힌 바 있다.

둘째, 상설적 패널기구의 설치를 고려해 볼 수 있다. 상소기구는 7인의 상소위원 중심으로 WTO 조직 내 별도로 설치되어 있는 상설기관으로서 3인의 위원을 무작위로 선출하여 하나의 사건을 담당하게하기 때문에, 재판부를 구성하는데 시간적으로 별다른 지체가 없다. 반면, 패널 심의와 관련하여서는 실무적으로 사무국에 등재된 패널 명부에 국한하지 않고 다양한 경로를 통하여 패널위원을 선임하기 때문에, 이와 관련하여 분쟁당사국간 이견이 항시 존재하며 DSU에서 규정하고 있는 기한 내 합의가 종종 이루어지지 않는 것으로 나타나고 있다. 따라서 상소기구와 유사하게 WTO 조직 내 임기제로 임명된 패널위원 중심의 패널기관을 별도로 설치하여 패널위원 선임과 관련하여 불필요하게 소요되는 시간을 줄일 수 있도록 할 수 있다.

이 밖에도 주선, 조정 및 중개와 같은 대체적 분쟁해결(Alternative Dispute Resolution, 아래 ADR)을 활용하는 방안을 생각해 볼 수 있다. DSU에서는 ADR의 절차적 기한에 대하여 명시하고 있지는 않으나 분쟁당사국 상호간 원만한 해결을 목표로 한다는 점에서 판결의 이행의무가 부과되는 패널 및 상소절차에 비해 상대적으로 신속한 진행을 기대할 수 있다.

최빈개발도상회원국이 분쟁당사국으로서 협의과정에서 만족할 만한 해결을 보지 못하는 경우, WTO 사무총장 또는 분쟁해결기구 의장이 SDT(특별하고 차별화된 대우)의 일환으로 최빈개발도상회원국의 요청에 따라 패널이 설치되기 전 주선, 조정 및 중개를 제의할 수 있도록 규정하고 있는 DSU 제24.2조를 최대한 활용하는 방안도 신중히 고려하여야 할 것이다.

3) '이행' 단계

앞서 언급한 바와 같이, 분쟁당사국 상호간 합의 또는 중재에 의하여 부여받은 합리적인 기간 내 판결을 이행하지 않는 경우, 회원국간 권리, 의무의 균형 회복과 판결 이행을 유도하기 위한 보복조치를 이행할 수 있다. 다만, 보복조치는 WTO 협정 위반국에 대한 일부 양허 등을 정지하는 시장봉쇄의 형태로 이루어지는 까닭에 보복조치 이행국의 시장규모에 따라 그 효과가 달라질 수 있다. 다시 말해, 권고 및 판결의 미이행국인 선진국에서 보복조치 이행국인 개발도상회원국으로 향하는 수출량의 비중이 매우 경미하여 판결 미이행국에게 충분한 압박으로 작용하지 않을 수 있다. 따라서 개발도상회원국의 입장에서 선진국을 상대로 보복조치를 이행하는 경우 판결 이행을 유도하는 관점에서 효과적이지 않을 수 있다.

뿐만 아니라, 선진국에 대하여 무역의존도가 높은 개발도상회원국은 보복조치를 이행함에 따라 자국 내 소비자가 저렴한 가격에 수입상품을 구매할 수 없기 때문에 결국 보복조치를 받는 국가만큼 피해를 입을 수 있다. 실제 US-Gambling 사건(DS285)에서 안티구아는 미국 상품과 서비스를 대상으로 보복조치를 이행하는 것은 자국민에게 이를 더 비싼 값에 구매하도록 하는 것이기에 오히려 자국에 "불균형적이며 부정적인 효과"(disproportionate adverse impact)를 가져다 줄 수 있다고 우려하기도 하였다.

이러한 보복조치 이행의 문제점을 해소하기 위한 일환으로 다음과 같은 대안을 고려해 볼 수 있다. 첫째, 보복조치의 이행 대신 금전지급의 형태로 구제하는 방안을 생각해 볼 수 있다. 이는 판결 이행을 위한 합리적 기간 종료 전 분쟁당사국간 합의에 의하여 결정되는 금전보상(monetary compensation)과 달리, 보복조치의 이행단계에서 보복조치의 대안으로서 제공되는 구제라는 점을 유의할 필요가 있다.

금전지급 형태의 구제는 위반국의 국고에서 지급되는 것으로 보복조치에 따라 제소국의 소비자 또는 관련 산업에 피해가 발생하지 않는 장점이 있다. 보복조치와 달리, WTO 권고 및 판결의 미이행국에게 정치적 압박이 가해지지 않아 판결 이행을 유도하는데 다소 실효성이 떨어질 수 있으나, 패널이 설치된 시점이나 패널보고서가 채택된 날로부터 금전지급의 수준을 산정하는 등 소급효를 부여하여 판결 이행을 유도한다면 매우 효과적일 수 있다.

둘째, 동일한 분쟁에서 제소국이 다수인 경우, 제소국간 집단적으로 보복조치를 이행하는 방안을 생각해 볼 수 있다. 구체적으로 권고 및 판결의 미이행국을 상대로 다수의 제소국이 개별적으로 보복조치를 이행하는 것이 아니라, 분쟁해결기구로부터 승인받은 보복의 수준을 그들의 보복이행 능력에 따라 배분하여 집단적으로 보복을 이행하는 경우 매우 효과적일 수 있다는 것이다. 선진국의 권고 및 판결 미이행에 대한 개발도상회원국의 집단적인 행동은 상당한 압박으로 작용할 것이다.

셋째, 무역관련 지식재산권(Trade Related Aspects of Intellectual Property Rights, 아래 TRIPS)협정상의 의무 정지를 적극적으로 활용하는 방안을 생각해 볼 수 있다. 이는 지식재산을 비교적 많이 보유하고 있는 미국, EU 등 선진국으로서는 상당한 위협이 아닐 수 없다. 지금까지 보복조치는 상품이나 서비스 분야 위반에 따라 요청되었기 때문에, 이른바 '교차보복'(cross-retaliation)을 통하여 TRIPS 협정상의 의무 정지가 승인되었다. 즉, 제소국은 동일 협정상 양허 또는 그 밖의 의무를 정지하는 것이 비현실적이거나 비효과적이며, 상황이 충분히 심각하다는 것을 증명하여야 TRIPS 협정상의 의무 정지를 추구할 수 있도록 하고 있다.

그러나 이는 개발도상회원국에게 매우 엄격한 요건을 부과하는 것이 아닐 수 없기에, 절차상의 간소화를 위하여 개발도상회원국이 선진국을 상대로 보복조치를 이행하는 경우에 한하여 '무조건적인 교차보복'(unconditional cross-retaliation)을 허용하는 방안을 고려해 볼 수 있다. 물론 TRIPS 협정상의 의무정지가 보복조치 이행국 정부의 통제하에서 '상응성 요건'(standard of equivalence)을 준수하는 범위 내에서 이루어져야 함은 당연하다.

국제사회에서 법치주의의 기반이 강자와 약자 사이 공정한 경쟁의 장을 제공하는 데에서 비롯된다는 점에서 개발도상회원국의 참여 활성화를 위한 제도적 개선을 검토하는 것은 매우 중요하다. 그러나 분명한 것은 WTO 분쟁해결절차상 개발도상회원국의 소극적인 참여가 반드시 제도적 결함에서만 비롯되었다고 단정할 수는 없을 것이다. 분쟁 상대국에 의한 경제원조 중단에 대한 두려움 등 개발도상회원국이 참여를 꺼리는 것이 외부적인 요소에 의한 것일 수도 있기 때문이다.

WTO 분쟁해결절차 참여의 활성화를 위해 무엇보다 중요한 것은 참여에 대한 개발도상회원국의 적극적인 '의지'라 할 수 있다. 이들은 지금껏 다자무역질서 속에서 최혜국대우원칙 하의 WTO 체제가 추구하는 무역자유화에 대하여 대게 무임승차하였을 뿐, 적극적인 태도를 보이진 않았기 때문이다. WTO 분쟁해결절차상 참여 활성화 차원에서 개발도상회원국은 우선 많은 분쟁에 제3자의 자격으로 참여하여 스스로 경험을 쌓고, 전문성을 갖추는 등 국제사회에서 공동이해를 가지는 구성원으로서의 적극적인 모습을 보여야 할 것이다.

국제법의 기초 하에 설립된 국제기구에서 정치력 혹은 경제규모와 관계없이 회원국 모두 참여에 대한 적극적인 '의지'는 '제3세계 국가들의 국제법 접근'(Third World Approaches to International Law)이라는 차원에서 국제사회의 공정한 틀을 마련하는 데 중요한 초석이 될 것이다. 다자무역체제의 확립을 위해 WTO 체제에서는 분명 모든 회원국의 참여가 필요하며 이를 위한 WTO 분쟁해결제도 및 절차의 개선에 대한 지속적인 논의는 중요할 수밖에 없다.

제 III 부

WTO 분쟁해결제도의 법적 근거, 효력 및 문제

제9장 WTO 분쟁해결제도의 법적 근거

이 장에서는 WTO 회원국이 분쟁해결제도를 활용할 수 있는 WTO 협정상의 조건에 대해 알아보고자 한다. 즉, 한 회원국이 다른 회원국을 제소할 수 있는 사법적 근거에 대해 살펴보고자 하는 것이다.

1. DSU 적용 대상 협정과 분쟁해결 조항

우선 DSU 제1.1조에서는 "해당 협정의 협의 및 분쟁해결 조항에 따라 제기된 분쟁"에 대해 해당 규정 및 절차가 적용된다고 명시되어 있다. 그러므로 WTO 무역분쟁의 근거 또는 원인은 DSU 부록 1에 열거되어 있는 '적용 대상 협정', 즉 WTO 개별 협정들에 포함된 '협의 및 분쟁해결' 조항에서 찾을 수 있다. 즉, 무역분쟁의 근거를 결정하는 것은 DSU가 아니라 WTO 회원국의 실질적인 권리와 의무가 포함된 WTO 협정이 되는 것이라고 할 수 있다. WTO 협정에 포함되어 있는 '협의 및 분쟁해결'에 관한 조항들은 다음과 같다.

1994년 GATT 제22조[1] 및 제23조[2]
농산물협정 제19조[3]
검역 및 식물위생 조치의 적용에 관한 협정 제11조[4]
직물 및 의류에 관한 협정 제8조[5]
무역 관련 기술장벽에 관한 협정 제14조[6]
무역 관련 투자 조치에 관한 협정 제8조[7]
1994년 GATT 제6조 이행협정 제17조[8]
1994년 GATT 제7조 이행협정 제19조[9]
선적전 검사에 관한 협정 제7조[10] 및 제8조[11]
원산지 규정에 관한 협정 제7조[12] 및 제8조[13]

수입허가 절차에 관한 협정 제6조[14]
보조금 및 상계관세에 관한 협정 제4조[15] 및 제30조[16]
긴급수입제한조치 협정 제14조[17]
서비스 무역에 관한 일반 협정 제22조[18] 및 제23조[19]
무역 관련 지식재산권 협정 제64조[20]

---

1) 제22조 협의
   1. 각 회원국은 이 협정의 운영에 영향을 주는 문제에 관하여 다른 체약당사자가 제시할 수도 있는 의전에 대하여 호의적인 고려를 하며 동 의견에 관한 협의를 위하여 충분한 기회를 부여한다.
   2. 회원국들은 회원국의 요청에 따라 제1항하의 협의를 통하여 만족할만한 해결책을 찾는 것이 가능하지 아니하였던 문제에 관하여 회원국당사자 또는 회원국당사자들과 협의할 수 있다.

2) 제23조 무효화 또는 침해
   1. 회원국이 다음의 결과로 이 협정 하에서 직접적 또는 간접적으로 자신에게 발생되는 이익이 무효화되거나 침해되고 있거나 이 협정의 목적 달성이 방해되고 있다고 인정하는 경우,
      (a) 다른 회원국의 이 협정 하의 자신의 의무의 불이행 또는
      (b) 이 협정 규정과의 저촉 여부를 불문하고 다른 회원국에 의한 조치의 적용 또는
      (c) 그 밖의 상황의 존재
      동 회원국은 동 문제의 만족스러운 조정을 목적으로 관련이 있다고 동 회원국이 간주하는 다른 회원국 또는 회원국들에게 서면으로 의견을 제시하거나 제의를 할 수 있다. 이렇게 의견을 제시받거나 제의를 받은 회원국은 자신에게 행하여진 동 의견 또는 제의에 대하여 호의적인 고려를 한다.
   2. 합리적인 시간 내에 당해 회원국간에 어떠한 만족스러운 조정도 이루어지지 아니하는 경우 또는 그 어려움이 이 조 제1항 (c)에 기재된 형태인 경우 동 문제는 회원국들에 회부될 수 있다. 회원국들은 자신에게 회부된 문제를 신속히 조사하고, 경우에 따라, 회원국들이 관련이 있다고 인정하는 회원국에게 적절한 권고를 하거나 동 문제에 관하여 판결을 한다. 회원국들은 협의가 필요하다고 인정하는 경우 회원국, 국제연합 경제사회이사회 및 적절한 정부간기구와 협의할 수 있다. 회원국들은 상황이 그러한 조치를 정당화할 만큼 충분히 심각하다고 간주하는 경우 회원국들이 동 상황하에서 적절하다고 결정하는, 이 협정 하의 양허 또는 그 밖의 의무의 다른 회원국 또는 회원국들에 대한 적용을 회원국 또는 회원국들이 정지하는 것을 승인할 수 있다. 회원국에 대한 양허 또는 그 밖의 의무의 적용이 실제로 정지된 경우 동 회원국은 이러한 조치가 취하여진 후 60일 이내에 이 협정에서 탈퇴할 의사를 사무총장(Director-General)에게 서면으로 통보할 자유가 있으며 이러한 탈퇴는 동 통보가 사무국장에 의하여 접수된 다음날로부터 60일째 되는 날 발효한다.

3) 제19조 협의 및 분쟁해결
   분쟁해결양해에 의하여 발전되고 적용되는 1994년도 GATT 제22조와 제23조의 규정이 이 협정의 협의 및 분쟁해결에 적용된다.

4) 제11조 협의 및 분쟁해결
   1. 이 협정에 명시적으로 달리 규정된 경우를 제외하고, 이 협정에 따른 협의 및 분쟁해결에 대하여는 분쟁해결양해에 의하여 발전되고 적용되는 1994년도 GATT 제22조 및 제23조의 규정이 적용된다.
   2. 이 협정에 따른 과학적 또는 기술적인 쟁점을 포함하는 분쟁 시, 패널은 분쟁당사국과 협의하여 패널이 선정한 전문가로부터 자문을 구하여야 한다. 이 목적을 위하여 패널은 적절하다

고 판단하는 경우에는 일방 분쟁당사국의 요청 또는 자신의 주도에 의하여 기술전문가 자문단을 설치하거나 관련 국제기구와 협의할 수 있다.

3. 이 협정의 어느 규정도 다른 국제기구의 주선 또는 분쟁해결제도 또는 다른 협정에 따라 설치된 주선 또는 분쟁해결제도를 이용할 수 있는 권리를 포함하여 그 밖의 국제협정에 따른 회원국의 권리를 저해하지 아니한다.

5) 제8조

1. 이 협정의 이행을 감독하고, 이 협정에 따라 취하여진 모든 조치 및 동 조치의 이 협정과의 합치여부를 조사하고, 이 협정이 구체적으로 자신에게 요구하는 조치를 취하기 위하여, 섬유감시기구가 이 협정에 의하여 설치된다. 섬유감시기구는 1명의 의장과 10명의 회원으로 구성된다. 섬유감시기구의 회원들은 회원국을 균형되고 광범위하게 대표하도록 구성되며 적절한 간격을 두고 순환된다. 섬유감시기구의 회원은 상품무역이사회가 지정하는 회원국에 의하여 임명되며 개인자격으로 자신의 기능을 수행한다.
2. 섬유감시기구는 자체적인 작업 절차를 마련한다. 그러나, 섬유감시기구내에서의 컨센서스는 섬유감시 기구에 계류 중인 미해결 사안에 연관된 회원국에 의하여 임명된 회원의 동의나 찬성을 요하지 아니하는 것으로 양해된다.
3. 섬유감시기구는 상설기구로 간주되며 이 협정에 따라 자신에 요구되는 기능을 수행할 수 있도록 필요에 따라 회합한다. 섬유감시기구는 이 협정의 관련 규정에 따라 회원국이 제공한 통보문과 정보 및 회원국이 제출하거나 섬유감시기구가 회원국에게 요구키로 결정하여 얻은 추가적인 정보나 필요한 세부사항에 의존한다. 또한 섬유감시기구는 다른 세계무역기구 산하기관에 대한 통보문과 동 기관의 보고서와, 자신이 적절하다고 판단되는 다른 출처로부터의 보고서에 의존할 수 있다.
4. 회원국은 이 협정의 운영에 영향을 미치는 모든 문제와 관련하여 다른 회원국에게 적절한 협의 기회를 제공한다.
5. 이 협정에 규정된 양자 협의에서 상호 합의된 해결책을 찾지 못하는 경우, 섬유감시기구는 일방 회원국의 요청시, 동 사안에 대하여 철저하고 신속한 검토를 한 후 관련 회원국에게 권고한다.
6. 회원국이 이 협정에서의 자기나라의 이익을 침해할 것으로 판단하는 특정사안과 관련하여 관련 회원국 또는 회원국들과의 협의에서 상호 만족스런 합의에 도달하지 못한 경우 동 회원국의 요청 시 섬유감시기구는 동 사안을 신속히 검토한다. 동 사안에 대해 섬유감시기구는 제11항에 규정된 검토의 목적상 관련 회원국에게 자신이 적절하다고 판단하는 견해를 제시할 수 있다.
7. 섬유감시기구는 권고나 견해를 작성하기 전에 문제가 된 사안으로 인하여 직접적으로 영향을 받게 될 회원국의 참여를 권유한다.
8. 섬유감시기구가 권고나 판정을 하도록 요청받을 경우, 섬유감시기구는 이 협정에 달리 기간이 정하여져 있는 경우를 제외하고는 가급적 30일의 기간이내에 권고 또는 판정을 내린다. 이러한 모든 권고나 판정은 직접적으로 관련된 회원국에게 통보되며 또한 상품무역이사회에도 참고하도록 통보된다.
9. 회원국은 섬유감시기구의 권고를 모두 수용하도록 노력하며, 섬유감시기구는 그러한 권고사항의 이행에 대한 적절한 감시를 한다.
10. 회원국이 섬유감시기구의 권고에 따르는 것이 불가능하다고 판단하는 경우에는 동 권고를 받은 후 1월 이내에 섬유감시기구에 그 사유를 제시한다. 제시된 사유를 면밀히 검토한 후 섬유감시기구는 즉시 적절하다고 판단되는 추가적인 권고를 제시한다. 이러한 추가적인 권고가 있은 후에도 사안이 해결되지 아니할 경우, 일방 회원국은 분쟁해결기구에 동 사안을 회부하여 1994년도 GATT 제23.2조 및 분쟁해결양해의 관련 규정을 원용할 수 있다.

11. 이 협정의 이행을 감독하기 위하여 상품무역이사회는 통합과정의 각 단계 종료 이전에 종합적인 검토를 한다. 동 검토를 지원하기 위하여, 섬유감시기구는 적어도 각 단계 종료 5개월 이전에, 검토대상이 되는 단계 동안의 이 협정의 이행상황, 특히 이 협정 제2조, 제3조, 제6조 및 제7조에 각각 규정된 통합과정, 과도적 긴급수입제한제도의 적용 및 1994년도 GATT의 규칙 및 규율의 적용과 관련된 이행상황에 대한 종합 보고서를 상품무역이사회에 제출한다. 섬유감시기구의 종합보고서에는 섬유감시기구가 적절하다고 판단하는 상품무역이사회에 대한 권고가 포함될 수 있다.
12. 상품무역이사회는 자신의 검토에 비추어 이 협정에 구현된 권리와 의무의 균형이 침해되지 않도록 보장하기 위하여 적절하다고 판단되는 결정을 컨센서스에 의하여 내린다. 제7조에 언급된 문제와 관련하여 발생할 수 있는 분쟁의 해결을 위하여, 분쟁해결기구는 제9조에 따라 설정된 최종 일자에 영향을 미치지 않는 범위내에서, 이 협정상의 의무를 준수하지 아니하는 것으로 판명된 회원국에 대하여 검토 이후의 단계에서 제2.14조에 대한 조정을 승인할 수 있다.

6) 제14조 협의 및 분쟁해결
1. 이 협정의 운영에 영향을 미치는 문제와 관련한 협의와 분쟁해결은 분쟁해결기구의 주관하에 진행되며, 분쟁해결양해에 의해 발전되어 적용되는 1994년 GATT 제22조 및 제23조의 규정을 준용한다.
2. 패널은 일방 분쟁당사국의 요청에 따라, 또는 독자적으로, 전문가의 상세한 검토를 요구하는 기술적인 성격의 문제를 지원할 기술전문가단을 설치할 수 있다.
3. 기술전문가단은 부속서 2의 절차에 의하여 관리된다.
4. 한 회원국이 다른 회원국이 제3조, 제4조, 제7조, 제8조 및 제9조에 따라 만족할만한 결과를 달성하지 못하였으며 자기나라의 무역 이익이 중대하게 영향을 받고 있다고 판단하는 경우, 위에 규정된 분쟁해결 규정을 원용할 수 있다. 이와 관련, 이러한 결과는 당해 기관이 회원국인 경우의 결과와 동등하여야 한다.

7) 제8조 협의 및 분쟁해결
분쟁해결양해에 의해 발전되고 적용되는 1994년도 GATT 제22조 및 제23조의 규정이 이 협정에 따른 협의 및 분쟁해결에 적용된다.

8) 17조 협의 및 분쟁해결
1. 이 협정에 달리 규정된 경우를 제외하고 분쟁해결양해가 이 협정에 따른 협의 및 분쟁해결에 적용된다.
2. 각 회원국은 이 협정의 운영에 영향을 미치는 모든 문제와 관련한 다른 회원국의 주장에 호의적인 고려를 하고 이러한 주장과 관련한 협의를 위하여 적절한 기회를 제공한다.
3. 특정 회원국이 다른 회원국에 의해 이 협정에 따라 직접 또는 간접적으로 자기나라에 발생할 수 있는 이익이 무효화되거나 혹은 침해되었다고 판단하거나 어떠한 목적이라도 달성이 저해되고 있다고 간주하는 경우, 이러한 회원국은 상호 만족할만한 사안의 해결에 이르기 위해 당해 다른 회원국에 대하여 서면으로 협의를 요청할 수 있다. 각 회원국은 다른 회원국의 협의요청에 대해 호의적인 고려를 한다.
4. 협의를 요청한 회원국이 제3항에 따른 협의에서 상호 합의된 해결책에 도달하지 못하였다고 간주하고, 확정 반덤핑관세의 부과 혹은 가격약속을 수락하기 위한 최종조치가 수입회원국의 관할 당국에 의해 취해진 경우, 이러한 회원국은 동 문제를 분쟁해결기구에 회부할 수 있다. 잠정조치가 중대한 영향을 미치고 있으며, 협의요청 회원국이 동 조치가 제7.1조의 규정에 반하여 취해졌다고 간주하는 경우 동 회원국은 이러한 문제도 분쟁해결기구에 회부할 수 있다.
5. 제소당사자의 요청에 따라 분쟁해결기구는 다음 사항에 기초하여 문제를 검토할 패널을 구성한다.

---

(1) 이 협정에 따라 직접 또는 간접적으로 자신에게 발생한 이익이 어떻게 무효화 또는 침해되고 있는지 또는 이 협정의 목적달성이 방해받고 있음을 밝히는 요청회원국의 서면 진술서, 그리고

(2) 적절한 국내절차에 따라 수입회원국의 당국에 입수된 사실

6. 제5항에 언급된 사항을 검토하는데 있어서,

(1) 패널은 사안의 사실을 평가함에 있어서 당국에 의한 사실의 확립이 적절하였는지 여부 및 동 사실에 대한 당국의 평가가 공평하고 객관적이었는지 여부를 결정한다. 사실의 확립이 적절하였으며 평가가 공평하고 객관적이었을 경우 패널이 다른 결론에 도달했다 하여도 평가는 번복되지 아니한다.

(2) 패널은 국제공법의 해석에 관한 관습적인 규칙에 따라 이 협정의 관련규정을 해석한다. 패널이 이 협정의 관련규정에 대해 하나 이상의 해석이 가능하다고 판정하고 당국의 조치가 그러한 허용되는 해석중 하나에 근거하는 경우 패널은 당국의 조치가 이 협정에 일치하는 것으로 판정한다.

7. 패널에 제공된 비밀정보는 이러한 정보를 제공하는 사람, 기관 또는 당국으로부터 공식적인 허가가 없는 한 공개되지 아니한다. 이러한 정보가 패널로부터 요청되었으나 패널에 의한 공개가 허가되지 아니한 경우, 정보를 제공하는 사람이나 기관 또는 당국이 승인한 평문으로 요약된 정보가 제공된다.

9) 제19조 협의 및 분쟁해결

1. 이 협정에서 달리 규정된 경우를 제외하고는 분쟁해결양해가 이 협정의 협의 및 분쟁해결에 적용된다.

2. 다른 회원국이 취한 조치의 결과로 이 협정에 따라 직접 또는 간접적으로 발생하는 자기나라의 이익이 무효화 또는 침해되거나 이 협정의 목적달성이 저해된다고 특정 회원국이 간주하는 경우, 이러한 회원국은 그 사안의 상호 만족할 수 있는 해결에 도달하기 위하여 관련 회원국에 대하여 협의를 요청할 수 있다. 각 회원국은 다른 회원국의 협의요청에 대하여 회의적인 고려를 한다.

3. 기술위원회는 요청이 있는 경우, 협의에 참여하는 회원국에게 조언과 지원을 제공한다.

4. 이 협정의 규정과 관련된 분쟁을 검토하기 위해 설치된 패널은 분쟁당사자의 요청 또는 자체결정에 따라 기술위원회에 대해 기술적 고려가 필요한 사안에 대한 검토를 실시할 것을 요청할 수 있다. 패널은 특정 분쟁에 관한 기술위원회의 위임사항을 정하고 기술위원회의 보고서 제출기한을 지정한다. 패널은 기술위원회의 보고서를 고려한다. 이 항에 따라 회부된 사안에 대하여 기술위원회가 컨센서스에 도달하지 못하는 경우, 패널은 분쟁당사자로 하여금 패널에서 동 사안에 대한 자신의 견해를 제시할 수 있는 기회를 부여한다.

5. 패널에 제출된 비밀정보는 이를 제공하는 사람, 기관 또는 당국의 공식적인 승인이 없이는 공개되지 아니 된다. 패널에 대하여 이 같은 정보제공이 요청되었으나 패널에 의한 동 정보의 공개가 승인되지 못한 경우, 정보를 제공하는 사람, 기관 또는 당국의 승인하에 이러한 정보에 관한 요약문이 제공된다.

10) 제7조 협의

회원국은 요청이 있는 경우 이 협정의 운영에 영향을 미칠 수 있는 모든 사안에 대하여 다른 회원국과 협의한다. 이러한 경우 분쟁해결양해에 의해 발전되고 적용되는 1994년도 GATT 제22조의 규정이 이 협정에 적용된다.

11) 제8조 분쟁해결

이 협성의 운영과 관련한 회원국간의 모든 분쟁에는 분쟁해결양해에 의해 발전되고 적용되는 1994년도 GATT 제23조의 규정이 적용된다.

12) 제7조 협의

분쟁해결양해에 의해 발전되고 적용되는 1994년도 GATT 제22조의 규정이 이 협정에 적용된다.

13) 제8조 분쟁해결
분쟁해결양해에 의해 발전되고 적용되는 1994년도 GATT 제23조의 규정이 이 협정에 적용된다.

14) 제6조 협의 및 분쟁해결
이 협정의 운영에 영향을 미치는 모든 사안에 관한 협의와 분쟁해결은 분쟁해결양해에 의해 발전되고 적용되는 1994년도 GATT 제22조와 제23조의 규정에 따른다.

15) 제4조 구제

1. 다른 회원국에 의해서 금지보조금이 지급 또는 유지되고 있다고 믿을만한 사유를 가진 회원국은 이러한 다른 회원국에게 협의를 요청할 수 있다.
2. 제1항에 따른 협의요청은 당해 보조금의 존재 및 성격에 관한 입수가능한 증거에 관한 진술을 포함한다.
3. 제1항에 따른 협의요청에 따라, 당해 보조금을 지급 또는 유지하고 있다고 믿어지는 회원국은 가능한 한 조속히 이러한 협의를 개시한다. 협의의 목적은 상황에 대한 사실을 명백히 하고, 상호 합의된 해결책에 도달하는 것이어야 한다.
4. 협의요청으로부터 30일(이 조에 언급된 기간은 상호 합의에 의하여 연장될 수 있다.) 이내에 상호 합의된 해결책에 도달하지 못하는 경우, 이러한 협의의 당사국인 회원국은 분쟁해결기구에 사안을 회부할 수 있으며, 분쟁해결기구가 컨센서스로 패널을 설치하지 아니하기로 결정하지 아니하는 한 패널이 즉시 설치된다.
5. 패널은 설치된 후 당해조치가 금지보조금인지의 여부에 관하여 상설전문가단(제24조에 설치되어있는 상설전문가단)의 지원을 요청할 수 있다. 상설전문가단은 요청을 받은 경우 즉시 당해 조치의 존재 및 성격에 관한 증거를 검토하고, 그러한 조치를 적용 또는 유지하고 있는 회원국에게 당해 조치가 금지보조금이 아니라는 것을 증명할 기회를 제공한다. 상설전문가단은 패널이 정한 기한내에 자신의 결론을 패널에 보고한다. 패널은 당해 조치가 금지보조금인지의 여부에 대한 상설전문가단의 결론을 수정없이 채택한다.
6. 패널은 최종보고서를 분쟁당사국에게 제출한다. 이 보고서는 패널의 구성 및 위임 사항의 확정일 로부터 90일 이내에 모든 회원국에게 배포된다.
7. 당해 조치가 금지보조금으로 판정이 내려지는 경우, 패널은 보조금공여국에게 지체없이 보조금을 철폐하도록 권고한다. 이와 관련 패널은 자신의 권고에 그 조치의 철폐기간을 명시한다.
8. 일방 분쟁당사국이 분쟁해결기구에 자신의 상소결정을 공식적으로 통보하거나 분쟁 해결기구가 컨센서스로 패널보고서를 채택하지 아니하기로 결정하는 경우를 제외하고, 패널보고서는 모든 회원국에게 배포된 날로부터 30일 이내에 분쟁해결기구에 의하여 채택된다.
9. 패널보고서에 대하여 상소가 행하여진 경우 상소기구는 분쟁당사국이 공식으로 자신의 상소의사를 통보한 날로부터 30일 이내에 결정을 내린다. 상소기구가 30일 이내에 보고서를 제출할 수 없다고 간주할 때에는 서면으로 보고서 제출이 가능한 예상기간과 함께 지연사유를 분쟁해결기구에 통보한다. 어떠한 경우에도 이 절차는 60일을 초과하지 아니한다. 상소보고서는 보고서가 회원국들에게 배포된 날부터 20일 이내에 분쟁해결기구가 컨센서스로 채택하지 아니하기로 결정하는 경우를 제외하고, 분쟁해결기구에 의해 채택되며 무조건적으로 분쟁당사국들에 의해 수락된다.(이 기간 동안 분쟁해결기구 회의가 예정되어 있지 아니한 경우에는 이 목적을 위하여 이러한 회의가 개최된다.)
10. 분쟁해결기구의 권고가 패널보고서 또는 상소보고서가 채택된 날부터 기산되는 패널이 정한 기간내에 이행되지 아니한 경우, 분쟁해결기구가 컨센서스로 제소국의 대응조치 요청을 거절하는 경우를 제외하고는 제소국에게 적절한(이 표현은 이 규정에 따라 다루어지는 보조금이 금지된다는 사실에 비추어 불균형적인 대응조치를 허락하는 것을 의미하지 아니

한다.) 대응조치를 취하는 것을 승인한다.

11. 분쟁당사국이 분쟁해결양해 제22.6조에 따라 중재를 요구하는 경우, 중재자는 대응조치가 적절한지(이 표현은 이 규정에 따라 다루어지는 보조금이 금지된다는 사실에 비추어 불균형적인 대응조치를 허락하는 것을 의미하지 아니한다.)의 여부를 결정한다.
12. 이 조에 따라 진행되는 분쟁의 목적상, 이 조에 구체적으로 규정된 기간을 제외하고, 분쟁해결양해에 따라 적용가능한 이러한 분쟁의 진행을 위한 기간은 동 양해에 규정된 기간의 절반이 된다.

16) 제30조 분쟁해결
이 협정에서 달리 명시적으로 규정된 경우를 제외하고는, 분쟁해결양해에 의하여 발전되고 적용되는 1994년도 GATT 제22조 및 제23조의 규정이 이 협정의 협의 및 분쟁해결에 적용된다.

17) 제14조 분쟁해결
분쟁해결양해에 의해 발전되고 적용되는 1994년도 GATT 제22조와 제23조의 규정이 이 협정하에서 발생하는 협의와 분쟁해결에 대하여 적용된다.

18) 제22조 협의
1. 각 회원국은 이 협정의 운영에 영향을 미치는 모든 사항과 관련하여 그 밖의 회원국이 제기할 수 있는 주장과 관련한 협의에 대해 호의적인 고려를 하며, 협의를 위한 적절한 기회를 제공한다. 분쟁해결 양해가 이러한 협의에 적용된다.
2. 서비스무역이사회 또는 분쟁해결기구는 회원국의 요청이 있는 경우, 제1항에 따른 협의를 통하여 만족스런 해결책을 발견할 수 없었던 문제에 관해 어떠한 회원국과도 협의할 수 있다.
3. 회원국은 자기나라와 함께 이중과세방지에 관한 국제협정의 당사자인 다른 회원국의 동 협정 적용대상에 해당하는 조치에 관하여는 이 조 또는 제23조에 따라 제17조를 원용할 수 없다. 특정 조치가 회원국간의 이러한 협정의 적용대상인지 여부에 대해 회원국간에 이견이 있는 경우, 일방 회원국은 이 사안을 서비스무역이사회에 회부할 수 있다.(WTO 협정의 발효일에 존재하고 있는 이중과세방지협정에 관하여는 이러한 협정의 양 당사국의 동의가 있는 경우에만 이러한 사안이 서비스무역이사회에 회부될 수 있다.) 이사회는 이 사안을 중재에 회부한다. 중재결정은 최종적이며 회원국을 기속한다.

19) 제23조 분쟁해결 및 집행
1. 다른 회원국이 이 협정에 따른 자신의 의무나 구체적 약속을 수행하지 아니하고 있다고 회원국이 간주하는 경우, 동 회원국은 상호 만족스런 해결책에 이르기 위하여 분쟁해결양해를 이용할 수 있다.
2. 분쟁해결기구는 그러한 행위를 정당화할 만큼 상황이 충분히 심각하다고 간주하는 경우, 회원국이 분쟁해결양해 제22조에 따라 그 밖의 회원국에 대하여 의무와 구체적 약속의 적용을 중지하도록 허가할 수 있다.
3. 이 협정 제3부에 의한 다른 회원국의 구체적 약속에 따라 자국에 귀속될 것이라고 합리적으로 기대될 수 있었던 혜택이 이 협정의 규정에 저촉되지 아니하는 조치를 적용한 결과 무효화되거나 침해되고 있다고 간주하는 회원국은 분쟁해결양해를 이용할 수 있다. 그 조치가 이러한 혜택을 무효화하거나 침해하였다고 분쟁해결기구가 판정하는 경우, 영향을 받는 회원국은 제21.2조를 기초로 조치의 수정이나 철회를 포함할 수 있는 호혜적인 조정에 대한 권리를 갖는다. 관련 회원국간에 합의가 이루어질 수 없는 경우에는 분쟁해결양해 제22조가 적용된다.

20) 제64조 분쟁해결
1. 분쟁해결양해에 의해 발전되고 적용되는 1994년도 GATT 제22조 및 23조의 규정은 이 협정에서 특별히 달리 규정하는 경우를 제외하고는 이 협정에 따른 협의와 분쟁해결에 적용된다.
2. 1994년도 GATT 제23.1조 (b), (c)는 WTO 협정의 발효일로부터 5년간 이 협정에 따른 분쟁

이 조항들 대부분은 GATT 1994의 제22조 및 제23조를 단순히 참조하거나 제22조 및 제23조를 모델로 삼아 작성된 것이라고 할 수 있다. 특히 GATT 제23조에 대해 주의를 기울일 필요가 있다. 왜냐하면 분명히 분쟁은 한 가지 이상의 협정을 통해 제기될 수 있고 대부분의 경우가 그러함을 알 수 있기 때문이다. 그러한 경우 분쟁해결을 위한 적절한 법적 근거는 문제가 제기된 서로 다른 협정의 분쟁해결조상의 내용에 따라 개별적으로 평가되어야 한다는 것이다.

2. GATT 조항의 문제점 및 쟁점

위에서 보았듯이 GATT 1994는 제22조 및 제23조에서 '협의 및 분쟁해결 조항'을 규정하고 있다. 그중에서도 제23.1조 (a), (b), (c)항에서 WTO 회원국이 구제조치를 취할 수 있는 구체적인 상황을 설명하고 있다. 제23.2조는 원래 구제조치를 취할 수 있는 조건과 형식을 명시한 것을 볼 수 있고, 이후 WTO 체제하의 분쟁해결제도와 관련된 보다 구체적인 사항은 DSU에서 보다 상세히 설명되어있다. 따라서 GATT 1994의 제23조는 회원국이 분쟁해결제도를 발동할 수 있는 조건을 규정함으로써 분쟁해결과 관련된 중요한 법적 근거조항으로 간주되고 있다. GATT 1994 제23조의 내용을 좀 더 자세히 살펴보면 다음과 같다.

1) 무효화 또는 침해의 조건

GATT 1994 제23.1조에서는 당사국이 동 협정에 의거하여 예상되는 이익의 무효화 또는 침해되는 경우를 세 가지로 규정하고 있다. 동 조항에 의거 (a) 상대국이 협정을 이행하지 않음으로써, 또는 (b) 이 협정의 규정과 상충하는지 여부와 관계없이 상대국의 조치로 인해, 또는 (c) 이외의 다른 조건 하에서 당사국이 동 협정에 의거하여 직접적으로 또는 간접적으로 발생하는 이익이 상실된 것으로 간주하거나, 또는 협정의 목적 달성에 실패할 경우 당사국은 문제의 만족스러운 조정을 위해 관련 상대국(들)에게 서면 진술 또는 제안을 할 수 있다. 이와 관련하여 상대국은 그 진술 또

해결에 적용되지 아니한다.

3. 제2항에 규정된 기간 동안 무역관련지적재산권위원회는 이 협정에 따른 1994년도 GATT 제23.1조 (b), (c), (d)에 규정된 형태의 제소의 범위와 방식을 검토하며 승인을 위하여 각료회의에 자신의 권고를 제출한다. 이러한 권고를 승인하거나 제2항의 기간을 연장하는 각료회의의 결정은 컨센서스에 의하며, 승인된 권고는 더 이상의 공식수락절차 없이 모든 회원국에 대하여 적용된다.

는 제안에 대해 호의적인 고려를 해야 한다고 규정하고 있다.

2) GATT 제23.1조에 의거한 제소 유형

위에서 보았듯이 GATT 제23.1조 (a), (b), (c)에서 제소국의 제소 유형을 세 가지로 규정하고 있다. 물론 이러한 제소를 위해서는 제23.1조의 시작에 나오듯이 당사국이 '이 협정에 의거하여 직간접적으로 발생하는 이익이 무효화되거나 또는 협정의 목적 달성이 저해되는 것으로 간주하는 것'을 전제로 한다. 즉 이것은 (a), (b), (c)에서 명시된 조건에 따른 결과가 되어야 한다.

물론 가장 많이 제기되는 제소는 GATT 제23.1(a)조에 의거한 소위 '위반제소(violation complaint)'이다. 위반제소는 다른 회원국이 WTO 협정상의 의무를 이행하지 않아 자국의 이익이 무효화 또는 침해받을 경우 가능하다. 여기서 의무 이행의 실패는 WTO 협정에 대한 법적 불일치 또는 위반을 언급하는 다른 방식일 뿐이다. 위반제소가 인정되기 위해서는 법적 불일치로 인한 이익의 무효화 또는 침해의 인과관계가 입증될 필요가 있다.

두 번째의 제소 유형은 GATT 제23.1(b)조에 의거한 소위 '비(非)위반제소(non-violation complaint)'이다. '비위반제소'는 다른 회원국의 조치가 비록 WTO 협정에 위배되지 않을 경우에도 그 조치로 인해 당사국의 이익이 무효화 또는 침해될 경우 제소가 가능함을 의미한다. 하지만 상대국의 비위반을 전제로 제소를 제기하는 것은 현실적으로 어렵고 제한적일 수밖에 없다. 비위반제소를 통한 분쟁사례는 1998년 미국이 일본을 대상으로 제기한 필름사건(DS44)을 제외하면 그 사례가 없다.

세 번째의 제소 유형의 GATT 제23.1(c)조에 의거한 소위 '상황제소(situation complaint)'이다. 문자적으로는 협정에서 규정하지 못하는 예상치 못한 상황, 예를 들어 협정의 철회, 관세협상의 실패 및 무역에 있어서 실현되지 못한 기대 등 예상하지 못했던 상황으로 인해 당사국의 이익이 '무효화 또는 침해'될 경우 제소가 가능하다. GATT 체제하에서 이러한 문제로 인한 상황제소가 소수 제기되었지만 그 중 어느 것도 패널보고서 채택의 결과로까지는 이어지지 못하였다. 또한, WTO하에서는 아직 상황제소를 통한 분쟁은 한 건도 제기되지 않았다.

위의 '비위반제소'와 '상황제소'를 고려해 볼 때 WTO 분쟁해결제도의 범위는 협정의 위반에 대해서만 다루는 다른 국제분쟁해결제도보다 그 범위가 넓다고 할 수 있다. 하지만 동시에 WTO 분쟁해결제도는 상대국의 협정 위반, 비위반, 또는 그 외의 예기치 못한 상황이더라도 그것이 당사국의 이익을 무효화하거나 또는 침해할 (또는 협정의 목적 달성이 침해될 수 있는 경우) 경우에만 해당된다는 점에서는 협정의 위반 그 자체가 제소의 조건이 되는 다른 국제분쟁해결제도에 비해서 그 조건이 협소하다고도 할 수 있다.

이러한 WTO 분쟁해결제도의 특성은 다자적 자유무역질서가 WTO 회원국간에 합의된 이익의 균형을 유지하는 것을 토대로 하고 있다는 점과, 또 이것을 유지하기 위한 의도가 반영되었다고 할 수 있다. 일반적으로는 GATT 체제뿐만 아니라 현재의 WTO 체제하에서도 상대국의 협정 위반은 당사국의 무역의 이익의 무효화 또는 침해를 가져온다는 것이 일반적인 인식으로 자리 잡았다고 할 수 있다.(DSU 제3.8조[21])

위의 내용을 요약하면 WTO 분쟁해결제도는 (a) 위반제소, (b) 비위반제소 및 (c) 상황제소 등의 세 가지 유형의 제소를 허용하고 있다고 할 수 있다. 하지만 실제로 WTO 체제하에서 제기된 분쟁의 경우 위에서 언급한 필름사건(DS44) 1건의 비위반제소를 제외하면 모두 위반제소의 경우라고 할 수 있어 비위반제소 및 상황제소에 대한 논의는 큰 의미가 없는 것으로 보인다.

(1) 위반제소(violation complaints)

위에 살펴본 위반제소가 성립될 수 있는 두 가지 조건은 첫째, 상대국의 협정 위반과 둘째, 이로 인한 당사국의 직간접적인 무역이익의 무효화 또는 침해라고 할 수 있다. 이로 인한 무역분쟁 발생 시 패널 및 상소기구가 이 두 가지 조건의 사실관계 및 인과관계를 인정한다면 제소국의 승소가 가능하다고 할 수 있다.

하지만 실제로는 분쟁의 판결에 있어서 이 두 가지 조건 중 첫 번째 조건인 협정의 위반은 두 번째 조건인 이익의 무효화 또는 침해에 비해 훨씬 중요한 비중을 차지한다. 왜냐하면 협정 위반이 입증되는 경우 이로 인한 당사국의 이익의 무효화 또는 침해는 자연스럽게 존재한다고 추정할 수 있다는 WTO 회원국들의 공통된 인식 때문이다. 이러한 추정은 GATT의 사법적 판단에서 진화되었으며 위에서 보았듯이 현재 DSU 제3.8조에 명시되어 있다.

DSU 제3.8조는 협정 위반에 대한 제소의 경우에만 관련된다. 이 조항에 포함된 '추정'은 상대국의 협정 위반이 확인되면 이는 곧 당사국의 이익의 무효화 또는 침해로 연결된다는 것이다. 하지만 그렇다 하더라도 이러한 추정은 그 자체로서 그러한 위

21) 대상협정에 따라 부담해야 하는 의무에 대한 위반이 있는 경우, 이러한 행위는 일견 명백한 무효화 또는 침해 사례를 구성하는 것으로 간주된다. 이는 일반적으로 규칙위반이 동 대상협정의 당사국인 다른 회원국에 대하여 부정적인 영향을 미친다고 추정됨을 의미하며, 이 경우 피소국이 제소국의 협정의무 위반주장에 대하여 반박하여야 한다.

반이 있었는지의 여부에 대한 문제에 직접적인 영향을 주지는 않는다. 이러한 점에서 추정 그 자체를 위반여부에 대한 문제와 동일시해서는 안 된다고 할 수 있다.

이러한 법적 추정은 일견 제소국에 유리한 것처럼 생각되어질 수 있지만 반드시 그런 것도 아니다. 왜냐하면 추정의 타당성을 인정받기 위한 협정 위반에 대해 우선적으로 제소국에 그 증거의 부담을 지우기 때문이다. 이러한 법적 추정의 개념과 DSU 제3.8조 "이는 일반적으로 규칙위반이 동 대상협정의 당사국인 다른 회원국에 대하여 부정적인 영향을 미친다고 추정됨을 의미하며, 이 경우 피소국이 제소국의 협정의무 위반을 주장하는 근거에 대하여 반박하여야 한다."의 마지막 문항은 DSU 제3.8조에서 규정하고 있는 추정이 반박될 수 있음을 시사하고 있다.

그러나 현재까지 GATT와 WTO 역사에서 이러한 법적 추정이 성공적으로 반박된 사례는 없다. GATT와 WTO의 패널은 이러한 협정 위반이 실제로 무역에 영향이 없다는 것을 입증하려는 모든 시도를 거부했다.[22] 예를 들어, 수입 쿼터(수량 제한)는 기본적으로 거래비용의 증가를 초래하고 기업들의 투자에 불확실성을 증가시킨다는 점에서 수입 쿼터를 완전히 활용하지 않았다고 해서 무역이익의 무효화 또는 침해가 없다고 할 수 없다는 것이다.[23]

또한, 패널은 GATT의 내국민대우조치는 수입품과 국산품 간의 경쟁에 대한 것이므로 수출과는 관련이 없기 때문에 내국민대우원칙의 위반이 무역에 미치는 영향은 크지 않다는 주장을 거부하였다.[24] 상소기구도 이러한 패널의 판결을 지지하였다.[25] 더 나아가 패널은 이러한 추정이 사실상 반박할 수 없는 추정으로 인정되고 있다는 것을 확인하였다.[26]

WTO 분쟁해결제도의 실행에 있어 패널은 피소국이 해당 협정의 규정을 위반했다고 결론을 내리면 패널보고서 작성 시 전형적으로 DSU 제3.8조를 인용한다. 피소국이 예외적으로 이러한 추정을 반박하려는 시도를 하지 않는 한 패널은 보고서에서 이익의 무효화 또는 침해 문제에 대해 간략한 언급만을 인용한다.

22) Panel Report, Italy—Agricultural Machinery, paras. 21-22 Panel Report, Canada—FIRA, para. 6.7.
23) Panel Report, Japan—Leather II (US), paras. 54-56.
24) Panel Report, US—Superfund, para. 5.1.9.
25) Appellate Body Report, EC—Bananas III, paras. 252 and 253.
26) Panel Report, US—Superfund, para. 5.1.7.

(2) 비위반제소(Non-violation complaints)

WTO 협정에 회원국들이 협상에서 합의한 모든 권리와 의무가 완전하게 포함되어 있다면 상대국의 협정 위반 사항이 없는 것을 전제로 하는 비위반제소의 경우에는 그 분쟁 제소의 정당성에 의문이 제기될 수 있다. "왜 상대국의 WTO 협정의 권리와 의무에 어긋나지 않는 조치, 즉 WTO 협정이 배제하지 않는 조치에 대해서도 구제가 있어야 하는가."라는 의문일 것이다.

비위반제소가 제기된 이유는 WTO 협정도 현실적으로는 국제통상, 무역과 관련된 완벽한 규범 및 규칙의 조합이 될 수 없기 때문이다. 결과적으로 WTO 회원국은 협정을 준수하는 조치 또는 적어도 위반하지 않는 조치를 취함에도 불구하고 기대 또는 예상과는 달리 협정의 원칙과 목적을 좌절시키거나 또는 협정에 포함된 규정의 의미를 훼손시킬 수 있다.

좀 더 구체적으로 말하자면 WTO 협정에 따라 다른 회원국이 정당하게 기대하는 무역의 이익이 WTO 협정에서 규정한 조치와 그에 부합하는 또는 직접적으로 위반되지 않는 상대국의 조치에 의해 무효화되거나 침해될 수 있는 가능성을 배제할 수 없다는 것이다. 한 회원국이 WTO 협정에 따른 조치를 취함에도 불구하고 다른 회원국의 무역의 이익을 훼손시킨다면 이는 WTO 협정을 통한 두 회원국간의 무역의 이익의 균형을 손상시킨다. 따라서 비위반제소는 이러한 WTO 협정의 불완전성을 인정하고 현실에서 발생가능한 회원국간 무역의 이익의 불균형을 분쟁해결제도를 통해 시정 또는 조정할 수 있는 길을 열어놓은 것이라고 할 수 있다.

GATT 체제에서 패널은 이러한 흔하지 않은 비위반제소를 통한 구제의 목적이 체약국(회원국)들의 관세 양허를 장려하는 데 있다고 언급하였다. 1990년 미국이 GATT 제23.1(b)조 위반으로 EEC를 제소한 분쟁에서 패널은 관세 양허의 기본적 취지가 GATT와 합치하는 관세 양허를 제공하는 체약국에 의해 손상되었을 때, 그러한 양허를 받는 상대국은 그러한 양허에도 불구하고, 예상되었던 시장 확대 등의 무역이 이익의 증대 기대가 좌절되었을 때 동 상대국은 구제를 받을 수 있는 권리를 가진다고 판시하였다.[27]

하지만 이러한 비위반제소의 허용이 협정 위반이 아닌 것을 전제로 한 제소라는 측면에서 GATT 및 기타 적용 대상 협정에 부합하는 모든 유형의 조치에 대해 폭 넓은 적용 범위를 갖고 있음을 의미한다고 보기는 어렵다. 왜냐하면 패널과 상소기구는 제23.1(b)조의 구제조치에 대해 "신중하게 접근해야 하며 예외적인 구제조치를 취

27) Panel Report, EEC—Oilseeds I, para. 144.

할 수 있도록 해야 한다."고 해석하였다.[28] 또한, 한 패널위원은 다음과 같이 덧붙였다. "이렇게 신중하게 접근해야 하는 이유는 명확하다. 회원국은 협상을 통해 WTO 협정을 준수하기로 합의하였고 그러한 협정의 규정에 위배되는 경우에만 제소당하는 것을 전제로 협상하였기 때문이다."라고 확인하였다.[29]

특히 DSU 제26.1조[30]은 GATT 제23.1(b)조의 비위반제소의 사항을 다루고 있는데 제소자에게 협정에 위배되지 않는 조치와 관련된 제소 사항의 사실관계를 확인할 수 있는 상세한 증거를 제시할 것을 요구하고 있다. 왜냐하면 비위반제소의 경우 앞에서 언급한 위반의 경우와는 다르게 무역의 이익의 무효화 또는 침해의 추정이 적용되지 않기 때문이다. 무역이익의 무효화 또는 침해의 추정이라는 개념과 결합되어 제23.1(b)조는 비위반제소가 정당성을 갖기 위해서는 제소국이 다음과 같은 세 가지 조건을 입증해야 한다고 규정하고 있다. 이 세 가지 조건은 다음과 같다.[31]

① WTO 회원국에 의한 조치의 적용,
② 협정에 따라 발생하는 이익의 존재,
③ 상대국 조치의 적용으로 인한 무역의 이익의 무효화 또는 침해

---

28) Panel Report, Japan—Film, para. 10.37.

29) Panel Report, Japan—Film, para. 10.36.

30) 제26.1조 1994년도 GATT 제23.1(b)조에 규정된 형태의 비위반제소
1994년도 GATT 제23.1(b)조의 규정이 특정 대상협정에 적용될 수 있는 경우, 패널 또는 상소기구는 일방 분쟁당사자가 특정 회원국의 조치의 결과로 인하여 동 조치의 특정 대상협정의 규정에 대한 위반여부에 관계없이, 특정 대상협정에 따라 직접적 또는 간접적으로 자국에 발생하는 이익이 무효화 또는 침해되고 있다고 간주하거나 동 대상협정의 목적달성이 저해되고 있다고 간주하는 경우에만 권고 및 판결을 내릴 수 있다. 이러한 당사자가 특정 사안이 1994년도 GATT 제23.1(b)조의 규정이 적용될 수 있는 대상협정의 규정과 상충하지 아니하는 조치에 관한 것이라고 간주하고, 또한 패널이나 상소기구가 그렇게 판결하는 경우에 이 양해의 절차가 다음에 따를 것을 조건으로 적용된다.
a. 제소국은 관련 대상협정과 상충하지 아니하는 조치에 관한 제소를 변호하는 상세한 정당한 사유를 제시한다.
b. 특정 조치가 관련 대상협정을 위반하지 아니하면서 동 협정에 따른 이익을 무효화 또는 침해하거나 동 협정의 목적달성을 저해한다고 판결이 내려지는 경우, 동 조치를 철회할 의무는 없다. 그러나 이러한 경우 패널 또는 상소기구는 관련 회원국에게 상호 만족할 만한 조정을 행하도록 권고한다.
c. 제21조의 규정에도 불구하고 제21.3조에 규정된 중재는 일방 당사자의 요청이 있는 경우 무효화 또는 침해된 이익의 수준에 대한 결정을 포함할 수 있으며, 또한 상호 만족할 만한 조정에 이르기 위한 수단 및 방법을 제의할 수 있다. 이러한 제의는 분쟁당사자에 대하여 구속력을 갖지 아니한다.
d. 제22.1조의 규정에도 불구하고 보상은 분쟁의 최종적인 해결로서의 상호 만족할만한 조정의 일부가 될 수 있다.

31) Panel Report, EC—Asbestos, para. 8.283.

첫 번째 조건은 적용되는 조치가 피소국 정부로부터 기인한다는 것을 의미한다. 기업이나 사인 등의 사적인 행위는 이 조건을 충족시키지 못한다. 다시 말해, 정부가 단순히 사적 차원의 무역제한적 조치를 용인하는 경우라도 이는 협정 위반이 아니므로 비위반제소의 대상이 될 수 없다. 다만, 정부가 적극적으로 그러한 사적 차원의 조치를 지지하거나 장려하는 경우에는 비위반제소의 대상이 될 수 있다.[32]

두 번째 조건과 관련하여서는 제소국은 피소국의 조치 등으로 인한 기존 관세양허 등으로 인한 시장접근 기회의 개선에 대한 정당한 기대의 좌절을 입증하여야 한다. 마지막으로 세 번째 조건의 경우 문제가 된 조치로 인해 무역의 이익이 무효화되거나 침해된다고 할 수 있기 위해서는 기존의 수입품과 국산품 간의 경쟁 관계를 현저하게 바꿀 수 있을 정도의 효과가 있어야 한다.

WTO 이전 GATT 체제하에서 GATT 제23.1(b)조에 의거한 비위반제소를 고려한 분쟁사례는 총 14건으로 이 중 6건에서 대해서는 제23.1(b)조에 따른 제소가 성공적으로 이루어졌고 이 중 3건에 대한 패널보고서가 GATT 이사회에서 채택되었다.[33] 하지만 3건 모두에서 제소국의 비위반제소 관련 주장은 받아들여지지 않았다.

4) 상황제소(Situation complaints)

GATT 제23.1(c)조의 소위 '상황제소'는 GATT 체제하에서 무역으로 인한 경기침체, 실업률 상승, 상품가격의 급락, 국제수지 문제 등 예상하지 못한 거시경제 차원의 비상 상황을 고려하여 인정되고 있다고 할 수 있다. GATT 1947 하에서 체약국들은 양허의 철회, 양허협상의 실패, 무역흐름의 예상치 못한 변화 등과 같은 협정의 준수 여부와는 관련 없는 예상치 못한 상황과 관련하여 무역의 이익을 보호하기 위해 그 구제조치의 근거로 제23.1(c)조를 두었다. 하지만 아직까지 상황제소와 관련된 제소는 이루어지지 않았고, 따라서 이에 대한 보다 구체적인 사법적 기준 또는 지침은 제공되지 않고 있다.

다만, 제23.1(c)조의 조문의 해석을 통해 볼 때 상황제소의 경우 제23.1(a)조 및 제23.1(b)조에 언급된 것과 다른 상황이 필요함을 추론할 수 있고 이와 함께 당사국의 무역이익의 무효화 또는 침해(협정의 목적 달성이 침해)도 고려되어야 함을 알 수 있다. DSU 제26.2조는 상황제소와 관련된 DSU의 규칙과 절차에 대해 규정하고 있다.[34]

---

32) 세이프가드 협정 제11.3조 참조.

33) Working Party Report, Australia—Ammonium Sulphate; Panel Report, Germany—Sardines; Panel Report, EC—Citrus; Panel Report, EEC—Canned Fruit; Panel Report, EEC—Oilseeds I; Panel Report, EEC—Oilseeds II.

먼저 DSU 제26.2(a)조는 제소국은 상황제소와 관련하여서 "해당 주장을 뒷받침하기 위해 상세한 증거를 제시해야 한다."라고 규정하고 있다. 또한, 상황제소와 관련된 분쟁의 패널보고서의 채택 및 권고, 그리고 이행 및 이행의 감시 등과 관련하여서는 1989년 4월 12일 결정(BISD 36S/61-67)에 포함된 분쟁해결규칙 및 절차가 계속 적용된다. 이는 패널보고서 채택 및 상황제소와 관련하여 판결을 이행하지 않은 경우 의무의 정지 승인에 적용되는 역총의 방식이 적용되지 않음을 의미한다. 다시 말해, 회원국(특히 이행당사국)은 의무의 정지 승인에 대해 비토권을 행사함으로써 총의를 통한 결정을 막을 수 있다. 하지만 지금까지 이러한 경우까지 이른 경우는 없다.

위에서 논의한 내용을 요약하면 WTO 분쟁해결절차에서 분쟁해결의 유형으로 실질적인 역할을 하는 두 가지는 위반제소와 비위반제소라고 할 수 있다. 물론 위에서 언급하였듯이 이 중 비위반제소는 거의 이루어지지 않고 있다. 물론 한 가지 분쟁에서 위의 위반제소와 비위반제소 건이 동시에 포함될 수 있다. 예를 들어 패널이 위반제소에 대해 피소국의 조치가 협정 위반이 아니라는 판결의 경우 제소국은 이를 대신하여 비위반제소로 그 무역이익의 무효화와 침해를 주장할 수도 있다.

이처럼 일반적인 위반제소 외에 다른 비위반제소, 상황제소 등의 다른 제소의 가능성을 열어둔 것은 회원국들 간의 무역의 이익의 균형을 최대한 확보하기 위한 WTO 회원국들의 고민과 노력의 일환이라고 볼 수 있다. 또한, 이는 WTO 협정이 국제통상, 무역과 관련되어 일어나는 현실의 모든 상황을 완벽하게 규정하고 규율하고 있지 못한다는 것을 인정하는 것이다. 비위반제소 및 상황제소 등을 통해 이러한 부분이 WTO 차원에서 공식적으로 제기되게 함으로써 회원국들의 무역의 이익의 균형을 확

---

34) 2. 1994년도 GATT 제23.1(c)조에 규정된 형태의 제소
1994년도 GATT 제23.1(c)조의 규정이 대상협정에 적용될 수 있는 경우, 패널은 1994년도 GATT 제23.1조 (a) 및 (b)가 적용될 수 있는 상황과 상이한 상황이 존재하는 결과로 인하여 일방 분쟁당사국이 대상협정에 따라 직접적 또는 간접적으로 자국에 발생하는 이익이 무효화 또는 침해되고 있다고 간주하거나 동 협정의 목적 달성이 저해되고 있다고 간주하는 경우에만 권고 및 판결을 내릴 수 있다. 이러한 일방 분쟁당사자가 그 사안이 이 항의 적용을 받는다고 간주하고 패널이 그렇게 판결을 내리는 경우에 한하여 이 양해의 절차는 패널보고서가 회원국에게 배포되는 시점을 포함하여 배포된 시점까지 적용된다. 1989년 4월 12일자 결정(BISD 36S/61-67)에 포함된 분쟁해결규칙 및 절차는 보고서의 채택을 위한 논의와 권고 및 판결의 감독 및 이행에 적용된다. 아울러 다음 사항이 적용된다.
a. 제소국은 이 항의 적용대상이 되는 사안에 관하여 행하여진 논거를 변호하는 상세한 정당한 사유를 제시한다.
b. 이 항의 적용대상이 되는 사안이 관련된 분쟁에 있어서, 패널이 그 분쟁에 이 항의 적용대상이 되는 분쟁해결사항 이외의 사항이 포함되어 있다고 판결을 내리는 경우, 패널은 이러한 사항을 다루는 보고서와 이 항의 적용대상이 되는 사항에 관한 별도의 보고서를 분쟁해결기구에 배포한다.

보하는 동시에 WTO 협정의 수정, 보완을 통한 협정의 완결성을 추구하는 방안으로 활용되고 있다고 볼 수 있다.

3. GATT 1994 이외의 상품무역 관련 다자간 협정의 분쟁

위에서 언급했듯이 GATT 1994 이외의 상품무역에 관한 다자간 협정들(WTO 협정 부속서 1A에 포함)은 GATT 제22조와 제23조의 명시적인 언급을 포함하거나 그 안에 포함된 기준을 그대로 차용하고 있다. 이러한 경우 제소와 관련된 조건, 기준, 유형 등은 위에서 설명한 것과 동일하다. 물론 GATT 1994 이외의 각 개별 협정상의 의무 이행의 실패와 관련해서는 각 협정에서 언급하고 있는 의무 이행을 위한 약간의 조정은 필요할 수도 있다. 또한, 이와 비슷하게 각 협정에서 추구하는 무역의 이익이라는 목적과 관련해서도 조정이 가능하다. 따라서 다음 절부터는 위에서 살펴본 GATT 1994의 제22조와 제23조의 맥락에서 벗어나는 사례만을 설명한다.

다만, 상품무역에 관한 다자간 협정들 중 '보조금 및 상계관세에 관한 협정'(SCM 협정)의 경우 제30조[35]에서 GATT 제22조 및 제23조를 언급하고 있다. 그러나 금지보조금에 대한 구제조치를 규정하고 있는 제4조(구제)에서는 제3조(금지)에서 제외하고 있는 농업에 관한 협정상 규정된 경우(농산물) 수출보조금 및 수입대체보조금과 같은 금지보조금와 관련하여서 무역이익의 무효화 또는 침해에 대한 입증을 요구하지 않고 있다. 따라서 이 경우는 DSU 제3.8조[36]를 적용할 수 없다.

4. GATS(General Agreement on Trade in Services) 분쟁

GATS(서비스무역에 관한 일반협정, WTO 협정 부속서 1B에 포함되어 있음)의 분쟁해결규정은 동 협정 제22조[37] 및 제23조[38]에 포함되어 있다. GATS는 GATT의 경

35) 이 협정에서 달리 명시적으로 규정된 경우를 제외하고는 분쟁해결양해에 의하여 발전하고 적용되는 1994년도 GATT 제22조 및 제23조의 규정이 이 협정의 협의 및 분쟁해결에 적용된다.

36) 대상협정에 따라 부담해야 하는 의무에 대한 위반이 있는 경우, 이러한 행위는 일견 명백한 무효화 또는 침해 사례를 구성하는 것으로 간주된다. 이는 일반적으로 규칙위반이 동 대상협정의 당사국인 다른 회원국에 대하여 부정적인 영향을 미친다고 추정됨을 의미하며, 이 경우 피소국이 제소국의 협정의무 위반주장에 대하여 반박하여야 한다.

37) 제22조 협의

1. 각 회원국은 이 협정의 운영에 영향을 미치는 모든 사항과 관련하여 그 밖의 회원국이 제기할 수 있는 주장과 관련한 협의에 대해 호의적인 고려를 하며, 협의를 위한 적절한 기회를 제공한다. 분쟁해결 양해가 이러한 협의에 적용된다.
2. 서비스무역이사회 또는 분쟁해결기구는 회원국의 요청이 있는 경우, 제1항에 따른 협의를

우와는 달리 위반제소 및 비위반제소의 두 가지 유형의 제소만을 허용하고 있다. GATT에서 인정하고 있는 상황제소를 허용하지 않으며, 또한 GATT와 같은 "협정의 목적 달성이 침해되고 있다."는 상황을 언급하는 조항도 존재하지 않는다.

위반제소와 관련하여 GATS 제23.1조는 다른 회원국이 GATS에 따른 의무를 이행하지 못했다고 간주하는 회원국은 DSU에 이를 제소할 수 있다고 규정하고 있다. 하지만 여기서 GATS는 의무 이행의 실패 이외에 무역이익의 무효화 또는 침해와 관련된 제소 가능성을 배제하고 있다. 결과적으로 DSU 제3.8조는 GATS 하에서 이루어지는 제소와 관련이 없게 되었다. 대신 GATS의 비위반제소의 경우는 GATT의 경우와 같이 상대국의 조치가 GATS 규정과 상충되지 않는 경우라도 당사국의 이익이 무효화되거나 침해될 경우 허용하고 있다.(제23.3조)

이와 같이 GATS의 경우 협정 목적의 달성을 명시하고 있는 GATT와는 달리 의무 이행의 실패의 경우에만 제소가 가능하다고 할 수 있다. 이는 서비스무역의 경우 회원국들의 서비스산업의 발전단계가 다르고, 또한 그 개방양허도 관세인하의 방식처럼 일괄적이고 일률적인 방식이 아니라 개별국간 또는 복수국간 협상을 통해 이루어진다는 점을 고려해 볼 때 제소의 조건을 상품무역에 비해서는 좀 더 유연하게 규정하고 있는 것으로 보인다.

통하여 만족스런 해결책을 발견할 수 없었던 문제에 관해 어떠한 회원국과도 협의할 수 있다.

3. 회원국은 자기나라와 함께 이중과세방지에 관한 국제협정의 당사자인 다른 회원국의 동 협정 적용대상에 해당하는 조치에 관하여는 이 조 또는 제23조에 따라 제17조를 원용할 수 없다. 특정 조치가 회원국간의 이러한 협정의 적용대상인지 여부에 대해 회원국간에 이견이 있는 경우, 일방 회원국은 이 사안을 서비스무역이사회에 회부할 수 있다. 이사회는 이 사안을 중재에 회부한다. 중재결정은 최종적이며 회원국을 기속한다.

38) 제23조 분쟁해결 및 집행

1. 다른 회원국이 이 협정에 따른 자신의 의무나 구체적 약속을 수행하지 아니하고 있다고 회원국이 간주하는 경우, 동 회원국은 상호 만족스런 해결책에 이르기 위하여 분쟁해결양해를 이용할 수 있다.
2. 분쟁해결기구는 그러한 행위를 정당화할 만큼 상황이 충분히 심각하다고 간주하는 경우, 회원국이 분쟁해결양해 제22조에 따라 그 밖의 회원국에 대하여 의무와 구체적 약속의 적용을 중지하도록 허가할 수 있다.
3. 이 협정 제3부에 의한 다른 회원국의 구체적 약속에 따라 자기나라에 귀속될 것이라고 합리적으로 기대될 수 있었던 혜택이 이 협정의 규정에 저촉되지 아니하는 조치를 적용한 결과 무효화되거나 침해되고 있다고 간주하는 회원국은 분쟁해결양해를 이용할 수 있다. 그 조치가 이러한 혜택을 무효화하거나 침해하였다고 분쟁해결기구가 판결하는 경우, 영향을 받는 회원국은 제21.2조를 기초로 조치의 수정이나 철회를 포함할 수 있는 호혜적인 조정에 대한 권리를 갖는다. 관련 회원국간에 합의가 이루어질 수 없는 경우에는 분쟁해결양해 제22조가 적용된다.

5. TRIPS(Trade-Related Aspects of Intellectual Property Rights) 협정의 분쟁

TRIPS(무역관련 지식재산권 협정, WTO 협정의 부속서 1C에 포함되어 있음) 협정 또한 제64.1조[39]에서 GATT 제22조 및 제23조에 대한 언급을 포함하고 있다. 이를 토대로 볼 때 TRIPS 협정에 따른 분쟁의 경우 위에서 살펴본 GATT와 동일한 것으로 생각할 수 있다. 다시 말해, TRIPS 협정의 경우 GATT와 같이 위반제소, 비위반제소, 상황제소 등의 세 가지 유형의 분쟁이 가능하다는 것이다.

그러나 TRIPS 협정 제64.2조[40]는 WTO 협정의 발효 후 첫 5년간은 비위반제소 및 상황제소를 배제하였다. 다만, 제64.3조[41]에서 TRIPS 이사회는 5년간의 유예기간 동안 비위반제소 및 상황제소에 대한 범위와 양식을 검토하도록 하였고 합의를 통한 승인을 위해 각료회의에 권고안을 제출하도록 하였다.

이에 따라 제64.2조의 5년의 기한은 1999년 12월 만료되었지만 TRIPS 이사회는 지금까지 각료회의에 권고안을 제출하지 않았다. 따라서 각료회의에서는 이에 대한 그 어떤 승인도 이루어지지 않고 있다. 이로 인해 승인된 범위 및 양식에 대한 권고가 부재한 상태에서 GATT 제23.1(b)조 및 제23.1(c)조에 명시된 비위반제소 및 상황제소의 두 가지 유형의 제소가 5년의 기한 이후에는 가능한지에 아니면 계속 허용되지 않는 것인지에 대해 회원국간의 논란을 불러 일으켰다. 아직까지 이에 대한 결론이 내려지지 않고 있고 이후에는 TRIPS 협정에 따른 비위반제소 및 상황제소를 통한 분쟁은 제기되지 않고 있다. 하지만 관련 분쟁이 현실화될 경우 이에 대한 논란이 제기될 것으로 보인다.

2001년 제4차 각료회의에서는 제64.2조를 유지하는 대신 TRIPS 이사회에 비위반 및 상황제소의 범위와 양식에 대한 검토를 계속하도록 지시하고 제5차 각료회의에서 보고하도록 하였지만 역시 2003년 9월 제5차 각료회의 이후에도 아무런 조치가 취해지지 않았다.

---

39) 분쟁해결양해에 의하여 발전하고 적용되는 1994년도 GATT 제22조 및 제23조의 규정은 이 협정에서 특별히 달리 규정하는 경우를 제외하고는 이 협정에 따른 협의 및 분쟁해결에 적용된다.

40) 1994년도 GATT 제23.1조 (b) 및 (c)는 WTO 협정 발효일로부터 5년간 이 협정에 따른 분쟁해결에 적용되지 아니한다.

41) 제2항에 규정된 기간 동안 무역관련 지식재산권 위원회는 이 협정에 따른 1994년도 GATT 제23.1조 (b) 및 (c)에 규정된 형태의 제소의 범위와 방식을 검토하며 승인을 위하여 각료회의에 자신의 권고를 제출한다. 이러한 권고를 승인하거나 제2항의 기간을 연장하는 각료회의의 결정은 컨센서스에 의하며, 승인된 권고는 더 이상의 공식수락절차 없이 모든 회원국에 대하여 적용된다.

6. WTO 설립을 위한 마라케쉬 협정 제1조~제16조 및 DSU 관련 분쟁

'WTO 설립을 위한 마라케쉬 협정' 제1조~제16조 및 DSU에는 동 조항과 관련된 협의 및 분쟁해결에 관한 특정 조항이 포함되어 있지 않다. 그러나 이 두 협정은 DSU 부록 1에 열거되어 있는 '적용대상 협약'의 범주에 속한다. DSU 제1.1조의 두 번째 문장은 분쟁해결제도가 'WTO 설립을 위한 마라케쉬 협정'(제1조~제16조)과 DSU에서 기인한 무역분쟁에도 적용된다는 점을 구체적으로 규정하고 있다.[42]

현재까지 DSU 규정에 대한 회원국의 위반, 즉 DSU 관련 제23.1조에 대한 분쟁은 두 건이 있었다.[43] 또한, WTO 설립을 위한 협정(제1조~제16조) 제16.4조[44]는 대부분의 위반제소의 법적 근거가 되고 있다.

---

42) 이 양해의 규칙 및 절차는 이 양해의 부록 1에 연결된 협정(이하 '대상협정'이라 한다)의 협의 및 분쟁해결규정에 따라 제기된 분쟁에 적용된다. 또한, 이 양해의 규칙 및 절차는 WTO 설립을 위한 협정 및 이 양해만을 고려하거나 동 협정 및 양해를 다른 대상협정과 함께 고려하여 WTO 협정 및 이 양해의 규정에 따른 회원국의 권리 및 의무에 관한 회원국간의 협의 및 분쟁해결에 적용된다.

43) Panel Report, Section 301 Trade Act; Panel Report and Appellate Body Report, US—Certain EC Products

44) 각 회원국은 자국의 법률, 규정 및 행정절차가 WTO 부속 협정에 규정된 자국의 의무에 합치될 것을 보장한다.

제 10 장 WTO 분쟁해결절차의 주체와 대상 및 패널과 상소기구의 사법적 관할 영역

1. 기밀준수 원칙

이전 장들에서는 이미 WTO 회원국(정부)만이 분쟁당사국 또는 제3자로서 분쟁해결절차에 직접 접근할 수 있다고 설명하였다. 또한, WTO의 모든 분쟁해결절차 중 다루어지는 분쟁사안과 관련된 구체적인 내용들은 협의 절차 및 회원국들에게 회람되기 전 패널 및 상소절차를 포함하여 기밀로 보호되어야 한다.(DSU 제4.6조,[45]) 제14.1조,[46]) 제18.2조[47]) 및 DSU 부록3의 업무절차 제3항,[48]) DSU 제17.10조[49]))

하지만 그렇다고 해서 회원국은 자신이 작성한 문서 등 관련 자료를 공개할 수 있는 권리를 제한받지는 않는다(위 DSU 제18.2조 및 DSU 부록 3의 업무절차 제3항). 또한, 패널보고서와 상소보고서는 해당 분쟁사건에 참여한 다양한 분쟁 참가자들이 취한 입장과 주장을 포함하여 그 분쟁절차의 진행 과정에 대한 설명을 제공한다.

이것은 분쟁해결절차가 진행되는 동안(즉 판결이 내려지기 이전) 분쟁의 미참여자에게는 분쟁해결절차에 어떠한 기여 또는 영향을 줄 수 있는 여하간의 기회를 부여

---

45) 협의는 비공개이며 다음 단계에서의 당사국의 권리를 저해하지 아니한다.

46) 패널의 심의는 공개되지 아니한다.

47) 패널이나 상소기구에 제출되는 서면입장은 비밀로서 취급되나 분쟁당사자는 이를 입수할 수 있다. 이 양해의 어느 규정도 분쟁당사자가 자기나라의 입장에 관한 진술을 공개하는 것을 금지하지 아니한다. 회원국은 다른 회원국이 패널이나 상소기구에 제출한 정보로서 비밀이라고 지정한 경우 이를 비밀로 취급한다. 또한, 분쟁당사자는 회원국이 요청하는 경우 서면입장에 포함된 공개 가능한 정보의 평문 요약문을 제공한다.

48) 패널의 논의와 패널에 제출된 서류는 비밀로 유지된다. 이 양해의 어느 조항도 일방 분쟁당사자가 자신의 입장에 관한 성명을 공표하는 것을 방해하지 아니한다. 회원국은 다른 회원국이 비밀로 지정하여 패널에 제출한 정보를 비밀로 취급한다. 일방 분쟁당사자가 자신의 서면입장을 비밀문서로 패널에 제출하는 경우, 동 분쟁당사자는 또한, 회원국의 요청이 있을 때에는 제출 문서 중 일반에 공개될 수 있는 정보의 평문 요약본을 제공한다.

49) 상소기구의 심의과정은 공개되지 아니한다. 상소보고서는 제공된 정보 및 행하여진 진술내용에 비추어 분쟁당사자의 참석 없이 작성된다.

하지 않는다는 것을 의미한다. 본 장에서는 WTO 분쟁해결절차에 누가 어떻게 참여할 수 있는지, 그리고 패널과 상소기구의 사법적 관할 영역은 무엇인지에 대해 구체적으로 살펴보고자 한다.

2. 법적 표현의 주체

이와 관련하여 우선 제기될 수 있었던 문제는 분쟁당사국이 패널 및 상소절차의 진행을 위한 회의 및 청문회 등의 관련 모임에 자국 대표자로서 정부의 관료만을 보낼 수 있는지의 여부이다. 이 문제와 관련하여 DSU는 패널과 상소기구에 대해 누가 정부를 대표할 수 있는지에 대해서는 구체적으로 규정하고 있지 않다.

따라서 사례를 통해 이에 대한 WTO의 입장을 살펴볼 수 있다. 1997년 제기된 EC-Bananas III(DS27) 분쟁에서는 분쟁당사국 또는 제3자가 해당 분쟁해결과 관련된 특정 목적을 위해 정부의 관료가 아니라 하더라도 민간 변호사 등 전문가를 정부의 대리인으로 둘 수 있도록 하는 권리를 인정해달라는 요청이 제기되었다. 하지만 동 분쟁 패널은 GATT 체제하에서 민간 법률가는 허용되지 않았다는 관행을 들어 허용되지 않았다. 그러나 동 분쟁의 상소기구는 국제관습법 등 통상적인 국제법적 차원에서 WTO 회원국이 분쟁해결절차를 위해 대표단 구성을 어떻게 결정할지는 고유한 권리이고 방해받지 않는다는 점을 분명히 했다.

이러한 해석은 패널 및 상소기구의 청문회 등의 회의에도 유효하다고 할 수 있다. 그러므로 현재는 WTO 분쟁해결절차 중 민간 법률고문이 정부 대표단의 일원으로 패널과 상소절차 중의 회의에 출두, 정부를 대표하여 자신들의 주장을 발표하는 것이 일반화되었다. 또한, 이와 관련하여 민간 법률회사가 직접적으로 드러나지는 않는다 하더라도 분쟁당사국들의 분쟁해결절차에서 필요한 관련 문서의 작성과 제출을 준비하는 데에도 실질적으로 많이 관여하고 있는 것이 현실이다. 물론 해당 분쟁당사국 정부는 이들 정부 관료가 아닌 외부인사가 분쟁해결절차와 관련된 기밀을 보호하도록 해야 하는 등 이들에 대해 관리책임을 져야 한다.

한편 이것은 개발도상회원국들에게는 상당히 민감한 사안이라고 할 수 있다. 개발도상회원국들의 경우에는 분쟁해결에 있어서 관련된 특정 전문지식을 갖춘 인적 자원이 부족한 경우가 대부분이다. 개발도상회원국들은 이렇게 통상인프라가 열악한 상황에서 분쟁해결절차에 참여하기 때문에 법률 전문가 등의 도움을 충분히 받을 수 있는 선진회원국들에 비해 불리한 여건에 처해 있다는 문제 제기가 가능하다.

3. Amicus Curiae(법정 조언자)의 제출물

위 2절은 분쟁당사국을 대표할 수 있는 구성원에 대한 논의였다면 여기서 또 한 가지 논쟁의 여지가 있는 것은 패널과 상소기구가 분쟁당사국 대표가 아닌 기관 또는 제3자의 참여가능성을 어떻게 판단하는지에 대한 것이다. 구체적으로는 분쟁당사국 대표가 아닌 기관 또는 제3자로부터 분쟁에 대한 기(旣)요청된 제출물이 있을 경우 이를 수용하고 그 내용을 고려할 수 있는 지의 여부이다.

분쟁당사국 대표가 아닌 기관 또는 제3자가 분쟁과 관련되어 법정에 제출한 자료를 일반적으로 amicus curiae(법정 조언자)의 제출물이라고 한다. amicus curiae는 문자적으로 '법정의 친구'를 의미한다. 이 제출물은 일반적으로 분쟁 관련 산업 부문 협회나 교수 및 전문가를 포함한 비정부기구에서 제출되는 경우가 많은데 DSU나 상소절차를 위한 업무절차 등에서는 이에 대해서는 특별히 규정하고 있지는 않다. 하지만 실제적으로 분쟁절차에서 amicus curiae의 필요성에 대한 주장이 제기된다는 차원에서 WTO 분쟁해결절차에서 논의되고 있는 amicus curiae에 대해 좀 더 살펴볼 필요가 있다.

1) 패널절차에서의 amicus curiae의 제출

상소기구에 따르면 패널은 분쟁해결을 위한 과정에서 DSU 부록3의 업무절차를 기준으로 관련된 출처로부터 정보 수집을 위한 포괄적 권한을 갖는다고 해석하고 있다. 이에 따라 패널은 제3자로부터 요청받지 않은, 또는 제3자가 자발적으로 제출한 정보와 조언에 대해 수락, 고려 또는 거부할 수 있는 일체의 권리를 갖는다고 할 수 있다.(DSU 제12.1조,[50] 제13.1조[51])

상소기구는 이러한 해석을 수차례 확인했지만 WTO 회원국간에는 여전히 논쟁의 여지가 있다. 대다수 회원국들은 DSU가 요청되지 않은 법정 조언자(amicus curiae)의 자발적인 제출물을 수용하고 심사하는 것을 허용하지 않아야 한다는 견해를 갖고 있다. 그들은 WTO 분쟁을 순전히 회원국간에 이루어지는 절차로 간주하며 非분쟁당사

50) 패널은 분쟁당사자와의 협의 후 달리 결정하지 아니하는 한 부록 3의 작업절차를 따른다.

51) 각 패널은 자신이 적절하다고 판단하는 모든 개인 또는 기관으로부터 정보 및 기술적 자문을 구할 권리를 갖는다. 그러나 패널은 회원국의 관할권 아래에 있는 개인이나 기관으로부터 이러한 정보나 자문을 구하기 전에 동 회원국의 당국에 통보한다. 패널이 필요하고 적절하다고 간주하는 정보를 요청하는 경우, 회원국은 언제나 신속히 그리고 충실하게 이에 응하여야 한다. 비밀정보가 제공되는 경우, 동 정보는 이를 제공하는 회원국의 개인, 기관 또는 당국으로부터의 공식적인 승인 없이는 공개되지 아니한다.

자, 특히 비정부기구의 역할을 허용하지 않아야 한다고 주장하고 있다.

실제로 소수의 패널만이 이러한 제3자의 자발적으로 제출된 보고서를 수락하고 고려할 수 있는 재량권을 사용하였다. 상소기구의 해석에 기초하면 패널은 이 보고서를 수락하거나 고려할 의무가 없다. 따라서 분쟁당사국도 아니고 제3국도 아닌 이해당사자에 대해서 패널이 이의 주장을 청문해야한다는 법적으로 보장된 권리가 원칙적으로는 허용되지 않는다고 할 수 있다.

2) 상소절차에서의 amicus curiae의 제출

법정 조언자(amicus curiae) 주장 또는 요청은 상소절차에서도 빈번히 제출되었다. 관련 자료는 분쟁당사국(제소국 또는 피소국)의 제출 서류에 첨부되며 일반적으로 상소기구는 그러한 자료가 분쟁당사국이 제출한 서류의 일부가 되는 것으로 간주한다. 하지만 상소기구가 직접 요청하지 않은 서류를 법정 조언자로부터 접수한 경우라도 서류를 제출한 분쟁당사국에게 상소기구가 그것을 고려해야 한다고 주장할 권리는 주어지지 않는다. 상소기구는 해당 자료의 내용 또는 정보가 유용하다면 그것이 DSU의 규정 및 관련 협정과 충돌하지 않는 한에서 그 자료를 수령하고 검토할 권한을 갖는다.(DSU 제17.9조[52])

4. 패널과 상소기구의 사법적 판단 대상

앞 9장에서 우리는 WTO 분쟁해결제도에서 제소가 유효할 수 있는 법적 근거와 그 유형에 대해 살펴보았다. 본 절에서는 WTO 패널과 상소기구가 사법적 판단의 대상으로 삼고 있는 것이 무엇인가에 대해 좀 더 구체적으로 살펴보고자 한다. 간단하게 말하면 패널과 상소기구라는 사법적 주체를 대상으로 무엇에 대한 제소가 이루어지는가라는 것이다. 이렇게 패널과 상소기구의 사법적 판단 대상의 무엇인가의 문제는 WTO 협정이 포함하고 있는 패널과 상소기구의 사법적 관할 영역의 규정과 관련되기 때문에 상당히 중요한 주제라고 할 수 있다.

예를 들어, 위반제소의 경우 사법적 판단 대상은 상대국의 어떤 조치가 협정과 합치되고 또는, 그렇지 않은가라는 문제와 관련되어 있는 것이다. 여기에는 패널과 상소기구의 사법적 판단 대상이 정부의 행정조치뿐만 아니라 입법조치도 포함되는가라

52) 상소기구는 분쟁해결기구 의장 및 사무총장과의 협의를 거쳐 작업절차를 작성하며, 동 작업절차는 회원국들이 알 수 있도록 통보된다.

는 문제까지 포함된다. 제소는 법적 구속력을 갖는 회원국의 행위에 대해서만 가능한가 아니면 구속력 없는 행위에 대해서도 가능한가라는 문제도 논쟁의 대상이 될 수 있다.

이 외에도 제소는 정부에 대해서만 가능한 것인가, 그렇지 않으면 기업을 포함한 사인(私人)에 대해서도 가능한가라는 문제도 생각해 볼 수 있다. 또한, 제소는 명시적인 행위에 대해서만 가능한가 아니면 그렇지 않은 경우에도 가능한 것인가 등의 문제도 생각해 볼 수 있다.

이에 대한 답변으로 WTO 분쟁해결제도는 DSU 제1.1조[53]의 규정에 따라 해당 협정과 관련하여 발생하는 WTO 회원국간의 분쟁을 관할한다고 간단히 설명하고 있다. 사법적 관점에서 분쟁의 대상을 어떻게 볼 수 있는지는 문제가 된 협정의 조항들과 관련하여 제기될 수 있는 제소의 유형 등과 같은 해당 협정에서 규정하고 있는 분쟁관련 조항의 내용에 따라 달라질 수 있다고 보는 것이다.

예를 들어 회원국이 GATT 1994의 X, Y 또는 Z조를 위반하였을 경우 이에 대한 제소는 동 조항들을 위반하게 되는 모든 사안에 대해 이루어질 수 있다. 이 경우 패널은 제소국이 상대국의 적절치 못한 조치에 대해서 제소를 했는지 그렇지 않은지에 대해 평가하는 것이 아니라 실제로 상대국이 제소된 사안과 관련하여 협정의 내용을 위반했는지 그렇지 않은지에 대해서만 평가하게 된다.

이렇게 보았을 때 패널이 제소된 사안에 대한 사법적 관할권을 가질 수 있다는 것은 의심의 여지가 없다. 동시에 WTO 협정의 기본적이고 공통된 구조를 토대로 제소의 대상이 될 수 있는 사안을 개념적으로 범주화해 볼 수 있을 것이다. 다음 절들은 이러한 제소의 대상을 범주화한 것이다.

5. 행위와 비행위, 구속적 조항 및 비구속적 조항

제소가 특정 행위를 금지하는 조항(예를 들어 수출제한을 금지하는 GATT 제11.1조[54])에 기인하는 경우에는 명시적인 조치(예를 들어 상대국으로의 상품수출을 저해

---

53) 이 양해의 규칙 및 절차는 이 양해의 부록 1에 연결된 협정(이하 '대상협정'이라 한다)의 협의 및 분쟁해결규정에 따라 제기된 분쟁에 적용된다. 또한, 이 양해의 규칙 및 절차는 WTO 설립을 위한협정 및 이 양해만을 고려하거나 동 협정 및 양해를 다른 대상협정과 함께 고려하여 WTO 협정 및 이 양해의 규정에 따른 회원국의 권리 및 의무에 관한 회원국간의 협의 및 분쟁해결에 적용된다.

54) 다른 회원국 영토의 상품 수입에 대하여 또는 다른 회원국 영토로 향하는 상품의 수출 또는 수출을 위한 판매에 대하여, 쿼터, 수입 또는 수출 허가 또는 그 밖의 조치 중 어느 것을 통하여 시행되는지를 불문하고, 관세, 조세 또는 그 밖의 과징금 이외의 어떠한 금지 또는 제한도 회

하는 법률, 규정 또는 결정 및 그러한 제한을 부과하는 다른 형태의 제반 조치)의 경우만이 동 협정의 조항을 위반하는 것이 된다. 반대로 그렇지 않은 행위(예를 들어 위에서 언급한 수출 제한적 법률, 규정 또는 결정을 채택하지 않는 경우도 포함)는 협정을 위반하는 것이 되지 않는다고 볼 수 있다. 문제가 되는 명시적인 행위는 공식적인 규정이 될 수도 있지만, 정부에 의해 취해진 비공식적인 지시 행위도 위 GATT 제11.1조의 쿼터, 수입 또는 수출 허가 등의 예와 같이 수출을 효과적으로 제한할 수 있다는 점에서 위반행위에 포함된다고 할 수 있다.

하지만 위와 같이 특정한 조치를 금지하지 않고 오히려 명시적인 조치를 요구하는 WTO 협정의 일부 조항의 경우는 상황이 다르다고 할 수 있다. 예를 들어 TRIPS 협정의 경우 제25.1조[55]에서 회원국이 산업 디자인에 대한 지식재산권 관련 보호를 제공할 것을 요구하고 있다. 더 나아가 제26조[56]에서는 이 보호 장치에 포함되어야 할 내용을 규정하고 있다. 이것은 이러한 지식재산권 보호를 위한 법률의 제정과 시행이라는 명시적인 조치를 시행할 것을 요구하는 전형적인 사례라고 할 수 있다. 따라서 회원국이 이러한 지식재산권 보호를 위해 필요한 국내법적 조치를 시행하지 않거나 혹은 필요한 법적 조치를 누락함으로써 지식재산권을 보호하는데 그 실제적인 효과가 상실될 경우 이는 위반 제소의 대상이 될 수 있는 것이다.

이렇게 회원국의 명시적 조치를 요구하는 경우는 TRIPS 협정에서 두드러지게 보이지만 다른 협정의 경우에도 적용된다. 예를 들어 세이프가드 협정 제12.2조[57] 및

원국에 의하여 설정되거나 유지되어서는 아니 된다.

55) 회원국은 새롭거나 독창성 있는 독립적으로 창작된 산업 디자인(industrial design)의 보호를 규정한다. 회원국은 공지된 산업 디자인 또는 공지된 산업 디자인 형태의 결합과 산업 디자인이 현저하게 다르지 아니할 경우, 동 산업 디자인이 새롭지 아니하거나 독창성이 없는 산업 디자인이라고 규정할 수 있다. 회원국은 이러한 보호가 본질적으로 기술적 또는 기능적 고려에 의해 요구되는 산업 디자인에는 미치지 아니한다고 규정할 수 있다.

56) 1. 보호되는 산업 디자인의 권리자는 제3자가 권리자의 동의 없이 보호 산업 디자인을 복제하였거나 실질적으로 복제한 산업 디자인을 지니거나 형체화한 물품을 상업적 목적으로 제조, 판매 또는 수입하는 행위를 금지할 권리를 갖는다.
2. 회원국은 산업 디자인의 보호에 대한 제한적인 예외를 규정할 수 있다. 단, 이러한 예외는 제3자의 정당한 이익을 고려하여 보호되는 산업 디자인의 정상적인 이용에 불합리하게 저촉되지 아니하여야 하며, 보호되는 산업 디자인의 권리자의 정당한 이익을 불합리하게 저해하지 아니하여야 한다.
3. 보호기간은 적어도 10년에 달한다.

57) 제12.1(b)조 및 제12.1(c)조에 언급된 통보를 행함에 있어서 긴급수입제한조치를 적용하거나 연장할 것을 제안하는 회원국은 긴급수입제한 조치위원회에 모든 관련된 정보를 제공하며 동 정보에는 증가된 수입품으로 인한 심각한 피해 또는 심각한 피해의 우려에 관한 증거, 관련 상품과 제안된 조치의 정확한 기술, 제안된 도입 일자, 예상 존속기간 및 점진적인 자유화를 위한 일정이 포함된다. 조치의 연장의 경우에는 관련 산업이 조정 중에 있다는 증거가 포함된다.

GATT 제10.1조[58] 등의 '통지 및 투명성 관련 요구' 조항 또는 세이프가드협정 제12.3조[59]의 '협의요구' 조항 등이 그러한 사례가 될 수 있다. 그러므로 위반제소의 대상이 될 수 있는 것은 본질적으로 협정에서 요구하고 있는 의무의 성격에 달려있다고 할 수 있다. 다시 말해 회원국의 어떠한 조치든 그것이 이러한 협정상의 의무를 위반하게 되면 제소의 대상이 될 수 있는 것이다.

따라서 DSU 제6.2조[60]는 제소국이 상대국의 명시적 조치의 시행으로 인한 협정 위반에 대해서만 제소할 수 있는 요건이 주어진다고 해석되어서는 안 된다고 할 수 있다. 상소기구는 DSU 제6.2조에서 '조치(measure)'라는 용어를 다루었으며 이전의 GATT 및 WTO의 판례를 인용하며 '조치'는 법적 구속력 여부와 상관없는 정부의 행정지침 및 회원국이 해야 할 조치의 불이행 등을 포함하는 광의의 의미로 해석하였다.[61] 이는 DSU 제6.2조가 모든 제소 사건에 적용되고 또한 위에서 언급한 TRIPS 협정 제25.1조의 조항과 같이 명시적 조치를 요구할 때는 상대국이 그 조치를 시행하지 않거나 그 요건이 미비할 경우 이에 대한 제소가 제기될 수 있다는 것을 의미한다.

6. 정부의 조치만이 대상이 되는가의 여부

위에서 보았듯이 일반적으로 정부의 조치만이 WTO 제소의 대상이 될 수 있다. '위

상품무역이사회 또는 긴급수입제한조치 위원회는 조치를 적용하거나 연장할 것을 제안하는 국가로부터 그들이 필요하다고 간주하는 추가 정보를 요구할 수 있다.

58) 회원국이 시행하고 있는 법률·규정·사법판결 및 일반적으로 적용되는 행정결정으로서 관세목적을 위한 상품의 분류 또는 평가, 관세, 조세 또는 그 밖의 과징금의 비율, 수입 또는 수출 또는 이를 위한 지급 이전에 대한 요건, 제한 또는 금지에 관한 것이거나 상품의 판매, 유통, 운송, 보험, 창고보관, 검사, 전시, 가공, 혼합 또는 그 밖의 사용에 영향을 주는 것은 각 정부 및 무역업자가 알 수 있도록 하는 방식으로 신속히 공표되어야 한다. 회원국 정부 또는 정부기관과 다른 회원국 정부 또는 정부기관 간에 유효한, 국제무역정책에 영향을 주는 협정 또한, 공표되어야 한다. 이 항의 규정은 회원국이 법률의 시행을 방해하거나 달리 공익에 반하거나 공사를 불문한 특정기업의 정당한 상업적 이익을 저해할 수 있는 비밀정보를 공개하도록 요구하는 것은 아니다.

59) 긴급수입제한조치를 적용하거나 연장할 것을 제안하는 회원국은 관련 상품의 수출국으로서 실질적인 이해를 가지고 있는 회원국에 대하여 특히, 제2항에 따라 제공된 정보를 검토하고 동 조치에 관한 의견을 교환하고 제8.1조에 규정된 목적을 달성하기 위한 방법에 대한 양해에 도달하기 위하여, 사전 협의를 위한 적절한 기회를 제공한다.

60) 패널설치는 서면으로 요청된다. 이러한 요청은 협의가 개최되었는지 여부를 명시하고, 문제가 된 특정 조치를 명시하며, 문제를 분명하게 제시하는 데 충분한 제소의 법적 근거에 대한 간략한 요약문을 제시한다. 제소국이 표준위임사항과 상이한 위임사항을 갖는 패널의 설치를 요청하는 경우, 서면 요청서에는 제안하고자 하는 특별위임사항의 문안이 포함한다.

61) Appellate Body Report, Guatemala—Cement I, footnote 47.

반제소'와 관련하여 먼저 염두에 두어야 하는 것은 WTO 협정은 회원국들이 국제법적인 의무를 지는 협정이라는 점이다. 따라서 WTO 협정에 포함된 의무는 이에 동의한 회원국 또는 관세영역에 대해서만 구속력을 갖는다. 따라서 WTO 분쟁해결제도에서는 본질적으로 비정부기구 또는 개인을 포함한 사적 행위자는 이러한 의무를 위반했다는 법적 근거가 존재하지 않는다.

그러나 현실에서는 특정 기업 또는 개인의 행위가 정부의 조치와 밀접하게 연관되어 있는 경우가 있을 수 있다. 그렇다면 이러한 사적인 행위의 귀속을 해당 회원국에게 부여해야 하는지의 여부와 이러한 행위가 WTO 체제하에서 용인될 수 있는가 등에 대한 문제가 발생할 수 있다. 위와 마찬가지로 이러한 문제의 결과는 개별 사안에 따라 달라질 수 있다고도 할 수 있다.

'비위반제소'의 경우 GATT 제23.1(b)조는 다른 회원국 정부의 조치가 제소의 전제가 될 것을 요구한다. 정부의 개입이 없는 순수한 사적 행위는 그 요구 사항을 만족시키지 못한다는 의미이다.[62] 그러나 실제로는 분쟁과 관련된 사안이 항상 명확하지는 않으며 사적 행위의 일부가 정부와 밀접하게 연관되어 있는 분쟁은 지속적으로 제기되어왔다. 예를 들어 그러한 분쟁에 관해서는 일본-Film 분쟁(DS44, 1998년) 패널보고서에서는 사적 행위가 정부의 조치로 간주될 수 있는지에 대한 결정적인 기준으로 '충분한 정부의 개입'을 제시했다.[63]

마지막으로 '상황제소'의 경우 회원국 정부의 조치가 없는 상태에서 사적 행위로 인한 제소가 가능한 지 여부가 문제로 제기될 수 있겠지만, 아직까지 실제로 GATT 또는 WTO 분쟁해결제도에서 다루어진 사례는 없다.

7. 회원국 지방정부의 조치

일반적인 국제법의 해석에 따르면 국제법과 국제관계의 주체는 중앙정부로 간주되고 있다. 따라서 중앙정부는 국가의 제도적, 지역적 차원의 지방정부 활동에 대해 서도 책임을 진다. 이러한 원칙은 WTO 협정에도 동일하게 적용된다고 할 수 있다. 다만, 개별 협정문에서 명시적으로 이 문제를 다루거나, 지역 또는 지방정부가 취한 조치를 특정 의무의 범위에서 배제하는 경우는 이러한 적용에서 제외될 수 있다.

이를 반영하여 DSU 제22조는 분쟁해결제도가 회원국 영토 내의 지역 또는 지방정부 또는 당국이 취한 조치와 관련하여 적용될 수 있음을 구체적으로 확인해 주고 있

62) Panel Report, Japan—Film, para. 10.52.
63) Panel Report, Japan—Film, para. 10.56.

다. 또한, 이의 시행에 있어서는 특정한 규정이 있다. 예를 들어 DSU 제22.9조,[64] GATT 제24.12조,[65] GATS 제1.3(a)조[66] 등에서는 지역 또는 지방정부가 취한 조치가 협정의 조항과 합치하지 않는 경우 회원국 중앙정부는 협정의 준수를 보장하기 위해 이용 가능한 합리적인 조치를 취해야 한다고 규정하고 있다. 또한, TBT 협정 제14조는 직접적으로 이 협정에 의해 규제되는 비정부기구의 조치에 대한 회원국 중앙정부의 조치에 대해 규정하고 있다.[67]

8. 조항 '그 자체(as such)'에 대한 제소 가능성

WTO에서의 제소는 회원국의 국내 법률에 근거한 특정한 행정적 조치에 대해 제기되는 경우가 대부분이다. 예를 들어 반덤핑관세의 부과와 같은 회원국의 국내법에 따라 관련 행정 당국이 취한 구체적인 행정조치 등이 이에 해당된다. 그러나 회원국의 이러한 실제적 조치가 아닌 해당 법률 또는 제도 그 자체(as such)가 WTO의 법적

---

64) 대상협정의 분쟁해결규정은 회원국 영토 안의 지역 또는 지방정부나 당국이 취한 조치로서 대상협정의 준수에 영향을 미치는 조치에 대하여 호소될 수 있다. 분쟁해결기구가 대상협정의 규정이 준수되지 아니하였다고 판결을 내리는 경우, 이에 대한 책임이 있는 회원국은 협정준수를 확보하기 위하여 취할 수 있는 합리적인 조치를 취한다. 보상 및 양허 또는 그 밖의 의무의 정지에 관한 대상협정 및 이 양해의 규정은 이러한 준수를 확보하는 것이 불가능한 경우에 적용된다. 회원국의 영토 안의 지역 또는 지방정부나 당국이 취한 조치와 관련된 대상협정의 규정이 이 항의 규정과 상이한 규정을 포함하고 있는 경우, 대상협정의 규정이 우선 적용된다.

65) 각 회원국은 자신의 영토 내의 지역 및 지방정부와 당국에 의한 이 협정 규정의 준수를 확보하기 위하여 자신에게 이용 가능할 수 있는 합리적인 조치를 취한다.

66) 이 협정의 목적상,

a. '회원국의 조치'는 아래에 의해 취해진 조치를 의미한다.

(1) 중앙, 지역 또는 지방의 정부 및 당국, 그리고

(2) 중앙, 지역 또는 지방의 정부 또는 당국에 의해 위임된 권한을 행사하는 비정부기관이 협정에 따른 의무와 약속을 충족하는데 있어서 각 회원국은 자국 영토 내의 지역 및 지방정부와 당국, 그리고 비정부기관의 준수를 보장하기 위하여 각 회원국이 이용 가능한 합리적인 조치를 취한다.

67) 1. 이 협정의 운영에 영향을 미치는 문제와 관련한 협의와 분쟁해결은 분쟁해결기구의 주관하에 진행되며, 분쟁해결양해에 의해 발전되어 적용되는 1994년 GATT 제22조 및 제23조의 규정을 준용한다.

2. 패널은 일방 분쟁당사국의 요청에 따라, 또는 독자적으로, 전문가의 상세한 검토를 요구하는 기술적인 성격의 문제를 지원할 기술전문가단을 설치할 수 있다.

3. 기술전문가단은 부속서 2의 절차에 의하여 관리된다.

4. 한 회원국이 다른 회원국이 제3조, 제4조, 제7조, 제8조 및 제9조에 따라 만족할만한 결과를 달성하지 못하였으며 자국의 무역이익이 중대하게 영향을 받고 있다고 판단하는 경우, 위에 규정된 분쟁해결규정을 원용할 수 있다. 이와 관련, 이러한 결과는 당해 기관이 회원국인 경우의 결과와 동등하여야 한다.

의무를 위반하거나 또는, 해당 협정에 따른 무역의 이익을 무효화하거나 침해할 수 있는 경우가 있을 것이다. 따라서 이에 대한 제소 가능성 여부를 살펴볼 필요가 있다.

WTO 협정 제16.4조는 회원국이 부속서를 포함한 WTO 협정상의 의무에 대하여 자국의 법률, 규정 및 행정 절차의 준수를 보장해야 하는 것을 분명히 하고 있다.[68] 따라서 동 규정에 대해 회원국의 위반을 인지한 경우 상대국은 해당 법률의 실제적용의 여부와 무관하게 또는 그 법의 적용을 기다리지 않고 WTO에 제소할 수 있는 가능성이 있다.

예를 들어, GATT 제3.2조[69]는 수입품에 대한 차별을 가져오는 조세에 대한 금지에 있어서 특정 시기, 특정 상품에 대해 부과되는 조세가 아니라 일반적으로 세금이 그렇게 부과되게 하는 세법 또는 규정에 적용된다고 할 수 있다. 이러한 법률 '그 자체(as such)'에 대한 제소 가능성은 회원국이 실제로 그 법률을 적용, 시행하지 않았다 하더라도 WTO 협정에 위배되는 조치를 당사국이 사전적으로 철회하거나 개정할 수 있는 기회와 동기를 부여한다는 점에서 의미를 제공한다고 할 수 있다(DSU 제3.7조[70]). 아래에서는 이에 대한 내용을 좀 더 구체적으로 살펴본다.

1) 임의(discretionary) 및 의무(mandatory) 입법

물론 WTO 협정은 법률 '그 자체(as such)'와 법률의 '시행 또는 적용(as applied)'에 대한 제소 사이에 중요한 구별을 두고 있다. 이미 GATT 체제하에서 패널은 법률 '그 자체'가 제소의 대상이 되기 위해서는 의무적인(mandatory) 것과 임의적인(discretionary)

---

68) 각 회원국은 자국의 법률, 규정 및 행정절차가 부속 협정에 규정된 자국의 의무에 합치될 것을 보장한다.

69) 다른 회원국의 영토 내로 수입되는 회원국 영토의 상품은 동종의 국내 상품에 직접적 또는 간접적으로 적용되는 내국세 또는 그 밖의 모든 종류의 국내 과징금을 초과하는 내국세 또는 그 밖의 모든 종류의 국내 과징금의 부과 대상이 직접적으로든 간접적으로든 되지 아니한다. 또한, 어떠한 회원국도 제1항에 명시된 원칙에 반하는 방식으로 수입 또는 국내 상품에 내국세 또는 그 밖의 내국과징금을 달리 적용하지 아니한다.

70) 제소하기 전에 회원국은 이 절차에 따른 제소가 유익할 것인 지에 대하여 스스로 판단한다. 분쟁해결제도의 목표는 분쟁에 대한 긍정적인 해결책을 확보하는 것이다. 분쟁당사자가 상호 수락할 수 있으며 대상협정과 합치하는 해결책이 명백히 선호되어야 한다. 상호 합의된 해결책이 없을 때에는 분쟁해결제도의 첫 번째 목표는 통상 그 조치가 대상협정에 대한 위반으로 판결이 내려진 경우 동 조치의 철회를 확보하는 것이다. 그러한 조치의 즉각적인 철회가 비현실적일 경우에만 대상협정에 대한 위반조치의 철회 시까지 잠정조치로서 보상의 제공에 의지할 수 있다. 이 양해가 분쟁해결절차에 호소하는 회원국에게 부여하는 최후의 구제수단은 분쟁해결기구의 승인에 따르는 것을 조건으로 다른 회원국에 대하여 차별적으로 대상협정상의 양허 또는 그 밖의 의무의 적용을 정지할 수 있다는 것이다.

것은 구별되어야 한다는 개념을 도입하였다. 상소기구도 이러한 구분에 대한 필요성을 지지했다.

일반적으로 WTO 협정의 의무를 명시적으로 위반하는 의무적인 법령만이 '그 자체(as such)'로서 WTO 협정의 의무와 합치되지 않는 것으로 간주되었다. 이와는 반대로 회원국의 집행기관에 WTO 협정과 모순되는 조치를 할 수 있는 재량권을 부여하는 임의적인 입법만으로는 제소를 제기하기 어렵다. 이 경우 그러한 입법을 WTO 협정과 일치하지 않는 방식으로 실제로 적용하는 경우에만 제소의 대상이 된다고 할 수 있다.

따라서 WTO 회원국의 집행기관에 임의적인 권한이 부여되는 경우 회원국이 WTO 협정상의 의무를 이행하지 않을 것이라고 추정되지는 않아야 한다. 이러한 접근법에 따르면 WTO 협정 위반 여부의 관건은 문제가 되는 법률 또는 규정 등과 관련하여 회원국 행정당국이 WTO 협정상의 의무를 준수하도록 강제하느냐 그렇지 않느냐에 달려있다고 볼 수 있다.

그럼에도 불구하고 이러한 구별이 모든 WTO 협정상의 의무에 적용되어야 하는지에 대한 문제가 제기될 수 있다. 이러한 구별의 타당성은 WTO 협정의 조항이 얼마나 상세하게 의무적인 법률로 국한되어야 하는지, 아니면 임의적인 법률까지를 포함해야 하는지를 규정하고 있는지의 여부에 달려 있다고 할 수 있다.71) 최근 상소기구는 회원국이 자국의 집행기관에 WTO 협정상의 의무를 위반할 수 있는 재량권을 부여하는 입법안을 제정하는 경우에는 동 회원국이 WTO 협정상의 의무를 위반할 가능성을 배제하지 않고 있다고 확인하였다.72)

2) 미발효 법안

위에서 논의한 임의적 또는 의무적 입법과 관련된 내용과 더불어 법안의 발효와 관련된 논의도 가능한데 이는 국내적으로 입법이 채택되었더라도 아직 시행(발효)되지 않는 기간이 있기 때문이다. 일반적으로 법률은 최종적으로 채택되더라도 바로 발효되는 것이 아니라 일정 기간 이후 즉 미래의 특정일로부터 효력이 발생하는 경우가 대부분이다. 이러한 경우 아직 발효되지 않은 법률에 대해 회원국의 입법 기관이 법률제정 작업을 완료했다는 것만으로 WTO 분쟁해결제도의 분쟁 대상으로 적용

---

71) Panel Report, US—Section 301 Trade Act, paras. 7.53-7.54.

72) Appellate Body Report, US—Countervailing Measures on Certain EC Products, footnote 334 to para. 159.

될 수 있는가라는 문제가 제기될 수 있다.

법률은 정해진 시간이 지나면 효력이 자동적으로 발생하기 때문에 동 법률이 WTO 협정상의 의무를 위반하는 것이 명백하다면 이에 대한 제소도 가능하다고 해석할 수 있다. 하지만 동 기간만큼은 법률이 발효되지 않았기 때문에 실제로 WTO 협정의 의무를 위반할 수 없고 또 이로 인한 무역의 이익의 무효화 또는 침해도 일어나지 않기 때문에 제소의 법적 효과가 없다고 주장할 수 있다.

과거 GATT 분쟁해결과정에서 패널이 이러한 유형의 문제를 다루었는데 패널은 이러한 법률은 최종적으로 확정되었고 더 이상의 추가 입법 조치가 필요하지 않으며 단순히 시간이 지나면 발효된다는 점에서 이에 대한 제소 가능성을 배제하지 않았다. 또한, 그러한 조치의 법적 효력이 장래에 발생할지라도 이러한 입법 조치는 이미 당사국과의 무역에 참여하고 있는 시장 참여자의 미래에 대한 의사결정에 적지 않은 영향을 미친다는 점에서도 제소 가능성을 열어두었다.[73]

---

73) Panel Report, US—Superfund, para. 5.2.2.

제 11 장 DSB의 권고 및 판결의 법적 효력

위 10장에서는 분쟁해결절차에 대한 제소의 대상, 다시 말해 분쟁해결절차의 판결 주체인 패널 및 상소기구의 사법적 관할의 영역에 대해 알아보았다. 다음으로 본 장에서는 패널보고서 및 상소보고서를 통한 DSB의 권고 및 판결의 법적 효력에 대해 좀 더 상세히 알아보고자 한다.

1. 특정 분쟁 상황에서의 법적 효력

1) DSB의 권고 및 판결

DSB가 패널보고서 및 상소보고서를 채택(이는 역총의 방식을 통해 이루어짐은 이미 이야기하였음)하게 되면 보고서에 포함된 권고(recommendations) 및 판결(decisions)은 실질적으로 분쟁당사국을 구속하게 된다. DSU는 양 당사국이 상호 만족할 만한 해결책을 찾을 수 없을 때 분쟁해결의 첫 번째 목적은 WTO 협정과 합치하지 않는 것으로 밝혀진 조치의 철회를 강제하는 것이라고 명시하고 있다.(DSU 제3.7조[74])

위반제소에서 패널 및 상소기구가 분쟁당사국의 무역관련 조치가 WTO 협정과 모순되는 점을 발견하게 되면 보고서에 이 내용을 포함하게 된다. 이를 근거로 패널 및 상소기구는 관련 당사국이 해당 조치를 WTO 협정에 합치시킬 것을 권고한다(DSU 제19.1조[75]). 또한, DSU 제21.1조[76]는 DSB의 권고 및 판결을 즉각적으로 준수하는

---

74) 상호 합의된 해결책이 없을 때에는 분쟁해결제도의 첫 번째 목표는 통상 그 조치가 대상협정에 대한 위반으로 판결이 내려진 경우 동 조치의 철회를 확보하는 것이다.

75) 패널 또는 상소기구는 조치가 대상협정에 일치하지 않는다고 결론짓는 경우, 관련 회원국에게 동 조치를 동 대상협정에 합치시키도록 권고한다. 자신의 권고에 추가하여 패널 또는 상소기구는 관련 회원국이 권고를 이행할 수 있는 방법을 제시할 수 있다.

76) 분쟁해결기구의 권고 또는 판결을 신속하게 이행하는 것이 모든 회원국에게 이익이 되도록 분쟁의 효과적인 해결을 확보하는 데 필수적이다.

것이 분쟁의 효과적인 해결을 보장하기 위해 필수적이라고 덧붙이고 있다.

DSU는 보상 및 보복조치로서의 양허정지는 분쟁해결을 위한 일시적인 대안일 뿐 완전한 해결책이 되지 않는다고 명확히 규정하고 있다(DSU 제3.7조, 제21.6조[77] 및 제22.1조[78]). 분쟁의 유일하면서 궁극적인 해결책은 패소국이 DSU 제19조에 규정된 것과 같이 문제가 되는 조치가 관련 WTO 협정의 조항에 합치하도록 조정하는 것이라고 할 수 있다. 또한, 제19.1조의 '권고'라는 용어와 '권고 및 판결'이라는 문구의 해석에 있어서 분쟁당사국이 '권고 및 판결'을 따를지 아닐지에 대한 판단의 자유를 허용하는 것은 아니라고 할 수 있다. 그 이유는 아래와 같다.

첫째, 패널과 상소기구는 WTO 협정에 포함되어 있는 규정만을 권고 및 판결의 근거로 적용한다는 점을 상기할 필요가 있다. 패널과 상소기구는 WTO 협정에서 제공된 권리와 의무를 추가하거나 축소할 수 없다(DSU 제3.2조[79] 및 제19.2조[80]). 따라서 분쟁당사국의 어떤 특정조치가 WTO 협정과 일치하지 않는다는 패널 또는 상소기구의 권고 및 판결은 WTO 협정에 의거하여 존재하는 법리적 상황을 반영함을 전제로 선언하는 것으로 또한 이는 분쟁해결을 위한 규정을 토대로 한다.

해당 협정의 조항은 모든 회원국이 준수해야 하는 의무적인 법적 강제력을 구성하고 있기 때문에 여기에는 이미 회원국이 협정과 일치하지 않는 조치를 자제해야할 의무까지도 포함되어 있는 것으로 간주된다. 따라서 패널보고서 또는 상소보고서의 채택을 통해 이행당사국은 WTO 협정과 일치하지 않는 조치를 종식시켜야 하는 의무

---

77) 분쟁해결기구는 채택된 권고 또는 판결의 이행상황을 지속적으로 감시한다. 모든 회원국은 권고 또는 판결이 채택된 후 언제라도 그 이행문제를 분쟁해결기구에 제기할 수 있다. 분쟁해결기구가 달리 결정하지 아니하는 한, 권고 및 판결의 이행문제는 제21.3조에 따라 합리적 이행기간이 확정된 날로부터 6개월 이후에 분쟁해결기구 회의의 의제에 상정되며, 동 문제가 해결될 때까지 계속 분쟁해결기구의 의제에 남는다. 이러한 분쟁해결기구 회의가 개최되기 최소한 10일 이전까지 관련 회원국은 권고 또는 판결의 이행에 있어서의 진전 상황에 관한 서면보고서를 분쟁해결기구에 제출한다.

78) 보상 및 양허 또는 그 밖의 의무의 정지는 권고 및 판결이 합리적인 기간 내에 이행되지 아니하는 경우 취할 수 있는 잠정적인 조치이다. 그러나 보상이나 양허 또는 그 밖의 의무의 정지는 관련 조치를 대상협정에 합치시키도록 하는 권고의 완전한 이행에 우선하지 아니한다. 보상은 자발적인 성격을 띠며, 이를 행하는 경우 대상협정과 합치하여야 한다.

79) WTO 분쟁해결제도는 다자간무역체제에 안정과 예측가능성을 부여하는 데 있어서 중심적인 요소이다. WTO의 회원국은 이 제도가 대상협정에 따른 회원국의 권리와 의무를 보호하고 국제공법의 해석에 관한 관례적인 규칙에 따라 대상협정의 현존 조항을 명확히 하는 데 기여함을 인정한다. 분쟁해결기구의 권고 및 판결은 대상협정에 규정된 권리와 의무를 증가시키거나 축소시킬 수 없다.

80) 제3.2조에 따라 패널과 상소기구는 자신의 조사결과와 권고에서 대상협정에 규정된 권리와 의무를 증가 또는 감소시킬 수 없다.

를 갖는다고 할 수 있다. 물론 우선적으로는 WTO와 일치하지 않는 조치를 유예하거나 시행하지 않는 것 그 자체가 주요한 의무가 될 것이다.

둘째, DSU는 WTO 협정과 일치하지 않는 조치에 대해 WTO 협정에 부합시키지 않는 회원국에 대해 결과적으로 제소국과의 합의를 통해 보상을 제공해야 하거나 보복조치를 받을 수 있는 위험이 있다는 점을 분명히 하고 있다(DSU 제22.1조). 이는 주권적 권리를 가진 회원국에게 WTO 협정의 준수를 강제할 수는 없다 하더라도 적어도 이를 유도할 수 있는 역할을 하는 것이라고 볼 수 있다.

셋째, DSU는 위반제소와는 달리 비위반제소의 경우에는 피소국이 WTO 협정과 일치하는 조치를 철회할 의무가 없다고 명시하고 있다(DSU 제26.1(b)조[81]). 이는 다시 말해 위반제소의 경우에는 역으로 이러한 의무가 있음을 반증하는 것이라고 할 수 있다.

이러한 몇 가지 이유들을 통해 패널보고서 및 상소보고서가 WTO 협정의 위반이 있다고 결론을 내린 경우 이행당사국은 동 조치를 WTO 협정에 일치하도록 해야 할 의무가 있고 이는 이행당사국을 국제법적으로 구속하는 효과를 갖는다.

하지만 비위반제소의 경우는 상황이 다르다. 채택된 패널보고서 및 상소보고서는 그 판결과 관련하여 해당 협정에 따라 제소국의 이익이 무효화되거나 침해되었는지 여부에 대한 판단에 대해서는 구속력을 갖는다. 하지만 DSU는 비위반제소의 경우 위반제소와는 달리 피소국은 무효화 또는 침해를 가져온 WTO 협정과 일치하는 조치를 철회할 의무가 없다고 명시하고 있다. 따라서 패널 또는 상소기구는 양 당사국이 상호 만족할만한 해결책을 찾을 것을 권고할 뿐이다.(DSU 제26.1(b)조)

한편, 채택된 패널보고서 및 상소보고서는 패소국 뿐만 아니라 제소국의 경우에도 구속력을 갖는다. 이는 특히 제소국이 이익의 무효와와 침해를 제기한 사안들에 대해 일부 또는 전부가 받아들여지지 않을 때 해당된다고 할 수 있다. DSU는 제소국이 DSB가 채택한 패널보고서 또는 상소보고서에 포함된 결과에 동의하지 않는다 하더라도 WTO 협정의 위반 또는 이익의 무효화 또는 침해에 대해 패널보고서 또는 상소보고서의 결과와 달리 일방적으로 자구조치를 시행하는 것을 금지하고 있다.(DSU 제23.2(a)조[82])

81) 특정 조치가 관련 대상협정을 위반하지 아니하면서 동 협정에 따른 이익을 무효화 또는 침해하거나 동 협정의 목적달성을 저해한다고 판결이 내려지는 경우, 동 조치를 철회할 의무는 없다. 그러나 이러한 경우 패널 또는 상소기구는 관련 회원국에게 상호 만족할 만한 조정을 행하도록 권고한다.

82) 이 협정의 규칙 및 절차에 따른 분쟁해결에 호소하지 아니하고는 위반이 발생하였다거나 이익이 무효화 또는 침해되었다거나 대상협정의 목적달성이 저해되었다는 취지의 판결을 내리지

2) 지방정부의 조치가 WTO 협정 위반인 경우의 의무

지방정부의 조치와 관련된 제소의 경우에도 위에서 살펴본 내용이 동일하게 적용된다고 할 수 있다. WTO 협정에 위반되는 지방정부의 조치는 지방정부가 속한 회원국에게 귀속되며 분쟁의 대상이 될 수 있다. 지방정부의 WTO 협정 위반 조치와 회원국 중앙정부가 취한 위반 조치 간의 차이점은 분쟁해결절차를 포함하여 WTO 회원국을 대표하는 중앙정부가 동 조치의 철회를 보장하지 못할 수도 있다는 것이다.

예를 들어 헌법과 같은 해당 회원국의 국내법적 차원에서 중앙정부는 지방정부에 대한 권한을 제한할 수 있다. 하지만 중앙정부가 지역 또는 지방의 입법적 또는 행정적 행위에 간섭할 권한이 없거나 그 권한이 제한되는 연방국가인 경우 지방정부의 WTO 협정 위반 조치에 대해 중앙정부가 사실상 그 조치를 철회하거나 협정에 합치하도록 개선하기 어려울 수 있다.

따라서 회원국의 책임 있는 이행 의무는 현실적으로 WTO 협정의 준수를 보장할 수 있는 합리적인 조치에 국한될 수밖에 없다(DSU 제22.9조[83]). GATT 제24.12조[84]에도 동일한 내용이 포함되어 있다. 물론 이에 따른 보상 및 양허의 정지는 제외되지 않는다. 이는 국제법의 주체(국가)는 모든 지역적 차원 또는 정부의 다른 하위 부문을 포함하는 당사국의 통치체제 내의 모든 권력 집단의 활동에 대해 책임을 진다는 일반적인 국제법적 원칙에 대한 적용이라고 할 수 있다.

또한, DSU 제22.9조의 적용은 사법부와 같이 삼권분립의 원칙에 기반하여 행정부로부터 독립성을 인정받는 다른 정부 기관에게까지 일반화되거나 또는 확대되어서는 안 된다. 독립적인 사법기관이 WTO 협정을 위반한 조치에 대해 당사국 정부가 국내적으로 해결할 수 없더라도 동 회원국은 WTO 분쟁해결에 있어서 동 조치에 대해 전적으로 책임이 있다.

왜냐하면 당사국이 국제적 차원의 의무이행에 실패하는 경우 이를 정당화하기 위

아니하며, 분쟁해결기구가 채택한 패널보고서나 상소보고서에 포함된 조사결과 또는 이 양해에 따라 내려진 중재판결에 합치되도록 그러한 판결을 내린다.

83) 대상협정의 분쟁해결규정은 회원국 영토안의 지역 또는 지방정부나 당국이 취한 조치로서 대상협정의 준수에 영향을 미치는 조치에 대하여 호소될 수 있다. 분쟁해결기구가 대상협정의 규정이 준수되지 아니하였다고 판결을 내리는 경우, 이에 대한 책임이 있는 회원국은 협정준수를 확보하기 위하여 취할 수 있는 합리적인 조치를 취한다. 보상 및 양허 또는 그 밖의 의무의 정지에 관한 대상협정 및 이 양해의 규정은 이러한 준수를 확보하는 것이 불가능한 경우에 적용된다. 회원국의 영토안의 지역 또는 지방정부나 당국이 취한 조치와 관련된 대상협정의 규정이 이 항의 규정과 상이한 규정을 포함하고 있는 경우, 대상협정의 규정이 우선 적용된다.

84) 각 회원국은 자신의 영토 내의 지역 및 지방정부와 당국에 의한 이 협정 규정의 준수를 확보하기 위하여 자신에게 이용 가능할 수 있는 합리적인 조치를 취한다.

해 국내법을 원용할 수 없다는 것이 국제법의 일반적인 원칙이기 때문이다. DSU 제22.9조는 WTO 협정과 일치하지 않는 조치를 철회하는 것을 회원국이 이행해야 할 의무로 명시하고 있다. 따라서 보상 및 양허의 정지와 관련된 분쟁해결조항의 적용은 해당 회원국이 자국 영역 내에서 불가피하게 WTO 협정의 준수를 확보할 수 없는 경우에만 적용된다고 해석된다.

2. 동일사안 분쟁에서 채택 또는 미채택 보고서의 법적 지위

WTO 무역분쟁은 특정 무역조치 또는 WTO 협정의 특정 규정과 관련되는 경우도 있고, 둘 이상의 특정 회원국간에 발생할 수도 있다. 패널보고서 또는 상소보고서는 회원국간 특정한 분쟁 사안에 대해 판결한 내용을 담고 있으며 이는 개별적 분쟁 사안의 해석 및 적용으로만 국한된다. 따라서 WTO 협정 위반과 관련하여 이후 동일 또는 유사한 분쟁 사안이 제기될지라도, 심지어 동일사안에 대한 동일 당사국간의 분쟁의 경우라도 이전의 패널보고서 또는 상소보고서가 판례로서 구속력을 갖지 않는다.

국제법의 다른 분야와 마찬가지로 WTO 분쟁해결에 대해서는 그 판결 규칙이 완전하게 확립되지 않았기 때문에 패널 및 상소기구의 이전 판결이 후속 판결을 구속하지는 않는다고 해야 한다. 이는 패널 또는 상소기구가 동일사안에 대한 판결에서 특정한 법리적 해석을 제기한다 하더라도 이러한 해석이 이전 패널보고서 또는 상소보고서의 판결내용을 따를 의무가 없음을 의미한다.

또한, 상소기구는 과거 사건에서 채택된 법리적 해석을 유지할 의무도 없다. 상소기구는 GATT 체제하에서 채택된 패널보고서의 권고 및 판결이 해당 분쟁에서 당사국들을 구속하지만 그렇다 하더라도 후속 패널은 이전 패널보고서의 세부 사항 및 추론에 대해 법적으로 구속받지 않는다는 것을 확인하였다.

하지만 현실적으로는 이전 패널보고서 또는 상소보고서에서 개발된 WTO 협정 및 규정에 대한 해석 및 이를 뒷받침하기 위한 법리적 추론이 설득력이 있는 것이라면 후속 패널 또는 상소기구는 이를 인용할 가능성이 크다고 할 수 있다. 이는 다자간 무역체제의 안정성과 예측가능성을 높이기 위한 WTO 분쟁해결제도의 핵심 목표와도 일치한다고 할 수 있다.DSU 제3.2조[85])

85) WTO 분쟁해결제도는 다자간 무역체제에 안정과 예측가능성을 부여하는 데 있어서 중심적인 요소이다. WTO 회원국은 이 제도가 대상협정에 따른 회원국의 권리와 의무를 보호하고 국제법의 해석에 관한 관례적인 규칙에 따라 대상협정의 현존 조항을 명확히 하는 데 기여함을 인정한다. 분쟁해결기구의 권고 및 판결은 대상협정에 규정된 권리와 의무를 증가시키거나 축소시킬 수 없다.

상소기구에 따르면 GATT/WTO의 패널보고서 및 상소보고서는 실제적으로 WTO 회원국들에게 문제가 되는 규정에 대해 일관되고 예측가능한 법리적 차원의 해석을 제공하기 때문에 관련된 유사 또는 동일 분쟁 사안에 있어서 동 보고서가 고려되어야만 한다고 언급하였다.

또한, 미채택 패널보고서의 경우에도 GATT/WTO 체제하에서 공식적인 법적 지위를 가지고 있지는 않지만, 그 내용에 포함된 법리적 해석과 추론은 동일 또는 유사한 법적 문제에 대한 후속 판결에서 패널이나 상소기구에 유용한 지침을 제공할 수 있다고 보아야 한다.

제 12 장 패널 및 상소절차 이외의 분쟁해결절차

위 장들에서는 주로 WTO 분쟁해결제도에서 패널과 상소기구와 관련된 분쟁해결절차 및 관련된 논의 및 쟁점들을 중심으로 알아보았다. 여기서 한 가지 기억해야할 것은 WTO 분쟁해결제도에 있어서 그 해결을 위한 방안이 오직 패널과 상소기구와 관련되어 있는 것은 아니라는 점이다. 패널과 상소기구를 통한 분쟁해결절차 외에도 WTO 분쟁해결제도의 틀 내에서 분쟁을 해결할 수 있는 다양한 방법이 존재한다.

따라서 분쟁당사국들은 패널과 상소기구에 의한 판결에 의존하지 않고도 이러한 방법을 활용하여 분쟁을 해결할 수 있다. 예를 들어 분쟁당사국들은 분쟁절차가 진행되는 과정에서 주선(good offices), 조정(conciliation), 및 중개(mediation)와 같은 분쟁해결방안을 활용하여 상호간 합의된 해결책을 찾음으로써 분쟁을 해결할 수 있다. 또한, 이외에도 분쟁을 중재인(arbitrator)에게 회부하기로 분쟁당사국간 동의할 수도 있다.

국내 사법제도에서 이러한 사법절차 밖의 분쟁해결은 분쟁해결의 대안(alternative) 방식으로 불린다. 따라서 WTO 분쟁해결제도에서도 분쟁당사국들이 상호간 합의된 해결책 또는 중재를 통해 분쟁을 해결할 수 있다면 패널과 상소기구의 판결에 대한 '대안'으로 인정된다고 할 수 있을 것이다.

물론 이러한 대안으로서의 분쟁해결방안도 DSU에 의해 제공되므로 공식적인 분쟁해결방안으로 인정받는다. 따라서 주선, 조정, 중개, 중재 등은 WTO 분쟁해결절차로 주로 사용되는 패널 및 상소절차 등과 동등하게 분쟁해결방식의 일부분이자 보완적인 관계로 해석되어야 하며 일반적으로 이야기하는 WTO 분쟁해결방식을 독립적으로 완전히 대체하는 대안은 아니라고 해야 할 것이다.

1. 상호간 합의를 통한 해결

앞에서 논의하였듯이 DSU는 분쟁해결에 있어서 분쟁당사국들이 상호간 합의를 통해 해결책 찾는 것을 선호한다는 것을 명시하고 있다(DSU 제3.7조[86]). 그러나 DSU는 다른 대다수의 사법제도와 달리 분쟁당사국이 원하는 내용 및 방식대로 분쟁을 해결하는 것을 허용하지 않는다. 예를 들어 분쟁당사국들이 상호간 합의한다 하더라도 그 해결책은 WTO 협정과 일치해야 하며 다른 회원국들이 관련 협정에 따라 발생하는 이익을 무효로 하거나 손상시키지 않아야 한다(DSU 제3.5조[87] 및 제3.7조). 또한, 분쟁이 협의 요청을 통해 공식적으로 제기된 경우 상호간 합의된 해결책은 DSB와 관련 이사회 및 위원회에 통보되어야 한다.(DSU 제3.6조[88])

이것은 다른 WTO 회원국들에게 분쟁당사국간 합의된 내용을 통보하고 회원국들에게 동 합의에 관련하여 WTO 협정상 문제가 될 수 있는 사안을 제기할 수 있는 기회를 제공하기 위한 것이다. 동 규정들을 통해 분쟁당사국간 합의를 통한 분쟁해결이 분쟁에 연루되지 않은 제3의 회원국의 이익을 침해할 수 있는 내용과 방식으로 진행될 수도 있고, 또한 WTO 협정과 완전히 일치하지 않는 방식으로 진행될 수 있음을 인정하고 있다. 따라서 분쟁당사국은 상호간 합의된 해결책의 경우 관련 정보를 다른 회원국들에게 충분하게 제공해야 하며, 또한 DSB에 이를 통보해야 한다.

1) 양자간 협의 절차

분쟁당사국들의 양자간 협의는 분쟁해결을 위한 첫 번째 단계로 분쟁당사국들이

86) 제소하기 전에 회원국은 이 절차에 따른 제소가 유익할 것인 지에 대하여 스스로 판단한다. 분쟁해결제도의 목표는 분쟁에 대한 긍정적인 해결책을 확보하는 것이다. 분쟁당사자가 상호 수락할 수 있으며 대상협정과 합치하는 해결책이 명백히 선호되어야 한다. 상호 합의된 해결책이 없을 때에는 분쟁해결제도의 첫 번째 목표는 통상 그 조치가 대상협정에 대한 위반으로 판결이 내려진 경우 동 조치의 철회를 확보하는 것이다. 그러한 조치의 즉각적인 철회가 비현실적일 경우에만 대상협정에 대한 위반조치의 철회 시까지 잠정조치로서 보상의 제공에 의지할 수 있다. 이 양해가 분쟁해결절차에 호소하는 회원국에게 부여하는 최후의 구제수단은 분쟁해결기구의 승인에 따르는 것을 조건으로 다른 회원국에 대하여 차별적으로 대상협정상의 양허 또는 그 밖의 의무의 적용을 정지할 수 있다는 것이다.

87) 중재판결을 포함하여 대상협정의 협의 및 분쟁해결규정에 따라 공식적으로 제기된 사안에 대한 모든 해결책은 그 대상협정에 합치되어야 하며, 그 협정에 따라 회원국에게 발생하는 이익을 무효화 또는 침해하거나 그 협정의 목적달성을 저해하여서는 아니 된다.

88) 대상협정의 협의 및 분쟁해결규정에 따라 공식적으로 제기된 사안에 대하여 상호 합의된 해결책은 분쟁해결기구, 관련 이사회 및 위원회에 통지되며, 여기에서 회원국은 그 해결책과 관련된 문제점을 제기할 수 있다.

협상을 통해 상호 만족할만한 해결 방안을 찾는 기회와 환경을 제공하기 위한 것이다. DSU는 협의를 통한 해결이 어려운 경우 분쟁은 패널 및 상소절차 등 후속 판결단계로 진행되지만, 이 경우에도 분쟁당사국들은 상호 합의된 해결책을 찾기 위한 노력을 계속할 것을 권장하고 있다.

예를 들어 패널은 분쟁당사국들과 정기적으로 협의하며 상호 만족할만한 해결책을 찾을 수 있도록 적절한 기회를 제공해야 한다(DSU 제11조[89]). 또한, 패널은 제소국의 요청에 따라 패널절차를 정지할 수 있는데 이는 일반적으로 당사국들이 상호 합의한 해결책을 찾기 위한 것이다.(DSU 제12.12조[90])

분쟁해결절차에서 분쟁당사국들이 합의에 도달하는 경우는 첫 번째, 패널의 중간보고서 제출 전에 상호 합의된 해결책에 도달하는 경우, 두 번째, 패널의 중간보고서 제출 이후 최종보고서 제출 이전에 상호 합의된 해결책에 도달하는 경우, 세 번째, 패널의 최종보고서 제출 이후 회원국들에 대한 회람 전에 상호 합의된 해결책에 도달하는 경우 등으로 나누어 볼 수 있다.

어떤 경우든 패널보고서의 회람 이전에 상호 합의된 해결책에 도달하게 되면 패널은 분쟁의 내용과 당사국들이 상호 합의한 해결책에 도달했다는 내용을 간략히 기술한 보고서를 제출해야 한다(DSU 제12.7조[91]). 상소절차의 경우에도 상소 당사국은 언제든지 상소를 철회할 수 있는데 상호 합의한 해결책을 찾는 경우가 그러한 예가 될 수 있을 것이다.

---

89) 패널의 기능은 분쟁해결기구가 이 양해 및 대상협정에 따른 책임을 수행하는 것을 지원하는 것이다. 따라서 패널은 분쟁의 사실부분에 대한 객관적인 평가, 관련 대상협정의 적용가능성 및 그 협정과의 합치성을 포함하여 자신에게 회부된 사안에 대하여 객관적인 평가를 내려야 하며, 분쟁해결기구가 대상협정에 규정되어 있는 권고를 행하거나 판결을 내리는 데 도움이 되는 그 밖의 조사결과를 작성한다. 패널은 분쟁당사자와 정기적으로 협의하고 분쟁당사자에게 상호 만족할 만한 해결책을 찾기 위한 적절한 기회를 제공하여야 한다.

90) 패널은 제소국이 요청하는 경우 언제라도 12개월을 초과하지 아니하는 기간 동안 자신의 작업을 정지할 수 있다. 이와 같이 정지하는 경우, 이 조의 제8항 및 제9항, 제20.1조 및 제21.4조에 명시된 시한은 작업이 정지되는 기간만큼 연장된다. 패널의 작업이 12개월 이상 정지되는 경우에는 동 패널설치 권한이 소멸된다.

91) 분쟁당사자가 상호 만족할 만한 해결책을 강구하는 데 실패하는 경우, 패널은 서면보고서 형식으로 자신의 조사결과를 분쟁해결기구에 제출한다. 이 경우 패널보고서는 사실에 관한 조사결과, 관련 규정의 적용가능성 및 자신이 내린 조사결과와 권고에 대한 근본적인 이유를 명시하여야 한다. 분쟁당사자간에 해결책이 발견된 경우 패널보고서는 사안의 간략한 서술과 해결책이 도달되었다는 사실을 보고하는 데 국한된다.

2) 주선, 조정 및 중개

원만한 분쟁해결을 위해 때로는 분쟁당사국들과 관련이 없는 외부의 독립적인 기관 또는 인사의 개입을 통해 분쟁당사국들이 상호 합의한 해결책을 찾도록 도울 수 있다. 이러한 지원을 허용하기 위해 DSU는 분쟁당사국들이 동의하면 자발적으로 주선(good offices), 조정(conciliation) 및 중개(mediation)를 제공한다.(DSU 제5.1조[92])

주선은 일반적으로 분쟁당사국들이 생산적인 분위기에서 협상할 수 있도록 적절한 환경 및 지원을 제공하는 것을 의미한다. 조정은 분쟁당사국간의 토론과 협상에 추가적으로 외부인이 직접 참여하여 원활한 진행을 돕는 것이다. 중개는 한발 더 나아가 중개자가 토론과 협상에 참여하고 기여할 뿐만 아니라 분쟁당사국들에게 해결책을 제시할 수도 있다. 다만 분쟁당사국들은 이 제안을 수용할 의무는 없다.

주선, 화해 및 중개는 언제든지 시작할 수 있지만(DSU 제5.3조[93]), 협의 요청은 DSU의 분쟁해결절차의 개시를 위해 반드시 필요하기 때문에, 협의 요청 이전에는 적용되지 않는다고 할 수 있다(DSU 제1.1조[94]). 예를 들어 분쟁당사국들은 협의 중에 주선, 조정 및 중개 절차를 시작할 수 있다. 주선, 조정 및 중개 절차가 협의 요청으로부터 60일 이내에 발생하는 경우 양 분쟁당사국이 주선, 조정 및 중개를 통한 합의에 실패했다고 동의하지 않는 한 60일 기간이 만료되기 전에는 패널 설치를 요청할 수 없다.(DSU 제5.4조[95])

그러나 이러한 주선, 조정 및 중개 절차는 언제든지 종료할 수 있다(DSU 제5.3조). 분쟁당사국들이 동의하는 경우 패널이 분쟁 관련 심사를 진행하는 동안 주선, 조정 및 중개 절차도 함께 계속될 수 있다.(DSU 제5.5조[96])

---

92) 주선, 조정 및 중개는 분쟁당사자가 합의하는 경우 자발적으로 취해지는 절차이다.

93) 분쟁당사자는 언제든지 주선, 조정 또는 중개를 요청할 수 있다. 주선, 조정 또는 중개는 언제든지 개시되고 종료될 수 있다. 일단 주선, 조정 또는 중개절차가 종료되면 제소국은 패널의 설치를 요청할 수 있다.

94) 이 양해의 규칙 및 절차는 이 양해의 부록 1에 연결된 협정(이하 "대상협정"이라 한다)의 협의 및 분쟁해결규정에 따라 제기된 분쟁에 적용된다. 또한, 이 양해의 규칙 및 절차는 WTO 설립을 위한 협정(이하 "WTO 협정"이라 한다) 및 이 양해만을 고려하거나 동 협정 및 양해를 다른 대상협정과 함께 고려하여 WTO 협정 및 이 양해의 규정에 따른 회원국의 권리 및 의무에 관한 회원국간의 협의 및 분쟁해결에 적용된다.

95) 협의요청 접수일로부터 60일 이내에 주선, 조정 또는 중개절차가 개시되는 경우, 제소국은 협의요청 접수일로부터 60일의 기간을 허용한 후에 패널의 설치를 요청할 수 있다. 분쟁당사자가 공동으로 주선, 조정 또는 중개과정이 분쟁을 해결하는데 실패하였다고 판단하는 경우, 제소국은 위의 60일의 기간 중에 패널의 설치를 요청할 수 있다.

96) 분쟁당사자가 합의하는 경우, 주선, 조정 또는 중개절차는 패널과정이 진행되는 동안 계속될 수 있다.

주선, 조정 및 중개 절차는 엄격히 기밀로 보호되며 이후의 분쟁해결절차에서 어느 일방의 입장을 약화시키지 않는다(DSU 제5.2조[97]). 이러한 기밀보호는 한 분쟁당사국이 타협안을 제시하거나 중개인에게 합의를 위한 조건 또는 분쟁과 관련된 특정 사실을 제공하거나 인정할 수 있기 때문에 중요하다. 이러한 절차를 통해서도 상호 합의한 해결책 도출에 실패하고 분쟁이 패널 및 상소 등의 판결절차로 넘어가더라도 상호 합의를 위한 건설적인 유연성과 개방성을 위한 노력이 분쟁당사국들에게 불리하게 작용해서는 안 된다.

DSU는 WTO 사무총장이 회원국에게 분쟁을 해결할 수 있도록 도움을 줄 수 있는 주선, 조정 또는 중개를 제공할 수 있다고 명시하고 있다(DSU 제5.6조[98]). 사무총장은 DSU 제5조 절차를 개시하기 이전에 분쟁당사국들에 대한 공식적인 서안을 발송한다. 사무총장은 이 서안을 통해 DSU 제5.6조에 규정된 대로 분쟁당사국들이 패널과 상소절차에 의존하지 않고 분쟁을 해결하는 것을 도와줄 준비가 되어있다는 의사를 표명한다. 또한, 이에는 분쟁당사국들이 주선, 조정 또는 중개를 요청하기 위한 절차에 대한 자세한 설명이 덧붙여진다.

여기에는 사무총장 또는 분쟁당사국들의 동의하에 지정된 부사무총장이 관련 절차를 처리할 것을 제시한다. 패널 및 상소절차와는 달리 주선, 조정 및 중개 절차를 통해 구속력을 갖는 사법적 판결을 내릴 수는 없지만 서로 합의한 해결책을 얻는 데 도움이 된다. 사무총장은 관련 절차를 지원하기 위해 사무국 직원을 배치할 수 있지만 기밀보호를 위해 동 직원은 패널 등 이후의 분쟁해결절차로부터 제외된다.

분쟁당사국들의 사무총장에 대한 요청에는 주선, 조정 또는 중개 중 어떤 것을 요청하는지 명시해야 한다. 마지막으로 상대국을 배제한 분쟁당사국과 사무총장 간의 회의도 허용되며 동 절차 중 모든 회의 내용은 기밀로 유지되어야 한다. 또한, 분쟁당사국들이 동의하는 경우를 제외하고 제3자는 동 절차에 참여할 수 없다.

DSU는 개발도상회원국과 관련된 분쟁에 있어서 주선, 조정 또는 중개에 특별한 관심을 갖도록 하고 있다. 협의가 만족스러운 해결책으로 이어지지 않고, 최빈개발도상회원국이 요청한 경우 사무총장 또는 DSB 의장은 주선, 조정 또는 중개를 제공해야 한다. 물론 이 경우에도 주선, 조정 또는 중개의 목적은 패널 설치 이전에 분쟁당사

97) 주선, 조정 및 중개의 절차, 특히 이러한 절차의 과정에서 분쟁당사자가 취한 입장은 공개되지 아니하며, 이러한 절차에 따른 다음 단계의 과정에서의 분쟁당사자의 권리를 저해하지 아니한다.

98) 사무총장은 회원국이 분쟁을 해결하는 것을 돕기 위하여 직권으로 주선, 조정 또는 중개를 제공할 수 있다.

국들이 분쟁을 해결할 수 있도록 지원하는 것이다.(DSU 제24.2조[99])

2. DSU 제25조에 따른 중재

패널과 상소기구에 의한 판결의 대안으로서 분쟁당사국은 중재(arbitration)에 의지할 수 있다(DSU 제25.1조[100]). 분쟁당사국들은 합의를 통해 중재 및 그 절차에 대해 동의한다(DSU 제25.2조[101]). 따라서 분쟁당사국들은 DSU의 표준적 절차를 벗어나 중재인의 선출을 포함한 중재와 관련한 규칙 및 절차에 대해 자유롭게 합의할 수 있다. 이 경우 분쟁당사국들은 분쟁의 사안을 명확하게 정의해야 한다.

중재가 시작되기 전에 분쟁당사국들은 모든 WTO 회원국들에게 중재에 합의하였다는 합의서를 통보해야 한다. 다른 회원국은 중재당사국들의 합의에 의해서만 중재당사국에 포함될 수 있다. 중재당사국은 중재의 판결(award)을 준수할 것에 동의해야 하며 일단 중재판결이 내려지면 그 내용을 DSB와 해당 협정의 이사회 및 위원회에 통지해야 한다.(DSU 제25.2조 및 제25.3조[102])

또한, 구제조치에 관한 DSU 제21조 및 제22조의 조항과 권고 및 판결의 이행 감시에 대해서도 중재의 판결이 적용될 수 있다(DSU 제25.4조[103]). 다시 말해 양 분쟁당사국들이 DSU 제25조에 의거하여 중재 재판을 받았을 경우 중재인의 판결은 최종적인 것이 된다. 이러한 중재판결은 DSU 제21조 및 제22조에 의거하여 사법적 구속력을 갖게 됨으로써 분쟁당사국은 이 판결을 이행, 집행하여야 할 의무를 갖는다.

---

99) 최빈개도회원국이 관련된 분쟁의 해결에 있어서 만족할 만한 해결책이 협의과정에서 발견되지 아니하는 경우, 사무총장 또는 분쟁해결기구 의장은 최빈개도회원국이 요청하는 때에는 당사자가 문제를 해결하는 것을 지원하기 위하여 패널설치 요청이 이루어지기 전에 주선, 조정 및 중재를 제의한다. 사무총장 또는 분쟁해결기구 의장은 이러한 지원을 제공함에 있어서 자신이 적절하다고 판단하는 어떠한 출처와도 협의할 수 있다.

100) 분쟁해결의 대체적 수단으로서 WTO 안에서의 신속한 중재는 쌍방 당사자가 명백하게 규정한 문제와 관련된 특정 분쟁의 해결을 촉진할 수 있다.

101) 이 양해에 달리 규정되어 있는 경우를 제외하고는, 중재에의 회부는 당사자의 상호 합의에 따르며, 이 경우 당사자는 따라야 할 절차에 합의한다. 중재에 회부하기로 한 합의사항은 중재절차가 실제로 개시되기 전에 충분한 시간을 두고 모든 회원국에게 통지된다.

102) 다른 회원국은 중재에 회부하기로 합의한 당자자의 동의를 얻은 경우에만 중재절차의 당사자가 될 수 있다. 중재절차의 당사자는 중재판결을 준수하기로 합의한다. 중재판결은 분쟁해결기구 및 관련 협정의 이사회 또는 위원회에 통보되며, 회원국은 분쟁해결기구, 이사회 또는 위원회에서 중재판결에 관련된 어떠한 문제도 제기할 수 있다.

103) 이 양해 제21조 및 제22조는 중재판결에 준용된다.

제 13 장 WTO 분쟁해결절차와 관련된 법적 이슈

1. 제소의 권리

DSU에서는 제소국이 분쟁해결을 위한 패널설치를 요청하기 위한 전제조건으로서 'WTO 협정상 법적 이해관계의 존재'의 여부를 요구하지 않는다.[104] 사실 제소국은 상대국의 WTO 협정 위반이 자국을 포함한 다른 회원국에게 피해를 주든지 그렇지 않든지 여부에 상관없이 이에 대한 제소를 할 수 있다.[105] 그러나 제소의 권리와 관련된 문제는 분쟁과 관련된 쟁점에서 구체적으로 논의되지 않아 왔다.

다만, 상소기구는 제소의 권리와 관련된 문제 제기에 대해 제소국이 제품의 생산자이고 잠재적으로 해당 제품을 수출할 수 있다면 제소의 권리가 성립하는 것이 가능하다고 판단하였다. 이는 각 회원국들이 동종 상품의 생산, 유통, 소비 부문에 있어서 국내적, 대외적 차원에서 공정한 경쟁을 하도록 하는 데 목적이 있다고 할 수 있다. 또한, 상소기구는 WTO 협정 위반이 회원국들에게 직접적인 경제적 영향뿐만 아니라 간접적인 영향을 줄 수 있다는 점을 인용했다.[106]

2. 패널의 자율적 추론

DSU는 패널이 WTO 협정에 위반될 소지가 충분히 또는 명확하게 있는 분쟁 사안에 대해서만 처리하도록 제한하고 있다(DSU 제7.2조[107]). 그러므로 제소국은 패널설치 요청 시에 패널에서 다루어지길 원하는 분쟁 사안과 관련된 모든 사항을 패널설치 요청서에 가능한 명확하게 포함하여야 한다.

---

104) Appellate Body Report, EC — Bananas III, para. 132.

105) Appellate Body Report, US — Section 211 Omnibus Appropriations Act, paras. 275-281, 309; Appellate Body Report, US — Line Pipe, paras. 120-122, 130-133.

106) Appellate Body Report, EC — Bananas III, paras. 136-138.

107) 패널은 분쟁당사자가 인용하는 모든 대상협정의 관련 규정을 검토한다.

만약 제소국의 요청에 특정한 사안이 명시되어 있지 않은 경우, 제소국은 이후 진행되는 서면 제출 또는 패널에 대한 구두 진술 등의 패널절차에서 원래 제기한 분쟁사안 외의 다른 사안을 추가적으로 제기할 수 없다. 또한, 그러한 후속적인 분쟁사안이 제기된다 하더라도 패널은 이를 판결에서 배제한다. 이론적으로는 추가적인 분쟁사안이 발생할 경우 제소국은 이에 대한 새로운 분쟁제소를 시작해야 한다고 할 수 있다.

현실적으로 패널설치 요청서에서 확인된 분쟁 사안과 그 사안을 뒷받침하는 주장 또는 근거 간에는 상당한 차이가 있을 수 있다. 여기에서의 '문제제기'는 제소국이 피소국의 해당 협정의 특정 조항에 대한 위반으로 인해 동 협정 하에서 예상되는 무역의 이익이 무효화되고 또는 침해되었음을 주장하는 것이다. 제소국은 이를 입증하기 위한 주장 및 근거를 제출하게 된다. 하지만 이에 대한 찬반에 대한 모든 논의가 굳이 패널설치 요청서에 포함될 필요가 없다. 오히려, 분쟁당사국들은 일반적으로 분쟁해결절차의 단계(즉, 패널에 대한 서면 제출 및 구두 진술)에서 광범위한 법적 주장 및 그 근거를 전개할 수 있다.

패널은 분쟁당사국의 주장을 어떻게 판단할 것인지에 대해 제한받지 않는다. 오히려 패널은 그러한 주장을 수용하거나 거절할 자유가 있으며 그 사실관계의 파악과 판결을 뒷받침할 자체적인 법적 추론을 개발할 재량권을 가진다. 즉 패널은 자체적으로 자율적 추론을 개발할 수 있다고 할 수 있다. 이러한 자율적 추론은 상소기구에서도 동일하게 적용된다.

3. 피소국에 대한 예외 적용

2절에서 논의한 패널 및 상소기구가 자율적으로 제소국의 주장을 검토하고 자신의 법적 추론을 개발하고 적용한다는 원칙에는 한 가지 중요한 예외가 있다. 이는 WTO 협정의 법적 예외를 적용하는 것과 관련이 있다. 피소국은 제소국이 주장하는 협정 위반에 대해 예외를 주장하기 위해서는 공식적이고 명시적으로 DSB에 동 문제를 제기해야 한다. 그러한 예로는 GATT 제20조의 일반적 예외 조항[108] 또는 SPS 협정의

---

108) 다음의 조치가 동일한 여건이 지배적인 국가간에 자의적이거나 정당화할 수 없는 차별의 수단을 구성하거나 국제무역에 대한 위장된 제한을 구성하는 방식으로 적용되지 아니한다는 요건을 조건으로, 이 협정의 어떠한 규정도 회원국이 이러한 조치를 채택하거나 시행하는 것을 방해하는 것으로 해석되지 아니한다.

a. 공중도덕을 보호하기 위하여 필요한 조치

b. 인간, 동물 또는 식물의 생명 또는 건강을 보호하기 위하여 필요한 조치

제5.7조[109]가 있다. 패널과 상소기구는 피소국이 예외를 명시적으로 주장하지 않는 한 자체적으로 그러한 예외를 적용할 수 없다.

4. 사법 경제(judicial economy)

패널은 원칙적으로 제소국이 제기한 모든 분쟁사안을 다루어야 할 의무가 있다. 제소국이 제기한 피소국의 협정 위반은 단수가 아니라 다수의 협정 및 조항을 동시에 위반하는 경우가 대부분이다. 하지만 그렇다 하더라도 패널은 제소국이 제기한 모든 사안에 대해 처리할 필요는 없다. 패널은 분쟁에서 쟁점이 되는 문제를 해결하는 데 필요한 주장에 대해서 판단하는 것만으로도 충분하다고 할 수 있다.

패널이 문제가 되는 조치가 적용 대상 협정의 특정 조항과 일치하지 않는다는 사실을 발견한 경우 그것 자체만으로도 협정 위반의 여부에 대한 판결이 이루어질 수 있다. 따라서 일반적으로 위반 여부에 대한 판결을 목적으로 할 때 동일한 위반 조치

---

c. 금 또는 은의 수입 또는 수출과 관련된 조치
d. 통관의 시행, 제2.4조 및 제17조 하에서 운영되는 독점의 시행, 특허권·상표권·저작권의 보호, 그리고 기만적 관행의 방지와 관련된 법률 또는 규정을 포함하여 이 협정의 규정에 불합치되지 아니하는 법률 또는 규정의 준수를 확보하기 위하여 필요한 조치
e. 교도소 노동 상품과 관련된 조치
f. 예술적, 역사적 또는 고고학적 가치가 있는 국보의 보호를 위하여 부과되는 조치
g. 고갈될 수 있는 천연자원의 보존과 관련된 조치로서 국내 생산 또는 소비에 대한 제한과 결부되어 유효하게 되는 경우
h. 회원국들에 제출되어 그에 의하여 불승인되지 아니한 기준에 합치되는 정부 간 상품협정 또는 그 자체가 회원국들에 제출되어 그에 의하여 불승인되지 아니한 정부 간 상품협정 하의 의무에 따라 취하여지는 조치
i. 정부의 안정화 계획의 일부로서 국내원료의 국내가격이 국제가격 미만으로 유지되는 기간 동안 국내 가공산업에 필수적인 물량의 국내원료를 확보하기 위하여 필요한 국내원료의 수출에 대한 제한을 수반하는 조치. 단, 동 제한은 이러한 국내산업의 수출 또는 이러한 국내 산업에 부여되는 보호를 증가시키도록 운영되어서는 아니 되며 무차별과 관련된 이 협정의 규정으로부터 이탈하여서는 아니 된다.
j. 일반적 또는 지역적으로 공급이 부족한 상품의 획득 또는 분배에 필수적인 조치. 단, 동 조치는 모든 회원국이 동 상품의 국제적 공급의 공평한 몫에 대한 권리를 가진다는 원칙에 합치되어야 하며, 이 협정의 다른 규정에 불합치되는 동 조치를 야기한 조건이 존재하지 아니하게 된 즉시 중단되어야 한다. 회원국들은 1960년 6월 30일 이전에 이 호의 필요성을 검토한다.

109) 관련 과학적 증거가 불충분한 경우, 회원국은 관련 국제기구로부터의 정보 및 다른 회원국이 적용하는 위생 또는 식물위생 조치에 관한 정보를 포함, 입수가능한 적절한 정보에 근거하여 잠정적으로 위생 또는 식물위생 조치를 채택할 수 있다. 이러한 상황에서, 회원국은 더욱 객관적인 위험평가를 위하여 필요한 추가정보를 수집하도록 노력하며, 이에 따라 합리적인 기간 내에 위생 또는 식물위생 조치를 재검토한다.

가 제소국이 제기한 다른 협정 및 조항과 일치하지 않는지를 추가적으로 검토할 필요는 없다.[110] 이를 '사법 경제(judicial economy)의 원칙'이라고 한다. 패널은 이러한 추가적인 판단을 하지 않을 수 있는 재량권을 갖는데 이 경우 패널은 명시적으로 이러한 내용과 이유를 밝혀야 한다.[111]

그러나 사법 경제의 원칙은 분쟁의 해결에 있어서 '긍정적인 해결책의 확보'라는 분쟁해결제도의 목적달성을 위해 일관되게 적용되어야 하기 때문에 그 재량권의 적용에는 한계가 있다(DSU 제3.7조[112]). 또한, 상소기구는 패널심에서 제기된 문제에 대해 부분적으로만 판결하는 것은 진정한 의미의 사법 경제가 되지 않을 수 있음을 경고하였다.[113]

그러므로 패널은 DSB가 회원국간 분쟁의 해결을 통해 협정 위반의 조치를 신속하게 협정에 합치되도록 유도하고, 모든 회원국들에게 혜택이 돌아가도록 할 수 있도록 하기 위해 사법 경제를 고집하기보다는 충분하고 정확한 권고 및 판결을 내려야 한다. 또한, 이를 위해서는 제기된 모든 사안에 대한 권고 및 판결이 필요하다고 할 수 있다.(DSU 제21.1조[114])

패널이 제소를 기각할 경우 사법 경제의 적용 범위는 분명하지 않다. 원칙적으로 제소가 기각되기 위해서는 제소된 사안들에서 언급된 모든 주장에 대한 판결이 이루어져야 하며, 또한 제소국의 모든 주장이 거부되어야 한다. 경우에 따라서는 제소국이 분쟁상대국의 조치들에 대한 여러 건의 위반을 주장하지만 일부는 조건적일 수 있다. 예를 들어 제소국은 "패널이 WTO 협정 제Y조에 대한 위반을 발견하지 못하면 우리는 문제가 되는 조치가 제Z조를 위반한다고 주장한다." 등이 그러한 예이다.

하지만 이는 패널이 사법 경제의 재량권을 적용할 상황이라고 볼 수는 없다. 패널

---

110) Appellate Body Report, US—Wool Shirts and Blouses, DSR 1997:I

111) Appellate Body Report, US—Lead and Bismuth II, paras. 71 and 73.; Appellate Body Report, Canada—Autos, para. 116.; Appellate Body Report, Canada—Autos, para. 117.

112) 제소하기 전에 회원국은 이 절차에 따른 제소가 유익할 것인 지에 대하여 스스로 판단한다. 분쟁해결제도의 목표는 분쟁에 대한 긍정적인 해결책을 확보하는 것이다. 분쟁당사자가 상호 수락할 수 있으며 대상협정과 합치하는 해결책이 명백히 선호되어야 한다. 상호 합의된 해결책이 없을 때에는 분쟁해결제도의 첫 번째 목표는 통상 그 조치가 대상협정에 대한 위반으로 판결이 내려진 경우 동 조치의 철회를 확보하는 것이다. 그러한 조치의 즉각적인 철회가 비현실적일 경우에만 대상협정에 대한 위반조치의 철회 시까지 잠정조치로서 보상의 제공에 의지할 수 있다. 이 양해가 분쟁해결절차에 호소하는 회원국에게 부여하는 최후의 구제수단은 분쟁해결기구의 승인에 따르는 것을 조건으로 다른 회원국에 대하여 차별적으로 대상협정상의 양허 또는 그 밖의 의무의 적용을 정지할 수 있다는 것이다.

113) Appellate Body Report, Australia—Salmon, para. 223.

114) 분쟁해결기구의 권고 또는 판결을 신속하게 이행하는 것이 모든 회원국에게 이익이 되도록 분쟁의 효과적인 해결을 확보하는 데 필수적이다.

은 우선 분쟁당사국의 특정 조치가 제Y조를 위반했는지에 대해 검토하고 그러하든 그렇지 않든 다음으로 제Z조의 위반여부에 대해 검토하는 것이 타당할 것이다.

5. 심사기준

1) DSU 제11조 일반규정

패널의 심사기준은 DSU 제11조에 규정되어 있다.[115] 이에 근거하여 패널은 분쟁의 사실부분에 대한 객관적인 평가, 관련 대상협정의 적용가능성 및 그 협정과의 합치성을 포함하여 자신에게 회부된 사안에 대하여 객관적인 평가를 내려야 한다. 또한, DSB가 분쟁당사국을 대상으로 대상협정에 규정되어 있는 내용대로 권고 및 판결을 수행하는 데 도움이 되도록 그 밖의 조사결과를 작성한다.

일반적으로는 사실의 확립에 관해서 인정되는 '객관적인 평가'의 의미는 '분쟁당사국에 의해 수행된 사실 조사의 완전한 반복' 또는 '분쟁당사국의 결정에 대한 단순한 수용'을 의미하지 않는다고 이해되어져 왔다. 다만, 세이프가드 관련 분쟁[116]에서 '객관적인 평가'에 대해 패널은 해당 분쟁당사국 정부가 모든 관련 사실을 검토하고 그 사실이 자신의 결정을 어떻게 뒷받침하는지에 대한 합리적인 설명을 제공했는지 평가해야 함을 의미하는 것으로 간주하였다.[117]

분쟁당사국 정부는 분쟁 사안과 관련된 정보에 대한 검토 및 평가를 수행해야 한다.[118] 이에 대해 패널은 정부 당국이 자료의 성격과 복잡성에 대해 완전하게 다루었는지의 여부를 비판적으로 검토하고 그 자료를 통해 다른 해석의 가능 여부에 대해서도 고려하여야 한다.[119] 하지만 그렇다 하더라도 패널은 분쟁당사국들이 그러한 결정을 내린 시점에 존재하지 않았던 증거를 사후적으로 고려해서는 안 된다.[120]

115) 패널의 기능은 분쟁해결기구가 이 양해 및 대상협정에 따른 책임을 수행하는 것을 지원하는 것이다. 따라서 패널은 분쟁의 사실부분에 대한 객관적인 평가, 관련 대상협정의 적용가능성 및 그 협정과의 합치성을 포함하여 자신에게 회부된 사안에 대하여 객관적인 평가를 내려야 하며, 분쟁해결기구가 대상협정에 규정되어 있는 권고를 행하거나 판결을 내리는 데 도움이 되는 그 밖의 조사결과를 작성한다. 패널은 분쟁당사자와 정기적으로 협의하고 분쟁당사자에게 상호 만족할 만한 해결책을 찾기 위한 적절한 기회를 제공하여야 한다.

116) Adopted pursuant to Article XIX of GATT 1994 and the Agreement on Safeguards.

117) Appellate Body Report, Argentina—Footwear (EC), para. 121.

118) Appellate Body Report, US—Wheat Gluten, para. 55.

119) Appellate Body Report, US—Lamb, paras. 103 and 106.

120) Appellate Body Report, US—Cotton Yarn, paras. 73 and 78.

2) 반덤핑협정 제17.6조의 특별 심사기준

한편 반덤핑협정은 특별 심사기준을 제시한다(반덤핑협정 제17.6조[121]). 이 특별 조항은 회원국의 반덤핑 결정에 대해 DSU 제11조보다 더 우선한다는 것을 인정하는 것이라고 할 수 있다. 반덤핑 관련 분쟁에서의 사실관계에 대한 평가의 경우 패널은 분쟁당사국의 반덤핑 관할 당국의 사실관계 확립의 적절성 여부와 그 사실에 대한 평가가 공정하고 객관적으로 이루어졌는지의 여부를 결정해야 한다. 만약 그렇다면 패널은 동 사안에 대해 분쟁당사국의 반덤핑 결정을 수용해야 한다.

법률적 검토기준과 관련하여 반덤핑협정 제17.6조(ii)는 패널이 반덤핑협정의 관련 규정을 해석하는 데 있어 국제법 해석의 관습적인 방법에 따라 해석해야 한다는 것을 규정하고 있다(DSU 제3.2조). 관련 규정의 해석에 있어서 하나 이상의 방법이 가능하고 그 반덤핑 조치가 허용된 해석 중 하나에 근거하는 경우에 반덤핑 조치는 반덤핑협정에 부합하는 것으로 해석해야 한다.[122]

6. 증거 부담

DSU에는 패널절차 중 증거 부담에 관한 명시적인 규정이 포함되어 있지 않다. 증거부담에 대한 개념은 일반적으로 사법 또는 준사법적 시스템에서 두 가지 중요한 측면을 갖는다.

첫째, 증거부담은 어떤 사실에 대한 증거가 불명확한 경우 누가 분쟁의 승소국 또는 패소국이 되는가라는 점과 관련되어 있다. 다시 말해 판결을 위해 증거가 필요하다면 분쟁상대국이 해당 협정을 위반했다는 명확한 증거를 제시할 수 없는 경우 패널은 누구에게 유리한 판결을 내려야 하는가라는 점이다.

예를 들어 세이프가드협정 제11.3조[123]에서는 회원국이 기업의 자발적인 수입 또

---

121) 제5항에 언급된 사항을 검토하는데 있어서,
   (i) 패널은 사안의 사실을 평가함에 있어서 당국에 의한 사실의 확립이 적절하였는지 여부 및 동 사실에 대한 당국의 평가가 공평하고 객관적이었는지 여부를 결정한다. 사실의 확립이 적절하였으며 평가가 공평하고 객관적이었을 경우 패널이 다른 결론에 도달했다 하여도 평가는 번복되지 아니한다.
   (ii) 패널은 국제공법의 해석에 관한 관습적인 규칙에 따라 이 협정의 관련규정을 해석한다. 패널이 이 협정의 관련규정에 대해 하나 이상의 해석이 가능하다고 판결하고 당국의 조치가 그러한 허용되는 해석 중 하나에 근거하는 경우 패널은 당국의 조치가 이 협정에 일치하는 것으로 판결한다.

122) Appellate Body Report, US—Hot-Rolled Steel, paras. 57-62, 172; Appellate Body Report, EC—Bed Linen, paras. 63-65 and 85.

는 수출의 제한과 같은 비정부 차원의 조치를 장려하거나 지원하는 것을 금지하고 있다. 하지만 가용한 증거만으로는 이러한 정부의 장려 또는 지원조치가 취해졌는지 그렇지 않은지의 여부가 불확실할 수 있다. 이 경우 패널은 어떻게 결정해야 하는가라는 문제에 봉착할 수 있다.

둘째, 패널이 사실을 입증하기에 충분하다고 할 수 있는 증거의 수준은 무엇인가라는 점이다. 판결에 필요한 증거의 수준이 충분하다면 패널은 그 사실관계를 확정하고 이를 근거로 판결을 내릴 수 있을 것이다. 하지만 증거의 수준이 그렇지 않다면 패널은 그 사실관계를 확립할 수 없다. 이 경우 패널은 증거 부담을 가진 분쟁당사국에 대해 불리한 판결을 내릴 수밖에 없다.

이와 관련하여 상소기구는 WTO 분쟁해결제도에 사실관계를 입증해야 하는 측의 증거부담에 대한 개념이 내재되어 있음을 인정했다. 하지만 증거에 대한 단순한 주장은 증거로 인정되지 않는다. 상소기구는 다양한 국제재판의 관행에 따라 제소국이든 피소국이든 그 사실관계를 주장하는 분쟁당사국이 증거를 제공할 책임이 있다는 관례를 지지하고 있다. 증거부담은 제소국이든 피소국이든 그 여부에 관계없이 제기된 사안을 주장하는 분쟁당사국에게 그 입증책임이 있다고 할 수 있다.[124]

따라서 상대국이 WTO 협정의 조항을 위반하였다고 주장하는 경우 제소국은 자신의 주장을 입증해야 한다. 또한, 피소국이 협정 위반에 대한 예외조항을 주장할 경우 피소국은 GATT 제11.2조,[125] 제20조 일반적 예외 조항 등과 같은 예외적으로 규정된

---

123) 회원국은 제1항에 언급된 조치와 동등한 비정부적 조치가 공·사기업에 의해 채택 또는 유지되는 것을 장려하거나 지지하여서는 아니된다.

124) Appellate Body Report, US—Wool Shirts and Blouses DSR 1997:I.

125) 이 조 제1항의 규정은 다음에 대하여는 적용되지 아니한다.

a. 식품 또는 수출체약당사자에게 불가결한 그 밖의 상품의 중대한 부족을 방지 또는 완화하기 위하여 일시적으로 적용되는 수출의 금지 또는 제한

b. 국제무역에 있어서 산품의 분류, 등급부여 또는 판매를 위한 표준 또는 규정의 적용에 필요한 수입 및 수출의 금지 또는 제한

c. 다음 목적을 위하여 운영되는 정부조치의 시행에 필요한 것으로서 어떤 형태로든 수입되는 농산물 또는 수산물에 대한 수입의 제한

(i) 판매 또는 생산되도록 허용된 동종 국내상품의 수량, 또는 동종 상품의 실질적인 국내생산이 없는 경우에는 동 수입상품이 직접적으로 대체할 수 있는 국내상품의 수량을 제한하기 위한 것 또는

(ii) 동종 국내상품의 일시적인 과잉상태, 또는 동종 상품의 실질적인 국내생산이 없는 경우에는 동 수입상품이 직접적으로 대체할 수 있는 국내상품의 일시적인 과잉상태를 무상 또는 당시의 시장수준보다 낮은 가격으로 일정한 국내소비자집단에 이용가능하게 함으로써 제거하기 위한 것 또는

(iii) 어떤 산품의 국내생산이 상대적으로 경미한 경우에 생산의 전부 또는 대부분을 그 수입상품에 직접적으로 의존하는 동물성 상품의 생산이 허용되는 물량을 제한하기 위한 것

조건이 충족된다는 증거제시의 의무를 부담해야 한다.

상소기구는 요구되는 증거의 수준과 관련하여서는 증거부담이 있는 분쟁당사국이 그 주장하는 사안이 사실이라는 것을 입증할 수 있는 충분한 근거를 제시해야 한다고 명시하고 있다. 일차적으로 이러한 충분한 근거의 제시가 이루어지면 이에 대한 반대 논리의 입증 책임은 분쟁상대국에게 옮겨지며 분쟁상대국은 그 주장을 반박할 수 있는 충분한 증거를 제시해야 할 책임을 갖게 된다. 하지만 어떤 수준의 증거가 주장하는 사안의 사실 확립을 할 수 있는지에 대해서는 해당 조치에 따라, 관련 협정의 조항에 따라, 또 그 사례에 따라 달라질 수 있다고 할 수 있다.[126)]

7. 패널이 정보를 찾을 권리

DSU는 패널이 객관적이고 공정한 판결을 내리는 데 필요한 사실을 조사하고 사실관계를 확립하기 위한 적절한 출처의 정보를 찾도록 하기 위해 정보요청권한을 부여하고 있다(DSU 제13조[127)]). 이 권리는 광범위하고 포괄적이며 그 운용은 패널의 재량에 맡겨져 있다. 정보요청권한의 한 측면은 패널이 전문가를 활용할 수 있는 권리이다. 또한, 정보요청권한은 패널에게 분쟁당사국들에게 정보를 요구하고 얻을 수 있는 권리를 부여하고 있는 것으로 이해된다.

동 조항에서 회원국이 패널의 정보요청에 '신속하고 충실하게(promptly and fully)' 응답해야 한다.'고 규정하고 있다. 더 나아가 상소기구는 분쟁당사국을 포함한 회원국은 요청된 정보를 제출해야 하는 의무를 갖고 있음을 명시하였다.[128)] 회원국이 이러한 의무를 위반하는 경우 패널은 비협조적인 회원국의 태도로부터 부정적인 추론을 이끌어낼 수 있는 재량권을 갖고 있다. 이것은 의심이 되는 사안에 대해 비협조적

---

126) Appellate Body Report, US—Wool Shirts and Blouses DSR 1997:I.

127) 1. 각 패널은 자신이 적절하다고 판단하는 모든 개인 또는 기관으로부터 정보 및 기술적 자문을 구할 권리를 갖는다. 그러나 패널은 회원국의 관할권 아래에 있는 개인이나 기관으로부터 이러한 정보나 자문을 구하기 전에 동 회원국의 당국에 통보한다. 패널이 필요하고 적절하다고 간주하는 정보를 요청하는 경우, 회원국은 언제나 신속히 그리고 충실하게 이에 응하여야 한다. 비밀정보가 제공되는 경우, 동 정보는 이를 제공하는 회원국의 개인, 기관 또는 당국으로부터의 공식적인 승인 없이는 공개되지 아니한다.

2. 패널은 모든 관련 출처로부터 정보를 구할 수 있으며, 사안의 특정 측면에 대한 의견을 구하기 위하여 전문가와 협의할 수 있다. 패널은 일방 분쟁당사자가 제기하는 과학적 또는 그 밖의 기술적 사항과 관련된 사실문제에 관하여 전문가검토단에게 서면 자문보고서를 요청할 수 있다. 이러한 검토단의 설치에 관한 규칙 및 검토단의 절차는 부록 4에 규정되어 있다.

128) Appellate Body Report, Canada—Aircraft, paras. 188 and 189.

인 회원국에게는 불리한 판결을 내릴 수 있음을 의미한다.

8. 분쟁 대상으로서의 국내법의 본질

분쟁의 대상이 되는 국내 법률의 특성은 사실관계로 인한 분쟁과 구별된다는 측면에서 흥미롭다. 이 구별은 상소기구가 검토한 사안과 관련이 있다. WTO 협정의 내용과 충돌되는 국내법은 종종 분쟁에서 문제가 된다. 왜냐하면 WTO 설립 협정 제16조에서는 "회원국은 자국의 법, 규정 및 행정 절차가 부속서 약정에 규정된 의무를 준수함을 보장해야 한다."라고 규정하고 있기 때문에 이에 불합치하는 경우 분쟁의 대상이 될 수 있기 때문이다.

제소국은 특정 수입품, 예를 들어 보드카에 대한 수입국의 내국세 부과가 GATT 제3.2조[129]와 합치하는지(as is) 여부를 언급하는 것보다 오히려 동 조항과 합치하지 않는 내용을 담고 있는 국내의 세법 그 자체(as such)에 직접적으로 분쟁을 제기할 수 있다. 예를 들어 한국의 주세법이 소주와 수입산 보드카에 대해 동종 상품(like products)임에도 불구하고 서로 다른 내국세를 부과하는 경우 동 세법의 특정 제품에 대한 차별적 세율의 적용보다는 그 법의 존재 그 자체에 대해 문제를 제기하는 것이다. 이 경우 국내법과 관련된 몇 가지 쟁점이 우선 검토되어야만 이 법률의 WTO 협정과의 적합성 여부를 판단할 수 있다.

아마도 이 문제에서 가장 중요한 쟁점은 문제가 되는 국내법(위에서는 주세법)이 WTO 협정에 위배되는 행위를 규정하는 데 의무적인 역할을 하는지 아니면 임의적인 결정을 하는 것으로 그치는지의 여부이다. 이미 논의된 바와 같이 회원국은 상대국의 그러한 법률이 의무적으로 적용되는 경우에만 법률 그 자체에 대해 제소가 가능하다고 할 수 있다.

그러나 WTO 협정과 합치하지 않는 특정 국내법이 의무적인지 또는 임의적인지는 항상 명확한 것은 아니다. 문제는 이러한 해석이 국내법 체계, 다른 국내법 조항과 함께 운영되는 법률, 정부의 여러 부서 간 관계 및 당국과 법원이 국내법을 해석하는 방법 등과 같은 다양한 요인에 따라 달라질 수 있다는 것이다. 따라서 패널은 WTO 협정의 관점에서 동 법률이 의무적인지 또는 임의적인지에 대해 이러한 다양한 요소

129) 다른 회원국의 영토내로 수입되는 회원국 영토의 상품은 동종의 국내상품에 직접적 또는 간접적으로 적용되는 내국세 또는 그 밖의 모든 종류의 내국과징금을 초과하는 내국세 또는 그 밖의 모든 종류의 내국과징금의 부과대상이 직접적으로든 간접적으로든 되지 아니한다. 또한, 어떠한 회원국도 제1항에 명시된 원칙에 반하는 방식으로 수입 또는 국내 상품에 내국세 또는 그 밖의 내국과징금을 달리 적용하지 아니한다.

들을 고려하여 결정을 내려야 한다.

국내법상에서 이러한 결정은 분명히 법적 차원의 문제가 될 것이다. 하지만 이것이 WTO 분쟁해결제도 내에서도 분쟁의 사안이 되는지 살펴볼 필요가 있다. 만약 그렇다면 국내법이 의무적인지 아니면 임의적인지의 여부에 대한 패널의 평가는 상소의 대상이 될 수 있다. 그러나 사실관계의 문제만이 분쟁의 사안이라고 한다면 법적 차원의 문제는 상소의 대상이 되지 않을 것이다. 이와 관련하여 국내법이나 관련 조치의 성격, 내용 및 구조와 관련하여서도 이것을 WTO 협정의 관점에서 볼 때 법적 차원의 문제인가 아니면 사실관계의 문제인가라는 의문이 생기게 될 수 있다.

상소기구는 이에 대하여 WTO 협정의 목적상 국내의 법적 특성을 어떻게 해석해야 할지에 대해 입장을 표명하였다. 예를 들어 미국이 제소한 인도-특허권 분쟁에서 상소기구는 인도의 '행정지침'이 TRIPS 협정에 따른 의무 사항에 부합하는지 여부를 결정하는 것이 패널의 임무라고 판결했다. 그 목적을 위해 패널은 문제가 되는 국내 규정의 운영에 대한 상세한 이해를 요구할 권한이 있으며 심지어 이를 강제할 의무가 있다. 이로부터 상소기구는 상소기구가 동일한 인도 국내법에 대한 패널의 판결을 검토할 필요가 있다고 판결하였다.[130)]

또한, 미국-섹션 211 세출법(Appropriations Act) 분쟁에서 상소기구는 이전의 법리에 근거하여 "WTO 회원국의 지방자치법은 사실관계의 증거일 뿐만 아니라 국제적 차원의 규정 준수 또는 의무의 이행 여부를 판단하는 증거로 사용될 수 있다. …… 그러한 평가는 패널이 가지는 법적인 특성이다. 따라서 WTO 협정의 의무와의 일관성에 관한 패널의 지방자치법 평가는 DSU 제17.6조[131)]에 의거 상소심 재검토의 대상이 된다."라고 판시하였다.[132)]

하지만 이러한 경우와 달리 상소기구는 미국-무역법 제301조 분쟁에서 패널은 무역법 제301~310조의 의미를 분쟁과 관련한 사실관계의 확인을 위한 요소로 확립하고 이러한 사실관계의 요소가 WTO 협정 의무에 위반하는 행동을 구성하는지를 확인해야 한다고 언급하였다.[133)] 이러한 접근법에서는 패널의 이러한 사실관계의 확립은 상소의 대상이 되는 법리적 심사 차원의 문제가 되지는 않는 것으로 보인다.

---

130) Appellate Body Report, India — Patents (US), paras. 66 and 68.

131) 상소는 패널보고서에서 다루어진 법률문제 및 패널이 행한 법률해석에만 국한된다.

132) Appellate Body Report, US—Section 211 Appropriations Act, para. 105.

133) Panel Report, US—Section 301 Trade Act, para. 7.18.

WTO 분쟁해결제도 관련 보론

제 14 장 보론 1: WTO 분쟁해결제도와 여타 분쟁해결제도와의 비교[1)]

1. 국제분쟁해결절차

국제분쟁해결이라는 단어를 사용할 때 이 용어의 개념 안에 포함되는 분쟁해결절차는 매우 다양하다. 국제분쟁해결절차는 우선 국가간 공법적 분쟁의 대표격이라고 할 수 있는 국제사법재판소(International Court of Justice; ICJ)의 분쟁부터 그와는 가정 대척점에 있는 사적 당사자들 간의 분쟁해결을 위한 법원 재판이나 국제상사중재절차까지를 포함한다. 국제경제나 국제거래에 관련되는 국제분쟁해결절차 중에서 국가 법원을 통한 절차를 제외한 국제분쟁해결절차는 세 가지를 들 수 있다.

첫째는 국가간 분쟁해결절차로서 국제경제 및 무역에서 비롯된 분쟁을 다루는 국제통상분쟁해결절차이다. 둘째는 국제투자에서 비롯되어 사적 당사자인 투자자가 국가인 투자유치국을 상대로 다투는 국제투자중재절차이다. 마지막으로 사적 당사자들 간에 국제거래에서 발생하는 분쟁을 다루는 국제상사중재절차이다. 이들 각 절차는 기본적으로 다루는 분쟁 분야에서 차이를 보이지만 기본적으로 경제적 이익을 다루며, 절차적인 측면에서는 모두 국제분쟁해결절차라는 점에서 상당히 공유하는 부분이 있다. 그런 관점에서 볼 때 국제통상분쟁해결절차인 WTO 분쟁해결절차를 국제투자 및 국제상사의 두 분쟁해결절차와 비교하면서 그 기본적 특성과 절차를 설명하고 비교, 분석하는 것은 의미가 있는 작업일 것이다.

WTO 분쟁해결절차는 국제투자중재나 국제상사중재에 비교해 볼 때 다음과 같은 점에서 근본적으로 다르다. 첫째, WTO 분쟁에서 다투어지는 사안은 WTO 회원국인 정부의 조치가 WTO 협정에 위반되었는지 여부이다. 문제가 된 정부조치가 국제협정에 위반되었는지를 다룬다는 점에서는 국제투자분쟁과 흡사하다. 물론 WTO는 다자간 협정이고, 투자중재는 양자간 또는 지역간 투자협정 위반을 다룬다. 또한 상사중

1) 본 장은 장승화(2014), "국제분쟁해결의 맥락에서 본 국제통상분쟁해결절차: WTO 분쟁해결을 중심으로", 서울대학교 법학, 55(2), pp.153-192의 내용을 발췌, 정리한 것임.

재는 사법적 법률관계에서 비롯한 기업 간 분쟁을 다루는 점에서 확연히 이와는 구분된다.

둘째, WTO 분쟁해결절차에서는 분쟁의 당사자가 WTO 회원국에 국한된다. 즉, 국가 대 국가간의 분쟁이며 사인(私人)은 그 분쟁에 당사자로 참여할 수 없다. 이와 대비되는 것은 상사중재이다. 한 국가가 직접적인 상업적 활동으로 인해 사법적 법률관계의 당사자로서의 지위를 갖는 경우를 제외하고는 일반적으로 상사중재는 사인 대 사인 간의 분쟁을 다룬다. 그 중간에 위치하는 것이 국제투자분쟁이다. 국제투자중재의 제소인은 사인인 투자자이고 피소인은 투자유치국이 된다. 즉, 국제투자분쟁은 사인 대 국가간의 분쟁(Investor-State Disputes; ISD)이 되는 것이다.

셋째, 분쟁해결절차와 그 분쟁해결을 관장하는 기구 입장에서 볼 때 WTO는 다른 기관들과 확연한 차이를 보인다. WTO는 국가간의 조약에 의해 탄생한 공적 기구로서 DSB가 분쟁을 관할하며, 상소기구에는 상설 재판관이 있고 패널절차 역시 사무국의 많은 지원을 받는 등 기구가 주도하는 방식으로 분쟁해결절차가 진행된다. 이에 비하여 상사중재는 중재기관의 역할이 상대적으로 크지 않은 편이다.

상사중재기관은 법률적으로 민간기구이며 절차의 진행은 중재재판부가 주도하면서 당사자 자치를 존중하는 경향을 보인다. 국제투자중재에서 가장 대표적인 관할 기구는 세계은행 산하의 국제투자분쟁중재센터(International Convention for Settlement of Investment Disputes; ICSID)이지만, 중재절차의 진행과 관련하여 WTO와 비교해 볼 때 역시 중재인의 직접적인 역할의 비중이 큰 것으로 평가할 수 있다. 그 이외에도 여러 가지 근본적으로 차이점을 보이지만, 나머지 차이점들은 개별적인 항목을 구체적으로 설명하면서 WTO 분쟁해결절차의 특징을 부각하는 측면에서 다루고자 한다.

2. 절차적 문제

1) 분쟁해결절차

우선 WTO 분쟁해결절차를 기본적으로 규율하는 WTO의 개별협정은 '분쟁해결규칙과 절차에 관한 양해(DSU)'이다. WTO의 분쟁을 공식적으로 관장하는 부속기구는 DSB이다. DSB는 제소국의 제소가 있었을 때 패널을 설치하고, 패널보고서 및 상소보고서를 채택하여 패소국에게 위반된 조치의 시정을 권고한다. 만약 패소국이 이행하지 않을 때 제소국에게 보복조치를 승인하는 중요한 기능을 수행한다. 그렇지만, DSB는 회원국 전체가 참여하는 정치적 차원의 기구일 뿐 구체적 개별 분쟁의 사법적 판단에는 관여하지는 않는다. 그 기능은 패널과 상소기구에서 전담한다.

법률적으로 엄격하게 말하자면 패널과 상소기구는 구체적 분쟁에 관한 사법적 판단을 내리고 패소국에 대한 이행권고를 그 보고서의 결론 부분에 담지만, 이는 DSB가 그 보고서를 채택함으로써 비로소 법적 실효성을 갖는다. 다만, 패널설치, 패널보고서 및 상소보고서의 채택, 보복조치의 승인 등 DSB의 주요한 결정들은 모두 역총의에 의하기 때문에 DSB의 결정은 실질적으로 분쟁해결의 결과를 정치적으로 지지하는 역할에 그치며 실질적으로 구체적 분쟁해결는 패널과 상소기구의 판결에 따르게 된다. 이에 비해 투자중재나 상사중재의 경우에는 그 분쟁을 관할하는 중재기관이 존재하지만 그 기관들은 구체적 사건 절차의 진행이나 결정문에 대한 집행력 부여 등에 관여하지 않는다는 점이 다르다고 할 수 있다.

2) 강제관할권

DSU에 의하면 WTO는 WTO 협정 위반과 관련한 분쟁해결절차에 소위 '강제관할권'을 갖는다(DSU 제1조). 즉, WTO 회원국은 다른 회원국의 정부 조치가 WTO 협정을 위반한 경우에 DSU에서 정하는 절차에 따라서 WTO에 제소를 할 수 있고 상대방 회원국은 이에 응해야 한다. 상사중재의 경우에는 개별 중재사건마다 당사자 간의 중재합의를 필요로 하지만 WTO 분쟁해결절차는 그런 개별적 합의를 필요로 하지 않는다.

물론 피소국은 제소 내용이 WTO 협정의 범위를 넘어서는 것이라는 이유로 절차적 항변을 제기할 수 있다. 실제로 제소 단계에서 절차적 항변으로 피소국이 제기하는 것은 주로 DSU 제6.2조[2]에 기인한 것이다. 이 규정은 투자중재나 상사중재에서의 중재신청서(Request for Arbitration)에 상응하는 소위 '패널설치 요청서'의 형식적 요건을 규정하고 있다. 주로 피소국은 제소국의 패널설치 요청서가 문제가 된 자국 정부의 조치를 충분히 특정하지 못했거나 법률상 근거를 충분히 적시하지 못했음을 이유로 패널설치 요청이 부적법함을 주장하는 경우가 많다.

3) 제소적격과 제3국 참여

제소적격은 WTO 회원국에 국한된다. 즉, WTO 회원국만이 다른 회원국을 상대로

2) 패널설치는 서면으로 요청된다. 이러한 요청은 협의가 개최되었는지 여부를 명시하고, 문제가 된 특정 조치를 명시하며, 문제를 분명하게 제시하는 데 충분한 제소의 법적 근거에 대한 간략한 요약문을 제시한다. 제소국이 표준위임사항과 상이한 위임사항을 갖는 패널의 설치를 요청하는 경우, 서면 요청서에는 제안하고자 하는 특별위임사항의 문안이 포함한다.

제소를 할 수 있다. 이해관계를 공유하는 다른 회원국도 같은 피소국을 상대로 문제가 되는 정부조치를 다투면서 동시에 제소를 할 수 있고, 이 경우 단일 패널이 설치되어 사법상의 분쟁해결절차처럼 복수의 절차를 병합할 수 있다. 다만, 병합을 하지 않고 중재인에 상응하는 재판관인 패널위원만을 같은 사람으로 구성하여 두 개 이상의 절차 심리를 같이 진행할 수도 있다.(DSU 제9조[3])

WTO 분쟁은 그 본질상 무역을 하는 사기업들의 이해관계에서 비롯된 것이기 때문에 당연히 그 해당 기업들이 분쟁해결절차에 지대한 관심을 가질 수밖에 없다. 그 때문에 사기업들이 정부와 협의하거나 변호사를 선임하는 과정에 같이 참여하기도 하지만, 엄격하게 말해서 사기업은 WTO 분쟁해결절차의 전면에 등장할 수는 없다. 종종 이해관계 있는 비정부기관(NGO)의 자격으로 서면(amicus curiae brief)을 제출하고, 이를 패널이나 상소기구가 참고할 수는 있지만 그 실질적 역할은 극히 제한된다.

제3국(제3자)이 타국 간의 분쟁에 참여할 수 있는가? 제3국은 분쟁당사국으로서 다른 회원국들 사이의 분쟁에 참여할 수는 없고 DSU 제10조[4]에 따라 해당 분쟁에 "실질적 이해관계"가 있는 경우에는 제한적으로 분쟁절차에 참여할 수 있을 뿐이다. 사법상의 분쟁과는 달리 제3국이 갖는 실질적 이해관계는 상업적 이해관계뿐만 아니라 다자무역체제의 구성원으로서의 그 체제에 대한 이해관계(systemic interest)가 있는

---

3) 1. 2개 이상의 회원국이 동일한 사안과 관련된 패널의 설치를 요청하는 경우, 이러한 복수의 제소내용을 조사하기 위하여 모든 관련 회원국의 권리를 고려하여 단일 패널을 설치할 수 있다. 이러한 복수의 제소내용을 조사하기 위하여 가능할 경우에는 언제나 단일 패널이 설치되어야 한다.
2. 단일 패널은 별도의 패널이 설치되어 제소내용을 조사하였을 경우에 분쟁당사국이 향유하였을 권리가 침해되지 아니하도록 조사작업을 체계화하고 조사결과를 분쟁해결기구에 제시한다. 일방 분쟁당사자가 요청하는 경우, 패널은 관련 분쟁에 관한 별도의 보고서를 제출한다. 각 제소국은 다른 제소국의 서면입장을 입수할 수 있으며, 각 제소국은 다른 제소국이 패널에 자기나라의 입장을 제시하는 때 참석할 권리를 갖는다.
3. 동일한 사안과 관련된 복수의 제소내용을 조사하기 위하여 2개 이상의 패널이 구성되는 경우, 가능한 한 최대한도로 동일한 패널위원이 각각의 패널에서 패널위원이 되며 이러한 분쟁에서의 패널과정을 위한 일정은 조화된다.

4) 1. 분쟁당사자의 이해관계와 분쟁에서 문제가 되고 있는 대상협정상의 다른 회원국의 이해관계는 패널과정에서 충분히 고려된다.
2. 패널에 회부된 사안에 실질적인 이해관계를 갖고 있으며 자국의 이해관계를 분쟁해결기구에 통보한 회원국(이하 "제3자"라 한다)은 패널에 대하여 자신의 입장을 개진하고 서면입장을 패널에 제출할 기회를 갖는다. 이러한 서면입장은 분쟁당사자에게 전달되며 패널보고서에 반영된다.
3. 제3자는 제1차 패널회의에 제출되는 분쟁당사자의 서면입장을 입수한다.
4. 만일 제3자가 이미 패널과정의 대상이 되는 조치로 인하여 대상협정에 따라 자국에 발생하는 이익이 무효화 또는 침해되었다고 간주하는 경우, 그 회원국은 이 양해에 따른 정상적인 분쟁해결절차에 호소할 수 있다. 이러한 분쟁은 가능할 경우에는 언제나 원패널에 회부된다.

경우도 포함하기 때문에 사실상 제3국 참여에는 제한을 두고 있지 않다고 할 수 있다.

4) 준거규범과 중재지

WTO 분쟁해결절차에서 준거법 문제는 상사중재나 투자중재에 비하여 단순하다. 제소의 내용이 WTO 협정 위반이기 때문에 당연히 패널이나 상소기구는 분쟁당사국들의 준거법에 대한 합의와 상관없이 WTO 협정을 해석하고 적용한다. 다만, WTO 맥락에서 준거법과 관련하여 문제되는 것은 WTO 협정이 아닌 다른 국제조약이나 국제공법상의 원칙이 WTO 협정 위반을 판단함에 있어서 어떠한 지위를 가지고 어떠한 역할을 하느냐이다.

WTO 패널과 상소기구는 대체적으로 非WTO 협정이 WTO 협정상의 회원국의 권리와 의무를 변경하는 역할은 할 수 없지만, WTO 협정을 해석하는 데 유용한 도구로 활용될 수 있음을 인정하고 있다. 상사중재에서는 중재지(place of arbitration)가 법률적으로 중요한 역할을 하지만, WTO 분쟁해결절차에서는 별 의미가 없다.

예를 들어 상사중재에서의 원칙적으로 해당 분쟁의 중재기관이 속해 있는 국가의 법을 따른다는 중재지법(lex arbitri)이 갖는 의미가 WTO 분쟁해결절차에서는 존재하지 않는다. 따라서 법률적으로 중재지라는 개념이 불필요할 뿐만 아니라, 장소 개념으로서의 중재 장소도 WTO 패널 및 상소절차의 경우 항상 스위스 제네바 소재 WTO 건물 안에서 진행된다. WTO 분쟁해결절차의 진행에 국내 법원이 관여하거나 그 결과의 효력을 국내법원에서 다투는 것은, 국내법적인 문제는 별론으로 하고 국제법적으로 의미가 없기 때문에 중재지가 법적으로 유효한 의미를 갖지 않는다.

분쟁해결절차 관련 규칙은 일단 DSU가 그 근간을 이룬다. 패널위원은 사건마다 개별적으로 임명되기 때문에 DSU에서 정한 것 이외의 절차사항에 대한 규칙은 DSU에 따라 '작업절차(working procedures)'라는 문서를 패널 구성 즉시 당사국들의 의견을 수렴하여 패널이 배포하는 형식으로 정하게 된다. 작업절차에서 정하지 못한 사항이거나 사건의 진행과정에서 수시로 발생하는 절차적 문제의 해결은 당사자들의 요청에 따른 패널의 '절차적 결정(procedural rulings)'에 따르는 수밖에 없다.

영업비밀의 보호, 절차의 공개, 비정부기관(NGO)의 문서제출 등이 절차적 결정에서 빈번하게 등장하는 예들이다. 물론 WTO 사무국은 상설기구이기 때문에 위와 같은 절차적 결정 처리를 위한 내부적 지침이나 문서양식들을 가지고 있다. 또한, 최근 WTO 사무국에서는 위 절차적 사항들에 대해 모범관행(best practices)을 개발하여 여러 사건에 일관된 결정을 내리는 데 도움을 주기 위한 작업을 수행하고 있다.

5) WTO 사무국의 역할과 절차 시한

WTO 분쟁해결절차에서 WTO 사무국의 역할은 투자중재, 상사중재에 비하여 상대적으로 큰 편이다. DSU 제17.7조[5]와 제27.1조[6] 자체가 사무국에게 패널, 상소기구의 업무를 보조해야 하는 책무를 부과하고 있고, WTO 사무국은 패널 단계에서는 법률국(Legal Affairs Division)과 규범국(Rules Division) 소속 법률가들이, 그리고 상소기구는 별도의 사무국을 설치하여 그 소속 법률가들로 하여금 분쟁해결업무를 보조하도록 하고 있다.

WTO 사무국은 상설조직일 뿐만 아니라 분쟁의 내용은 기본적으로 WTO 협정을 해석, 적용하는 기능으로 국한되어 있기 때문에 실제 분쟁해결에서 판례 및 절차의 일관성을 유지하기 위한 차원에서 중요하고 유용한 역할을 한다. 특히 패널은 상설재판부가 아니기 때문에 사무국 법률가의 조력이 매우 절실하고, 상소기구는 상소일로부터 90일 이내에 판결문을 3개 공식 언어(영어, 프랑스어, 스페인어)로 번역까지 마치고 전 회원국들에게 배포해야 하기 때문에 사무국 법률가의 조력이 매우 필요하다.

ICSID 투자중재의 경우 상설 사무국과 전담 법률가의 조력이 있으나 그 정도는 WTO 사무국 법률가의 조력의 정도에는 미치지 않는 것으로 이해되고, 상사중재의 경우 중재기관 소속 사무국 법률가들은 행정적인 사무에 주로 조력하며, 국제상업회의소(International Chamber of Commerce; ICC)의 경우 국제중재법원(International Court of Arbitration)이 중재판결문을 심사하는 절차가 있지만, 중재인들의 합의과정이나 판결문 작성에 직접 조력을 제공하지는 않는다는 점에서 WTO 분쟁해결절차와 확연히 대비된다.

또한, 분쟁절차에 엄격한 시한이 적용되는 점은 WTO 분쟁해결절차의 특징 중 하나이다. 패널은 시작부터 매 절차에 개별적인 시한이 DSU에 규정되어 있으며, 전체적인 기간으로도 패널은 패널설치 후 9개월 이내에(DSU 제20조[7]), 상소기구는 상소제기일로부터 90일 이내에(DSU 제17.5조[8]) 보고서가 회람되어야 한다. 패널절차에

---

5) 상소기구는 자신이 필요로 하는 적절한 행정적 및 법률적 지원을 제공받는다.

6) 사무국은 특히 패널이 다루는 사안의 법적, 역사적 및 절차적 측면에 관하여 패널을 지원할 책임을 지며, 또한 사무 및 기술지원을 제공할 책임을 진다.

7) 분쟁당사자가 달리 합의하지 아니하는 한, 일반적으로 분쟁해결기구가 패널을 설치한 날로부터 패널 또는 상소보고서의 채택을 심의하는 날까지의 기간은 패널보고서에 대하여 상소를 제기하지 아니한 경우는 9개월을, 상소를 제기한 경우에는 12개월을 초과하지 아니한다. 패널이나 상소기구가 제12.9조 또는 제17.5조에 따라 보고서의 제출 기간을 연장하기로 한 경우, 추가로 소요된 시간은 동 기간에 합산된다.

8) 일반적으로 일방 분쟁당사자가 자국의 상소결정을 공식적으로 통지한 날로부터 상소기구가 자신의 보고서를 배포하는 날까지의 절차는 60일을 초과하지 아니한다. 자신의 일정 확정시 상소

대하여는 권고조항으로 해석되지만, 상소절차의 90일 시한은 강제조항 형식으로 규정되어 있다.

물론 위 시한을 지키는 것이 사건의 규모나 특성상 불가능한 경우도 있고, 그 경우에는 시한을 넘기기도 하지만 이러한 경우라도 패널이나 상소기구는 항상 DSB에게 그 사실을 사전에 통보하면서 패널보고서 또는 상소보고서의 예상 회람일자를 명시한다. 이러한 절차로 인해 DSB는 투자중재, 상사중재 재판부에 비하여 시한의 압박을 크게 받게 되고, 따라서 상대적으로 WTO 분쟁해결절차는 신속하게 종결되는 편이라고 할 수 있다.

3. 절차의 개시

1) 제소전 단계

WTO 분쟁해결절차의 시작은 패널설치 요청 이전 단계인 협의 요청(consultation request)으로 시작된다. 요청 후 60일 기간 동안에 양자간 협의로 분쟁이 종결되지 않으면 제소국은 DSB회의에서 패널설치 요청을 할 수 있다(DSU 제4.7조). 피소국은 패널설치 요청에 대하여 한 번은 이를 거부할 수 있지만, 그 다음 번 DSB 회의에서 다시 설치 요청이 있으면 전 회원국이 거부하지 않는 한 패널이 자동으로 설치된다.(DSU 제6.1조)

2) 패널설치 요청

패널설치 요청서는 DSU 제6.2조 상의 형식적 요건을 충족해야 한다. 앞서 언급한 바와 같이 종종 피소국은 패널설치 요청서가 동 조항의 정부조치의 특정 또는 법률상 근거의 설시 요건을 갖추지 못하였음을 이유로 절차적 항변을 제기한다. 투자중재, 상사중재절차와는 달리 WTO 분쟁해결절차에서는 패널설치 요청서에 대하여 피소국이 바로 답변서(answers)를 제출하는 기회가 없다.

이는 패널설치 요청서가 제소 대상 조치를 특정하고 그 조치가 위반하는 WTO 협정 조문을 적시하는 정도로 그 기능이 제한되어 있기 때문이다. 패널설치 요청서가 접수된 이후 패널이 구성되어 작업절차에서 서면의 제출 시한을 정하면, 앞서 언급한

기구는 관련되는 경우 제4.9조의 규정을 고려한다. 상소기구는 60일 이내에 자신의 보고서를 제출하지 못할 것이라고 간주하는 경우, 지연사유를 보고서 제출에 소요될 것으로 예상되는 기간과 함께 서면으로 분쟁해결기구에 통보한다. 어떠한 경우에도 그 절차는 90일을 초과할 수 없다.

절차적 항변이 없는 한 제소국이 제소내용을 뒷받침하는 자세한 제1차 서면을 제출하고 피소국은 그에 대응해서 제1차 서면을 제출함으로써 실질적인 답변서를 제출하는 것이 된다.

절차의 개시단계에서 특별히 문제가 되는 것은 패널설치 요청서에서 자세히 특정하지 않은 정부 조치 또는 법률적 근거를 제소국의 제1차 준비서면에서 보충하여 다룰 수 있는지 여부이다. 초기의 패널이나 상소기구 판례는 적정절차 입장에서 큰 문제가 없다면 이를 허용할 수 있다는 입장을 취했으나, 그 이후에는 DSU 제6.2조에서 규정하는 패널설치 요청서의 형식적 요건은 피소국의 방어권 보호라는 적정절차의 문제에 국한되는 것이 아니며, 이는 패널의 위임사항(terms of reference)을 정하는 의미도 있기 때문에 원칙적으로 엄격하게 해석해야 한다는 입장을 확립하고 있다.

상소절차는 패널절차의 당사국이 패널보고서 회람 후 60일 이내에 상소통지와 상소이유서를 제출하면서 개시된다. 국내 민사소송절차에서의 부대상소와 비슷하게 분쟁상대국은 상소 통지 후 5일 이내에 추가상소(other appeals)를 할지를 밝히고 추가상소 이유서를 제출하여야 한다.

4. 중재판결부(패널, 상소기구)

1) 패널의 구성

투자중재, 상사중재와는 달리 WTO 분쟁해결절차에서는 '중재판결부'라는 용어를 사용하지는 않는다. 제1심에서는 패널, 상소심에서는 상소기구라고 부른다. 우선 패널은 상설재판부가 아니기 때문에 사건이 발생할 때마다 패널을 구성해야 한다. 사건의 발생과는 별도로 WTO 회원국들은 패널위원 후보를 추천하고, 사무국은 그 명부를 비치하여 개별 사건이 발생할 때 참조하도록 하고 있다.(DSU 제8.4조)

다만, 실무상으로는 이 패널위원 명부(Indicative list)는 패널위원의 선정에 별 영향을 미치지 못한다. 우선 DSB에서 패널이 설치되면 사무국은 양 당사국에게 그 사건에 적합한 제3국인인 패널위원 후보 약간 명을 제시한다. DSU 제8.6조는 당사국들이 특별한 사정이 없는 한 사무국이 제시한 후보자를 거부하지 못한다고 규정하고 있다. WTO 출범 초기에는 당사국들이 이 후보들 중에서 3명의 패널위원에 합의하는 경우가 종종 있었으나 이제는 그런 경우가 많지 않다. 만약 당사국들이 정해진 시한 내에 합의를 하지 못하면 DSU 제8.7조에 따라 일방 당사국이 WTO 사무총장에게 직권으로 패널위원를 임명해 줄 것을 요청할 수 있고 사실상 패널의 구성은 직권 임명으로 이루어지는 경우가 상대적으로 더 빈번해졌다.

투자중재, 상사중재의 경우에는 양 당사자가 각자 한 명씩 중재인을 임명하는 경우가 대부분이고 그 두 명의 중재인이나 양 당사자가 합의로 의장중재인을 임명하는 경우가 많은 점에 비추어 보면 WTO 분쟁해결 패널위원은 직권에 의한 기관 임명이 압도적으로 많은 점이 두드러진다. 또한, 투자중재, 상사중재에서는 당사자가 자국 중재인을 임명하는 경우가 빈번하지만, WTO 패널위원은 양 분쟁당사국이 합의하지 않는 한 제3국인에 한정된다는 점도 특징적이다.

WTO 패널위원의 임명조건의 경우 DSU 제8.2조는 패널위원은은 독립성과 다양한 배경 그리고 넓은 경험을 가진 자들로 구성되도록 선정하여야 한다고 규정한다. 패널은 보통 3명으로 구성되며, 관례상 이 중 한 명은 제네바 소재대사급 외교관이나 WTO 분쟁업무 담당 외교관이 임명된다. 만약 대사가 임명된 경우에는 그가 패널위원장이 되고, 그렇지 않은 경우에는 다른 2명의 패널위원 중한 명이 전문성, 분쟁처리경험 등을 고려하여 패널위원장이 된다.

사실상 어떤 사람들이 임명되는지는 WTO 법률국/규범국에서의 평판조사와 WTO 사무총장이 누군지에 따라 많이 좌우된다. 패널위원 후보자로는 무엇보다도 제네바 내지는 WTO 사무국의 분쟁 담당 사무국에서 분야별 전문성과 분쟁처리능력 및 경험이 검증된 사람이 선호된다. 그 직업은 교수, 변호사, 국제기구나 정부 공무원 등 다양한 편이다. 외교관인 제네바 주재 대사들이 패널위원으로 임명되는 예에서 보듯이 패널위원으로 임명되기 위해서 법률가 자격이 요구되지는 않는다.

이는 투자중재, 상사중재에도 마찬가지이지만 WTO 분쟁해결절차는 그 업무의 특성과 현실적인 이유로 외교관의 관여가 많기 때문에 비법률가가 패널위원으로 임명되는 비율이 상대적으로 많은 편이다. 그런 관점에서도 사무국 법률가들의 조력이 더 요구되는 측면이 있다.

2) 상소위원

상소기구는 상임위원 7명으로 이루어져 있으며, 임기는 4년이고 한 번 재임할 수 있다(DSU 제17.2조). 이들의 임명은 전체 WTO 회원국들의 만장일치를 요구한다. 실제로 이 7명은 전 세계 대륙 간 안배를 감안하되, 미국과 EU는 항상 한 자리를 차지하는 것이 회원국들 간에 묵시적으로 양해되고 있다.

일본은 최근까지 WTO 출범 이래 3명의 재판관을 연속 배출하였다가 2012년 처음 한국 출신 재판관으로 대체되었고, 중국은 2007년 처음 재판관을 배출하였고 향후 영속적으로 한 자리를 차지할지가 주목을 끌고 있다. 미국과 EU 각 한 자리 이외에 다른 자리는 대륙 간 안배를 감안하여, 보통 아시아, 오세아니아가 3명 그리고 아프리카, 중남미가 각 1명이 되는 구성비를 유지하고 있다. 이들 7명은 대부분이 법률가들이지만, 최근까지는 제네바 대사 출신 외교관들이 선임되는 경우도 있다.

3) 패널위원, 상소위원의 중립성과 독립성

투자중재, 상사중재에서는 중재인의 중립성, 독립성이 아주 중요하고 민감한 문제로 등장하지만 WTO 분쟁에서는 패널절차에 관한 한 그 문제가 상대적으로 덜 발생한다. 그 이유는 패널위원은 원칙적으로 제3국인 중에서 임명되며, 분쟁당사국이 비패널위원장도 직접 임명할 수 없기 때문이다. 다만, 상소위원의 경우는 이와 다르다. 7명의 재판관은 국적에 상관없이 상소사건에 무작위로 배정된다. 즉, 매 사건마다 3명이 재판부를 구성하지만 그 구성에 재판관의 국적은 고려하지 않는다.

따라서 모든 재판관은 자국의 이해관계로부터 독립적이며 중립적으로 사건을 처리해야 하는 의무를 가진다. 해당 재판부에 배정되지 않은 4명의 재판관에게도 마찬가지로 독립성, 중립성의 의무가 부과된다. 이는 7명 전원이 모든 사건에 대한 기록을 읽고 의견교환(exchange of views)을 하기 때문이다. 물론, DSU 17.1조에 따라 그 의견 교환 후 매 사건에 대한 최종 결정은 담당재판부 3명의 몫이다.

패널위원이나 상소위원, 그리고 사건 담당 사무국 직원들은 매 사건 발생 초기 때마다 자신이 이해관계 충돌이 있는지 여부를 미리 밝혀야 한다. 패널위원은 DSB 의장에게, 상소위원은 상소기구에게, 사무국 직원은 사무총장에게 사전 고지를 하여야 한다. 이러한 절차들은 DSU 제17.9조에 따라 제정된 '상소심리를 위한 절차규칙(Working Procedures for Appellate Review)'과 그 부속서인 행위규범(Rules of Conduct)에 자세히 규정되어 있다. 일단 사건의 분쟁당사국은 특정 패널위원이나 상소위원에게 이해충돌 또는 행위규범 위반이 있다고 보는 경우에는 이를 DSB 의장, 사무총장 또는 상소기구에게 신고하여야 한다.

패널의 경우에는 사건의 양 분쟁당사국이 특정 패널위원에게 이해충돌 및 행위규범 위반이 있다고 의견 일치를 보는 경우에는 그 패널위원은 본인의 의사와 상관없이 절차에서 배제된다는 특색이 있다. 또한, 상소위원의 이해충돌 내지는 행위규범 위반에 대한 최종판단은 그 해당 위원을 제외한 나머지 상소위원들이 결정한다. 물론 해당 패널위원나 상소위원에게 입장을 표명할 기회를 부여한다.

DSB 의장이 패널위원이 사건 관련 이해관계가 있거나 행위규범을 위반하였다고 결정하는 경우에는 그를 배제하고 새로운 패널위원을 임명하는 절차를 밟아야 한다. 상소위원의 재판부 배정에 대하여는 항상 예비 재판관 순위를 정해 놓고 있기 때문에 자동으로 선순위 예비 재판관이 그 재판부에 배정된다. 이해충돌을 이유로 제척, 기피 또는 회피한 재판관은 그 사건에서 철저히 배제되며, 따라서 사건 기록은 물론 의견교환 절차에서도 배제된다.

내부적으로 상소기구는 이해충돌 내지는 행위규범 위반이 될 수 있는 경우를 내부지침으로 자세히 마련해 놓고 있으며, 그에 따라 일관성 있게 결정이 유지되도록 노력하고 있다. 특히 상소위원들 중에는 전직 통상 담당 정부 공무원이었을 수 있기 때문에 그때 수행한 업무와 상소대상이 된 사건과의 관련성이 어느 정도 있을 때까지 제척되어야 하는지는 매우 어려운 문제이다.

또 한 가지의 쟁점은 상소위원이 자기 스스로 결정하여 특정 사건의 재판부로 배정되는 것을 회피할 수 있는지 여부이다. 예를 들어 자국의 정부조치가 분쟁에서 다투어지는 경우 특별한 사유 없이 자기 스스로 사건 배당을 거부할 수 있는지가 문제될 수 있다. 그러나 DSU 제17.3조는 상소위원들에게 어느 정부로부터의 영향에서도 자유롭게 독립적으로 재판해야 한다는 '의무'를 부과하고 있기 때문에 합리적인 사유 없이 국적만을 이유로 스스로 그 의무를 회피하는 것은 불가능하다고 해석함이 옳다고 할 수 있다.

5. 심리기일 이전 단계

1) 위임사항

통상적으로 패널설치 요청서에는 DSU 제7조에 따른 표준위임사항(standard terms of reference)을 채택할 것인지를 표시하게 된다. 분쟁당사국들이 합의하여 달리 정하지 않는 한 표준위임사항이 채택되며, 그 내용은 "패널은 설치요청서에 기재되어 적시된 문제를 분쟁당사국이 인용하는 WTO 협정 조문에 비추어 조사하여 DSB가 적절한 권고 또는 결정을 할 수 있도록 조력한다."는 아주 일반적인 것이다.

이 위임사항과 관련하여서는 DSU 제6.2조 문제 이외에는 별로 다툼의 대상이 되지 않는다. ICC 상사중재의 경우에 사용되는 용어인 위임사항(terms of reference)과는 그 구속력에 있어서는 다르지만, 절차의 초기 단계에 판결부가 심리하여야 할 사항을 미리 확정한다는 점에서 공통점이 있다.

2) 작업일정

우선 패널이 설치되면 패널위원들이 제일 먼저 해야 하는 것이 DSU 부속서 3에 규정된 '작업절차'에 따라 작업일정표를 작성하고 해당 절차규칙을 정하는 일이다. 부속서 3에서 제시하는 통상적인 작업일정표는 아래와 같다.

① 제1차 서면의 접수: 제소국 3~6주, 피소국 2~3주
② 제1차 심리기일(제3국 참여 포함): 1~2주
③ 반박준비서면의 접수: 2~3주
④ 제2차 심리기일: 1~2주
⑤ 패널보고서의 서술적 부분을 분쟁당사국에게 교부: 2~4주
⑥ 패널보고서의 서술적 부분에 대한 분쟁당사국 의견 접수: 2주
⑦ 패널중간보고서(판단 및 결론 포함)을 분쟁당사국에게 교부: 2~4주
⑧ 분쟁당사국의 패널중간보고서 점검회의 개최 요청: 1주
⑨ 패널중간보고서 점검(분쟁당사국들과의 회의 포함): 2주
⑩ 패널최종보고서를 분쟁당사국에게 교부: 2주
⑪ 패널최종보고서를 전 WTO 회원국에게 회람: 3주

3) 절차적 결정

작업일정표를 완성하고 나서 통상적으로 가장 먼저 처리해야 하는 일은 절차적 항변에 대한 패널의 결정이다. 주로 DSU 제6.2조에 기한 항변이 가장 빈번히 이루어지고, 이에 대하여 패널은 별도의 심리기일을 가질 여유가 없이 서면심리만으로 결정을 내리는 경우가 보통이다. 간혹 패널설치 요청서의 형식요건 문제가 실체적 문제나 사실관계의 본격적인 입증과 관련되는 경우에 패널은 최종 패널보고서에서 실체 문제와 함께 판단하는 것으로 하고 예비적 결정을 차후로 미룰 수도 있다. DSU 제6.2조 문제 이외에 절차적 결정을 미리 내려야 하는 사항으로 자주 등장하는 것은 영업비밀의 보호, 절차의 공개, 증거수집 및 비분쟁당사국의 서면제출 등이다.

영업비밀의 보호와 관련해서는 ICSID 투자중재절차와 같이 자세한 규칙을 마련하고 있지 못하다. 따라서 이론적으로는 패널이 개별 사건마다 이에 관한 규칙을 제정해야 한다. 실무적으로는 기존 사건에서 같은 문제가 제기되었을 때 결정한 내용을 바탕으로 사무국이 일종의 문서 양식을 마련하여 두었다가 해당 패널이 관여 분쟁당사국들의 의견을 반영하여 자신이 수정한 내용으로 절차적 결정을 하는 것이 일반적이다.

절차의 공개는 법규정 해석의 문제보다는 관행의 문제로 발전하고 있다. 즉, DSU의 해당 규정(부속서3 제2항, 제17.10조)에 따르면 패널이나 상소절차는 비공개로 진행되어야 한다. 그러나 최근에 들어서 특히 선진국들이 분쟁당사국이 되었을 때에는 위 규정에도 불구하고 패널이나 상소절차(주로 구두변론기일)를 일반에게 공개할 것을 요청하는 경우가 늘어나고 있다. 이는 절차의 투명성을 높여서 WTO에 대한 부정적인 인식을 불식시키자는 정책적 고려가 있는 것으로 보인다.

그러나 위 규정이 있는 한, 분쟁당사국 중 한 회원국이 절차의 공개에 반대하는 경우에는 이를 강제로 시행할 법적인 방법은 없다. 대개 절차의 공개를 요청할 때에는 양 분쟁당사국들이 공동으로 신청하는 것이 일반적이다. 그럼에도 불구하고 위 DSU 규정을 들어 패널은 절차의 공개를 불허해야 하는지가 논란이 되었다. 상소기구는 위 절차의 비공개 규정은 "관계적 개념(relational concept)"이라는 논리를 개발하여 분쟁의 해당 분쟁당사국들이 공동으로 원하는 경우에는 이를 허용할 수 있다는 쪽으로 결론을 내렸다.

다만, 양 분쟁당사국이 공동으로 신청하는 경우에도 제3자로 참여한 국가 중에서 이를 반대하는 경우에는 이를 강제할 수는 없기 때문에 일반인의 직접 참관은 허용하지 않고 심리실 옆방에서 폐쇄회로를 통해서 참관하되, 절차의 공개를 반대한 제3국이 발언하는 경우에만 영상전송을 차단하는 방안을 일종의 모범관행으로 정착시키고 있다. 앞으로 논란이 될 수 있는 재미있는 사항은 바로 양 분쟁당사국들이 공동으로 인터넷을 통한 '동영상 생중계(web-cam)'를 요청하는 경우에 패널이나 상소기구가 이를 어떻게 처리할 것인지 여부이다.

WTO 패널절차는 증거수집에 관한 자세한 규칙을 가지고 있지 않다. 더욱이 분쟁당사국들은 주권국가들이기 때문에 문제된 조치는 대부분 정부조치이고, 특히 선진국의 경우에는 법령 관련 정보 등은 공개되기 때문에 증거수집이 큰 문제가 되지는 않는다. 물론 DSU 제13조는 패널에게 어느 정보원으로부터도 증거를 수집하고 전문가 의견을 들을 수 있는 권한을 부여하고 있다. 그렇지만 이는 패널이 심리에 필요하다는 이유만으로 분쟁당사국인 주권국가를 상대로 정보나 증거의 제출을 강제할 권한까지 부여하고 있는 것은 아니다.

이와 관련하여 언급할 사항은, WTO의 개별협정들은 위원회를 설치하여 구체적 분쟁과 상관없이 회원국들에게 그 협정이 관할하는 정부조치와 관련되는 정보를 위원회에 통보하도록 하고 있다는 점이다. 이를 통해 회원국들은 관련되는 타 회원국의 정부조치에 관한 정보를 미리 습득할 수 있고, 해당 위원회에서 정하는 절차에 따라 타 회원국의 정부조치에 대하여 질문을 제기할 수 있기 때문에 구체적 분쟁 발생에 앞서 미리 관련 정보를 확보할 수 있는 간접적 장치가 있다고 할 수 있다. 또한 '보조금 및 상계조치에 관한 협정'에서는 조치가능보조금에 대하여 제소하면서 부속서5에 규정된 절차에 따라 사실관계에 관한 자료를 수집하는 특별절차를 마련하고 있다.

절차적 사항으로 WTO 분쟁해결절차에서 크게 논란이 되었던 것은 분쟁당사국이나 제3자 참여를 한 회원국 이외에 비정부기관이 구체적 분쟁과 관련하여 패널이나 상소기구에 의견서(amicus curiae briefs)를 제출할 수 있는지 여부이다. DSU에서는 이에 관한 명백한 규정은 없지만, 상소기구는 DSU 제13조에 기한 증거 수집권한 차원에서 패널은 비정부기관으로부터 정보를 구할 수 있으며, 패널이 요청하지 않았는데 비정부기관이 의견서를 자발적으로 제출한 경우에 이를 참고할지는 전적으로 패널의 재량사항이라는 입장을 확립하였다.

그러나 정작 상소절차에서 비정부기관이 의견서를 자발적으로 제출한 경우에 이를 어떻게 처리할지에 관해서는 확립된 관행을 정착시키지 못하고 있다. 상소기구는 구체적 사건의 절차 초기에 비정부기관의 의견서 제출에 관한 규칙을 미리 제정하려고 하였으나, 후진국들을 중심으로 정치적인 반대로 일방 분쟁당사국이 요청하기 이전 사전 규칙 제정을 주도적으로 추진하지는 않고 있는 실정이다.

4) 절차의 진행

양 분쟁당사국들의 제1차 서면이 제출되고 나면 대개 패널은 그에 기초하여 준비한 패널의 질문서를 양 분쟁당사국들에게 발송한다. 그 질문서에는 사실관계뿐만 아니라 법률적 사항에 대한 질문을 포함한다. 이는 패널이 상사중재에서의 중재판결부의 일반적인 역할보다 더 적극적인 역할을 직권으로 수행하는 징표가 된다. 즉, 절차의 초반 단계부터 패널이 실체적 진실 탐구를 위한 적극적인 자세를 보이는 특징이 있다. 그에 기초하여 제1차 구두변론기일을 진행하게 된다.

분쟁당사국들이 제출하는 제2차 서면은 반박서면의 형식을 띄고 보통 동시에 패널의 질문서에 대한 답변서를 함께 제출하곤 한다. 패널은 제2차 서면과 패널 질문 답변서를 검토하고 나서 제2차 질문서를 발송하기도 한다. 특별한 경우를 제외하고는 패널은 서면에 대한 분량제한을 하지 않기 때문에 대형 사건의 경우에는 수백 쪽 분량의 서면이 제출되곤 한다. 상소절차에서 분쟁당사국들의 상소통지 및 상소이유서 제출 이후에는 아래 '상소심리 작업절차' 부속서 1에서 규정된 일정에 따라 절차가 진행된다.

① 상소통지: 1일(이하 통지일부터 기산한 일수)
② 제소국 서면(상소이유서): 1일
③ 추가 상소통지: 5일
④ 추가 제소국 서면(추가상소이유서): 5일
⑤ 피소국 서면: 18일
⑥ 제3국 서면: 21일
⑦ 제3국 구두변론기일 참여 통지: 21일
⑧ 구두변론기일: 30~45일
⑨ 상소보고서 회람: 60~90일
⑩ DSB의 상소보고서 채택: 90~120일

6. 심리기일

1) 패널의 심리방식

투자중재, 상사중재에서 심리기일(구두변론기일)의 초점은 증인신문, 특히 반대신문에 맞추어져 있다. 그러나 WTO 분쟁에서 심리기일의 핵심은 말 그대로 구두변론과 패널/상소기구의 질문에 대한 답변이다. 패널절차에서는 제소국이 먼저 구두진술을 한다. 실무상으로는 구두진술의 내용을 서면으로 동시에 제출하고, 구두진술은 그 서면을 거의 그대로 읽는 방식으로 진행된다.

다른 중재와 달리 특별한 사정이 없는 한 패널은 구두진술의 중간에 개입하여 질문을 던지지 않는 것이 관행이다. 가끔 구두진술과 서면 사이에 차이가 있는 경우에 그 차이 나는 서면의 효력이 문제되지만, 원칙적으로 서면과 차이 나는 구두진술 내용은 기계적인 것(예: 다른 문서 문단의 인용 표시)을 제외하고는 구두진술로서의 효력이 없는 것으로 인정된다.

패널위원장은 통상적으로 분쟁당사국들의 구두진술에 앞서 이러한 경고를 전달하곤 한다. 구두진술이 끝나면 주로 패널이 분쟁당사국들에게 질문을 던진다. 패널의 질문방식은 그 패널 구성원들의 인적 배경에 따라서 매우 다르게 진행된다. 어떤 패널은 질문사항을 가급적 사전에 서면으로 배포하여 분쟁당사국들이 준비된 발언을 하도록 유도한다. 그러나 다른 패널들은 현장에서 질문을 던지는 경우도 빈번하다.

앞서 지적한 바와 같이 사실관계와 법률적 해석과 적용에 관한 모든 문제를 질문대상에 포함시킨다. 이에 분쟁당사국들이 어떻게 답변하는지도 패널 구성원 내지는 분쟁당사국 대표나 대리인의 인적 배경에 좌우된다. 어떤 패널은 사후 서면으로 답변을 제출하는 것을 허용하기도 한다. 이를 분쟁당사국들이 선호하는 경우에는 구두변론기일은 금방 끝나게 된다.

이에 반하여, 패널이 분쟁당사국들로부터 현장에서 답변을 듣기를 원하거나 분쟁당사국들 스스로 현장에서 답변하기를 선호하는 경우에는 그렇게 진행되곤 한다. 정리하자면, 패널의 구두변론기일이 어떻게 진행되는지는 개별 사건의 특성, 패널 및 분쟁당사국 대표(대리인)의 인적 배경에 따라 달라진다고 말할 수 있다. 당연히 구두변론기일에서의 발언 내용은 모두 녹취되어 3개 공용어로 번역되어 기록으로 남는다.

제2차 구두변론기일 이후에 간혹 패널은 양 분쟁당사국들에게 추가 질문서를 송부하기도 한다. 이 경우 패널은 상대방의 답변에 대하여 추가 반박 기회를 한 번 더 부여하는 것이 일반적이다. 이를 종합하자면, 투자중재, 상사중재 중재인에 비하여 WTO 패널위원들은 좀 더 직권주의적인 성향을 강하게 띤다고 평가할 수 있을 것이다. 따라서 분쟁당사국들 입장에서는 가끔 적정절차(due process) 관점에서 문제가 제기되기도 한다.

2) 상소기구 심리방식

패널절차에 비하여 상소절차의 구두변론기일(oral hearing)은 정해진 형식을 가지고 있으며, 모든 사건이 그 방식에 따른다. 우선, 분쟁당사국들은 상소당사국이 먼저, 그 다음 피상소당사국이 구두진술을 한다. 상소절차는 법률심이기 때문에 당연히 상소대상은 '패널보고서에 포함된 법적 쟁점 및 패널의 법해석'에 국한되고 따라서 패널절차에 비하여 구두진술은 상대적으로 짧은 편이다. 구두진술이 끝나면 상소기구 재판부는 양 분쟁당사국들 대표(대리인)들에게 질문을 던진다. 아주 간단한 사건은 하루 만에 끝나기도 하지만 대개는 며칠, 복잡한 사건은 일주일이나 그 이상이 걸리기도 한다.

다만, 전체 상소절차를 90일 이내에 끝내야 한다는 시간적 부담 때문에 무한정 구두변론기일을 길게 잡을 수는 없는 형편이다. 상소기구 재판부는 정부조치의 특정 문제부터 개별적인 법적 쟁점에 관한 아주 세부적인 부분에 대해서도 질문을 던진다. 이에 대하여 분쟁당사국들은 차후 서면으로 답변하겠다고 미룰 수는 없다.

90일 시한 때문에 특별한 사정이 없는 한 분쟁당사국들에게 새로운 서면제출의 기회를 부여할 여유가 없기 때문이다. 따라서 질문을 던지는 상소기구재판관에게 효율적인 재판수행능력이 요구됨은 물론이고 특히 분쟁당사국 대표(대리인)에게는 극도의 집중력과 답변기술이 요구된다. 그 때문에 미국과 유럽연합을 제외하고 대부분의 분쟁당사국들은 전문 변호사를 고용하는 경우가 대부분이고, 아주 최근에는 미국도 이례적으로 외부 변호사를 활용하는 사례가 보인다.

따라서 상소기구의 구두변론기일은 투자중재, 상사중재의 심리기일과 확연히 차이를 보임을 알 수 있다. 상소기구 구두변론기일은 양 분쟁당사국들의 준비된 구두진술 이외에는 거의 대부분 상소위원들이 준비한 질문에 답하는 방식이기 때문에 더욱 직권주의적인 모습으로 비칠 수 있다. 그러나 이는 상소기구 절차가 법률심이라는 특성에서 오는 차이라고 평가할 수도 있다. 예를 들어 마찬가지로 법률심인 미국 대법원의 심리 방식이 이와 유사한 것을 고려하면, 상소기구의 심리방식이 단순히 직권주의적인 성향에서 비롯한 것만은 아니라고 할 수 있다.

앞서 언급한대로 패널이나 상소절차에서 증인신문은 거의 없는 것이 보통이다. 다만, 사건의 특성에 따라 전문가 의견서를 필요로 하는 경우에는 패널이 주로 중립적인 전문가를 위촉하여 의견서를 제출받고, 그 전문가는 심리기일에서 양 분쟁당사국들과 패널위원들의 질문에 답변해야 한다.

7. 판결문(패널보고서, 상소보고서)

1) 보고서의 작성

패널의 심리절차가 끝나면 패널위원들에게 가장 힘든 시간이 다가온다. 결정을 위한 합의와 그에 기초한 패널보고서의 작성이다. 통상적으로는 제2차 구두변론기일 종료 후 합의에 본격적으로 들어간다. 패널위원들의 합의절차단계에서는 통상적으로 사무국 법률가가 배석한다. 사건의 복잡성과 규모, 그리고 패널위원의 특성에 따라 합의 방식은 달라질 수 있다. 다만 패널위원들은 상임재판관이 아니기 때문에 무한정 3인이 모든 세세한 부분에 대하여 합의를 완료할 때까지 제네바에 머물 수는 없다. 따라서 정해진 합의기일 내에 사무국 법률가에게 보고서 작성의 지침과 방향을 최대한 자세히 제시해야 한다.

여기에서 자연스럽게 패널의 합의와 패널보고서 작성 단계에서 사무국 법률가들의 역할은 무엇인지가 궁금해진다. 이에 대한 답은 패널위원들에 따라 달라진다. 즉, 패널위원들이 사무국 법률가에게 요구하고 기대하는 것이 무엇인지에 따라 달라질 수 있다. 여하튼 합의단계에서 사무국 법률가들은 패널위원들에게 조력을 제공할 의무가 있기 때문에 합의에 참여해서 패널위원들이 올바른 결정에 도달하는 데 도움을 준다. 그러나 한 가지 분명한 것은 모든 결정은 패널위원들이 내리는 것이고, 그들만이 패널보고서에 책임을 진다는 사실이다.

패널보고서의 작성은 단계에 따라 사무국 법률가의 역할이 달라질 수 있다. 보통 보고서의 아주 초보적인 단계에서의 초안 작성은 사무국 법률가가 하는 것이 보통이다. 다만, 그 이후에는 다시 패널위원들의 특성에 따라 달라진다. 즉, 초안 작성 이후부터 패널보고서의 완성단계에 이르기까지 사무국 법률가가 어느 정도까지 패널위원에게 조력을 제공할지는 패널위원들의 요청과 기대, 그들의 업무처리 습관 등에 좌우되기 때문에 일반화하기는 힘들다.

상소절차에서 재판관들의 합의와 보고서 작성은 담당재판부의 구성과 그들의 업무처리 방식에 따라 차이를 보일 수 있다. 일반적으로 사건 담당 재판부에 배당된 재판관 3인은 우선 분쟁당사국들의 서면을 각자 소화한 후 구두변론기일 이전에 제네바에서 회동하여 예비적 의견 교환과 함께 구두변론기일에 분쟁당사국들에게 던질 질문 항목들을 준비한다. 구두변론기일이 종료된 이후에는 3인의 예비적 합의가 이루어지고, 그에 기초하여 의장재판관의 주도하에 담당 재판부에 배당되지 않은 4인의 재판관과 의견 교환을 하게 된다. 이 4인들도 사건의 모든 서면과 구두변론기일 녹취록을 사전에 받게 된다.

의견 교환이 끝나면 3인의 재판부는 다시 구체적 쟁점에 관한 결론을 도출하기 위한 합의를 하게 되고, 그에 터 잡아 보고서 작성에 돌입하게 된다. 번역까지 마친 보고서가 90일 이내에 회람되어야 하기 때문에 상소보고서 작성은 아주 높은 시간적 압박감속에 진행된다.

투자중재, 상사중재의 경우에는 3인의 중재인 이외에는 합의과정에 전혀 참여할 수 없고, 다른 사람들과는 절대 의견 교환을 해서는 안 된다는 확립된 절차와 관행에 비추어 보면, WTO 상소기구의 재판부는 다른 4인의 재판관의 의견을 경청할 수 있다는 점이 결정의 일관성을 유지하고, 다른 재판관의 지혜와 경험을 빌릴 수 있다는 점에서 장점이 있다고 할 수 있겠다.

2) 보고서의 내용

투자중재, 상사중재에서 중재판결은 그 형식과 내용에 따라 여러 가지로 분류되지만, WTO에서 확정된 패널보고서와 상소보고서는 그 자체로 집행력을 가지는 것이 아니라 DSB에서 공식 채택되어야 효력을 발생하기 때문에 오로지 그렇게 채택된 패널보고서와 상소보고서만이 중재판결과 유사한 의미를 가진다.

물론 패널이나 상소기구는 최종 보고서 배포 이전에 여러 가지 절차적 결정을 내릴 수 있지만, 이 결정들도 최종적으로 패널보고서나 상소보고서의 일부분으로 포함되는 게 일반적이기 때문에 사건의 진행에 필요한 실무적 의미를 갖되 최종적으로는 독립된 의미는 없는 셈이다. 투자중재, 상사중재처럼 판결부가 '일부 판결(partial award)'을 내리는 경우도 없다.

다만, WTO 분쟁에서는 패널이 최종보고서에 앞서서 잠정보고서(interim report)를 분쟁당사국들에게 미리 배포한다는 점이 특이하다. DSU 제15조에 따라 패널은 우선 보고서 초안의 서술적인 부분(사실관계나 당사자 주장)을 분쟁당사국에게 배포한다. 그 이후에 패널보고서의 판단과 결론부분을 포함한 잠정보고서 전체를 분쟁당사국들에게 미리 배포한다.

분쟁당사국들은 그 잠정보고서에 대하여 의견 표명을 할 수 있고, 한쪽 당사국이라도 원하는 경우에 패널은 분쟁당사국들과 문제 제기된 쟁점에 대한 점검회의를 개최하여야 한다. 이 잠정보고서의 사전 배포는 WTO에 특유한 제도인바, 그 연혁적인 이유는 WTO 분쟁의 특성상 분쟁당사국간의 외교적 해결을 촉진시키기 위한 사전 통로를 제공한 것이라고 보는 것이 일반적이다.

실무적으로는 패소국보다 승소국이 잠정보고서에 대해서 더 많은 의견 표명을 하는데, 그 이유는 상소제도가 있기 때문에 패널보고서를 좀 더 완벽한 상태로 만들려는 유인요소가 있기 때문이다.

잠정보고서의 배포 이후 분쟁당사국들의 의견을 수렴해서 최종보고서에서 그 주요 결론이 완전히 바뀐 적은 없는 것으로 보인다. 다만, 이 잠정보고서 제도는 최종보고서를 좀 더 기술적 오류가 없는 보고서로 만드는 데 기여하는 측면이 있음을 부인할 수 없다. 그런 점에서는 투자중재, 상사중재에서 중재판결문 배포 이후에 기술적 오류를 시정하거나, 중재판결문의 해석이나 탈루된 판결을 추가로 요구할 수 있는 권리를 당사자들에게 부여하는 제도와 유사하다.

DSU 제14.3조과 제17.11조에 따라 개별 패널위원이나 상소위원은 자신의 의견을 패널/상소보고서에서 표명할 수 있으나 이는 익명으로 하여야 한다. 즉, 패널위원이나 상소위원은 익명으로 소수의견이나 별개의견을 표명할 수 있다. 이는 투자중재, 상사중재에서 대개 소수/별개의견에 관한 특별한 관련 규칙이 없기 때문에 개별 중재인이 자기 이름을 밝히고 소수의견을 쓸 수 있는 것과 대비된다.

다만, 투자중재, 상사중재에서는 그 소수의견이나 별개의견은 공식적으로 중재판결부의 "판결"이 아니기 때문에 법적으로 중재판결문의 일부를 이루지 못한다. 이에 비하여, WTO 절차에서는 익명이지만 그 소수 및 별개의견은 패널보고서, 상소보고서의 일부를 이룬다는 데 차이점이 있다.

3) 소수의견

WTO 분쟁해결에서 소수의견과 별개의견은 그 사건의 해결과 관련해서 법적 구속력은 없지만, 그 실무적 효용에 대해서는 패널과 상소기구를 나누어 살펴볼 필요가 있다. 패널보고서는 상소의 대상이 되기 때문에, 소수의견이나 별개의견이 표명된 경우에 이는 상소심에서 자연스럽게 특별한 고찰의 대상이 된다. 상소이유서도 그 소수의견에 터 잡아 논리를 펼치는 수가 많다.

그러면 상소위원의 소수 및 별개의견은 어떤 실무적 효용이 있는가? 물론 그 사건 자체의 해결에 대해서는 법적 의미가 없겠지만, 향후 같거나 비슷한 사건이 다시 상소기구의 심리대상이 되는 경우에, 특히 재판관의 인적 구성이 바뀐 경우에는 엄격한 선례구속의 원칙이 확립되어 있지 않은 WTO 분쟁해결절차에서는 후속 사건의 판단에 영향을 줄 가능성도 배제할 수 없다.

이와 같은 가능성은 상사중재에서는 전무하지만, ICSID 투자중재판결문은 대외 공개되는 경우가 많고 비슷한 협정조문을 해석하는 후속 사건들이 많기 때문에 기존 사건에서의 소수의견이나 별개의견이 어느 정도 후속 사건에 영향을 미칠 수 있다는 점에서 WTO 분쟁해결과 유사하다.

8. 판결문(보고서)의 집행 및 거부

1) 상소심

일단 WTO 분쟁해결절차는 상소심이 있다는 것이 다른 중재절차와 구분된다. 이는 다른 국제공법적 쟁점을 다루는 국제재판소와 비교했을 때에도 매우 특징적인 것이다. ICSID 투자중재의 경우에 중재판결을 무효화 내지 취소하는 절차(annulment proceeding)가 있지만, 이는 실질적으로 상사중재판결의 국내법원에 의한 취소소송 사유와 마찬가지로 실체적 사유를 근거로 중재판결을 다툴 수 있도록 만들어진 제도가 아니라는 점에서 WTO의 상소심 제도와는 그 취지가 다르다.

패널보고서는 상소기구의 심사대상이 된다. 다만, 사실관계에 관한 문제는 상소의 대상이 되지 못하고 패널보고서에 포함된 법적 쟁점이나 패널의 법 해석에만 국한된다. 그런데 DSU 제11조는 패널이 '사실관계나 해당 협정의 해석에 대한 객관적인 평가(objective assessment)'를 해야 한다는 의무를 부과하고 있다. 종종 패널에서 패소한 분쟁당사국들은 이 조항을 들어 패널의 사실관계 판단을 위 DSU 제11조 위반으로 상소하는 경우가 있다. DSU 제11조가 규율하는 사항은 엄격하게는 법적 문제이기는 하지만 패널의 사실심으로서의 전권에 속하는 사실관계 확정을 재심사하는 실질적인 효과가 있을 수 있기 때문에 부작용의 소지가 있는 것으로 평가되는 측면이 있다.

DSU 제17.13조에 따라 상소기구는 '패널의 법적 판단과 결론을 확정, 수정 또는 번복'할 수 있다. 따라서 패널보고서는 상소기구가 수정 또는 번복하지 않은 한도 내에서 상소보고서와 함께 DSB에 의해 역총의로 채택되게 되고, 그 채택된 패널보고서, 상소보고서의 결론과 권고사항은 피소국에 대하여 DSU 제21조 이하에서 규정하는 대로 법적 강제력을 가지게 된다. DSB 제19.1조에 따라 패널이나 상소기구는 문제된 조치가 WTO 협정에 위반된다고 결론을 내릴 경우 피소국에게 그 조치를 WTO 협정에 합치되도록 하라는 권고를 내려야 한다.

2) 보고서의 이행

일단 DSB가 보고서를 채택하면 패널 및 상소기구의 이행권고는 DSB의 이행권고로 법적 성격이 변모되고, 패소국인 피소국은 원칙적으로 이를 즉각 이행해야 할 의무가 있다(DSU 제21.1조). 따라서 보고서 채택일로부터 30일 이내에 DSB의 권고사항을 어떻게 이행할 것인지 의사를 밝혀야 한다. 만약 즉각적인 이행이 비현실적이면 그 피소국에게 이행에 필요한 '합리적인 기간'이 부여된다.

만약 합리적인 이행기간에 관하여 분쟁당사국간에 합의가 이루어지지 못하면 이를 해결하기 위한 중재에 회부된다. 이 중재는 주로 전(현)직 상소위원 1인이 단독으로 주재하며, 해당국가의 입법절차 등 여러 관련 변수를 감안하여 합리적인 이행기간을 정하게 된다. 여기서 DSU에서 합리적 기간을 정하는 절차를 '중재'라고 부른다는 것이다.

이는 이 결정에 대하여 상소를 할 수 없다는 점과 분쟁당사국간 합의한 절차에 따라 진행할 수 있다는 점을 고려하여 패널절차와 구별되는 개념으로 '중재'라는 용어를 사용한 것으로 보인다. 실무적으로는 분쟁당사국들이 중재인 선정에 합의하지 못하면 사무총장이 임명한 중재인이 사무국 법률가들의 조력을 받아 '작업절차'를 분쟁당사국들의 양해하에 만들어서 절차를 진행한다.

합리적인 이행기간이 종료할 즈음에 분쟁당사국들 사이에 피소국이 이행권고를 준수하였는지에 관하여 다툼이 있으면 일방당사국은 원래 패널위원들에게 다시 한 번 그 이행 여부를 심판해 달라는 패널설치 요청을 할 수 있다(DSU 제21.5조). 이를 '이행점검패널'이라고 부른다. 이행점검패널은 사건이 회부된 날로부터 90일 이내에 보고서를 회람하여야 하며, 명문에 규정은 없지만 이 보고서 역시 상소의 대상이 되는 것으로 관행화되어 있다.

3) 보복조치

이행점검패널과 별도로 DSU 제22조에서는 합리적인 이행기간 종료 시까지 피소국이 이행권고를 따르지 않은 경우에 제소국에게 보복조치를 할 권한을 부여하고 있다. 양 분쟁당사국이 잠정적인 방안으로 보상에 협의할 수 있고, 그 협의가 실패하는 경우 제소국이 DSB에 보복조치 수권을 신청하고 이에 대하여 역총의로 DSB가 수권을 하는 절차로 행해진다. 이 절차에는 두 가지 어려운 문제가 잠재한다.

첫째, 보복조치의 내용과 수준을 정하는 문제이다. 제소국이 DSB에 승인을 요청한 보복조치가 원래 문제된 조치로 인한 피해 수준을 초과한다고 피소국이 판단하는 경우에는 이를 다시 중재에 회부할 수 있다. 원래 패널의 구성원이 이 중재판결부를 구성한다. 이 보복조치의 수준을 정하는 절차는 용어 그대로 '중재'이기 때문에, 합리적 이행기간을 정하는 중재와 마찬가지로, 상소의 대상이 되지 않는 것으로 이해된다.

둘째로 어려운 문제는 이행점검패널과의 관계이다. 즉, DSU 제22.2조에서 보복조치의 승인 요청은 합리적 이행기간 종료 후 20일 이내에 하도록 되어 있음에 비하여, DSU 제21.5조에서는 이행 여부에 관한 다툼은 합리적 이행기간 종료와 상관없이 제기하도록 되어 있기 때문이다. DSU 제정 당시 이 두 절차의 유기적 관계에 대한 충분한 고려가 없었던 입법적 오류이다.

이 때문에 WTO 회원국들은 초기에는 혼란을 겪다가 분쟁당사국들 사이에 신사협정(gentlemen's agreement)으로 보복조치 승인요청과 이행점검패널설치 요청을 동시에 진행하되, 이행점검패널을 완료할 시점까지 보복조치 승인과 관련된 중재절차를 잠정적으로 정지시키는 관행을 확립해 왔다.

다만, 상소절차에서 승소한 제소국이 피소국의 이행을 위한 조치가 실질적으로 전혀 없는 경우에는 이행점검패널 설치요청을 할 필요 없이 바로 보복조치 승인요청을 할 수 있다는 입장을 표명하면서 신사협정체결을 거부하고 보복조치 승인을 위한 절차를 진행하여 논란이 되고 있는 실정이다.

4) 집행력

DSB의 이행권고는 피소국에게 문제된 조치를 WTO 협정과 합치되게 하라는 내용

이상은 없을 정도로 추상적이다(DSU 제19.1조). 패널과 상소기구는 이행의 구체적인 방법을 권유할 수는 있지만, 피소국이 주권국가임을 고려하여 구체적 방법은 해당국에게 일임하는 것이 보통이다.

따라서 피소국은 이행하는 구체적 방법을 선택할 수 있다. 다만, 피소국이 원천적으로 문제된 조치를 폐기하지 않는 한 제소국에 대한 협의보상은 잠정적인 방편에 그칠 뿐 계속 이행의 의무를 지게 된다(DSU 제22.1조). DSB는 매월 정례회의 때마다 미이행된 조치에 관한 점검을 계속하기 때문에 피소국이 이행권고를 그냥 무시하면서 시간을 끄는 것은 사실상 불가능하다.

대신 WTO 분쟁해결절차는 제소국에게 과거의 손해를 배상해주는 기능은 하지 않음을 주목해야 한다. 이행권고의 내용은 문제된 조치를 철회하는 것이지 투자중재, 상사중재와 달리 협정/계약위반으로 인한 손해를 전보하고자 하는 것은 아니다. 즉, WTO 분쟁해결절차를 통한 구제방법은 소급효가 없이 장래효만 있는 것으로 이해된다.

국제상사중재는 판결문이 나와도 패소당사자가 이를 자발적으로 이행하지 않는 한 그 집행을 위해서는 내국 법원의 조력이 필요함에 비하여, WTO 분쟁해결절차에서는 패널보고서, 상소보고서가 DSB에서 채택되면 앞서 서술한 절차에 따라 바로집행력을 가진다. 마찬가지로, 내국 법원이 그 국가를 상대로 한 위 WTO 분쟁해결절차나 그에 따른 패널보고서, 상소보고서를 무효화할 수 있는 장치가 없다.

따라서 ICSID 중재에의 판결 취소절차(annulment proceeding)나 상사중재에서의 내국법원의 중재판결취소에 상응하는 절차는 WTO 분쟁해결절차에서는 존재하지 않는다. 이와 같은 점을 고려하면, WTO 분쟁해결절차는 투자중재, 상사중재에 비하여 집행력을 직접적이고 강하지만, 그 구제수단에 있어서는 장래효가 없고 피해를 입은 기업 입장에서는 금전적 보상을 받을 수 없다는 점이 한계로 지적될 수 있다.

9. 요약

위에서 WTO로 대변되는 국제통상 분재해결절차를 국제분쟁해결의 큰 맥락에서, 특히 경제적 이익이 분쟁의 주원인이며 절차적 측면에서 가장 가깝게 대비될 수 있는 투자 및 상사중재와의 비교 관점에서 살펴보았다. 이 세 가지 국제분쟁해결절차는 서로 다른 궤적을 밟으면서 발달해 왔지만 그 분쟁의 원인이 국제무역거래나 투자 등 국경을 넘어서는 경제활동에서 발생한다는 공통분모를 가지고 있다. 또한, 절차적 측면에서는 세 가지 절차가 상당 부분 공유하고 있는 측면이 있다.

하지만 국제통상 분쟁해결절차는 투자중재나 상사중재에 비교할 때 다음과 같은 근본적인 차이점이 있다. 첫째, WTO 분쟁해결절차에서 다루어지는 분쟁은 WTO 회원국인 정부의 조치가 WTO 협정에 위반되었는지 여부이다. 둘째, WTO 분쟁해결절차에서는 분쟁의 당사자가 WTO 회원국에 국한된다. 즉, 국가 대 국가간의 분쟁이며, 사인(私人)은 그 분쟁에 당사자로 참여할 수 없다. 셋째, WTO는 국가간의 조약에 의해 탄생한 공적 기구로서 분쟁해결기구(DSB)가 분쟁을 관할하며, 패널절차와 상소절차 역시 사무국의 지원을 받는 등 기구가 주도하는 방식으로 분쟁해결절차가 진행된다. 마지막으로 법률심인 상소기구의 설치로 복심 구조를 취하고 있는 것도 WTO에 특유한 점이다. 집행의 측면에서도 피소국을 상대로 한 무역보복조치가 주된 수단이며 이행을 담보하기 위한 다자 차원에서의 감시가 이루어진다는 것도 주목할 점이다.

제 15 장 보론 2: WTO 분쟁해결제도 개혁 논의[9)]

1. WTO 개혁 논의의 대두 및 현황

최근 들어 미국, EU 등 선진국 주도로 WTO 체제 개편에 대한 논의가 점차 구체화되고 있다. 2018년 9월 EU가 WTO 체제 개편에 대한 구상안을 제시하여 관련 논의를 촉발한 이래 캐나다가 뒤를 이어 WTO 체제 개혁방안을 제시, WTO 체제 개편에 대한 논의가 본격화되고 있다. 미국의 경우 EU, 일본, 아르헨티나, 코스타리카와 공동으로 투명성 제고 및 통보 개선에 대한 새로운 제안을 하고 있다. 이 제안에 따르면 WTO 협정에서 요구하는 통보시한을 지키지 못하거나 통보요건을 충족하지 못하는 회원국의 경우 최악의 경우 WTO 회원국으로서 권리가 정지되는 불이익을 받을 수도 있다.

WTO 체제 개편에 대한 이러한 논의가 이번이 처음은 아니지만 주로 미국, EU 등 선진회원국들이 주도하고 있으며, 구체적인 안에 기초해 몇 가지 주제를 집중적으로 다루고 있다는 점에서 기존의 WTO 체제 개편 논의와는 성격을 달리한다고 할 수 있다. WTO 체제에 대한 문제점과 한계는 2003년 칸쿤 각료회의의 결렬 이후 제기되기 시작했으며, 2006년 DDA가 중단되었을 때부터 본격화되었다. 당시 WTO의 총의(consensus)에 의한 의사결정방식의 비효율성, 일부 핵심 국가에 의한 비민주적 운영, DDA의 일괄타결방식(single undertaking)의 문제, 분쟁해결제도의 구속력 미흡 등이 핵심 문제로 제기되었고 그동안 이런 문제를 중심으로 여러 차례 WTO 개혁에 대한 다양한 논의가 이루어졌다.

그러나 이러한 WTO 체제 개혁 논의는 이후 토론이나 보고서 등의 출판에 그쳤으며, 어느 회원국도 이를 심각하게 받아들이지 않았다. 이는 2008년 미국발 글로벌 금

9) 본 장은 서진교·박지현·김민성(2019), "최근 WTO 개도국지위에 관한 논의 동향과 정책 시사점", 대외경제정책연구원, 『오늘의 세계경제』, 제19권 8호(2019.5월) 내용 중 일부를 발췌, 수정한 것임.

융위기와 유로지역의 경제 불안, 보호주의 성향의 조치 확산 등 당시 어려운 세계 경제 환경도 WTO 체제 개혁 논의가 본격화되지 못한 한 이유로 볼 수 있다. 아울러 WTO를 이끄는 주요국들도 국내 경제 이슈에 몰입되어 WTO 체제 개혁에 대한 정치적 의지가 약했던 것도 당시 개혁논의가 발전되지 못한 이유로 지적되고 있다.

그러나 최근 WTO 체제 개혁은 미국, EU, 일본, 캐나다 등 소위 Old Quad[10)]라는 핵심 선진국들이 주도하고 있다는 점에서, 그리고 ① 투명성 제고 및 통보 강화 ② 분쟁해결제도의 개혁 ③ 21세기 글로벌 무역환경의 변화를 반영한 신무역규범의 제정 등 구체적인 주제를 가지고 논의가 추진되고 있다는 점에서 과거의 WTO 체제 개편 논의와 성격을 달리한다고 할 수 있다.

특히 2017년 출범한 미국 트럼프 정부가 내세운 미국 우선주의(America First)에 기반한 보호무역적 통상정책이 1947년 GATT 출범 이후 70년 이상 유지된 다자간 통상규범인 WTO 체제의 존립을 흔들고 있다. 미국 트럼프 정부는 오랫동안 미국의 주도로 구축해 놓은 다자간 무역질서의 중심인 WTO 체제가 오히려 미국의 이익에 반한다고 판단하고 탈퇴까지도 불사하였다. 이에 따른 국제사회의 위기감으로 WTO 개혁 논의의 필요성도 대두되고 있다. WTO 분쟁해결제도의 개혁문제를 포함하여 트럼프 대통령의 WTO 체제 불신으로 촉발된 WTO의 제도개혁 논의가 급물살을 타고 있다고 할 수 있다고 할 수 있다.

물론 아직까지는 미국의 정말 WTO를 탈퇴할지에 대해서는 회의론적인 시각을 가진 전문가들이 많은 것이 사실이다. 하지만, 미국이 주장하고 있는 WTO의 개혁문제가 적절하게 해결되지 않고 중국에게 시장경제국지위를 부여하는 문제나 미국 통상법 제232조가 WTO 협정을 위반하는지 그리고 상소기구 등 WTO 분쟁해결절차의 개선 등에 대한 판단이 미국이 원하거나 주장하는 대로 되지 않는다면 실제로 미국이 WTO에서 탈퇴할 수 있다는 가능성도 무시할 수 없다고 할 수 있다. 2020년 트럼프가 재선에서 실패하고 2021년 1월 바이든 민주당 정권이 집권하여 미국의 WTO 탈퇴 가능성은 줄어들긴 하였지만 이러한 기조가 완전히 바뀌지는 않을 것으로 예상된다.

이러한 세계통상환경 변화 속에 WTO 체제 개혁과 그 지속가능성은 예측하기 어려운 상황으로 전개되고 있다. 미중 간 세계패권을 둘러싼 쟁탈전의 시작이라고 할 수

---

10) Old Quad는 미국, EU, 일본, 캐나다 등 4개국을 의미하며 지난 우루과이라운드(UR) 때까지 사실상 다자협상을 이끌었다고 평가되고 있다. 이에 반해 New Quad는 2003년 칸쿤 각료화의 결렬을 계기로 등장했으며 미국과 EU, 그리고 일본과 캐나다 대신에 개도국인 인도와 브라질이 포함되었다. DDA 협상은 New Quad에 의해 주도되다가 2008년 소규모 각료회의 결렬을 계기로 G5(Group 5)가 핵심으로 등장하였는데 G5는 New Quad에 중국이 추가되었다. Old Quad와 G5를 비교해보면 WTO 체제에서 개도국의 도약이 여실히 드러난다.

있는 미중 무역분쟁 또한 조속한 해결을 기대하기 어려울 것으로 보인다. 이러한 국제적 불확실성과 갈등의 조류 속에서 WTO 개혁 논의에 선제적으로 참여하고 국익을 극대화할 수 있는 방안을 적극적으로 제시하고 보호무역주의 장기화 등에 대비하여 필요한 정책적 대안을 마련해야 할 시점이다.

이러한 WTO 체제 개편 논의가 사실상 중국을 겨냥하면서 미중 양자 통상갈등이 WTO 체제에서 선진국과 개도국 간 갈등으로 다자화 되는 경향을 보이고 있다. 이러한 점에서 두 개의 시장 모두 중요한 우리나라는 이에 대한 적절한 대응이 필수적이라고 할 수 있다. 투명성 강화 및 통보 개선은 WTO의 규범을 이용해 중국의 산업보조금(특히 중국 제조2025 관련 보조금)과 국영기업에 의한 불공정 행위를 규제하고자 하는 의도를 가지고 있으며, 분쟁해결제도 개혁도 이를 법적으로 인정하기 위한 성격이 있는 것으로 해석될 수 있다.

또한, 글로벌 무역환경의 변화를 고려한 신무역규범의 제정도 전자상거래, 투자원활화 등이 주요한 의제이지만 이러한 논의 중에 중국의 지식재산권 이전 강요, 기업비밀 이전 등의 이슈가 다루어지고 있다. 특히 중국과 인도 등 거대 개도국들에 대해 개도국 특혜를 부여하지 않기 위하여 제시된 '개도국 졸업' 개념은 우리나라에도 매우 민감한 이슈이고 아울러 산업보조금 및 국영기업도 우리나라가 자유로울 수만은 없는 부분이 있을 수 있어 이에 대한 신중한 접근과 철저한 대비가 필요하다고 할 수 있다. 아래에서는 이러한 WTO 개혁 과제 중 분쟁해결제도 관련 의제에 대해 간략히 살펴보도록 한다.

2. WTO 분쟁해결제도 개혁 의제

1) 주요 의제

WTO 분쟁해결제도의 개혁문제에 있어 가장 핵심적인 이슈는 상소기구의 개혁문제이다. 분쟁해결제도의 개혁, 특히 상소기구를 중심으로 한 문제 제기는 미국의 오래된 주장이었다. 미국은 규범에 기초한 WTO 체제를 존중하지만 미국의 시각에서 볼 때 불합리한 부분은 적극 개선하겠다는 입장으로 이미 지난 오바마 행정부 때부터 상소기구 운영의 문제점을 지적해왔다.

상소기구에 대한 미국의 불만 이면에는 현행 WTO 규범이 중국의 불공정한 산업보조금을 효과적으로 규제하지 못하고 있다는 인식이 있다. 미국은 지난 2017년 12월 제11차 WTO 각료회의에서도 과잉 생산된 중국산 제품이 세계 무역은 물론 미국을 포함한 다른 회원국의 경제에 부정적 영향을 주고 있으며, 특히 중국의 국영기업을 통한 보조금 지급 등 불공정 무역관행이 문제임에도 불구하고 WTO가 이를 적절히 규제하지 못하고 있다고 강하게 불만을 표출하였다.[11)]

특히 미국은 상소기구가 WTO 협정에 규정된 권한을 초월하여 회원국들의 권리를 제한하고 있어서 WTO 분쟁해결에서 미국이 자주 패소하고 있다고 주장하고 있다. 미국이 주장해온 상소기구의 문제는 ① 상소심 심리기간 상시 초과 ② 임기 만료 상소위원의 심리 관여 ③ 상소기구의 권한을 넘어선 쟁점 관여 ④ 상소기구의 회원국 국내법 심사 ⑤ 선행판례의 문제 등으로 정리할 수 있다.

상소심 심리기간 초과문제는 상소기구가 규정된 상소심 심리기간 90일을 상시 준수하지 않고 있다는 불만이며, 이와 함께 임기가 만료된 상소위원이 계속해서 상소심에 관여하는 것에도 문제를 제기하였다. 특히 상소기구가 운영기준(working procedures) 제15조를 근거로 임기 만료된 상소위원의 상소심 심리를 가능하도록 승인했으나, 이에 대해 미국은 그러한 결정을 내릴 권한은 상소기구가 아닌 분쟁해결기구 자체에 있다는 입장이다.

미국은 상소기구가 분쟁해결에 필수적이지 않은 또는 분쟁해결과 관련이 없는 쟁점, 특히 분쟁당사국이 주장하지도 않은 사안을 언급하는 것에 깊은 우려를 표명하였다. 이는 분쟁해결기구의 권고 및 판결이 해당 사안의 만족스러운 해결을 목표로 한다는 DSU 제3.4조[12)]에 위배된다는 것이 미국의 주장이다. 미국은 상소기구가 회원국이 부여한 권한을 넘어 회원국 내 국내법을 심사하고 있다고 문제를 제기하고 있다. DSU 제17.6조[13)]에 따르면 상소는 패널보고서에서 다루어진 법률 및 패널이 행한 법률해석에만 국한한다고 규정되어 있는데 미국은 상소기구가 이에 기초하지 않고 결론을 도출하는 것을 우려하고 있다.

마지막으로 미국은 상소기구가 관련 근거 없이 선례를 들어 판결을 하는 것에 문제를 제기하고 있다. 상소기구는 이전의 상소기구 판결이 사실상 판례로서 역할이 가능하다고 보고 있으나, 미국은 이러한 선례를 판례로 채택할 수 있는 권한은 WTO 회원국으로 구성된 각료회의나 일반이사회에 있기 때문에 상소기구의 이 같은 결정은 WTO 설립을 위한 마라케쉬 협정문 제9.2조[14)] 위반이라고 주장하고 있다.

---

11) WSJ(2017. 12. 12), "US and Japan Join U.S. in Criticizing China at WTO Summit" 참고.

12) 분쟁해결기구의 권고 및 판결은 이 양해 및 대상협정상의 권리와 의무에 따라 사안의 만족스러운 해결을 달성하는 것을 목표로 한다.

13) 상소는 패널보고서에서 다루어진 법률문제 및 패널이 행한 법률해석에만 국한된다.

14) 각료회의와 일반이사회는 이 협정과 다자간무역협정의 해석을 채택하는 독점적인 권한을 갖는다. 부속서 1의 다자간무역협정의 해석의 경우 이들은 동 협정의 운영을 감독하는 이사회의 권

미국은 위에서 언급한 문제들이 해결되지 않고 있어서 WTO 분쟁에서 미국이 자주 패소를 하게 되었다고 불만을 토로하고 있다. 2017년 3월 기준으로 미국이 제소를 당한 66건의 WTO 분쟁해결에서 미국이 승소한 경우는 6건에 불과한 것으로 나타났다. 특히 미국이 무역구제조치를 발동했을 때 이에 대한 제소를 당한 경우 미국의 승소는 전체 52건 중 2건에 불과하였다.[15)]

이에 미국은 지난 2016년부터 계속해서 상소기구 위원 선임절차를 거부해왔으며, 이에 따라 상소기구 위원은 정원 7명에서 현재는 1명에 불과하다. 미국은 지난 2016년부터 WTO 상소기구 위원의 임기가 만료되어 공석이 발생할 경우 이의 임명을 거부해왔다. 이에 따라 7명이 정원인 상소기구 위원은 계속 줄어 2020년 말 기준 단 1명만이 남아있다.

상소심 심리에 필요한 최소 인원이 3명인 것을 고려하면 빠른 시일 내에 추가 선임이 이루어지지 않을 경우 상소기구의 작동은 사실상 정지되어, WTO 분쟁해결기구는 그 기능을 수행할 수 없는 상황에 직면하게 되었다. 이에 164개 회원국의 총의를 채택하는 현재의 상소위원 선임절차를 개정해야 한다는 요구도 확산하고 있다.

EU 등 선진국들도 미국의 주장에 동조하면서 미국 주장의 상소기구 문제점을 포함해, 다음과 같은 분쟁해결제도 개혁안을 제시하였다. EU는 WTO 분쟁해결 상소기구의 개혁을 위해 DSU의 포괄적 개정을 제안하고 있다. 상소기구의 90일 심리시한에 대해서 분쟁당사국과 상소기구 간 협의를 통한 연장 가능성을 열어놓되 분쟁당사국이 달리 합의하지 않는 한 어떠한 경우에도 90일을 초과할 수 없도록 하였고 아울러 상소기구 위원 정원을 현재의 7명에서 9명으로 늘릴 것을 제안하고 있다.

임기 만료 상소위원의 상소심 관여에 대해서는 임기 중에 심리했던 사건에 한해서만 가능하도록 제안하고 있다. 선례 문제는 상소기구와 분쟁당사국간 정기 대화와 의견 표명 기회 제공을 제도화해 선례 구속을 최대 억제하는 것이다. 기타 상소위원의 임기에 대하여 6~8년의 단임제를 제안하고 있다.(현재는 임기 4년의 중임까지 가능)

캐나다도 상소기구의 부담 경감과 상소기구의 WTO 규범해석에 대한 회원국의 감시 강화를 주요 내용으로 하는 분쟁해결제도 개혁안을 제시하였다. 90일 시한 초과시 상소기구와 분쟁당사국간 협의절차를 통해 논의하는 한편 상소기구 부담 경감을 위해 상소심 회부 자제, 간소화된 중재절차 개발, 중재 내지 조정 등의 방안을 적극

고사항에 기초하여 자신의 권한을 행사한다. 해석의 채택에 대한 결정은 회원국 4분의 3 다수결에 의한다. 이 항은 제10조의 개정규정을 저해하는 방법으로 사용되지 아니한다.

15) 고준성 외(2017), 『미국의 신보호주의 부상에 대한 연구』, 경제·인문사회연구회 미래사회 협동연구총서 17-09-01, pp.105~106.

유도하고 판결절차의 간소화, 분쟁해결의 신속화, 상소기구 결정에 대한 회원국의 감시 강화 등의 안을 제시하였다.

2) 전망

2017년 이후 미국은 상소기구 위원의 충원에 동의하지 않고 있다. 원래 7명인 상소기구 위원은 2019년 12월 2명의 임기가 만료되면서 현재 1인만 남아 있는 상황이다. 즉, 2019년 말부터 WTO 규정에서 보장된 상소기구 기능이 작동할 수 없다. 우리나라는 WTO 등 다자무역체제를 통해서 경제를 발전시켜 온 국가로서 다자무역체제를 통한 분쟁해결 기능은 아주 중요하다.

수출 주도형 경제 성장으로 인해 글로벌 시장에서 우리 기업들에 시장 접근을 허용하는 큰 국가들과의 양자적 분쟁해결보다는 법과 원칙에 따라 공정한 절차와 패널에 의해서 분쟁이 해결되는 다자적 문제해결 방법이 더욱 유리하기 때문이다. 따라서 상소기구 충원 및 분쟁해결 기구의 기능 회복이 중요하며 우리나라는 적극적으로 의견을 개진 중이다.

미국은 상소기구가 WTO 협정에서 부여하지 않는 사법 적극주의를 실현하는 것이 문제라고 보고 상소기구의 권한을 제한하려고 하면서 상소기구 충원 및 분쟁해결 관련 논의는 가능하다는 입장이지만 적극성을 보이지 않고 있다. EU 및 우리나라를 포함한 관련국들의 상소기구 제안서는 조금 복잡한 내용을 포함하고 있다. 제안서1은 상소기구의 운영 및 절차에 관련된 내용이고, 제안서2는 상소기구 독립성 강화, 제안서3은 상소기구의 권한 외 법리 해석 문제를 다루고 있다. 이 밖에 대만, 온두라스 등 다양한 국가들이 제안서를 제출하면서 논의를 촉구하고 있지만, 논의의 전개 방향에 대해서는 누구도 쉽게 예측할 수 없는 상황이다.

특히 EU는 분쟁해결 기능의 활성화를 위한 방안을 제시하였다. 현재 가장 시급한 문제인 상소위원 비선임 문제의 해결을 강조하였다. WTO 상소기구는 WTO 회원국 간 분쟁 시 최종 분쟁 해결 수단으로 사실상 국제통상법 상 최고 심판 기관이다. 그러나 현재 상소기구는 미국의 반대로 임기가 종료된 위원의 후임을 선정하지 못해 제대로 기능을 하지 못하고 있다.

WTO 상소기구는 위원 7인으로 구성되며 현재 6명이 임기종료로 공석이고 미국이 상소위원 선임을 계속 보이콧 할 경우 상소기구의 기능은 정지될 것이고 이는 WTO 무역분쟁해결시스템의 붕괴를 의미한다고 할 수 있다. 이에 그 문제의 심각성이 있는 것이다. EU는 상소기구 정상화 및 권한 강화를 위해 위원 증원 및 임기 연장, 단임제 도입, 상근직 변경 등을 제안하였다.

또한, WTO 분쟁해결체제에 대해 미국은 상소기구 임기 종료 위원이 임기 중 배정받은 분쟁을 이후에도 계속 담당하는 것과 WTO 패널 및 상소기구가 회원국의 국내법을 평가하는 것, 분쟁해결에 필요하지 않은 권고적 의견을 제시하는 것, 심리 기간이 너무 짧은 점 등에 대해 불만을 표시하고 있고 이에 대한 실제적인 개선방안을 요구하고 있다.

이에 EU는 미국이 제기한 문제에 아래와 같이 해결방안을 제안하였다. 우선 DSU 제17조 등 임기 종료 상소기구 위원에 대한 규정 개정을 약속하고 제17.5조의 소송 90일 제한을 양측이 합의할 경우 예외토록 수정할 것을 제안하였다. 시간의 절약을 위해 상소기구 위원이 분쟁의 모든 이슈가 아닌 분쟁 해결에 필요한 이슈에 대해서만 의견 제출하도록 수정하고, 상소기구 사무국 자원(인력 등)을 충원, 확대하는 것을 제안하였다. 회원국과 상소기구 간 접촉을 정례화해 회원국으로부터의 소통을 활성화하고 판례에 구속되지 않도록 하는 것을 제안하였다.

위에서 본 바와 같이 우선 가장 시급한 과제로 떠오른 WTO 상소기구의 역할과 기능 명확화는 우선적으로 이루어질 것으로 예상된다. 미국이 계속해서 상소위원 선임을 거부하는 가운데 상소기구의 기능 재정립 등 관련 개혁에 대한 회원국간 합의가 이루어지지 않을 경우 WTO의 상소기구 정지라는 초유의 사태가 벌어질 수 있다. 이를 방지하기 위하여 WTO 회원국들은 가급적 빠른 시간내에 분쟁해결제도 개혁에 관해 다양한 논의와 집중적인 입장 절충을 벌일 것으로 예상된다. 다만 분쟁해결제도 개혁의 핵심에 있는 미국이 자국의 입장을 분명히 밝히지 않아 아직은 분쟁해결제도의 개혁 방향을 전망하기가 용이하지 않다.

미국이 여러 차례에 걸쳐 상소기구에 대한 불만을 표명한 것은 사실이나 그렇다고 현행 분쟁해결제도가 어떻게 바뀌어야 하는지 구체적인 입장을 언급하지는 않고 있다. 이에 따라 향후 WTO 분쟁해결제도가 어떻게 변할지를 예측하기는 쉽지 않은 상황이다. 특히 미국이 자국의 국내법에 우선되는 현행 WTO의 분쟁해결 판결 자체에 불만을 가지고 있을 경우 미국은 내심 분쟁해결제도의 폐지와 함께 과거 GATT 체제로의 회귀를 원할 수도 있다고 보인다. 이 경우 WTO 다자체제는 사활의 중대한 기로에 놓이게 될 것으로 보인다. 다만 미국도 그동안 WTO 체제하에서 많은 혜택을 누려왔기 때문에 아직은 WTO 분쟁해결제도의 개혁에 더 큰 관심을 가지고 이를 추구할 것으로 예상하는 것이 전문가 대부분의 시각이라고 할 수 있다.

Appendix

부 록

부록 1

부속서 2
분쟁해결규칙 및 절차에 관한 양해

회원국은 다음과 같이 합의한다.

제 1 조
대상범위 및 적용

1. 이 양해의 규칙 및 절차는 이 양해의 부록 1에 연결된 협정(이하 "대상협정"이라 한다)의 협의 및 분쟁해결규정에 따라 제기된 분쟁에 적용된다. 또한 이 양해의 규칙 및 절차는 WTO 설립을 위한협정(이하 "WTO 협정"이라 한다) 및 이 양해만을 고려하거나 동 협정 및 양해를 다른 대상협정과 함께 고려하여 WTO 협정 및 이 양해의 규정에 따른 회원국의 권리 및 의무에 관한 회원국 간의 협의 및 분쟁해결에 적용된다.
2. 이 양해의 규칙 및 절차는 이 양해의 부록 2에 명시된 대상협정에 포함된 분쟁해결에 관한 특별 또는 추가적인 규칙과 절차에 따를 것을 조건으로 하여 적용된다. 이 양해의 규칙 및 절차가 부록 2에 명시된 대상협정의 특별 또는 추가적인 규칙 및 절차와 상이한 경우 부록 2의 특별 또는 추가적인 규칙 및 절차가 우선한다. 2개 이상의 대상협정상의 규칙 및 절차가 관련되는 분쟁에 있어서, 검토대상이 되고 있는 이러한 대상협정들의 특별 또는 추가적인 규칙 및 절차가 서로 상충하고, 분쟁당사자가 패널 설치로부터 20일 이내에 적용할 규칙 및 절차에 대하여 합의에 이르지 못하는 경우, 제2.1조에 규정된 분쟁해결기구의 의장은 분쟁당사자와 협의하여 일방 분쟁당사자의 요청 후 10일 이내에 적용할 규칙 및 절차를 확정한다. 분쟁해결기구 의장은 가능한 한 특별 또는 추가적인 규칙 및 절차를 이용해야 하며, 이 양해의 규칙 및 절차는 상충을 피하기 위하여 필요한 범위 안에서 이용해야 한다는 원칙에 따른다.

제 2 조
실 시

1. 이 규칙과 절차를 실시하기 위하여, 그리고 대상협정에 달리 규정되어 있지 아니하는 한, 대상협정의 협의 및 분쟁해결규정을 실시하기 위하여 분쟁해결기구가 설치된다. 이에 따라 분쟁해결기구는 패널을 설치하고, 패널 및 상소보고서를 채택하며, 판결 및 권고의 이행상황을 감독하고, 대상협정에 따른 양허 및 그 밖의 의무의 정지를 허가하는 권한을 갖는다. 복수국간무역협정인 대상협정에 따라 발생하는 분쟁과 관련, 이 양해에서 회원국이라는 용어는 당해 복수국간무역협정의 당사자인 회원국만을 지칭한다. 분쟁해결기구가 복수국간무역협정의 분쟁해결규정을 집행하는 경우 오직 그 협정의 당사자인 회원국만이 그 분쟁에

관하여 분쟁해결기구가 취하는 결정이나 조치에 참여할 수 있다.
2. 분쟁해결기구는 WTO의 관련 이사회 및 위원회에 각각의 소관 대상협정의 규정과 관련된 분쟁의 진전 상황을 통보한다.
3. 분쟁해결기구는 이 양해에 규정된 시한 내에 자신의 기능을 수행하기 위하여 필요할 때마다 회의를 개최한다.
4. 이 양해의 규칙 및 절차에 따라 분쟁해결기구가 결정을 하여야 하는 경우 컨센서스에 의한다.[1)]

제 3 조
일반 규정

1. 회원국은 지금까지 1947년도 관세 및 무역에 관한 일반협정 제22조와 제23조에 따라 적용되어 온 분쟁관리원칙과 이 양해에 의하여 더욱 발전되고 수정된 규칙 및 절차를 준수할 것을 확인한다.
2. WTO의 분쟁해결제도는 다자간무역체제에 안전과 예측가능성을 부여하는 데 있어서 중심적인 요소이다. WTO의 회원국은 이 제도가 대상협정에 따른 회원국의 권리와 의무를 보호하고 국제공법의 해석에 관한 관례적인 규칙에 따라 대상협정의 현존 조항을 명확히 하는 데 기여함을 인정한다. 분쟁해결기구의 권고와 판결은 대상협정에 규정된 권리와 의무를 증가시키거나 축소시킬 수 없다.
3. 회원국이 대상협정에 따라 직접적 또는 간접적으로 자신에게 발생하는 이익이 다른 회원국의 조치로 인하여 침해되고 있다고 간주하는 상황을 신속히 해결하는 것이 WTO의 효과적인 기능수행과 회원국의 권리와 의무간의 적절한 균형의 유지에 필수적이다.
4. 분쟁해결기구의 권고나 판결은 이 양해 및 대상협정상의 권리와 의무에 따라 사안의 만족스러운 해결을 달성하는 것을 목표로 한다.
5. 중재판결을 포함하여 대상협정의 협의 및 분쟁해결규정에 따라 공식적으로 제기된 사안에 대한 모든 해결책은 그 대상협정에 합치되어야 하며, 그 협정에 따라 회원국에게 발생하는 이익을 무효화 또는 침해하거나 그 협정의 목적달성을 저해하여서는 아니 된다.
6. 대상협정의 협의 및 분쟁해결규정에 따라 공식적으로 제기된 사안에 대하여 상호 합의된 해결책은 분쟁해결기구, 관련 이사회 및 위원회에 통지되며, 여기에서 회원국은 그 해결책과 관련된 문제점을 제기할 수 있다.
7. 제소하기 전에 회원국은 이 절차에 따른 제소가 유익할 것인 지에 대하여 스스로 판단한다. 분쟁해결제도의 목표는 분쟁에 대한 긍정적인 해결책을 확보하는 것이다. 분쟁당사자가 상호 수락할 수 있으며 대상협정과 합치하는 해결책이 명백히 선호되어야 한다. 상호 합의된 해결책이 없을 때에는 분쟁해결제도의 첫 번째 목표는 통상 그 조치가 대상협정에 대한 위반으로 판결이 내려진 경우 동 조치의 철회를 확보하는 것이다. 그러한 조치의 즉각적인 철회가 비현실적일 경우에만 대상협정에 대한 위반조치의 철회 시까지 잠정조치로서 보상의 제공에 의지할 수 있다. 이 양해가 분쟁해결절차에 호소하는 회원국에게 부여하

1) 결정채택시 분쟁해결기구 회의에 참석한 회원국 중 어떠한 회원국도 그 결정에 대하여 공식적인 반대를 하지 않을 경우, 분쟁해결기구는 검토를 위해 제출된 사안에 대하여 컨센서스로 결정하였다고 간주된다.

는 최후의 구제수단은 분쟁해결기구의 승인에 따르는 것을 조건으로 다른 회원국에 대하여 차별적으로 대상협정상의 양허 또는 그 밖의 의무의 적용을 정지할 수 있다는 것이다.

8. 대상협정에 따라 부담해야 하는 의무에 대한 위반이 있는 경우, 이러한 행위는 일견 명백한 무효화 또는 침해 사례를 구성하는 것으로 간주된다. 이는 일반적으로 규칙위반이 동 대상협정의 당사국인 다른 회원국에 대하여 부정적인 영향을 미친다고 추정됨을 의미하며, 이 경우 피소국이 제소국의 협정의무 위반주장에 대하여 반박하여야 한다.
9. 이 양해의 규정은 WTO 협정 또는 복수국간무역협정인 대상협정에 따른 결정을 통하여 대상협정의 규정에 대한 유권해석을 구할 수 있는 회원국의 권리를 저해하지 아니한다.
10. 조정의 요청 및 분쟁해결절차의 활용이 투쟁적인 행위로 의도되거나 간주되어서는 아니되며, 또한 분쟁이 발생하는 경우 모든 회원국은 분쟁해결을 위하여 성실하게 이 절차에 참여하는 것으로 양해된다. 또한 별개의 사안에 대한 제소 및 반소는 연계되어서는 아니되는 것으로 양해된다.
11. 이 양해는 대상협정의 협의규정에 따라 WTO 협정의 발효일 또는 그 이후에 이루어진 새로운 협의요청에 대해서만 적용된다. WTO 협정의 발효일 이전에 1947년도 관세 및 무역에 관한 일반협정이나 대상협정의 선행협정에 따라 협의요청이 이루어진 분쟁의 경우 WTO 협정의 발효일 직전에 유효한 관련 분쟁해결규칙 및 절차가 계속 적용된다.[2)]
12. 제11항에도 불구하고 대상협정에 기초하여 개발도상회원국이 선진국회원국에 대하여 제소하는 경우, 이러한 제소국은 이 양해의 제4조, 제5조, 제6조, 및 제12조에 포함된 규정 대신 1966년 4월 5일자 결정(BISD 14S/18)의 상응하는 규정에 호소할 수 있는 권리를 갖는다. 다만, 패널이 그 결정 제7항에 규정된 시한이 보고서를 마련하는데 부족하다고 판단하고 또한 제소국과 합의된 경우 그 시한은 연장될 수 있다. 제4조, 제5조, 제6조 및 제12조의 규칙 및 절차와 동 결정의 상응하는 규칙 및 절차 간에 차이가 있는 경우 후자가 우선한다.

제 4 조
협 의

1. 회원국은 회원국이 활용하는 협의절차의 효율성을 강화하고 개선하려는 결의를 확인한다.
2. 각 회원국은 자국의 영토 안에서 취하여진 조치로서 대상협정의 운영에 영향을 미치는 조치에 관하여 다른 회원국이 표명한 입장에 대하여 호의적인 고려를 할 것과 적절한 협의기회를 부여할 것을 약속한다.[3)]
3. 협의요청이 대상협정에 따라 이루어지는 경우 그 요청을 접수한 회원국은 달리 상호합의하지 아니하는 한 요청접수일로부터 10일 이내에 답변하며, 요청접수일로부터 30일 이내의 기간 내에 상호 만족할 만한 해결책에 도달하기 위하여 성실하게 협의에 응한다. 회원국이 요청접수일로부터 10일 내에 답변하지 아니하거나 30일 이내의 기간 내에 또는 달리 상호

---

2) 이 항은 그 분쟁에 대한 패널보고서가 채택되지 못하거나 완전히 집행되지 못한 분쟁에도 적용된다.

3) 회원국의 영토 안에서 지역 또는 지방정부나 당국에 의하여 취해진 조치와 관련하여 다른 대상협정의 규정이 이 항의 규정과 상이한 규정을 포함하고 있는 경우, 그러한 다른 대상협정의 규정이 우선한다.

합의 한 기간 내에 협의에 응하지 아니하는 경우, 협의개최를 요청한 회원국은 직접 패널의 설치를 요구 할 수 있다.

4. 이러한 모든 협의요청은 협의요청회원국에 의하여 분쟁해결기구 및 관련 이사회와 위원회에 통보된다. 모든 협의요청은 서면으로 제출되며, 협의요청 시 문제가 되고 있는 조치의 명시 및 제소에 대한 법적 근거의 제시를 포함한 협의요청사유를 제시한다.
5. 대상협정의 규정에 따른 협의과정에서 이 양해에 의거하여 다음 단계의 조치를 취하기 전에 회원국은 사안의 만족할 만한 조정을 시도하여야 한다.
6. 협의는 비공개이며 다음 단계에서의 당사국의 권리를 저해하지 아니한다.
7. 협의요청접수일로부터 60일 이내에 협의를 통한 분쟁해결에 실패하는 경우, 제소국은 패널의 설치를 요청할 수 있다. 협의당사자가 협의를 통한 분쟁해결에 실패했다고 공동으로 간주하는 경우, 제소국은 위의 60일 기간 중에 패널의 설치를 요청할 수 있다.
8. 부패성 상품에 관한 분쟁을 포함하여 긴급한 경우, 회원국은 요청접수일로부터 10일 이내에 협의를 개시한다. 협의요청접수일로부터 20일 이내에 협의를 통하여 분쟁이 해결되지 아니하는 경우 제소국은 패널의 설치를 요청할 수 있다.
9. 부패성 상품에 관한 분쟁을 포함하여 긴급한 경우, 분쟁당사자와 패널 및 상소기구는 가능한 한 최대한 절차의 진행을 가속화하기 위하여 모든 노력을 기울인다.
10. 협의과정에서 회원국은 개발도상회원국의 특별한 문제점과 이익에 대하여 특별한 고려를 하여야 한다.
11. 협의회원국이 아닌 회원국이 1994년 GATT 제22.1조, 서비스무역에 관한 일반협정 제22.1조 또는 그 밖의 대상협정의 상응하는 규정[4]에 따라 개최되는 협의에 대하여 실질적인 무역상의 이해관계를 갖고 있다고 간주하는 경우, 그러한 회원국은 위의 조항에 따른 협의요청 문서가 배포된 날로부터 10일 이내에 협의회원국 및 분쟁해결기구에 협의에 참여할 의사를 통보할 수 있다. 이러한 회원국은, 협의요청을 받은 회원국이 실질적인 이해관계에 대한 주장에 충분한 근거가 있다고 동의하는 경우, 협의에 동참한다. 이 경우 이들은 동 사실을 분쟁해결기구에 통보한다. 협의에 동참하기 위한 요청이 수락되지 아니하는 경우, 협의 참여를 요청한 회원국은 1994년도 GATT 제22.1조 또는 제23.1조, 서비스무역에 관한 일반협정 제22.1조 또는 제23.1조, 또는 그 밖의 대상협정의 상응하는 규정에 따라 협의를 요청할 수 있다.

---

4) 대상협정의 상응하는 협의규정은 다음과 같다.
농업에 관한 협정 제19조, 위생 및 식물위생조치의 적용에 관한 협정 제11.1조, 섬유 및 의류에 관한 협정 제8.4조, 무역에 대한 기술장벽에 관한 협정 제14.1조, 무역관련 투자조치에 관한 협정 제8조, 1994년도 GATT 제6조의 이행에 관한 협정 제17.2조, 1994년도 GATT 제7조의 이행에 관한 협정 제19.2조, 선적전 검사에 관한 협정 제7조, 원산지규정에 관한 협정 제7조, 수입허가절차에 관한 협정 제6조, 보조금 및 상계조치에 관한 협정 제30조, 긴급수입제한조치에 관한 협정 제14조, 무역관련 지식재산권에 관한 협정 제64.1조, 그리고 각 협정의 소관기구가 결정하고 분쟁해결기구에 통보되는 모든 복수국간 무역협정상의 상응하는 협의조항

제 5 조
주선, 조정 및 중개

1. 주선, 조정 및 중개는 분쟁당사자가 합의하는 경우 자발적으로 취해지는 절차이다.
2. 주선, 조정 및 중개의 절차, 특히 이러한 절차의 과정에서 분쟁당사자가 취한 입장은 공개되지 아니하며, 이러한 절차에 따른 다음 단계의 과정에서의 분쟁당사자의 권리를 저해하지 아니한다.
3. 분쟁당사자는 언제든지 주선, 조정 또는 중개를 요청할 수 있다. 주선, 조정 또는 중개는 언제든지 개시되고 종료될 수 있다. 일단 주선, 조정 또는 중개절차가 종료되면 제소국은 패널의 설치를 요청할 수 있다.
4. 협의요청접수일로부터 60일 이내에 주선, 조정 또는 중개절차가 개시되는 경우, 제소국은 협의요청 접수일로부터 60일의 기간을 허용한 후에 패널의 설치를 요청할 수 있다. 분쟁당사자가 공동으로 주선, 조정 또는 중개과정이 분쟁을 해결하는데 실패하였다고 판단하는 경우, 제소국은 위의 60일의 기간 중에 패널의 설치를 요청할 수 있다.
5. 분쟁당사자가 합의하는 경우, 주선, 조정 또는 중개절차는 패널과정이 진행되는 동안 계속될 수 있다.
6. 사무총장은 회원국이 분쟁을 해결하는 것을 돕기 위하여 직권으로 주선, 조정 또는 중개를 제공할 수 있다.

제 6 조
패널 설치

1. 제소국이 요청하는 경우, 패널설치 요청이 의제로 상정되는 첫 번째 분쟁해결기구 회의에서 컨센서스로 패널을 설치하지 아니하기로 결정하지 아니하는 한, 늦어도 그 분쟁해결기구 회의의 다음번에 개최되는 분쟁해결기구 회의에서 패널이 설치된다.5)
2. 패널설치는 서면으로 요청된다. 이러한 요청은 협의가 개최되었는지 여부를 명시하고, 문제가 된 특정 조치를 명시하며, 문제를 분명하게 제시하는 데 충분한 제소의 법적 근거에 대한 간략한 요약문을 제시한다. 제소국이 표준위임사항과 상이한 위임사항을 갖는 패널의 설치를 요청하는 경우, 서면 요청서에는 제안하고자 하는 특별위임사항의 문안이 포함한다.

제 7 조
패널의 위임사항

1. 패널은 분쟁당사자가 패널설치로부터 20일 이내에 달리 합의하지 아니하는 한, 다음의 위임사항을 부여받는다.

   "(분쟁당사자가 인용하는 대상협정명)의 관련 규정에 따라 (당사자 국명)이 문서번호 …… 으로 분쟁해결기구에 제기한 문제를 조사하고, 분쟁해결기구가 동 협정에 규정된 권고나

---

5) 제소국이 요청 시, 최소한 10일의 사전공고 후, 요청으로부터 15일 이내에 분쟁해결기구 회의가 동 목적을 위하여 개최된다.

판결을 내리는 데 도움이 되는 조사결과를 작성한다."

2. 패널은 분쟁당사자가 인용하는 모든 대상협정의 관련 규정을 검토한다.
3. 패널설치 시 분쟁해결기구는 분쟁해결기구 의장에게 제1항의 규정에 따를 것을 조건으로 분쟁당사자와의 협의를 거쳐 패널의 위임사항을 작성하는 권한을 부여할 수 있다. 이와 같이 작성된 패널의 위임사항은 모든 회원국에게 배포된다. 표준위임사항이 아닌 다른 위임사항에 대한 합의가 이루어지는 경우, 회원국은 분쟁해결기구에서 이와 관련된 모든 문제를 제기할 수 있다.

제 8 조
패널 구성

1. 패널은 패널에서 일한 경력이 있거나 패널에 자국의 입장을 개진한 경력이 있는자, WTO 회원국의 대표나 1947년도 GATT 체약당사자의 대표로 근무한 경력이 있는 자, 또는 대상협정이나 그 협정의 선행협정의 이사회나 위원회에서 대표로 근무한 경력이 있는 자, 사무국에서 근무한 경력이 있는 자, 국제무역법이나 국제무역정책에 대하여 가르치거나 저술한 경력이 있는 자, 또는 회원국의 고위급 무역정책 관리로서 근무한 경력이 있는 자 등 충분한 자격을 갖춘 정부 및/또는 비정부인사로 구성된다.
2. 패널위원은 패널위원의 독립성과 충분히 다양한 배경 및 광범위한 경험이 확보될 수 있도록 선정되어야 한다.
3. 자국 정부가 분쟁당사자[6]인 회원국의 국민 또는 제10.2조에 규정된 제3자의 국민은 분쟁당사자가 달리 합의하지 아니하는 한 그 분쟁을 담당하는 패널의 위원이 되지 아니한다.
4. 패널위원의 선정을 돕기 위하여 사무국은 제1항에 기술된 자격요건을 갖춘 정부 및 비정부인사의 명부를 유지하며, 동 명부로부터 적절히 패널위원이 선정될 수 있다. 명부는 1984년 11월 30일 작성된 비정부 패널위원명부(BISD 31S/9) 및 대상협정에 따라 작성된 그 밖의 명부 및 목록을 포함하며, WTO 협정의 발효시의 명부 및 목록에 등재된 인사들의 이름을 유지한다. 회원국은 명부에 포함시킬 정부 및 비정부인사의 이름을 이들의 국제무역에 대한 지식 및 대상협정의 분야 또는 주제에 대한 지식에 관한 정보와 함께 정기적으로 제시할 수 있으며, 이들의 이름은 분쟁해결기구의 승인을 얻은 후 명부에 추가로 등재된다. 명부에는 등재된 각 인사별로 구체적인 경험분야 또는 대상협정의 분야나 주제에 관한 전문지식이 명시된다.
5. 패널은 분쟁당사자가 패널설치로부터 10일 이내에 5인의 패널위원으로 패널을 구성하는데 합의하지 아니하는 한 3인의 패널위원으로 구성된다. 패널구성은 회원국에게 신속히 통보된다.
6. 사무국은 분쟁당사자에게 패널위원 후보자를 제의한다. 분쟁당사자는 불가피한 사유를 제외하고는 동 패널위원 후보자를 거부하지 아니하다.
7. 패널설치일로부터 20일 이내에 패널위원 구성에 대한 합의가 이루어지지 아니하는 경우, 사무총장은 일방 분쟁당사자의 요청에 따라 분쟁해결기구 의장 및 관련 위원회 또는 이사

---

6) 관세동맹이나 공동시장이 분쟁의 일방당사자인 경우, 이 조항은 관세동맹이나 공동시장의 모든 회원국의 국민에게 적용된다.

회의 의장과의 협의를 거쳐 분쟁에서 문제가 되고 있는 대상협정의 특별 또는 추가적인 규칙이나 절차에 따라 분쟁당사국과 협의 후 가장 적합하다고 생각되는 패널위원을 임명함으로써 패널의 구성을 확정한다. 분쟁해결기구 의장은 이러한 요청을 받은 날로부터 10일 이내에 회원국에게 이와 같이 이루어진 패널의 구성을 통보한다.

8. 회원국은 일반적으로 자국의 관리가 패널위원으로 임명되는 것을 허가할 것을 약속한다.
9. 패널위원은 정부대표나 기구대표가 아닌 개인자격으로 임무를 수행한다. 따라서 회원국은 패널에 계류 중인 사안과 관련하여 패널위원에게 지시를 내리지 아니하며, 개인자격인 패널위원에 대하여 영향력을 행사하지 아니한다.
10. 선진국회원국과 개발도상회원국간의 분쟁 시 개발도상회원국이 요청하는 경우, 패널위원 중 적어도 1인은 개발도상회원국의 인사를 포함하여야 한다.
11. 여행경비 및 일당을 포함한 패널위원의 경비는 WTO 일반이사회가 예산, 재정 및 관리위원회의 권고에 기초하여 채택한 기준에 따라 WTO의 예산으로 충당된다.

제 9 조
복수 제소자를 위한 절차

1. 2개 이상의 회원국이 동일한 사안과 관련된 패널의 설치를 요청하는 경우, 이러한 복수의 제소내용을 조사하기 위하여 모든 관련 회원국의 권리를 고려하여 단일 패널을 설치할 수 있다. 이러한 복수의 제소내용을 조사하기 위하여 가능할 경우에는 언제나 단일 패널이 설치되어야 한다.
2. 단일 패널은 별도의 패널이 설치되어 제소내용을 조사하였을 경우에 분쟁당사국이 향유하였을 권리가 침해되지 아니하도록 조사작업을 체계화하고 조사결과를 분쟁해결기구에 제시한다. 일방 분쟁당사자가 요청하는 경우, 패널은 관련 분쟁에 관한 별도의 보고서를 제출한다. 각 제소국은 다른 제소국의 서면입장을 입수할 수 있으며, 각 제소국은 다른 제소국이 패널에 자국의 입장을 제시하는 때 참석할 권리를 갖는다.
3. 동일한 사안과 관련된 복수의 제소내용을 조사하기 위하여 2개 이상의 패널이 구성되는 경우, 가능한 한 최대한도로 동일한 패널위원이 각각의 패널에서 패널위원이 되며 이러한 분쟁에서의 패널과정을 위한 일정은 조화된다.

제 10 조
제3자

1. 분쟁당사자의 이해관계와 분쟁에서 문제가 되고 있는 대상협정상의 다른 회원국의 이해관계는 패널과정에서 충분히 고려된다.
2. 패널에 회부된 사안에 실질적인 이해관계를 갖고 있으며 자국의 이해관계를 분쟁해결기구에 통보한 회원국(이하 "제3자"라 한다)은 패널에 대하여 자신의 입장을 개진하고 서면입장을 패널에 제출할 기회를 갖는다. 이러한 서면입장은 분쟁당사자에게 전달되며 패널보고서에 반영된다.
3. 제3자는 제1차 패널회의에 제출되는 분쟁당사자의 서면입장을 입수한다.
4. 만일 제3자가 이미 패널과정의 대상이 되는 조치로 인하여 대상협정에 따라 자국에 발생하

는 이익이 무효화 또는 침해되었다고 간주하는 경우, 그 회원국은 이 양해에 따른 정상적인 분쟁해결절차에 호소할 수 있다. 이러한 분쟁은 가능할 경우에는 언제나 원패널에 회부된다.

제 11 조
패널의 기능

패널의 기능은 분쟁해결기구가 이 양해 및 대상협정에 따른 책임을 수행하는 것을 지원하는 것이다. 따라서 패널은 분쟁의 사실부분에 대한 객관적인 평가, 관련 대상협정의 적용가능성 및 그 협정과의 합치성을 포함하여 자신에게 회부된 사안에 대하여 객관적인 평가를 내려야 하며, 분쟁해결기구가 대상협정에 규정되어 있는 권고를 행하거나 판결을 내리는 데 도움이 되는 그 밖의 조사결과를 작성한다. 패널은 분쟁당사자와 정기적으로 협의하고 분쟁당사자에게 상호 만족할 만한 해결책을 찾기 위한 적절한 기회를 제공하여야 한다.

제 12 조
패널절차

1. 패널은 분쟁당사자와의 협의 후 달리 결정하지 아니하는 한 부록 3의 작업절차를 따른다.
2. 패널절차는 패널과정을 부당하게 지연시키지 아니하면서 질이 높은 패널보고서를 보장할 수 있도록 충분한 융통성을 부여하여야 한다.
3. 분쟁당사자와의 협의 후 패널위원은 현실적으로 가장 빠른 시일 내에, 그리고 가능한 언제나 패널의 구성 및 위임사항에 대하여 합의가 이루어진 후로부터 일주일 이내에 관련이 있는 경우 제4.9조의 규정을 고려하여 패널과정에 관한 일정을 확정한다.
4. 패널과정에 관한 일정 결정시 패널은 분쟁당사자에게 자신의 입장을 준비하는 데 필요한 충분한 시간을 부여한다.
5. 패널은 분쟁당사자가 서면입장을 제출하여야 하는 정확한 마감시한을 설정해야 하며, 분쟁당사자는 동 마감시한을 준수하여야 한다.
6. 각 분쟁당사자는 패널과 그 밖의 분쟁당사자에게 즉시 전달되도록 자국의 서면입장을 사무국에 제출한다. 패널이 제3항에 언급된 일정 확정시 분쟁당사자와 협의 후 분쟁당사자가 제1차 서면입장을 동시에 제출하여야 한다고 결정하지 아니하는 한 제소국은 피소국보다 먼저 제1차 서면입장을 제출한다. 제1차 서면입장을 순차적으로 기탁하기로 한 경우, 패널은 피소국의 입장 접수시한을 확고하게 설정한다. 그 후에 제출되는 모든 서면입장은 동시에 제출된다.
7. 분쟁당사자가 상호 만족할 만한 해결책을 강구하는 데 실패하는 경우, 패널은 서면보고서 형식으로 자신의 조사결과를 분쟁해결기구에 제출한다. 이 경우 패널보고서는 사실에 관한 조사결과, 관련 규정의 적용가능성 및 자신이 내린 조사결과와 권고에 대한 근본적인 이유를 명시하여야 한다. 분쟁당사자간에 해결책이 발견된 경우 패널보고서는 사안의 간략한 서술과 해결책이 도달되었다는 사실을 보고하는 데 국한된다.
8. 절차를 보다 더 효율적으로 하기 위하여, 패널의 구성 및 위임사항에 대하여 합의가 이루어진 날로부터 최종보고서가 분쟁당사자에게 제시되는 날까지의 패널이 자신의 검토를 수

행하는 기간은 일반적인 규칙으로서 6개월을 초과하지 아니한다. 부패성 상품에 관한 분쟁을 포함하여 긴급한 경우, 패널은 3개월 이내에 패널보고서를 분쟁당사자에게 제시하는 것을 목표로 한다.

9. 패널이 6개월 이내에 또는 긴급한 경우 3개월 이내에 자신의 보고서를 제출하지 못할 것이라고 간주하는 경우, 패널은 지연사유를 패널보고서를 제출할 때까지 소요될 것으로 예상되는 기간과 함께 분쟁해결기구에 서면으로 통보한다. 어떠한 경우에도 패널설치로부터 회원국에게 보고서를 배포할 때까지의 기간이 9월을 초과하여서는 아니 된다.
10. 개발도상회원국이 취한 조치와 관련된 협의의 경우 분쟁당사자는 제4조 제7항 및 제8항에 설정된 기간을 연장하는 데 합의할 수 있다. 만일 관련기간이 경과한 후에도 협의당사자가 협의종료에 대하여 합의할 수 없는 경우, 분쟁해결기구 의장은 분쟁당사자와의 협의 후 관련 기간을 연장할 것인 지 여부 및 연장할 경우 얼마만큼 연장할 것인 지를 결정한다. 또한 개발도상회원국에 대한 제소를 검토하는 데 있어서, 패널은 동 개발도상회원국이 자국의 논거를 준비하고 제시하는 데 충분한 시간을 부여한다. 제20.1조 및 제21.4조의 규정은 이항에 따른 어떠한 조치에 의해서도 영향을 받지 아니한다.
11. 하나 또는 둘 이상의 당사자가 개발도상회원국인 경우, 패널보고서는 분쟁해결절차의 과정에서 개발도상회원국이 제기한 대상협정의 일부를 구성하는 개발도상회원국을 위한 차등적이고 보다 유리한 대우에 관한 관련 규정을 어떤 형태로 고려하였는지를 명시적으로 적시한다.
12. 패널은 제소국이 요청하는 경우 언제라도 12개월을 초과하지 아니하는 기간 동안 자신의 작업을 정지할 수 있다. 이와 같이 정지하는 경우, 이 조의 제8항 및 제9항, 제20.1조 및 제21.4조에 명시된 시한은 작업이 정지되는 기간만큼 연장된다. 패널의 작업이 12개월 이상 정지되는 경우에는 동 패널설치 권한이 소멸된다.

제 13 조
정보요청권리

1. 각 패널은 자신이 적절하다고 판단하는 모든 개인 또는 기관으로부터 정보 및 기술적 자문을 구할 권리를 갖는다. 그러나 패널은 회원국의 관할권 아래에 있는 개인이나 기관으로부터 이러한 정보나 자문을 구하기 전에 동 회원국의 당국에 통보한다. 패널이 필요하고 적절하다고 간주하는 정보를 요청하는 경우, 회원국은 언제나 신속히 그리고 충실하게 이에 응하여야 한다. 비밀정보가 제공되는 경우, 동 정보는 이를 제공하는 회원국의 개인, 기관 또는 당국으로부터의 공식적인 승인 없이는 공개되지 아니한다.
2. 패널은 모든 관련 출처로부터 정보를 구할 수 있으며, 사안의 특정 측면에 대한 의견을 구하기 위하여 전문가와 협의할 수 있다. 패널은 일방 분쟁당사자가 제기하는 과학적 또는 그 밖의 기술적 사항과 관련된 사실문제에 관하여 전문가검토단에게 서면 자문보고서를 요청할 수 있다. 이러한 검토단의 설치에 관한 규칙 및 검토단의 절차는 부록 4에 규정되어 있다.

제 14 조
비공개성

1. 패널의 심의는 공개되지 아니한다.
2. 패널보고서는 제공된 정보 및 행하여진 진술내용에 비추어 분쟁당사자의 참석 없이 작성된다.
3. 개별 패널위원이 패널보고서에서 표명한 의견은 익명으로 한다.

제 15 조
잠정검토단계

1. 패널은 반박 서면입장 및 구두주장을 심리한 후 자신의 보고서 초안 중 서술적인 부분(사실 및 주장)을 분쟁당사자에게 제시한다. 패널이 설정한 기간 내에 분쟁당사자는 서면으로 논평을 제출한다.
2. 분쟁당사자로부터 논평을 접수하기 위하여 정해진 기간이 경과한 후 패널은 서술부분과 패널의 조사결과 및 결론을 모두 포함하는 잠정보고서를 분쟁당사자에게 제시한다. 분쟁당사자는 패널이 정한 기간 내에 잠정보고서의 특정 부분을 최종보고서가 회원국에게 배포되기 전에 잠정 검토하여 줄 것을 서면으로 요청할 수 있다. 일방 분쟁당사자가 요청하는 경우, 패널은 분쟁당사자와 서면 논평에 명시된 문제에 관하여 추가적인 회의를 개최한다. 논평기간 내에 어떤 분쟁당사자도 논평을 제출하지 아니하는 경우 잠정보고서는 최종 패널보고서로 간주되며 신속히 회원국에게 배포된다.
3. 최종 패널보고서의 조사결과는 잠정검토단계에서 이루어진 주장에 대한 토의를 포함한다. 잠정검토단계는 제12.8조에 명시된 기간 내에서 진행된다.

제 16 조
패널보고서의 채택

1. 회원국에게 패널보고서를 검토할 충분한 시간을 부여하기 위하여 동 보고서는 회원국에게 배포된 날로부터 20일 이내에는 분쟁해결기구에서 채택을 위한 심의의 대상이 되지 아니한다.
2. 패널보고서에 이의가 있는 회원국은 적어도 동 패널보고서가 심의되는 분쟁해결기구 회의가 개최되기 10일 이전에 회원국에게 배포되도록 자신의 이의를 설명하는 이유를 서면으로 제출한다.
3. 분쟁당사자는 분쟁해결기구의 패널보고서에 대한 심의과정에 충분히 참여할 권리를 가지며 그들의 견해는 충실히 기록된다.
4. 일방 분쟁당사자가 정식으로 분쟁해결기구에 자국의 상소결정을 통지하지 아니하거나, 분쟁해결기구가 컨센서스로 패널보고서를 채택하지 아니하기로 결정하지 아니하는 한, 패널보고서는 회원국에게 배포된 날로부터 60일 이내에 분쟁해결기구 회의[7]에서 채택된다. 일방 분쟁당사자가 자국의 상소결정을 통지하는 경우, 패널보고서는 상소절차 종료 후까지 분쟁해결기구에서 채택을 위한 논의의 대상이 되지 아니한다. 이러한 채택절차는 회원국이

---

7) 분쟁해결기구의 회의가 이 기간 내에 제16조 1항 및 제4항의 요건을 충족시킬 수 있는 시기에 계획되어 있지 아니한 경우, 분쟁해결기구의 회의가 동 목적을 위하여 소집된다.

패널보고서에 대하여 자국의 견해를 표명할 수 있는 권리에 아무런 영향을 미치지 아니한다.

제 17 조
상소심의

상설 상소기구

1. 분쟁해결기구는 상설 상소기구를 설치한다. 상소기구는 패널사안으로부터의 상소를 심의한다. 동 기구는 7인으로 구성되며, 이들 중 3인이 하나의 사건을 담당한다. 상소기구 위원은 교대로 업무를 담당한다. 이러한 교대는 상소기구의 작업절차에 정해진다.
2. 분쟁해결기구는 4년 임기의 상소위원을 임명하며 각 상소위원은 1차에 한하여 연임할 수 있다. 다만, WTO 협정 발효직후 임명되는 7인중 3인의 임기는 2년 후 만료되며, 이는 추첨으로 결정한다. 결원은 발생할 때마다 충원된다. 임기가 만료되지 아니한 상소위원을 교체하기 위하여 임명된 위원은 전임자의 잔여임기동안 상소위원의 직을 수행한다.
3. 상소기구는 법률, 국제무역 및 대상협정 전반의 주제에 대하여 입증된 전문지식을 갖춘 인정된 권위자로 구성된다. 상소위원은 어느 정부와도 연관되지 아니한다. 상소위원은 WTO 회원국을 폭넓게 대표한다. 모든 상소위원은 어느 때라도 단기간의 통지로 이용가능 해야 하며 WTO의 분쟁해결활동 및 그 밖의 관련 활동을 계속 숙지하고 있어야 한다. 상소위원은 직접 또는 간접적인 이해의 충돌을 이야기할 수 있는 분쟁의 심의에 참여하지 아니한다.
4. 분쟁당사자만이 패널보고서에 대하여 상소할 수 있으며 제3자는 상소할 수 없다. 제10.2조에 따라 사안에 대한 실질적인 이해관계가 있음을 분쟁해결기구에 통지한 제3자는 상소기구에 서면입장을 제출하고 상소기구에서 자신의 입장을 개진할 기회를 가질 수 있다.
5. 일반적으로 일방 분쟁당사자가 자국의 상소결정을 공식적으로 통지한 날로부터 상소기구가 자신의 보고서를 배포하는 날까지의 절차는 60일을 초과하지 아니한다. 자신의 일정 확정시 상소기구는 관련되는 경우 제4.9조의 규정을 고려한다. 상소기구는 60알 이내에 자신의 보고서를 제출하지 못할 것이라고 간주하는 경우, 지연사유를 보고서 제출에 소요될 것으로 예상되는 기간과 함께 서면으로 분쟁해결기구에 통보한다. 어떠한 경우에도 그 절차는 90일을 초과할 수 없다.
6. 상소는 패널보고서에서 다루어진 법률문제 및 패널이 행한 법률해석에만 국한된다.
7. 상소기구는 자신이 필요로 하는 적절한 행정적 및 법률적 지원을 제공받는다.
8. 여행경비 및 수당을 포함하여 상소위원이 업무를 수행하는 데 소요되는 비용은 예산, 재정 및 관리위원회의 권고에 근거하여 일반이사회가 채택하는 기준에 따라 WTO의 예산으로 충당한다.

상소절차

9. 상소기구는 분쟁해결기구 의장 및 사무총장과의 협의를 거쳐 작업절차를 작성하며, 동 작업절차는 회원국들이 알 수 있도록 통보된다.
10. 상소기구의 심의과정은 공개되지 아니한다. 상소보고서는 제공된 정보 및 행하여진 진술내용에 비추어 분쟁당사자의 참석 없이 작성된다.
11. 상소보고서에 표명된 개별상소위원의 견해는 익명으로 한다.
12. 상소기구는 제6항에 따라 제기된 각각의 문제를 상소심의과정에서 검토한다.

13. 상소기구는 패널의 법률적인 조사결과와 결론을 확정, 변경 또는 파기할 수 있다.

상소보고서의 채택

14. 상소보고서가 회원국에게 배포된 후 30일 이내에 분쟁해결기구가 컨센서스로 동 보고서를 채택하지 아니하기로 결정하지 아니하는 한, 분쟁해결기구는 이를 채택하며 분쟁당사자는 동 보고서를 무조건 수락한다.[8] 동 채택절차는 회원국이 상소보고서에 대하여 자국의 견해를 표명할 수 있는 권리를 저해하지 아니한다.

제 18 조
패널 또는 상소기구와의 의사소통

1. 패널 또는 상소기구가 심의중인 사안과 관련하여 패널 또는 상소기구와 일방 분쟁 당사자만의 의사소통이 있어서는 아니 된다.
2. 패널이나 상소기구에 제출되는 서면입장은 비밀로서 취급되나 분쟁당사자는 이를 입수할 수 있다. 이 양해의 어느 규정도 분쟁당사자가 자국의 입장에 관한 진술을 공개하는 것을 금지하지 아니한다. 회원국은 다른 회원국이 패널이나 상소기구에 제출한 정보로서 비밀이라고 지정한 경우 이를 비밀로 취급한다. 또한 분쟁당사자는 회원국이 요청하는 경우 서면입장에 포함된 공개 가능한 정보의 평문요약문을 제공한다.

제 19 조
패널 및 상소기구의 권고

1. 패널 또는 상소기구는 조치가 대상협정에 일치하지 않는다고 결론짓는 경우, 관련 회원국[9]에게 동 조치를 동 대상협정에 합치시키도록 권고한다.[10] 자신의 권고에 추가하여 패널 또는 상소기구는 관련 회원국이 권고를 이행할 수 있는 방법을 제시할 수 있다.
2. 제3.2조에 따라 패널과 상소기구는 자신의 조사결과와 권고에서 대상협정에 규정된 권리와 의무를 증가 또는 감소시킬 수 없다.

제 20 조
분쟁해결기구의 결정시한

분쟁당사자가 달리 합의하지 아니하는 한, 일반적으로 분쟁해결기구가 패널을 설치한 날로부터 패널 또는 상소보고서의 채택을 심의하는 날까지의 기간은 패널보고서에 대하여 상소를 제기하지 아니한 경우는 9개월을, 상소를 제기한 경우에는 12개월을 초과하지 아니한다. 패널이나 상소기구가 제12.9조 또는 제17.5조에 따라 보고서의 제출 기간을 연장하기로 한 경우,

---

8) 분쟁해결기구의 회의가 동 기간 중 계획되어 있지 않은 경우, 동 목적을 위하여 분쟁해결기구 회의가 소집된다.

9) "관련 회원국" 패널이나 상소기구 권고의 대상이 되는 분쟁당사국이다.

10) 1994년도 GATT 또는 다른 대상협정의 위반을 수반하지 아니하는 사건에 대한 권고에 대하여는 제26조를 참조바람.

추가로 소요된 시간은 동 기간에 합산된다.

제 21 조
권고 및 판결의 이행에 대한 감독

1. 분쟁해결기구의 권고 또는 판결을 신속하게 이행하는 것이 모든 회원국에게 이익이 되도록 분쟁의 효과적인 해결을 확보하는 데 필수적이다.
2. 분쟁해결의 대상이 된 조치와 관련하여 개발도상회원국의 이해관계에 영향을 미치는 문제에 대하여 특별한 주의를 기울여야 한다.
3. 패널 또는 상소보고서가 채택된 날로부터 30일 이내[11]에 개최되는 분쟁해결기구 회의에서 관련 회원국은 분쟁해결기구의 권고 및 판결의 이행에 대한 자국의 입장을 분쟁해결기구에 통보한다. 권고 및 판결의 즉각적인 준수가 실현 불가능한 경우, 관련 회원국은 준수를 위한 합리적인 기간을 부여받는다. 합리적인 기간은 다음과 같다.
   (a) 분쟁해결기구의 승인을 받는 것을 조건으로, 관련 회원국이 제의하는 기간. 또는 이러한 승인이 없는 경우에는,
   (b) 권고 및 판결이 채택된 날로부터 45일 이내에 분쟁당사자가 상호 합의하는 기간. 또는 이러한 합의가 없을 때에는,
   (c) 권고 및 판결이 채택된 날로부터 90일 이내에 기속적인 중재를 통하여 확정되는 기간.[12] 이러한 중재에 있어서 중재인[13]을 위한 지침은 패널 또는 상소기구권고 이행을 위한 합리적인 기간이 패널 또는 상소보고서가 채택된 날로부터 15개월을 초과하지 아니하여야 한다는 것이다. 그러나 특별한 사정에 따라 동 기간은 단축 되거나 연장될 수 있다.
4. 패널 또는 상소기구가 제12.9조 또는 제17.5조에 따라 보고서의 제출기간을 연장한 경우를 제외하고는, 분쟁해결기구가 패널을 설치한 날로부터 합리적인 기간 확정일까지의 기간은 분쟁당사자가 달리 합의하지 아니하는 한 15개월을 초과하지 아니한다. 패널 또는 상소기구가 보고서 제출기간을 연장하기로 한 경우, 추가적으로 소요된 기간은 동 15개월의 기간에 합산된다. 다만, 분쟁당사자가 예외적인 사정이 존재한다고 합의하지 아니하는 한 총 기간은 18개월을 초과하지 아니한다.
5. 권고 및 판결의 준수를 위한 조치가 취해지고 있는 지 여부 또는 동 조치가 대상협정에 합치하는 지 여부에 대하여 의견이 일치하지 아니하는 경우, 이러한 분쟁은 가능한 한 원패널에 회부하는 것을 포함하여 이러한 분쟁해결절차의 이용을 통하여 결정된다. 패널은 사안이 회부된 날로부터 90일 이내에 보고서를 배포한다. 패널이 동 시한 내에 보고서를 제출할 수 없다고 판단하는 경우, 지연사유를 패널보고서 제출에 필요하다고 예상되는 기간과 함께 서면으로 분쟁해결기구에 통보한다.
6. 분쟁해결기구는 채택된 권고 또는 판결의 이행상황을 지속적으로 감시한다. 모든 회원국은

---

11) 분쟁해결기구 회의가 이 기간 중 계획되어 있지 아니한 경우, 동 목적을 위하여 분쟁해결기구 회의가 소집된다.
12) 사안을 중재에 회부한 날로부터 10일 이내에 분쟁당사자가 중재인에 합의하지 못하는 경우, 사무총장은 당사국과 협의한 후 10일 이내에 중재인을 임명한다.
13) "중재인"이라는 표현은 개인 혹은 집단을 지칭하는 것으로 해석된다.

권고 또는 판결이 채택된 후 언제라도 그 이행문제를 분쟁해결기구에 제기할 수 있다. 분쟁해결기구가 달리 결정하지 아니하는 한, 권고나 판결의 이행문제는 제21.3조에 따라 합리적 이행기간이 확정된 날로부터 6개월 이후에 분쟁해결기구 회의의 의제에 상정되며, 동 문제가 해결될 때까지 계속 분쟁해결기구의 의제에 남는다. 이러한 분쟁해결기구 회의가 개최되기 최소한 10일 이전까지 관련 회원국은 권고 또는 판결의 이행에 있어서의 진전 상황에 관한 서면보고서를 분쟁해결기구에 제출한다.

7. 개발도상회원국이 제소국인 경우, 분쟁해결기구는 상황에 비추어 적절한 어떠한 추가적인 조치를 취할 것인 지를 검토한다.
8. 개발도상회원국이 제소국인 경우, 분쟁해결기구는 어떠한 적절한 조치를 취할 것인지를 고려할 때 제소대상조치가 무역에 있어서 차지하는 비중뿐만 아니라 동 조치가 관련 개발도상회원국의 경제에 미치는 영향도 고려한다.

제 22 조
보상 및 양허의 정지

1. 보상 및 양허 또는 그 밖의 의무의 정지는 권고 및 판결이 합리적인 기간 내에 이행되지 아니하는 경우 취할 수 있는 잠정적인 조치이다. 그러나 보상이나 양허 또는 그 밖의 의무의 정지는 관련 조치를 대상협정에 합치시키도록 하는 권고의 완전한 이행에 우선하지 아니한다. 보상은 자발적인 성격을 띠며, 이를 행하는 경우 대상협정과 합치하여야 한다.
2. 관련 회원국이 제21.3조에 의거하여 확정된 합리적인 기간 내에 대상협정위반으로 판결이나 조치를 동 협정에 합치시키지 아니하거나 달리 권고 및 판결을 이행하지 아니하는 경우, 동 회원국은 요청을 받는 경우 합리적인 기간이 종료되기 전에 분쟁해결절차에 호소한 분쟁당사자와 상호 수락할 수 있는 보상의 마련을 위하여 협상을 개시한다. 합리적인 기간이 종료된 날로부터 20일 이내에 만족할 만한 보상에 대하여 합의가 이루어지지 아니하는 경우, 분쟁해결절차에 호소한 분쟁당사자는 대상협정에 따른 양허 또는 그 밖의 의무를 관련 회원국에 대해 적용을 정지하기 위한 승인을 분쟁해결기구에 요청할 수 있다.
3. 어떠한 양허 또는 그 밖의 의무를 정지할 것인지를 검토하는 데 있어서 제소국은 다음의 원칙과 절차를 적용한다.
   (a) 일반적인 원칙은 제소국은 패널 또는 상소기구가 위반 또는 그 밖의 무효화 또는 침해가 있었다고 판결을 내린 분야와 동일한 분야에서의 양허 또는 그 밖의 의무의 정지를 우선 추구하여야 한다는 것이다.
   (b) 동 제소국이 동일 분야에서 양허 또는 그 밖의 의무를 정지하는 것이 비현실적 또는 비효과적이라고 간주하는 경우, 동일 협정상의 다른 분야에서의 양허 또는 그 밖의 의무의 정지를 추구할 수 있다.
   (c) 동 제소국이 동일 협정상의 다른 분야에서의 양허 또는 그 밖의 의무를 정지하는 것이 비현실적 또는 비효과적이며 상황이 충분히 심각하다고 간주하는 경우, 다른 대상협정상의 양허 또는 그 밖의 의무의 정지를 추구할 수 있다.
   (d) 위의 원칙을 적용하는 데 있어서 동 제소국은 다음 사항을 고려한다.
      (1) 패널 또는 상소기구가 위반 또는 그 밖의 무효화 또는 침해가 있었다고 판결을 내린 분야 또는 협정상의 무역, 그리고 동 무역이 제소국에서 차지하는 중요성

(2) 무효화 또는 침해에 관련된 보다 더 광범위한 경제적 요소와 양허 또는 그 밖의 의무의 정지가 초래할 보다 더 광범위한 경제적 파급효과

(e) 동 제소국이 (b)호 또는 (c)호에 따라 양허 또는 그 밖의 의무를 정지하기 위한 승인을 요청하기로 결정하는 경우, 요청서에 그 사유를 명시한다. 분쟁해결기구에 요청서를 제출함과 동시에 제소국은 관련 이사회, 그리고 또한 (b)호에 따른 요청의 경우에는 관련 분야기구에도 요청서를 송부한다.

(f) 이 항의 목적상 "분야"란 다음을 의미한다.

(1) 상품과 관련, 모든 상품

(2) 서비스와 관련, 주요 분야를 명시하고 있는 현행 "서비스분야별분류표"에 명시된 이러한 분야[14)]

(3) 무역관련 지식재산권과 관련, 무역관련 지식재산권에 관한 협정 제2부 제1절, 또는 제2절, 또는 제3절, 또는 제4절, 또는 제5절, 또는 제6절, 또는 제7절에 규정된 각 지식재산권의 범주, 또는 제3부 또는 제4부상의 의무

(g) 이 항의 목적상 "협정"이란 다음을 의미한다.

(1) 상품과 관련, WTO 협정 부속서 1가에 열거된 협정 전체와 관련 분쟁당사자가 그 회원국인 경우 복수국간무역협정

(2) 서비스와 관련, 서비스무역에 관한 일반협정

(3) 지식재산권과 관련, 무역관련 지식재산권에 관한 협정

4. 분쟁해결기구가 승인하는 양허 또는 그 밖의 의무의 정지의 수준은 무효화 또는 침해의 수준에 상응한다.

5. 분쟁해결기구는 대상협정이 양허 또는 그 밖의 의무의 정지를 금지하는 경우, 이를 승인하지 아니한다.

6. 제2항에 규정된 상황이 발생할 때에 분쟁해결기구는 요청이 있는 경우, 분쟁해결기구가 컨센서스로 동 요청을 거부하기로 결정하지 아니하는 한, 합리적 기간의 종료로부터 30일 이내에 양허 또는 그 밖의 의무의 정지를 승인한다. 그러나 관련 당사국이 제안된 정지의 수준에 대하여 이의를 제기하거나, 제소국이 제3항 (b)호 또는 (c)호에 따라 양허 또는 그 밖의 의무의 정지에 대한 승인을 요청했을 때 제3항에 명시된 원칙 및 절차가 준수되지 아니하였다고 주장하는 경우, 동 사안은 중재에 회부된다. 이러한 중재는 원패널위원의 소집이 가능한 경우 원패널, 또는 사무총장이 임명하는 중재인[15)]에 의하여 수행되며 합리적인 기간의 만료일로부터 60일 이내에 완결된다. 양허 또는 그 밖의 의무는 중재의 진행 중에는 정지되지 아니한다.

7. 제6항에 따라 행동하는 중재인[16)]은 정지의 대상인 양허 또는 그 밖의 의무의 성격을 검토하지 아니하며, 이러한 정지의 수준이 무효화 또는 침해의 수준에 상응하는지를 판결한다. 중재인은 또한 제안된 양허 또는 그 밖의 의무의 정지가 대상협정에 따라 허용되는지 여부를 판결할 수 있다. 그러나 중재에 회부된 사안이 제3항에 명시된 원칙 및 절차가 준수되

---

14) MTN.GNS/W/120 문서상의 목록은 11개 분야를 명시하고 있다.

15) "중재인"이라는 표현은 개인 또는 집단을 지칭하는 것으로 해석된다.

16) "중재인"이라는 표현은 개인 또는 집단, 또는 원패널이 중재인 역할을 맡은 경우 동 패널의 구성원을 지칭하는 것으로 해석된다.

지 아니하였다는 주장을 포함하는 경우, 중재인은 동 주장을 검토한다. 중재인이 동 원칙 및 절차가 준수되지 아니하였다고 판결하는 경우, 제소국은 제3항에 합치하도록 동 원칙 및 절차를 적용한다. 당사국은 중재인의 판결을 최종적인 것으로 수락하며, 관련 당사자는 제2차 중재를 추구하지 아니한다. 분쟁해결기구는 중재인의 판결을 조속히 통보받으며, 요청이 있는 경우 그 요청이 중재인의 판결에 합치하면 분쟁해결기구가 컨센서스로 동 요청을 거부하기로 결정하기 아니하는 한 양허 또는 그 밖의 의무의 정지를 승인한다.

8. 양허 또는 그 밖의 의무의 정지는 잠정적이며, 대상협정 위반 판결을 받은 조치가 철폐되거나 권고 또는 판결을 이행하여야 하는 회원국이 이익의 무효화 또는 침해에 대한 해결책을 제시하거나 상호 만족할 만한 해결에 도달하는 등의 시점까지만 적용된다. 제21.6조에 따라 분쟁해결기구는 보상이 제공되었거나 양허 또는 그 밖의 의무가 정지되었으나 조치를 대상협정에 합치시키도록 한 권고가 이행되지 아니한 경우를 포함하여 채택된 권고 또는 판결의 이행을 계속해서 감독한다.
9. 대상협정의 분쟁해결규정은 회원국 영토안의 지역 또는 지방 정부나 당국이 취한 조치로서 대상협정의 준수에 영향을 미치는 조치에 대하여 호소될 수 있다. 분쟁해결기구가 대상협정의 규정이 준수되지 아니하였다고 판결을 내리는 경우, 이에 대한 책임이 있는 회원국은 협정준수를 확보하기 위하여 취할 수 있는 합리적인 조치를 취한다. 보상 및 양허 또는 그 밖의 의무의 정지에 관한 대상협정 및 이 양해의 규정은 이러한 준수를 확보하는 것이 불가능한 경우에 적용된다.[17)]

제 23 조
다자간체제의 강화

1. 회원국은 대상협정상의 의무위반, 이익의 무효화 또는 침해, 또는 대상협정의 목적달성에 대한 장애의 시정을 추구하는 경우 이 양해의 규칙 및 절차에 호소하고 또한 이를 준수한다.
2. 이러한 경우 회원국은 다음과 같이 한다.
   (a) 이 협정의 규칙 및 절차에 따른 분쟁해결에 호소하지 아니하고는 위반이 발생하였다거나 이익이 무효화 또는 침해되었다거나 대상협정의 목적달성이 저해되었다는 취지의 판결을 내리지 아니하며, 분쟁해결기구가 채택한 패널보고서나 상소보고서에 포함된 조사결과 또는 이 양해에 따라 내려진 중재판결에 합치되도록 그러한 판결을 내린다.
   (b) 관련 회원국이 권고 및 판결을 이행하기 위한 합리적인 기간을 확정하는 데 있어서 제21조에 명시된 절차를 따른다.
   (c) 관련 회원국이 합리적인 기간 내에 권고 및 판결을 이행하지 아니하는 데 대한 대응으로서 대상협정상의 양허 또는 그 밖의 의무를 정지하기 전에 양허 또는 그 밖의 의무의 정지의 수준을 정하는 데 있어서 제22조에 명시된 절차를 따르며 동 절차에 따라 분쟁해결기구의 승인을 얻는다.

---

17) 회원국의 영토안의 지역 또는 지방 정부나 당국이 취한 조치와 관련된 대상협정의 규정이 이 항의 규정과 상이한 규정을 포함하고 있는 경우, 대상협정의 규정이 우선 적용된다.

제 24 조
최빈개도회원국에 대한 특별절차

1. 최빈개도회원국이 관련된 분쟁의 원인판결 및 분쟁해결절차의 모든 단계에서 최빈개도회원국의 특수사정이 특별히 고려된다. 이와 관련하여 회원국은 최빈개도회원국이 관련되는 분쟁의 해결절차에 따라 문제를 제기함에 있어서 적절히 자제한다. 무효화 또는 침해가 최빈개도회원국의 조치에 의하여 초래된 것으로 판결이 내려지는 경우, 제소국은 동 절차에 따라 보상을 요청하거나 양허 또는 그 밖의 의무를 정지시키기 위한 승인을 추구함에 있어서 적절히 자제한다.
2. 최빈개도회원국이 관련된 분쟁의 해결에 있어서 만족할 만한 해결책이 협의과정에서 발견되지 아니하는 경우, 사무총장 또는 분쟁해결기구 의장은 최빈개도회원국이 요청하는 때에는 당사자가 문제를 해결하는 것을 지원하기 위하여 패널설치 요청이 이루어지기 전에 주선, 조정 및 중재를 제의한다. 사무총장 또는 분쟁해결기구 의장은 이러한 지원을 제공함에 있어서 자신이 적절하다고 판단하는 어떠한 출처와도 협의할 수 있다.

제 25 조
중　　재

1. 분쟁해결의 대체적 수단으로서 WTO안에서의 신속한 중재는 쌍방 당사자가 명백하게 규정한 문제와 관련된 특정 분쟁의 해결을 촉진할 수 있다.
2. 이 양해에 달리 규정되어 있는 경우를 제외하고는, 중재에의 회부는 당사자의 상호 합의에 따르며, 이 경우 당사자는 따라야 할 절차에 합의한다. 중재에 회부하기로 한 합의사항은 중재절차가 실제로 개시되기 전에 충분한 시간을 두고 모든 회원국에게 통지된다.
3. 다른 회원국은 중재에 회부하기로 합의한 당자자의 동의를 얻은 경우에만 중재절차의 당사자가 될 수 있다. 중재절차의 당사자는 중재판결을 준수하기로 합의한다. 중재판결은 분쟁해결기구 및 관련 협정의 이사회 또는 위원회에 통보되며, 회원국은 분쟁해결기구, 이사회 또는 위원회에서 중재판결에 관련된 어떠한 문제도 제기할 수 있다.
4. 이 양해 제21조 및 제22조는 중재판결에 준용된다.

제 26 조

1. 1994년도 GATT 제23.1(b)조에 규정된 형태의 비위반제소
   1994년도 GATT 제23.1(b)조의 규정이 특정 대상협정에 적용될 수 있는 경우, 패널 또는 상소기구는 일방 분쟁당사자가 특정 회원국의 조치의 결과로 인하여 동 조치의 특정 대상협정의 규정에 대한 위반여부에 관계없이, 특정 대상협정에 따라 직접적 또는 간접적으로 자국에 발생하는 이익이 무효화 또는 침해되고 있다고 간주하거나 동 대상협정의 목적달성이 저해되고 있다고 간주하는 경우에만 판결 및 권고를 내릴 수 있다. 이러한 당사자가 특정 사안이 1994년도 GATT 제23.1(b)조의 규정이 적용될 수 있는 대상협정의 규정과 상충하지 아니하는 조치에 관한 것이라고 간주하고, 또한 패널이나 상소기구가 그렇게 판결하는 경우에 이 양해의 절차가 다음에 따를 것을 조건으로 적용된다.

(a) 제소국은 관련 대상협정과 상충하지 아니하는 조치에 관한 제소를 변호하는 상세한 정당한 사유를 제시한다.
(b) 특정 조치가 관련 대상협정을 위반하지 아니하면서 동 협정에 따른 이익을 무효화 또는 침해하거나 동 협정의 목적달성을 저해한다고 판결이 내려지는 경우, 동 조치를 철회할 의무는 없다. 그러나 이러한 경우 패널 또는 상소기구는 관련 회원국에게 상호 만족할 만한 조정을 행하도록 권고한다.
(c) 제21조의 규정에도 불구하고 제21.3조에 규정된 중재는 일방 당사자의 요청이 있는 경우 무효화 또는 침해된 이익의 수준에 대한 결정을 포함할 수 있으며, 또한 상호 만족할 만한 조정에 이르기 위한 수단 및 방법을 제의할 수 있다. 이러한 제의는 분쟁당사자에 대하여 구속력을 갖지 아니한다.
(d) 제22.1조의 규정에도 불구하고 보상은 분쟁의 최종적인 해결로서의 상호 만족할만한 조정의 일부가 될 수 있다.

2. 1994년도 GATT 제23.1(c)조에 규정된 형태의 제소
1994년도 GATT 제23.1(c)조의 규정이 대상협정에 적용될 수 있는 경우, 패널은 1994년도 GATT 제23.1조의 (a) 및 (b)가 적용될 수 있는 상황과 상이한 상황이 존재하는 결과로 인하여 일방 분쟁당사국이 대상협정에 따라 직접적 또는 간접적으로 자국에 발생하는 이익이 무효화 또는 침해되고 있다고 간주하거나 동 협정의 목적 달성이 저해되고 있다고 간주하는 경우에만 판결 및 권고를 내릴 수 있다. 이러한 일방 분쟁당사자가 그 사안이 이 항의 적용을 받는다고 간주하고 패널이 그렇게 판결을 내리는 경우에 한하여 이 양해의 절차는 패널보고서가 회원국에게 배포되는 시점을 포함하여 배포된 시점까지 적용된다. 1989년 4월 12일자 결정(BISD 36S/61-67)에 포함된 분쟁해결규칙 및 절차는 보고서의 채택을 위한 논의와 권고와 판결의 감독 및 이행에 적용된다. 아울러 다음 사항이 적용된다.
(a) 제소국은 이 항의 적용대상이 되는 사안에 관하여 행하여진 논거를 변호하는 상세한 정당한 사유를 제시한다.
(b) 이 항의 적용대상이 되는 사안이 관련된 분쟁에 있어서, 패널이 그 분쟁에 이 항의 적용대상이 되는 분쟁해결사항 이외의 사항이 포함되어 있다고 판결을 내리는 경우, 패널은 이러한 사항을 다루는 보고서와 이 항의 적용대상이 되는 사항에 관한 별도의 보고서를 분쟁해결기구에 배포한다.

제 27 조
사무국의 책임

1. 사무국은 특히 패널이 다루는 사안의 법적, 역사적 및 절차적 측면에 관하여 패널을 지원할 책임을 지며, 또한 사무 및 기술지원을 제공할 책임을 진다.
2. 사무국이 회원국의 요청에 따라 분쟁해결에 관하여 회원국을 지원하는 것과 별도로 개발도상 회원국에게 분쟁해결과 관련한 추가적인 법률자문 및 지원을 제공할 필요성이 있을 수 있다. 이를 위하여 사무국은 지원을 요청하는 개발도상회원국에게 WTO의 기술협력부서의 유자격 법률전문가의 이용이 가능하도록 한다. 동 전문가는 사무국의 계속적인 불편부당성을 확보하는 방법으로 개발도상회원국을 지원한다.
3. 사무국은 회원국의 전문가가 분쟁해결절차 및 관행을 보다 더 잘 알 수 있도록 하기 위하

여 관심 있는 회원국을 위해 이에 관한 특별 연수과정을 실시한다.

부록 1
이 양해의 대상이 되는 협정

1. WTO 설립을 위한 협정
2. 다자간무역협정
   부속서 1A: 상품무역에 관한 다자간협정
   부속서 1B: 서비스무역에 관한 일반협정
   부속서 1C: 무역관련 지식재산권에 관한 협정
   부속서 2: 분쟁해결규칙 및 절차에 관한 양해
3. 복수국간무역협정
   부속서 4: 민간항공기무역에 관한 협정
   정부조달에 관한 협정
   국제낙농협정
   국제우유협정

복수국간무역협정에 대한 이 양해의 적용가능성은 부록2에 포함되는 모든 특별 또는 추가적인 규칙 또는 절차를 포함하여 이 양해가 개별협정에 적용되기 위한 조건을 명시하는 각 협정 회원국의 결정으로서 분쟁해결기구에 통지되는 결정의 채택에 따른다.

부록 2
대상협정에 포함된 특별 또는 추가적인 규칙 및 절차

협정 규칙 및 절차
1. 위생 및 식물위생조치의 적용에 관한 협정 제11.2조
2. 섬유 및 의류에 관한 협정 제2조 제14항 및 제21항, 제4.14조, 제5조 제2항, 제4항 및 제6항, 제6조 제9항부터 제11항까지, 제8조 제1항부터 제12항까지
3. 무역에 대한 기술장벽에 관한 협정 제14조 제2항부터 제4항까지, 부속서 2
4. 1994년도 GATT 제6조의 이행에 관한 협정제17조 제4항부터 제7항까지
5. 1994년도 GATT 제7조의 이행에 관한 협정 제19조 제3항부터 제5항까지, 부속서 2의 제2항 바호, 제3항, 제9항 및 제21항
6. 보조금 및 상계조치에 관한 협정 제4조 제2항부터 제12항까지, 제6조 제6항, 제7조 제2항부터 제10항까지, 제8조 제5항 주석35, 제24조 제14항, 제27조 제7항 부속서 5
7. 서비스무역에 관한 일반협정 제22조 제3항, 제23조 제3항
8. 금융서비스에 관한 부속서 제4항
9. 항공운송서비스에 관한 부속서 제4항
10. 서비스무역에 관한 일반협정을 위한 제1항부터 제5항까지
11. 특정분쟁해결절차에 관한 결정

이 부록상의 규칙 및 절차의 목록에는 그 규정의 일부만이 문맥상 적절한 조항들이 포함되어 있다.

복수국간 무역협정에 포함된 특별 또는 추가적인 규칙이나 절차로서 각 협정의 관할 기구에 의하여 결정되고 분쟁해결기구에 통보된 규칙 또는 절차

부록 3
작업절차

1. 패널은 그 절차에 있어서 이 양해의 관련 규정을 따른다. 이에 추가하여 다음의 작업 절차가 적용된다.
2. 패널은 비공개회의로 개최된다. 분쟁당사자와 이해당사자는 패널의 출두요청을 받는 경우에 한하여 회의에 참석한다.
3. 패널의 논의와 패널에 제출된 서류는 비밀로 유지된다. 이 양해의 어느 조항도 일방 분쟁당사자가 자신의 입장에 관한 성명을 공표하는 것을 방해하지 아니한다. 회원국은 다른 회원국이 비밀로 지정하여 패널에 제출한 정보를 비밀로 취급한다. 일방 분쟁당사자가 자신의 서면입장을 비밀문서로 패널에 제출하는 경우, 동 분쟁당사자는 또한 회원국의 요청이 있을 때에는 제출문서 중 일반에 공개될 수 있는 정보의 평문 요약본을 제공한다.
4. 패널이 당사자와 최초의 실질회의를 개최하기 전에 분쟁당사자는 사안의 사실과 논거를 제시하는 서면입장을 패널에 전달한다.
5. 당사자와의 최초의 실질회의에서 패널은 제소국에게 자신의 입장을 개진하도록 요청한다. 이어서 동일한 회의에서 피소국은 자신의 의견을 제시하도록 요청된다.
6. 분쟁에 대한 자국의 이해관계를 분쟁해결기구에 통지한 모든 제3자는 패널의 최초의 실질회의 기간 중 제3자의 의견개진을 위하여 별도로 마련된 회의에서 의견을 제시하도록 서면으로 요청받는다. 이러한 모든 제3자는 동 회의에 처음부터 끝까지 참석할 수 있다.
7. 공식적인 반박은 패널의 제2차 실질회의에서 행하여진다. 피소국은 제소국보다 먼저 발언할 권리를 갖는다. 당사자는 동 회의가 개최되기 전에 서면반박서를 패널에 제출한다.
8. 패널은 언제라도 당사자에게 질문할 수 있으며 당사자와의 회의도중에 또는 서면으로 설명을 요구할 수 있다.
9. 분쟁당사자와 제10조에 따라 의견제시를 요청받은 제3자는 자신의 구두진술을 서면으로 패널에 제출한다.
10. 충분한 투명성을 위하여 위의 제5항부터 제9항까지에서 언급된 입장표명, 반박 및 진술은 당사자가 참석한 가운데 행하여진다. 또한 보고서의 서술부분에 대한 논평과 패널의 질문에 대한 답변을 포함한 각 당사자의 서면입장은 다른 당사자가 입수할 수 있도록 한다.
11. 패널에 특정된 추가적인 절차
12. 패널의 작업을 위한 제안된 일정표
   (a) 당사자의 제1차 서면입장의 접수
      (1) 제소국 3-6주
      (2) 피소국 2-3주
   (b) 당사자와의 최초의 실질 회의 일자, 시간 및 장소, 그리고 제3자를 위한 회의 1-2주
   (c) 당사자의 서면반박서 접수 2-3주
   (d) 당사자와의 제2차 실질회의 일자, 시간 및 장소 1-2주
   (e) 보고서 서술부분의 당사자에 대한 제시 2-4주

(f) 보고서 서술부분에 대한 당사자의 논평 접수 2주
(g) 조사결과와 결론을 포함하는 잠정보고서의 당사자에 대한 제시 2-4주
(h) 보고서 일부에 대한 당사자의 검토요청 마감시한 1주
(i) 분쟁당사국들과의 추가적인 회의 가능성을 포함한 패널의 재검토 기간 2주
(j) 분쟁당사국들에 대한 최종보고서 제시 2주
(k) 회원국에 대한 최종보고서의 배포 3주

위에 제시된 일정은 예측하지 못한 상황에 비추어 변경될 수 있다. 분쟁당사국들과의 추가회의는 필요시 소집된다.

부록 4
전문가검토단

다음의 규칙 및 절차는 제13조 제2항의 규정에 따라서 설치된 전문가검토단에 적용된다.

1. 전문가검토단은 패널의 권한아래 있다. 동 검토단의 위임사항과 상세한 작업절차는 패널에 의하여 결정되며, 동 검토단은 패널에 보고한다.
2. 전문가검토단에의 참여는 당해 분야에서 전문가로서의 명성과 경험을 가진 사람에 한정된다.
3. 분쟁당사자의 국민은 패널이 전문적 과학지식에 대한 필요가 달리 충족될 수 없다고 간주하는 예외적인 상황을 제외하고는 분쟁당사자의 공동 합의 없이는 전문가검토단의 업무를 담당할 수 없다. 분쟁당사자와의 정부관리는 전문가검토단의 업무를 담당할 수 없다. 전문가검토단의 구성원은 정부대표나 기구의 대표로서가 아니고 개인자격으로 참여한다. 따라서 정부나 기구는 전문가검토단에 회부된 사안에 대하여 전문가에게 지시를 내리지 아니한다.
4. 전문가검토단은 적절하다고 판단되는 어떠한 출처와도 협의하고 또한 이로부터 정보 및 기술적 조언을 구할 수 있다. 전문가검토단은 회원국의 관할권 안에 있는 출처로부터 정보 또는 조언을 구하기 전에 그 회원국 정부에 통보한다. 회원국은 전문가검토단이 필요하고 적절하다고 간주하는 정보의 요청에 대하여 신속하고 충분하게 대응한다.
5. 분쟁당사자는 비밀이 아닌 한 전문가검토단에 제공되는 모든 관련 정보에 대해 접근 할 수 있다. 전문가검토단에 제공된 비밀정보는 동 정보를 제공한 정부, 기구 또는 사람으로부터 공식 승인을 받지 아니하고서는 공개되지 아니한다. 전문가검토단이 이러한 정보를 요청하였으나 전문가검토단에 의한 동 정보의 공개가 승인되지 아니한 경우, 동 정보를 제공하는 정부, 기구 또는 사람은 동 정보의 평문 요약본을 제공한다.
6. 전문가검토단은 논평을 구하기 위하여 분쟁당사자에게 보고서 초안을 제시하며, 동 논평을 최종보고서에 적절히 고려한 후 최종보고서를 패널에 제출할 때 분쟁당사자에게도 제시한다. 전문가검토단의 최종보고서는 권고적 성격만을 갖는다.

ANNEX 2 UNDERSTANDING ON RULES AND PROCEDURES GOVERNING THE SETTLEMENT OF DISPUTES

Members hereby agree as follows:

Article 1
Coverage and Application

1. The rules and procedures of this Understanding shall apply to disputes brought pursuant to the consultation and dispute settlement provisions of the agreements listed in Appendix 1 to this Understanding (referred to in this Understanding as the "covered agreements"). The rules and procedures of this Understanding shall also apply to consultations and the settlement of disputes between Members concerning their rights and obligations under the provisions of the Agreement Establishing the World Trade Organization (referred to in this Understanding as the "WTO Agreement") and of this Understanding taken in isolation or in combination with any other covered agreement.
2. The rules and procedures of this Understanding shall apply subject to such special or additional rules and procedures on dispute settlement contained in the covered agreements as are identified in Appendix 2 to this Understanding. To the extent that there is a difference between the rules and procedures of this Understanding and the special or additional rules and procedures set forth in Appendix 2, the special or additional rules and procedures in Appendix 2 shall prevail. In disputes involving rules and procedures under more than one covered agreement, if there is a conflict between special or additional rules and procedures of such agreements under review, and where the parties to the dispute cannot agree on rules and procedures within 20 days of the establishment of the panel, the Chairman of the Dispute Settlement Body provided for in paragraph 1 of Article 2 (referred to in this Understanding as the "DSB"), in consultation with the parties to the dispute, shall determine the rules and procedures to be followed within 10 days after a request by either Member. The Chairman shall be guided by the principle that special or additional rules and procedures should be used where possible, and the rules and procedures set out in this Understanding should be used to the extent necessary to avoid conflict.

Article 2
Administration

1. The Dispute Settlement Body is hereby established to administer these rules and procedures and, except as otherwise provided in a covered agreement, the consultation and dispute settlement provisions of the covered agreements. Accordingly, the DSB shall have the authority to establish panels, adopt panel and Appellate Body reports, maintain surveillance of implementation of rulings and recommendations, and authorize suspension of concessions and other obligations under the covered agreements. With respect to disputes arising under a covered agreement which is a Plurilateral Trade Agreement, the term "Member" as used herein shall refer only to those Members that are parties to the relevant Plurilateral Trade Agreement. Where the DSB administers the dispute settlement provisions of a Plurilateral Trade Agreement, only those Members that are parties to that Agreement may participate in decisions or actions taken by the DSB with respect to that dispute.
2. The DSB shall inform the relevant WTO Councils and Committees of any developments in disputes related to provisions of the respective covered agreements.
3. The DSB shall meet as often as necessary to carry out its functions within the time-frames provided in this Understanding.
4. Where the rules and procedures of this Understanding provide for the DSB to take a decision, it shall do so by consensus.[18)]

Article 3
General Provisions

1. Members affirm their adherence to the principles for the management of disputes heretofore applied under Articles XXII and XXIII of GATT 1947, and the rules and procedures as further elaborated and modified herein.
2. The dispute settlement system of the WTO is a central element in providing security and predictability to the multilateral trading system. The Members recognize that it serves to preserve the rights and obligations of Members under the covered agreements, and to clarify the existing provisions of those agreements in accordance with customary rules of interpretation of public international law. Recommendations and rulings of the DSB cannot add to or diminish the rights and obligations provided in the covered agreements.
3. The prompt settlement of situations in which a Member considers that any benefits accruing to it directly or indirectly under the covered agreements are being impaired by measures taken by another Member is essential to the effective functioning of the WTO and the maintenance of a proper balance between the rights and obligations of Members.

---

18) The DSB shall be deemed to have decided by consensus on a matter submitted for its consideration, if no Member, present at the meeting of the DSB when the decision is taken, formally objects to the proposed decision.

4. Recommendations or rulings made by the DSB shall be aimed at achieving a satisfactory settlement of the matter in accordance with the rights and obligations under this Understanding and under the covered agreements.
5. All solutions to matters formally raised under the consultation and dispute settlement provisions of the covered agreements, including arbitration awards, shall be consistent with those agreements and shall not nullify or impair benefits accruing to any Member under those agreements, nor impede the attainment of any objective of those agreements.
6. Mutually agreed solutions to matters formally raised under the consultation and dispute settlement provisions of the covered agreements shall be notified to the DSB and the relevant Councils and Committees, where any Member may raise any point relating thereto.
7. Before bringing a case, a Member shall exercise its judgement as to whether action under these procedures would be fruitful. The aim of the dispute settlement mechanism is to secure a positive solution to a dispute. A solution mutually acceptable to the parties to a dispute and consistent with the covered agreements is clearly to be preferred. In the absence of a mutually agreed solution, the first objective of the dispute settlement mechanism is usually to secure the withdrawal of the measures concerned if these are found to be inconsistent with the provisions of any of the covered agreements. The provision of compensation should be resorted to only if the immediate withdrawal of the measure. The DSB shall be deemed to have decided by consensus on a matter submitted for its consideration, if no Member, present at the meeting of the DSB when the decision is taken, formally objects to the proposed decision. is impracticable and as a temporary measure pending the withdrawal of the measure which is inconsistent with a covered agreement. The last resort which this Understanding provides to the Member invoking the dispute settlement procedures is the possibility of suspending the application of concessions or other obligations under the covered agreements on a discriminatory basis vis-a-vis the other Member, subject to authorization by the DSB of such measures.
8. In cases where there is an infringement of the obligations assumed under a covered agreement, the action is considered prima facie to constitute a case of nullification or impairment. This means that there is normally a presumption that a breach of the rules has an adverse impact on other Members parties to that covered agreement, and in such cases, it shall be up to the Member against whom the complaint has been brought to rebut the charge.
9. The provisions of this Understanding are without prejudice to the rights of Members to seek authoritative interpretation of provisions of a covered agreement through decision-making under the WTO Agreement or a covered agreement which is a Plurilateral Trade Agreement.
10. It is understood that requests for conciliation and the use of the dispute settlement procedures should not be intended or considered as contentious acts and that, if a dispute arises, all Members will engage in these procedures in good faith in an effort to resolve the dispute. It is also understood that complaints and counter-complaints in regard to distinct

matters should not be linked.

11. This Understanding shall be applied only with respect to new requests for consultations under the consultation provisions of the covered agreements made on or after the date of entry into force of the WTO Agreement. With respect to disputes for which the request for consultations was made under GATT 1947 or under any other predecessor agreement to the covered agreements before the date of entry into force of the WTO Agreement, the relevant dispute settlement rules and procedures in effect immediately prior to the date of entry into force of the WTO Agreement shall continue to apply.[19)]

12. Notwithstanding paragraph 11, if a complaint based on any of the covered agreements is brought by a developing country Member against a developed country Member, the complaining party shall have the right to invoke, as an alternative to the provisions contained in Articles 4, 5, 6 and 12 of this Understanding, the corresponding provisions of the Decision of 5 April 1966 (BISD 14S/18), except that where the Panel considers that the time-frame provided for in paragraph 7 of that Decision is insufficient to provide its report and with the agreement of the complaining party, that time-frame may be extended. To the extent that there is a difference between the rules and procedures of Articles 4, 5, 6 and 12 and the corresponding rules and procedures of the Decision, the latter shall prevail.

Article 4
Consultations

1. Members affirm their resolve to strengthen and improve the effectiveness of the consultation procedures employed by Members. This paragraph shall also be applied to disputes on which panel reports have not been adopted or fully implemented.
2. Each Member undertakes to accord sympathetic consideration to and afford adequate opportunity for consultation regarding any representations made by another Member concerning measures affecting the operation of any covered agreement taken within the territory of the former.[20)]
3. If a request for consultations is made pursuant to a covered agreement, the Member to which the request is made shall, unless otherwise mutually agreed, reply to the request within 10 days after the date of its receipt and shall enter into consultations in good faith within a period of no more than 30 days after the date of receipt of the request, with a view to reaching a mutually satisfactory solution. If the Member does not respond within

---

19) This paragraph shall also be applied to disputes on which panel reports have not been adopted or fully implemented.

20) Where the provisions of any other covered agreement concerning measures taken by regional or local governments or authorities within the territory of a Member contain provisions different from the provisions of this paragraph, the provisions of such other covered agreement shall prevail.

10 days after the date of receipt of the request, or does not enter into consultations within a period of no more than 30 days, or a period otherwise mutually agreed, after the date of receipt of the request, then the Member that requested the holding of consultations may proceed directly to request the establishment of a panel.

4. All such requests for consultations shall be notified to the DSB and the relevant Councils and Committees by the Member which requests consultations. Any request for consultations shall be submitted in writing and shall give the reasons for the request, including identification of the measures at issue and an indication of the legal basis for the complaint.
5. In the course of consultations in accordance with the provisions of a covered agreement, before resorting to further action under this Understanding, Members should attempt to obtain satisfactory adjustment of the matter.
6. Consultations shall be confidential, and without prejudice to the rights of any Member in any further proceedings.
7. If the consultations fail to settle a dispute within 60 days after the date of receipt of the request for consultations, the complaining party may request the establishment of a panel. The complaining party may request a panel during the 60-day period if the consulting parties jointly consider that consultations have failed to settle the dispute.
8. In cases of urgency, including those which concern perishable goods, Members shall enter into consultations within a period of no more than 10 days after the date of receipt of the request. If the consultations have failed to settle the dispute within a period of 20 days after the date of receipt of the request, the complaining party may request the establishment of a panel.
9. In cases of urgency, including those which concern perishable goods, the parties to the dispute, panels and the Appellate Body shall make every effort to accelerate the proceedings to the greatest extent possible.
10. During consultations Members should give special attention to the particular problems and interests of developing country Members.
11. Whenever a Member other than the consulting Members considers that it has a substantial trade interest in consultations being held pursuant to paragraph 1 of Article XXII of GATT 1994, paragraph 1 of Article XXII of GATS, or the corresponding provisions in other covered agreements,[21] such Member may notify the consulting Members and the DSB, with-

---

21) The corresponding consultation provisions in the covered agreements are listed hereunder: Agreement on Agriculture, Article 19; Agreement on the Application of Sanitary and Phytosanitary Measures, paragraph 1 of Article 11; Agreement on Textiles and Clothing, paragraph 4 of Article 8; Agreement on Technical Barriers to Trade, paragraph 1 of Article 14; Agreement on Trade-Related Investment Measures, Article 8; Agreement on Implementation of Article VI of GATT 1994, paragraph 2 of Article 17; Agreement on Implementation of Article VII of GATT 1994, paragraph 2 of Article 19; Agreement on Preshipment Inspection, Article 7; Agreement on Rules of Origin, Article 7; Agreement on Import Licensing Procedures, Article 6;

in 10 days after the date of the circulation of the request for consultations under said Article, of its desire to be joined in the consultations. Such Member shall be joined in the consultations, provided that the Member to which the request for consultations was addressed agrees that the claim of substantial interest is well-founded. In that event they shall so inform the DSB. If the request to be joined in the consultations is not accepted, the applicant Member shall be free to request consultations under paragraph 1 of Article XXII or paragraph 1 of Article XXIII of GATT 1994, paragraph 1 of Article XXII or paragraph 1 of Article XXIII of GATS, or the corresponding provisions in other covered agreements.

Article 5
Good Offices, Conciliation and Mediation

1. Good offices, conciliation and mediation are procedures that are undertaken voluntarily if the parties to the dispute so agree.
2. Proceedings involving good offices, conciliation and mediation, and in particular positions taken by the parties to the dispute during these proceedings, shall be confidential, and without prejudice to the rights of either party in any further proceedings under these procedures.
3. Good offices, conciliation or mediation may be requested at any time by any party to a dispute. They may begin at any time and be terminated at any time. Once procedures for good offices, conciliation or mediation are terminated, a complaining party may then proceed with a request for the establishment of a panel.
4. When good offices, conciliation or mediation are entered into within 60 days after the date of receipt of a request for consultations, the complaining party must allow a period of 60 days after the date of receipt of the request for consultations before requesting the establishment of a panel. The complaining party may request the establishment of a panel during the 60-day period if the parties to the dispute jointly consider that the good offices, conciliation or mediation process has failed to settle the dispute.
5. If the parties to a dispute agree, procedures for good offices, conciliation or mediation may continue while the panel process proceeds.
6. The Director-General may, acting in an ex officio capacity, offer good offices, conciliation or mediation with the view to assisting Members to settle a dispute. Agreement on Trade-Related Investment Measures, Article 8; Agreement on Implementation of Article VI of GATT 1994, paragraph 2 of Article 17; Agreement on Implementation of Article VII of GATT 1994, paragraph 2 of Article 19; Agreement on Preshipment Inspection, Article 7;

Agreement on Subsidies and Countervailing Measures, Article 30; Agreement on Safeguards, Article 14; Agreement on Trade-Related Aspects of Intellectual Property Rights, Article 64.1; and any corresponding consultation provisions in Plurilateral Trade Agreements as determined by the competent bodies of each Agreement and as notified to the DSB.

Agreement on Rules of Origin, Article 7; Agreement on Import Licensing Procedures, Article 6; Agreement on Subsidies and Countervailing Measures, Article 30; Agreement on Safeguards, Article 14; Agreement on Trade-Related Aspects of Intellectual Property Rights, Article 64.1; and any corresponding consultation provisions in Plurilateral Trade Agreements as determined by the competent bodies of each Agreement and as notified to the DSB.

Article 6
Establishment of Panels

1. If the complaining party so requests, a panel shall be established at the latest at the DSB meeting following that at which the request first appears as an item on the DSB's agenda, unless at that meeting the DSB decides by consensus not to establish a panel.[22)]
2. The request for the establishment of a panel shall be made in writing. It shall indicate whether consultations were held, identify the specific measures at issue and provide a brief summary of the legal basis of the complaint sufficient to present the problem clearly. In case the applicant requests the establishment of a panel with other than standard terms of reference, the written request shall include the proposed text of special terms of reference.

Article 7
Terms of Reference of Panels

1. Panels shall have the following terms of reference unless the parties to the dispute agree otherwise within 20 days from the establishment of the panel: "To examine, in the light of the relevant provisions in (name of the covered agreement(s) cited by the parties to the dispute), the matter referred to the DSB by (name of party) in document ... and to make such findings as will assist the DSB in making the recommendations or in giving the rulings provided for in that/those agreement(s)."
2. Panels shall address the relevant provisions in any covered agreement or agreements cited by the parties to the dispute.
3. In establishing a panel, the DSB may authorize its Chairman to draw up the terms of reference of the panel in consultation with the parties to the dispute, subject to the provisions of paragraph 1. The terms of reference thus drawn up shall be circulated to all Members. If other than standard terms of reference are agreed upon, any Member may raise any point relating thereto in the DSB.

---

22) If the complaining party so requests, a meeting of the DSB shall be convened for this purpose within 15 days of the request, provided that at least 10 days' advance notice of the meeting is given.

Article 8
Composition of Panels

1. Panels shall be composed of well-qualified governmental and/or non-governmental individuals, including persons who have served on or presented a case to a panel, served as a representative of a Member or of a contracting party to GATT 1947 or as a representative to the Council or Committee of any covered agreement or its predecessor agreement, or in the Secretariat, taught or published on international trade law or policy, or served as a senior trade policy official of a Member.
2. Panel members should be selected with a view to ensuring the independence of the members, a sufficiently diverse background and a wide spectrum of experience. 5If the complaining party so requests, a meeting of the DSB shall be convened for this purpose within 15 days of the request, provided that at least 10 days' advance notice of the meeting is given.
3. Citizens of Members whose governments[23)] are parties to the dispute or third parties as defined in paragraph 2 of Article 10 shall not serve on a panel concerned with that dispute, unless the parties to the dispute agree otherwise.
4. To assist in the selection of panelists, the Secretariat shall maintain an indicative list of governmental and non-governmental individuals possessing the qualifications outlined in paragraph 1, from which panelists may be drawn as appropriate. That list shall include the roster of nongovernmental panelists established on 30 November 1984 (BISD 31S/9), and other rosters and indicative lists established under any of the covered agreements, and shall retain the names of persons on those rosters and indicative lists at the time of entry into force of the WTO Agreement. Members may periodically suggest names of governmental and non-governmental individuals for inclusion on the indicative list, providing relevant information on their knowledge of international trade and of the sectors or subject matter of the covered agreements, and those names shall be added to the list upon approval by the DSB. For each of the individuals on the list, the list shall indicate specific areas of experience or expertise of the individuals in the sectors or subject matter of the covered agreements.
5. Panels shall be composed of three panelists unless the parties to the dispute agree, within 10 days from the establishment of the panel, to a panel composed of five panelists. Members shall be informed promptly of the composition of the panel.
6. The Secretariat shall propose nominations for the panel to the parties to the dispute. The parties to the dispute shall not oppose nominations except for compelling reasons.
7. If there is no agreement on the panelists within 20 days after the date of the establishment of a panel, at the request of either party, the Director-General, in consultation with the

23) In the case where customs unions or common markets are parties to a dispute, this provision applies to citizens of all member countries of the customs unions or common markets.

Chairman of the DSB and the Chairman of the relevant Council or Committee, shall determine the composition of the panel by appointing the panelists whom the Director-General considers most appropriate in accordance with any relevant special or additional rules or procedures of the covered agreement or covered agreements which are at issue in the dispute, after consulting with the parties to the dispute. The Chairman of the DSB shall inform the Members of the composition of the panel thus formed no later than 10 days after the date the Chairman receives such a request.

8. Members shall undertake, as a general rule, to permit their officials to serve as panelists.
9. Panelists shall serve in their individual capacities and not as government representatives, nor as representatives of any organization. Members shall therefore not give them instructions nor seek to influence them as individuals with regard to matters before a panel.
10. When a dispute is between a developing country Member and a developed country Member the panel shall, if the developing country Member so requests, include at least one panelist from a developing country Member.
11. Panelists' expenses, including travel and subsistence allowance, shall be met from the WTO budget in accordance with criteria to be adopted by the General Council, based on recommendations of the Committee on Budget, Finance and Administration. 6In the case where customs unions or common markets are parties to a dispute, this provision applies to citizens of all member countries of the customs unions or common markets.

Article 9
Procedures for Multiple Complainants

1. Where more than one Member requests the establishment of a panel related to the same matter, a single panel may be established to examine these complaints taking into account the rights of all Members concerned. A single panel should be established to examine such complaints whenever feasible.
2. The single panel shall organize its examination and present its findings to the DSB in such a manner that the rights which the parties to the dispute would have enjoyed had separate panels examined the complaints are in no way impaired. If one of the parties to the dispute so requests, the panel shall submit separate reports on the dispute concerned. The written submissions by each of the complainants shall be made available to the other complainants, and each complainant shall have the right to be present when any one of the other complainants presents its views to the panel.
3. If more than one panel is established to examine the complaints related to the same matter, to the greatest extent possible the same persons shall serve as panelists on each of the separate panels and the timetable for the panel process in such disputes shall be harmonized.

Article 10
Third Parties

1. The interests of the parties to a dispute and those of other Members under a covered agreement at issue in the dispute shall be fully taken into account during the panel process.
2. Any Member having a substantial interest in a matter before a panel and having notified its interest to the DSB (referred to in this Understanding as a "third party") shall have an opportunity to be heard by the panel and to make written submissions to the panel. These submissions shall also be given to the parties to the dispute and shall be reflected in the panel report.
3. Third parties shall receive the submissions of the parties to the dispute to the first meeting of the panel.
4. If a third party considers that a measure already the subject of a panel proceeding nullifies or impairs benefits accruing to it under any covered agreement, that Member may have recourse to normal dispute settlement procedures under this Understanding. Such a dispute shall be referred to the original panel wherever possible.

Article 11
Function of Panels

The function of panels is to assist the DSB in discharging its responsibilities under this Understanding and the covered agreements. Accordingly, a panel should make an objective assessment of the matter before it, including an objective assessment of the facts of the case and the applicability of and conformity with the relevant covered agreements, and make such other findings as will assist the DSB in making the recommendations or in giving the rulings provided for in the covered agreements. Panels should consult regularly with the parties to the dispute and give them adequate opportunity to develop a mutually satisfactory solution.

Article 12
Panel Procedures

1. Panels shall follow the Working Procedures in Appendix 3 unless the panel decides otherwise after consulting the parties to the dispute.
2. Panel procedures should provide sufficient flexibility so as to ensure high-quality panel reports, while not unduly delaying the panel process.
3. After consulting the parties to the dispute, the panelists shall, as soon as practicable and whenever possible within one week after the composition and terms of reference of the panel have been agreed upon, fix the timetable for the panel process, taking into account the provisions of paragraph 9 of Article 4, if relevant.

4. In determining the timetable for the panel process, the panel shall provide sufficient time for the parties to the dispute to prepare their submissions.
5. Panels should set precise deadlines for written submissions by the parties and the parties should respect those deadlines.
6. Each party to the dispute shall deposit its written submissions with the Secretariat for immediate transmission to the panel and to the other party or parties to the dispute. The complaining party shall submit its first submission in advance of the responding party's first submission unless the panel decides, in fixing the timetable referred to in paragraph 3 and after consultations with the parties to the dispute, that the parties should submit their first submissions simultaneously. When there are sequential arrangements for the deposit of first submissions, the panel shall establish a firm time-period for receipt of the responding party's submission. Any subsequent written submissions shall be submitted simultaneously.
7. Where the parties to the dispute have failed to develop a mutually satisfactory solution, the panel shall submit its findings in the form of a written report to the DSB. In such cases, the report of a panel shall set out the findings of fact, the applicability of relevant provisions and the basic rationale behind any findings and recommendations that it makes. Where a settlement of the matter among the parties to the dispute has been found, the report of the panel shall be confined to a brief description of the case and to reporting that a solution has been reached.
8. In order to make the procedures more efficient, the period in which the panel shall conduct its examination, from the date that the composition and terms of reference of the panel have been agreed upon until the date the final report is issued to the parties to the dispute, shall, as a general rule, not exceed six months. In cases of urgency, including those relating to perishable goods, the panel shall aim to issue its report to the parties to the dispute within three months.
9. When the panel considers that it cannot issue its report within six months, or within three months in cases of urgency, it shall inform the DSB in writing of the reasons for the delay together with an estimate of the period within which it will issue its report. In no case should the period from the establishment of the panel to the circulation of the report to the Members exceed nine months.
10. In the context of consultations involving a measure taken by a developing country Member, the parties may agree to extend the periods established in paragraphs 7 and 8 of Article 4. If, after the relevant period has elapsed, the consulting parties cannot agree that the consultations have concluded, the Chairman of the DSB shall decide, after consultation with the parties, whether to extend the relevant period and, if so, for how long. In addition, in examining a complaint against a developing country Member, the panel shall accord sufficient time for the developing country Member to prepare and present its argumentation. The provisions of paragraph 1 of Article 20 and paragraph 4 of Article 21 are not affected by any action pursuant to this paragraph.

11. Where one or more of the parties is a developing country Member, the panel's report shall explicitly indicate the form in which account has been taken of relevant provisions on differential and more-favourable treatment for developing country Members that form part of the covered agreements which have been raised by the developing country Member in the course of the dispute settlement procedures.
12. The panel may suspend its work at any time at the request of the complaining party for a period not to exceed 12 months. In the event of such a suspension, the time-frames set out in paragraphs 8 and 9 of this Article, paragraph 1 of Article 20, and paragraph 4 of Article 21 shall be extended by the amount of time that the work was suspended. If the work of the panel has been suspended for more than 12 months, the authority for establishment of the panel shall lapse.

Article 13
Right to Seek Information

1. Each panel shall have the right to seek information and technical advice from any individual or body which it deems appropriate. However, before a panel seeks such information or advice from any individual or body within the jurisdiction of a Member it shall inform the authorities of that Member. A Member should respond promptly and fully to any request by a panel for such information as the panel considers necessary and appropriate. Confidential information which is provided shall not be revealed without formal authorization from the individual, body, or authorities of the Member providing the information.
2. Panels may seek information from any relevant source and may consult experts to obtain their opinion on certain aspects of the matter. With respect to a factual issue concerning a scientific or other technical matter raised by a party to a dispute, a panel may request an advisory report in writing from an expert review group. Rules for the establishment of such a group and its procedures are set forth in Appendix 4.

Article 14
Confidentiality

1. Panel deliberations shall be confidential.
2. The reports of panels shall be drafted without the presence of the parties to the dispute in the light of the information provided and the statements made.
3. Opinions expressed in the panel report by individual panelists shall be anonymous.

Article 15
Interim Review Stage

1. Following the consideration of rebuttal submissions and oral arguments, the panel shall issue the descriptive (factual and argument) sections of its draft report to the parties to the dispute. Within a period of time set by the panel, the parties shall submit their comments in writing.
2. Following the expiration of the set period of time for receipt of comments from the parties to the dispute, the panel shall issue an interim report to the parties, including both the descriptive sections and the panel's findings and conclusions. Within a period of time set by the panel, a party may submit a written request for the panel to review precise aspects of the interim report prior to circulation of the final report to the Members. At the request of a party, the panel shall hold a further meeting with the parties on the issues identified in the written comments. If no comments are received from any party within the comment period, the interim report shall be considered the final panel report and circulated promptly to the Members.
3. The findings of the final panel report shall include a discussion of the arguments made at the interim review stage. The interim review stage shall be conducted within the time-period set out in paragraph 8 of Article 12.

Article 16
Adoption of Panel Reports

1. In order to provide sufficient time for the Members to consider panel reports, the reports shall not be considered for adoption by the DSB until 20 days after the date they have been circulated to the Members.
2. Members having objections to a panel report shall give written reasons to explain their objections for circulation at least 10 days prior to the DSB meeting at which the panel report will be considered.
3. The parties to a dispute shall have the right to participate fully in the consideration of the panel report by the DSB, and their views shall be fully recorded.
4. Within 60 days after the date of circulation of a panel report to the Members, the report shall be adopted at a DSB meeting[24)] unless a party to the dispute formally notifies the DSB of its decision to appeal or the DSB decides by consensus not to adopt the report. If a party has notified its decision to appeal, the report by the panel shall not be considered for adoption by the DSB until after completion of the appeal. This adoption procedure is without prejudice to the right of Members to express their views on a panel report.

---

24) If a meeting of the DSB is not scheduled within this period at a time that enables the requirements of paragraphs 1 and 4 of Article 16 to be met, a meeting of the DSB shall be held for this purpose.

Article 17
Appellate Review

Standing Appellate Body

1. A standing Appellate Body shall be established by the DSB. The Appellate Body shall hear appeals from panel cases. It shall be composed of seven persons, three of whom shall serve on any one case. Persons serving on the Appellate Body shall serve in rotation. Such rotation shall be determined in the working procedures of the Appellate Body.
2. The DSB shall appoint persons to serve on the Appellate Body for a four-year term, and each person may be reappointed once. However, the terms of three of the seven persons appointed immediately after the entry into force of the WTO Agreement shall expire at the end of two years, to be determined by lot. Vacancies shall be filled as they arise. A person appointed to replace a person whose term of office has not expired shall hold office for the remainder of the predecessor's term.
3. The Appellate Body shall comprise persons of recognized authority, with demonstrated expertise in law, international trade and the subject matter of the covered agreements generally. They shall be unaffiliated with any government. The Appellate Body membership shall be broadly representative of membership in the WTO. All persons serving on the Appellate Body shall be available at all times and on short notice, and shall stay abreast of dispute settlement activities and other relevant activities of the WTO. They shall not participate in the consideration of any disputes that would create a direct or indirect conflict of interest.
4. Only parties to the dispute, not third parties, may appeal a panel report. Third parties which have notified the DSB of a substantial interest in the matter pursuant to paragraph 2 of Article 10 may make written submissions to, and be given an opportunity to be heard by, the Appellate Body.
5. As a general rule, the proceedings shall not exceed 60 days from the date a party to the dispute formally notifies its decision to appeal to the date the Appellate Body circulates its report. In fixing its timetable the Appellate Body shall take into account the provisions of paragraph 9 of Article 4, if relevant. When the Appellate Body considers that it cannot provide its report within 60 days, it shall inform the DSB in writing of the reasons for the delay together with an estimate of the period within which it will submit its report. In no case shall the proceedings exceed 90 days.
6. An appeal shall be limited to issues of law covered in the panel report and legal interpretations developed by the panel.
7. The Appellate Body shall be provided with appropriate administrative and legal support as it requires.
8. The expenses of persons serving on the Appellate Body, including travel and subsistence allowance, shall be met from the WTO budget in accordance with criteria to be adopted by the General Council, based on recommendations of the Committee on Budget, Finance

and Administration. Procedures for Appellate Review

9. Working procedures shall be drawn up by the Appellate Body in consultation with the Chairman of the DSB and the Director-General, and communicated to the Members for their information.
10. The proceedings of the Appellate Body shall be confidential. The reports of the Appellate Body shall be drafted without the presence of the parties to the dispute and in the light of the information provided and the statements made.
11. Opinions expressed in the Appellate Body report by individuals serving on the Appellate Body shall be anonymous.
12. The Appellate Body shall address each of the issues raised in accordance with paragraph 6 during the appellate proceeding.
13. The Appellate Body may uphold, modify or reverse the legal findings and conclusions of the panel. Adoption of Appellate Body Reports

Adoption of Appellate Body Reports

14. An Appellate Body report shall be adopted by the DSB and unconditionally accepted by the parties to the dispute unless the DSB decides by consensus not to adopt the Appellate Body report within 30 days following its circulation to the Members.[25] This adoption procedure is without prejudice to the right of Members to express their views on an Appellate Body report.

Article 18
Communications with the Panel or Appellate Body

1. There shall be no ex parte communications with the panel or Appellate Body concerning matters under consideration by the panel or Appellate Body.
2. Written submissions to the panel or the Appellate Body shall be treated as confidential, but shall be made available to the parties to the dispute. Nothing in this Understanding shall preclude a party to a dispute from disclosing statements of its own positions to the public. Members shall treat as confidential information submitted by another Member to the panel or the Appellate Body which that Member has designated as confidential. A party to a dispute shall also, upon request of a Member, provide a non-confidential summary of the information contained in its written submissions that could be disclosed to the public.

25) If a meeting of the DSB is not scheduled during this period, such a meeting of the DSB shall be held for this purpose.

Article 19
Panel and Appellate Body Recommendations

1. Where a panel or the Appellate Body concludes that a measure is inconsistent with a covered agreement, it shall recommend that the Member concerned[26)] bring the measure into conformity with that agreement.[27)]10 In addition to its recommendations, the panel or Appellate Body may suggest ways in which the Member concerned could implement the recommendations.
2. In accordance with paragraph 2 of Article 3, in their findings and recommendations, the panel and Appellate Body cannot add to or diminish the rights and obligations provided in the covered agreements.

Article 20
Time-frame for DSB Decisions

Unless otherwise agreed to by the parties to the dispute, the period from the date of establishment of the panel by the DSB until the date the DSB considers the panel or appellate report for adoption shall as a general rule not exceed nine months where the panel report is not appealed or 12 months where the report is appealed. Where either the panel or the Appellate Body has acted, pursuant to paragraph 9 of Article 12 or paragraph 5 of Article 17, to extend the time for providing its report, the additional time taken shall be added to the above periods.

Article 21
Surveillance of Implementation of Recommendations and Rulings

1. Prompt compliance with recommendations or rulings of the DSB is essential in order to ensure effective resolution of disputes to the benefit of all Members.
2. Particular attention should be paid to matters affecting the interests of developing country Members with respect to measures which have been subject to dispute settlement.
3. At a DSB meeting held within 30 days[28)] after the date of adoption of the panel or Appellate Body report, the Member concerned shall inform the DSB of its intentions in respect of implementation of the recommendations and rulings of the DSB. If it is impracticable to comply immediately with the recommendations and rulings, the Member con-

---

26) The "Member concerned" is the party to the dispute to which the panel or Appellate Body recommendations are directed.
27) With respect to recommendations in cases not involving a violation of GATT 1994 or any other covered agreement, see Article 26.
28) If a meeting of the DSB is not scheduled during this period, such a meeting of the DSB shall be held for this purpose.

cerned shall have a reasonable period of time in which to do so. The reasonable period of time shall be:

(a) the period of time proposed by the Member concerned, provided that such period is approved by the DSB; or, in the absence of such approval,

(b) a period of time mutually agreed by the parties to the dispute within 45 days after the date of adoption of the recommendations and rulings; or, in the absence of such agreement,

(c) a period of time determined through binding arbitration within 90 days after the date of adoption of the recommendations and rulings.[29)] In such arbitration, a guideline for the arbitrator[30)] should be that the reasonable period of time to implement panel or Appellate Body recommendations should not exceed 15 months from the date of adoption of a panel or Appellate Body report. However, that time may be shorter or longer, depending upon the particular circumstances.

4. Except where the panel or the Appellate Body has extended, pursuant to paragraph 9 of Article 12 or paragraph 5 of Article 17, the time of providing its report, the period from the date of establishment of the panel by the DSB until the date of determination of the reasonable period of time shall not exceed 15 months unless the parties to the dispute agree otherwise. Where either the panel or the Appellate Body has acted to extend the time of providing its report, the additional time taken shall be added to the 15-month period; provided that unless the parties to the dispute agree that there are exceptional circumstances, the total time shall not exceed 18 months.

5. Where there is disagreement as to the existence or consistency with a covered agreement of measures taken to comply with the recommendations and rulings such dispute shall be decided through recourse to these dispute settlement procedures, including wherever possible resort to the original panel. The panel shall circulate its report within 90 days after the date of referral of the matter to it. When the panel considers that it cannot provide its report within this time frame, it shall inform the DSB in writing of the reasons for the delay together with an estimate of the period within which it will submit its report.

6. The DSB shall keep under surveillance the implementation of adopted recommendations or rulings. The issue of implementation of the recommendations or rulings may be raised at the DSB by any Member at any time following their adoption. Unless the DSB decides otherwise, the issue of implementation of the recommendations or rulings shall be placed on the agenda of the DSB meeting after six months following the date of establishment of the reasonable period of time pursuant to paragraph 3 and shall remain on the DSB's

---

29) If the parties cannot agree on an arbitrator within ten days after referring the matter to arbitration, the arbitrator shall be appointed by the Director-General within ten days, after consulting the parties. The expression "arbitrator" shall be interpreted as referring either to an individual or a group.

30) The expression "arbitrator" shall be interpreted as referring either to an individual or a group.

agenda until the issue is resolved. At least 10 days prior to each such DSB meeting, the Member concerned shall provide the DSB with a status report in writing of its progress in the implementation of the recommendations or rulings.

7. If the matter is one which has been raised by a developing country Member, the DSB shall consider what further action it might take which would be appropriate to the circumstances.
8. If the case is one brought by a developing country Member, in considering what appropriate action might be taken, the DSB shall take into account not only the trade coverage of measures complained of, but also their impact on the economy of developing country Members concerned.

Article 22
Compensation and the Suspension of Concessions

1. Compensation and the suspension of concessions or other obligations are temporary measures available in the event that the recommendations and rulings are not implemented within a reasonable period of time. However, neither compensation nor the suspension of concessions or other obligations is preferred to full implementation of a recommendation to bring a measure into conformity with the covered agreements. Compensation is voluntary and, if granted, shall be consistent with the covered agreements.
2. If the Member concerned fails to bring the measure found to be inconsistent with a covered agreement into compliance therewith or otherwise comply with the recommendations and rulings within the reasonable period of time determined pursuant to paragraph 3 of Article 21, such Member shall, if so requested, and no later than the expiry of the reasonable period of time, enter into negotiations with any party having invoked the dispute settlement procedures, with a view to developing mutually acceptable compensation. If no satisfactory compensation has been agreed within 20 days after the date of expiry of the reasonable period of time, any party having invoked the dispute settlement procedures may request authorization from the DSB to suspend the application to the Member concerned of concessions or other obligations under the covered agreements.
3. In considering what concessions or other obligations to suspend, the complaining party shall apply the following principles and procedures:
   (a) the general principle is that the complaining party should first seek to suspend concessions or other obligations with respect to the same sector(s) as that in which the panel or Appellate Body has found a violation or other nullification or impairment;
   (b) if that party considers that it is not practicable or effective to suspend concessions or other obligations with respect to the same sector(s), it may seek to suspend concessions or other obligations in other sectors under the same agreement;
   (c) if that party considers that it is not practicable or effective to suspend concessions or other obligations with respect to other sectors under the same agreement, and that the

circumstances are serious enough, it may seek to suspend concessions or other obligations under another covered agreement;

(d) in applying the above principles, that party shall take into account:

(i) the trade in the sector or under the agreement under which the panel or Appellate Body has found a violation or other nullification or impairment, and the importance of such trade to that party;

(ii) the broader economic elements related to the nullification or impairment and the broader economic consequences of the suspension of concessions or other obligations;

(e) if that party decides to request authorization to suspend concessions or other obligations pursuant to subparagraphs (b) or (c), it shall state the reasons therefor in its request. At the same time as the request is forwarded to the DSB, it also shall be forwarded to the relevant Councils and also, in the case of a request pursuant to subparagraph (b), the relevant sectoral bodies;

(f) for purposes of this paragraph, "sector" means:

(i) with respect to goods, all goods;

(ii) with respect to services, a principal sector as identified in the current "Services Sectoral Classification List" which identifies such sectors;[31)]

(iii) with respect to trade-related intellectual property rights, each of the categories of intellectual property rights covered in Section 1, or Section 2, or Section 3, or Section 4, or Section 5, or Section 6, or Section 7 of Part II, or the obligations under Part III, or Part IV of the Agreement on TRIPS;

(g) for purposes of this paragraph, "agreement" means:

(i) with respect to goods, the agreements listed in Annex 1A of the WTO Agreement, taken as a whole as well as the Plurilateral Trade Agreements in so far as the relevant parties to the dispute are parties to these agreements;

(ii) with respect to services, the GATS

(iii) with respect to intellectual property rights, the Agreement on TRIPS.

4. The level of the suspension of concessions or other obligations authorized by the DSB shall be equivalent to the level of the nullification or impairment.

5. The DSB shall not authorize suspension of concessions or other obligations if a covered agreement prohibits such suspension.

6. When the situation described in paragraph 2 occurs, the DSB, upon request, shall grant authorization to suspend concessions or other obligations within 30 days of the expiry of the reasonable period of time unless the DSB decides by consensus to reject the request. However, if the Member concerned objects to the level of suspension proposed, or claims that the principles and procedures set forth in paragraph 3 have not been followed where a complaining party has requested authorization to suspend concessions or other obliga-

---

31) The list in document MTN.GNS/W/120 identifies eleven sectors.

tions pursuant to paragraph 3(b) or (c), the matter shall be referred to arbitration. Such arbitration shall be carried out by the original panel, if members are available, or by an arbitrator[32] appointed by the Director-General and shall be completed within 60 days after the date of expiry of the reasonable period of time. Concessions or other obligations shall not be suspended during the course of the arbitration.

7. The arbitrator[33] acting pursuant to paragraph 6 shall not examine the nature of the concessions or other obligations to be suspended but shall determine whether the level of such suspension is equivalent to the level of nullification or impairment. The arbitrator may also determine if the proposed suspension of concessions or other obligations is allowed under the covered agreement. However, if the matter referred to arbitration includes a claim that the principles and procedures set forth in paragraph 3 have not been followed, the arbitrator shall examine that claim. In the event the arbitrator determines that those principles and procedures have not been followed, the complaining party shall apply them consistent with paragraph 3. The parties shall accept the arbitrator's decision as final and the parties concerned shall not seek a second arbitration. The DSB shall be informed promptly of the decision of the arbitrator and shall upon request, grant authorization to suspend concessions or other obligations where the request is consistent with the decision of the arbitrator, unless the DSB decides by consensus to reject the request.
8. The suspension of concessions or other obligations shall be temporary and shall only be applied until such time as the measure found to be inconsistent with a covered agreement has been removed, or the Member that must implement recommendations or rulings provides a solution to the nullification or impairment of benefits, or a mutually satisfactory solution is reached. In accordance with paragraph 6 of Article 21, the DSB shall continue to keep under surveillance the implementation of adopted recommendations or rulings, including those cases where compensation has been provided or concessions or other obligations have been suspended but the recommendations to bring a measure into conformity with the covered agreements have not been implemented.
9. The dispute settlement provisions of the covered agreements may be invoked in respect of measures affecting their observance taken by regional or local governments or authorities within the territory of a Member. When the DSB has ruled that a provision of a covered agreement has not been observed, the responsible Member shall take such reasonable measures as may be available to it to ensure its observance. The provisions of the covered agreements and this Understanding relating to compensation and suspension of concessions or other obligations apply in cases where it has not been possible to secure such observance.[34]

---

32) The expression "arbitrator" shall be interpreted as referring either to an individual or a group.

33) The expression "arbitrator" shall be interpreted as referring either to an individual or a group or to the members of the original panel when serving in the capacity of arbitrator.

34) Where the provisions of any covered agreement concerning measures taken by regional or local governments or authorities within the territory of a Member contain provisions different

Article 23
Strengthening of the Multilateral System

1. When Members seek the redress of a violation of obligations or other nullification or impairment of benefits under the covered agreements or an impediment to the attainment of any objective of the covered agreements, they shall have recourse to, and abide by, the rules and procedures of this Understanding.
2. In such cases, Members shall:
   (a) not make a determination to the effect that a violation has occurred, that benefits have been nullified or impaired or that the attainment of any objective of the covered agreements has been impeded, except through recourse to dispute settlement in accordance with the rules and procedures of this Understanding, and shall make any such determination consistent with the findings contained in the panel or Appellate Body report adopted by the DSB or an arbitration award rendered under this Understanding;
   (b) follow the procedures set forth in Article 21 to determine the reasonable period of time for the Member concerned to implement the recommendations and rulings; and
   (c) follow the procedures set forth in Article 22 to determine the level of suspension of concessions or other obligations and obtain DSB authorization in accordance with those procedures before suspending concessions or other obligations under the covered agreements in response to the failure of the Member concerned to implement the recommendations and rulings within that reasonable period of time.

Article 24
Special Procedures Involving Least-Developed Country Members

1. At all stages of the determination of the causes of a dispute and of dispute settlement procedures involving a least-developed country Member, particular consideration shall be given to the special situation of least-developed country Members. In this regard, Members shall exercise due restraint in raising matters under these procedures involving a least-developed country Member. If nullification or impairment is found to result from a measure taken by a least-developed country Member, complaining parties shall exercise due restraint in asking for compensation or seeking authorization to suspend the application of concessions or other obligations pursuant to these procedures.
2. In dispute settlement cases involving a least-developed country Member, where a satisfactory solution has not been found in the course of consultations the Director-General or the Chairman of the DSB shall, upon request by a least-developed country Member offer their good offices, conciliation and mediation with a view to assisting the parties to settle the dispute, before a request for a panel is made. The Director-General or the

---

from the provisions of this paragraph, the provisions of such covered agreement shall prevail.

Chairman of the DSB, in providing the above assistance, may consult any source which either deems appropriate.

Article 25
Arbitration

1. Expeditious arbitration within the WTO as an alternative means of dispute settlement can facilitate the solution of certain disputes that concern issues that are clearly defined by both parties.
2. Except as otherwise provided in this Understanding, resort to arbitration shall be subject to mutual agreement of the parties which shall agree on the procedures to be followed. Agreements to resort to arbitration shall be notified to all Members sufficiently in advance of the actual commencement of the arbitration process.
3. Other Members may become party to an arbitration proceeding only upon the agreement of the parties which have agreed to have recourse to arbitration. The parties to the proceeding shall agree to abide by the arbitration award. Arbitration awards shall be notified to the DSB and the Council or Committee of any relevant agreement where any Member may raise any point relating thereto.
4. Articles 21 and 22 of this Understanding shall apply to arbitration awards.

Article 26

1. Non-Violation Complaints of the Type Described in Paragraph 1(b) of Article XXIII of GATT 1994

   Where the provisions of paragraph 1(b) of Article XXIII of GATT 1994 are applicable to a covered agreement, a panel or the Appellate Body may only make rulings and recommendations where a party to the dispute considers that any benefit accruing to it directly or indirectly under the relevant covered agreement is being nullified or impaired or the attainment of any objective of that Agreement is being impeded as a result of the application by a Member of any measure, whether or not it conflicts with the provisions of that Agreement. Where and to the extent that such party considers and a panel or the Appellate Body determines that a case concerns a measure that does not conflict with the provisions of a covered agreement to which the provisions of paragraph 1(b) of Article XXIII of GATT 1994 are applicable, the procedures in this Understanding shall apply, subject to the following:
   (a) the complaining party shall present a detailed justification in support of any complaint relating to a measure which does not conflict with the relevant covered agreement;
   (b) where a measure has been found to nullify or impair benefits under, or impede the attainment of objectives, of the relevant covered agreement without violation thereof, there is no obligation to withdraw the measure. However, in such cases, the panel or

the Appellate Body shall recommend that the Member concerned make a mutually satisfactory adjustment;

(c) notwithstanding the provisions of Article 21, the arbitration provided for in paragraph 3 of Article 21, upon request of either party, may include a determination of the level of benefits which have been nullified or impaired, and may also suggest ways and means of reaching a mutually satisfactory adjustment; such suggestions shall not be binding upon the parties to the dispute;

(d) notwithstanding the provisions of paragraph 1 of Article 22, compensation may be part of a mutually satisfactory adjustment as final settlement of the dispute.

2. Complaints of the Type Described in Paragraph 1(c) of Article XXIII of GATT 1994

Where the provisions of paragraph 1(c) of Article XXIII of GATT 1994 are applicable to a covered agreement, a panel may only make rulings and recommendations where a party considers that any benefit accruing to it directly or indirectly under the relevant covered agreement is being nullified or impaired or the attainment of any objective of that Agreement is being impeded as a result of the existence of any situation other than those to which the provisions of paragraphs 1(a) and 1(b) of Article XXIII of GATT 1994 are applicable. Where and to the extent that such party considers and a panel determines that the matter is covered by this paragraph, the procedures of this Understanding shall apply only up to and including the point in the proceedings where the panel report has been circulated to the Members. The dispute settlement rules and procedures contained in the Decision of 12 April 1989 (BISD 36S/61-67) shall apply to consideration for adoption, and surveillance and implementation of recommendations and rulings.

3. The following shall also apply:

(a) the complaining party shall present a detailed justification in support of any argument made with respect to issues covered under this paragraph;

(b) in cases involving matters covered by this paragraph, if a panel finds that cases also involve dispute settlement matters other than those covered by this paragraph, the panel shall circulate a report to the DSB addressing any such matters and a separate report on matters falling under this paragraph.

Article 27
Responsibilities of the Secretariat

1. The Secretariat shall have the responsibility of assisting panels, especially on the legal, historical and procedural aspects of the matters dealt with, and of providing secretarial and technical support.

2. While the Secretariat assists Members in respect of dispute settlement at their request, there may also be a need to provide additional legal advice and assistance in respect of dispute settlement to developing country Members. To this end, the Secretariat shall make available a qualified legal expert from the WTO technical cooperation services to any develop-

ing country Member which so requests. This expert shall assist the developing country Member in a manner ensuring the continued impartiality of the Secretariat.

3. The Secretariat shall conduct special training courses for interested Members concerning these dispute settlement procedures and practices so as to enable Members' experts to be better informed in this regard.

APPENDIX 1
AGREEMENTS COVERED BY THE UNDERSTANDING

(A) Agreement Establishing the World Trade Organization

(B) Multilateral Trade Agreements

Annex 1A: Multilateral Agreements on Trade in Goods

Annex 1B: General Agreement on Trade in Services

Annex 1C: Agreement on Trade-Related Aspects of Intellectual Property Rights

Annex 2: Understanding on Rules and Procedures Governing the Settlement of Disputes

(C) Plurilateral Trade Agreements

Annex 4: Agreement on Trade in Civil Aircraft

Agreement on Government Procurement

International Dairy Agreement

International Bovine Meat Agreement

The applicability of this Understanding to the Plurilateral Trade Agreements shall be subject to the adoption of a decision by the parties to each agreement setting out the terms for the application of the Understanding to the individual agreement, including any special or additional rules or procedures for inclusion in Appendix 2, as notified to the DSB.

APPENDIX 2
SPECIAL OR ADDITIONAL RULES AND PROCEDURES CONTAINED IN THE COVERED AGREEMENTS

Agreement Rules and Procedures

Agreement on the Application of Sanitary and Phytosanitary Measures 11.2

Agreement on Textiles and Clothing 2.14, 2.21, 4.4, 5.2, 5.4, 5.6, 6.9, 6.10, 6.11, 8.1 through 8.12

Agreement on Technical Barriers to Trade 14.2 through 14.4, Annex 2

Agreement on Implementation of Article VI of GATT 1994 17.4 through 17.7

Agreement on Implementation of Article VII of GATT 1994 19.3 through 19.5, Annex II.2(f), 3, 9, 21

Agreement on Subsidies and Countervailing Measures 4.2 through 4.12, 6.6, 7.2 through 7.10, 8.5, footnote 35, 24.4, 27.7, Annex V

General Agreement on Trade in Services XXII:3, XXIII:3

Annex on Financial Services 4

Annex on Air Transport Services 4
Decision on Certain Dispute Settlement
Procedures for the GATS 1 through 5
The list of rules and procedures in this Appendix includes provisions where only a part of the provision may be relevant in this context.
Any special or additional rules or procedures in the Plurilateral Trade Agreements as determined by the competent bodies of each agreement and as notified to the DSB.

APPENDIX 3
WORKING PROCEDURES

1. In its proceedings the panel shall follow the relevant provisions of this Understanding. In addition, the following working procedures shall apply.
2. The panel shall meet in closed session. The parties to the dispute, and interested parties, shall be present at the meetings only when invited by the panel to appear before it.
3. The deliberations of the panel and the documents submitted to it shall be kept confidential. Nothing in this Understanding shall preclude a party to a dispute from disclosing statements of its own positions to the public. Members shall treat as confidential information submitted by another Member to the panel which that Member has designated as confidential. Where a party to a dispute submits a confidential version of its written submissions to the panel, it shall also, upon request of a Member, provide a non-confidential summary of the information contained in its submissions that could be disclosed to the public.
4. Before the first substantive meeting of the panel with the parties, the parties to the dispute shall transmit to the panel written submissions in which they present the facts of the case and their arguments.
5. At its first substantive meeting with the parties, the panel shall ask the party which has brought the complaint to present its case. Subsequently, and still at the same meeting, the party against which the complaint has been brought shall be asked to present its point of view.
6. All third parties which have notified their interest in the dispute to the DSB shall be invited in writing to present their views during a session of the first substantive meeting of the panel set aside for that purpose. All such third parties may be present during the entirety of this session.
7. Formal rebuttals shall be made at a second substantive meeting of the panel. The party complained against shall have the right to take the floor first to be followed by the complaining party. The parties shall submit, prior to that meeting, written rebuttals to the panel.
8. The panel may at any time put questions to the parties and ask them for explanations either in the course of a meeting with the parties or in writing.

9. The parties to the dispute and any third party invited to present its views in accordance with Article 10 shall make available to the panel a written version of their oral statements.
10. In the interest of full transparency, the presentations, rebuttals and statements referred to in paragraphs 5 to 9 shall be made in the presence of the parties. Moreover, each party's written submissions, including any comments on the descriptive part of the report and responses to questions put by the panel, shall be made available to the other party or parties.
11. Any additional procedures specific to the panel.
12. Proposed timetable for panel work:
   (a) Receipt of first written submissions of the parties:
      (1) complaining Party: 3-6 weeks
      (2) Party complained against: 2-3 weeks
   (b) Date, time and place of first substantive meeting with the parties; third party session: 1-2 weeks
   (c) Receipt of written rebuttals of the parties: 2-3 weeks
   (d) Date, time and place of second substantive meeting with the parties: 1-2 weeks
   (e) Issuance of descriptive part of the report to the parties: 2-4 weeks
   (f) Receipt of comments by the parties on the descriptive part of the report: 2 weeks
   (g) Issuance of the interim report, including the findings and conclusions, to the parties: 2-4 weeks
   (h) Deadline for party to request review of part(s) of report: 1 week
   (i) Period of review by panel, including possible additional meeting with parties: 2 weeks
   (j) Issuance of final report to parties to dispute: 2 weeks
   (k) Circulation of the final report to the Members: 3 weeks

The above calendar may be changed in the light of unforeseen developments. Additional meetings with the parties shall be scheduled if required.

APPENDIX 4
EXPERT REVIEW GROUPS

The following rules and procedures shall apply to expert review groups established in accordance with the provisions of paragraph 2 of Article 13.

1. Expert review groups are under the panel's authority. Their terms of reference and detailed working procedures shall be decided by the panel, and they shall report to the panel.
2. Participation in expert review groups shall be restricted to persons of professional standing and experience in the field in question.
3. Citizens of parties to the dispute shall not serve on an expert review group without the joint agreement of the parties to the dispute, except in exceptional circumstances when the panel considers that the need for specialized scientific expertise cannot be fulfilled

otherwise. Government officials of parties to the dispute shall not serve on an expert review group. Members of expert review groups shall serve in their individual capacities and not as government representatives, nor as representatives of any organization. Governments or organizations shall therefore not give them instructions with regard to matters before an expert review group.

4. Expert review groups may consult and seek information and technical advice from any source they deem appropriate. Before an expert review group seeks such information or advice from a source within the jurisdiction of a Member, it shall inform the government of that Member. Any Member shall respond promptly and fully to any request by an expert review group for such information as the expert review group considers necessary and appropriate.
5. The parties to a dispute shall have access to all relevant information provided to an expert review group, unless it is of a confidential nature. Confidential information provided to the expert review group shall not be released without formal authorization from the government, organization or person providing the information. Where such information is requested from the expert review group but release of such information by the expert review group is not authorized, a non-confidential summary of the information will be provided by the government, organization or person supplying the information.
6. The expert review group shall submit a draft report to the parties to the dispute with a view to obtaining their comments, and taking them into account, as appropriate, in the final report, which shall also be issued to the parties to the dispute when it is submitted to the panel. The final report of the expert review group shall be advisory only.

에필로그 E·p·i·l·o·g·u·e

위 본문에서 살펴본 내용을 통해 우리는 WTO 분쟁해결제도가 다자간 자유무역질서를 유지하는 데 가장 핵심적인 역할을 하는 중심축임을 알 수 있었다. 이는 대부분의 국제통상 분야의 학자, 전문가들, 그리고 실제로 WTO에서 활약하고 있는 각 회원국의 대표로서 일하고 있는 외교관 등이 대부분 동의하는 것이다. 하지만 WTO 분쟁해결제도의 중요성은 종종 간과되기도 하는데 이는 무역의 대부분 거래가 심각한 문제나 분쟁 없이 원활하게 수행되고 있어 분쟁해결의 중요성이 실제로 잘 드러나지 않아 보이기 때문이기도 하다.

법의 존재는 법을 지킬 때는 잘 드러나지 않다가도 고의든 그렇지 않든 법을 지키지 않아 상대방에게 불이익이나 피해를 입혔을 때 비로소 그 의미와 중요성이 드러난다. 또한, 법의 존재로 인해 사회가 폭력과 방종이 아닌 이성과 자유의 틀 안에서 유지될 수 있는 것이다. 이와 같은 법의 존재 의미와 역할은 국제적 질서로도 확장될 수 있고 이러한 의미에서 WTO 분쟁해결제도는 국제무역질서가 합리적이고 원활하게 작동되는데 중요한 역할을 한다고 할 수 있다.

WTO 회원국들은 국제무역에서 법의 역할로서 WTO 분쟁해결제도의 구속력과 판결에 대한 수용에 대해 동의했다. 이를 통해 가계, 기업, 정부 등 경제주체들은 효율적인 의사결정에 장애가 되는 불확실성을 줄일 수 있게 되었고 동시에 지속가능하고 예측 가능한 국제적 차원의 생산, 유통, 소비 활동을 할 수 있게 되었다. 이는 세계무역과 경제 발전에 필요한 제도적 토대이자 필요조건이기도 하다.

1995년 이전까지 WTO의 전신(前身)이라고 할 수 있는 GATT(관세 및 무역에 관한 일반협정) 체제의 분쟁해결제도는 그 판결의 사법적 구속력 또는 강제력의 부재 등으로 인해 온전한 분쟁해결제도로 평가받지 못하였다. GATT 체제하에서 이러한 분쟁해결제도의 취약점 및 문제점으로 인해 회원국들의 불만과 피로감이 누적되어 왔다.

이를 개혁하기 위한 오랫동안의 협상과 노력 끝에 1995년 WTO의 출범과 함께 WTO 분쟁해결협정(DSU)이 도입되었고 지난 26년간 시행되어왔다. 그동안 WTO 분쟁해결제도를 통해 164개 모든 회원국이 법의 지배(rule of law) 또는 규범에 기반한(norm based) 분쟁해결절차를 통한 혜택을 누리고 있다고 평가된다. 하지만 급격히 변화되고 발전하는 세계무역질서의 환경에 대응하기 위해서는 지속적인 분쟁해결제도의 개선 또는 개혁을 통해 회원국의 신뢰를 지속적으로 담보할 수 있는 노력 또한 필요하다고 할 수 있다.

최근 문제가 되고 있는 것처럼 미국, EU 등 선진강대국들의 경우에는 자국의 무역정책의 목표를 달성하기 위해 힘의 지배를 활용하여 일방적으로 행동하는 것이 국제협정 또는 국제규범의 제약 속에서 행동하는 것보다 더 효과적이고 매력적일 수도 있다. 하지만 다자적 차원의 세계무역질서 속에서 상호간 경제협력과 무역을 통해 살아가는 것이 익숙해지고 일상이 되어버린 지금 이러한 일방주의 전술이 지속가능성을 담보하는 효과적이고 합리적인 방안이 될 수 있을지 극히 회의적일 수밖에 없다.

무역분쟁해결에 있어 자국의 단기간의 이익을 실현하기 위한 일방적 보복조치는 상대방 국가로부터 다시 보복조치를 불러일으킴으로써 결국 모두에게 손해가 된다는 것은 이미 역사적 경험으로 알고 있는 바이다. 이에 반해 법, 규범에 근거한 분쟁해결은 일방적 조치에 비해 인내와 시간이 필요하다. 그래서 덜 매력적으로 보이지만 이것이 오히려 장기적으로는 모든 국가들의 전반적인 이익(소위 win-win)에 도움이 될 가능성이 높아진다고 할 수 있다.

이러한 가능성은 특히 자유무역을 통한 세계시장으로의 진출을 통한 성장의 대표적 성공사례라고 할 수 있는 우리나라를 비롯한 대만, 싱가포르, 네덜란드, 스위스 등과 같은 소규모 개방경제에 더 잘 적용될 수 있다. 이는 다시 뒤집어 생각해보면 무역분쟁해결에 있어 힘의 지배를 바탕으로 한 일방적 조치의 경우 이들 국가들에게는 부정적인 영향을 줄 수밖에 없다는 것을 의미한다. 왜냐하면 분쟁해결에 있어 일방적 보복조치는 시장참여자들에게 시장의 축소뿐만 아니라 미래에 대한 불확실성을 가져오고 경제적 활동을 위축시키기 때문이다.

최근 심각한 문제로 떠오르고 있는 미국의 WTO 분쟁해결제도의 무력화 시도나 WTO를 미국의 입맛에 맞는 국제기구로 변화시키고자 하는 시도는 그것이 설사 성공하더라도 미국 등 몇몇 소수의 국가에게 단기간의 승리 또는 혜택을 제공할 수는 있을 것이다. 하지만 이러한 시도는 모든 회원국이 공유할 수 있는 장기적이고 지속가능한 무역의 이익의 실현에 실패할 것임이 틀림없다. 트럼프 이후 바이든 행정부에서는 이러한 가능성이 줄어들 것으로 예상되어 그나마 다행이 아닐 수 없다. 따라서 모든 WTO 회원국은 WTO 분쟁해결제도의 원활하고 효과적인 기능을 위해 더욱 노력해야 하며 자유무역의 혜택을 누려온 우리나라는 더욱이 그리해야 할 것이다.

물론 오늘날 WTO 분쟁해결제도가 직면하고 있는 문제는 법적인 차원의 문제를 넘어서 다분히 외교적, 정치적인 성격을 띠고 있다. 이러한 것들을 함께 고려하며 분쟁해결제도의 개선과 발전이 필요하다. 우리나라가 이에 적극적이고 주도적으로 참여하기 위해서는 다양하고 세분화되고 있는 각 통상 분야의 전문가들의 양성이 필요하고 이를 위한 제도적 차원의 지원이 뒷받침되어야 한다. 이것은 앞으로도 무역을 통해 먹고 사는 문제를 해결해야 하는 우리나라에게 필수적이고 불가피한 것이라고 믿어 의심치 않는다.

이러한 차원에서 본 저서가 WTO 분쟁해결제도의 이해와 활용을 위한 기초적인 교과서 내지는 전문서로서 활용되길 바란다. 또한, 가능하다면 본 저서가 독자들이 WTO 무역분쟁과 분쟁해결제도에 대해 이해의 폭을 넓히고 우리나라 경제와 일반 시민들의 일상생활에서 WTO 분쟁해결제도가 어떠한 의미를 갖고 있는지 조금이나마 잘 이해할 수 있는 길잡이 역할을 할 수 있기를 바란다. 앞으로도 지속적인 보완과 개정을 통해 빠르게 변화하고 있는 WTO 무역분쟁과 분쟁해결제도에 대한 의미를 이해하기 쉽게 전달하고자 노력할 것이다.

저자는 부경대학교 국제통상학부에서 2015년부터 'WTO 무역분쟁론(2019년 이후 국제통상분쟁론으로 강의명 변경)' 강좌를 개설하여 학생들을 가르쳐 오고 있다. 이는 급변하는 통상환경을 이해하기 위해서는 WTO 무역분쟁에 대한 공부가 반드시 필요하다는 나름대로의 확신과 의지가 있었기 때문이다. 그래도 마음 한 구석에는 여전히 전문적인 영역에 속하는 WTO 무역분쟁에 대한 강좌가 정말 필요할까라는 의문과 염려를 떨쳐내지 못했던 것도 사실이다.

하지만 지금은 이러한 의문과 염려가 기우였음을 확신하고 있다. 우리나라의 WTO 무역분쟁에 대한 현안과 관심이 많아지면서 처음에는 생소하기도 하고 어려울 수도 있는 WTO 무역분쟁과 관련된 이야기들이 이제는 전혀 낯설지 않다. 전공 학생들의 관심도와 수업참여율도 계속 높아지고 있다. 'WTO 무역분쟁론(국제통상분쟁론)'은 국제통상학부의 학부 과정 및 대학원 과정에서 꼭 공부해야 할 교과목으로 자리잡고 있다.

강좌를 개설한 이후 5년 가까이 지나면서 WTO 무역분쟁제도에 대한 교과서 집필을 늘 마음에만 가진 채 엄두를 못 내었는데 그동안 수업을 위해 나름대로 공부하고 준비해 온 자료를 활용하여 드디어 본 저서의 집필을 마무리하고 출간할 수 있게 되었다. 경제학을 전공한 저자가 경제학 분야라기보다는 어쩌면 국제법(국제통상법) 분야에 더 가까운 WTO 무역분쟁에 대한 저서를 출간하는 것이 무모한 도전이었을지도 모른다는 생각이 든다. 하지만 경제학의 테두리를 조금은 벗어나서 국제통상에 대한 학문적 이해를 넓혀가는 노력의 일환으로 이 책을 출간을 할 수 있게 되니 자랑스럽기도 하고 또 부끄럽기도 하다.

책의 내용 중 부지불식간에 포함된 오류나 착오는 전적으로 저자의 책임이다. 또한, 저자의 처녀작인 "쉽게 읽는 무역과 WTO 이야기"에 이어 두 번째로 본 저서의 출판을 위해 다시 한 번 여러 가지로 도움을 주신 도서출판 두남에 감사의 마음을 전한다. 본 저서의 저술을 위해 한국연구재단의 지원이 있었다. 한국연구재단 측에 감사의 마음을 전한다. 한국연구재단의 재원도 국민의 세금으로 출연된 것이라는 측면에서 볼 때 궁극적으로 본 저서는 국민들이 낸 세금으로 만들어진 것이다.

생각해 보니 마음먹고 집필을 시작한 지 벌써 2년 가까이 지났다. 여러 가지 바쁜 일정들로 집필을 잠시 놓기도 하고 다시 집필하고 하는 상황이 반복되었지만 이제야 집필을 마무리할 수 있게 되니 다행스럽고 감사하다. 특히 2018년 이후 미중 무역분쟁, 일본의 대 한국 수출규제 등에 따른 한일 무역분쟁 등 무역분쟁에 대한 관심이 높아진 지금 본 저서를 마무리할 수 있게 되어 더욱 다행스럽다. 앞으로 WTO 무역분쟁은 우리에게 숨 쉬는 공기와 같이 익숙한 주제와 이슈가 될 것이다.

집필을 시작할 때의 세계와 우리나라의 통상환경과 지금의 상황은 사뭇 다르고 또 앞으로도 달라져 갈 것이다. 2020년 아무도 예상하지 못했던 코로나19로 인한 세계경제 및 통상질서의 급격한 변화가 그 대표적인 예라고 할 수 있을 것이다. 그것은 앞으로 책에 담아야 할 내용과 고민거리도 더 많아지고 달라져야 한다는 의미이다. 하지만 그것을 다 담아내기에는 언제까지나 한계가 있기에 겸손한 마음으로 일단 여기에서 본 저서를 마무리하고자 한다. 또 한 권의 졸저이지만 아무쪼록 이 책을 읽는 모든 무역, 국제통상 분야 학생들과 독자들이 WTO 무역분쟁제도에 대해 보다 더 잘 이해하는데 조금이나마 도움이 되길 바라며 글을 마치고자 한다.

찾아보기

▸ **저자소개**

나 희 량

부경대학교 국제통상학부 교수(2012~2022 현재)
University of Bern, World Trade Institute, Visiting professor(2017~2018)
서울대학교 아시아연구소 객원연구원(2017~2018)
부산외국어대학교 동남아지역원 공동연구원(2010~2013)
부산외국어대학교 국제무역학과 교수(2008~2012)
포스코경영연구소 지역연구센터 연구위원(2007~2008)
하와이주립대학 경제학과 조교 및 강사(2002~2007)
한국은행 조사역(1996~2000)

하와이주립대학(University of Hawaii at Manoa) 경제학 박사(2007)
하와이주립대학(University of Hawaii at Manoa) 경제학 석사(2004)
서울대학교 국제대학원 아시아지역학 석사 수료(2002)
서울대학교 경제학과 졸업(1996)

[주요 저서 및 논문]
『쉽게 읽는 무역과 WTO 이야기』, 2018, 도서출판 두남.
『아세안의 WTO 무역분쟁 연구』, 2018, 서울대 아시아연구소.
『말씀으로 다시 보는 한국교회』, 2018, 지식과 감성.
『동남아 도시화에 따른 한 동남아 경제협력 방안』, 공저, 2015, 대외경제정책연구원.
『글로벌시대의 신무역학 개론』, 공저, 2015, 하린.
"아세안 역내 분쟁해결제도 연구: 문제점 및 개선방안을 중심으로", 『동남아시아연구』, 29(4), 2019.
"아세안의 보호무역조치 연구: 비관세조치 및 특정무역현안을 중심으로", 『무역학회지』, 44(3), 2019.
"원산지교차누적 효과 분석: 한-캐나다 FTA를 활용한 對미 자동차부품수입을 중심으로", 『무역학회지』, 40(1), 2018.
"인도네시아 WTO 분쟁 연구: 통상정책 관련성을 중심으로", 『국제지역연구』, 21(3), 2017.
"동남아시아의 WTO 분쟁 연구: 글로벌 통상환경의 변화에 따른 특성 및 과제를 중심으로", 『동남아시아연구』, 26(4), 2016.
"Effects of Urbanization on Economic Growth of Southeast Asia: based on the Williamson's Hypothesis", 『국제지역연구』, 20(3), 2016.
"우리나라 FTA 원산지결정기준의 엄격성 분석: 국가 및 산업별 특성을 중심으로", 『무역학회지』, 41(3), 2016.
외 국제통상 및 아세안 관련 논저 다수

WTO 무역분쟁의 이해 : 2022년 세종도서 학술부문 선정

초　판 1쇄 인쇄 —— 2022년 1월 15일
초　판 1쇄 발행 —— 2022년 1월 20일
지 은 이 —— 나 희 량
표지디자인 —— 나 수 진
펴 낸 이 —— 전 두 표
펴 낸 데 —— 도서출판 두남
서울시 강동구 성내로6길 34-16 두남빌딩
신고 : 제25100-1988-9호
TEL : (02) 478-2065~7, 478-2311
FAX : (02) 478-2068
E-mail : dunam1@unitel.co.kr
http://www.dunam.co.kr

정가 24,000원

ISBN 978-89-6414-933-1　93320